BAEDEKER

SCHWARZWALD

www.baedeker.com

Verlag Karl Baedeker

Top-Sehenswertes

Der Schwarzwald lockt mit einer ganzen Reihe von Attraktionen: Wald und Berge, Museen, Klöster und malerische Fachwerkstädte, dazu moderne Metropolen und kleine Weindörfer. Wir haben für Sie zusammengestellt, was Sie auf keinen Fall verpassen sollten.

❶ ✶✶ Karlsruhe
Die 1775 gegründete »Fächerstadt« ist die Residenz des Rechts.
Seite 251

❷ ✶✶ Maulbronn
Seit 1993 sind die Klosteranlagen UNESCO-Weltkulturerbe.
Seite 270

❸ ✶✶ Kloster Hirsam
Imposant und romantisch: die Ruinen von Kloster und Renaissanceschloss
Seite 189

❹ ✶✶ Rastatt
Der Markgraf von Baden hinterließ prachtvolle Barockbauten.
Seite 304

❺ ✶✶ Bad Wildbad
Berühmtes Kurstädtchen im Enztal
Seite 166

❻ ✶✶ Baden-Baden
Kur, Casino, Museen und edle Geschäfte bieten Zerstreuung.
Seite 133

Top-Reiseziele • INHALT

❼ ✴✴ Schwarzwaldhochstraße
Panoramastraße über den Hauptkamm des Nordschwarzwalds
Seite 344

❽ ✴✴ Gengenbach
Ein Fachwerkstädtchen wie aus dem Bilderbuch
Seite 230

❾ ✴✴ Vogtsbauernhof
Bollenhüte in natura und Häuser aus dem ganzen Schwarzwald versammelt dieses Freilichtmuseum.
Seite 378

❿ ✴✴ Europa-Park
Deutschlands größter Freizeit- und Vergnügungspark liegt bei Rust.
Seite 198

⓫ ✴✴ Triberger Wasserfälle
Hier rauscht Deutschlands höchster Wasserfall.
Seite 359

⓬ ✴✴ Kaiserstuhl
Abwechslung für Wanderer und besten Wein bietet der vulkanische Höhenzug am Rhein.
Seite 246

⓭ ✴✴ Freiburg
Quirlige Studentenstadt mit zahlreichen Sehenswürdigkeiten
Seite 208

⓮ ✴✴ Titisee
Der idyllisch gelegene See ist eines der schönsten Ausflugsziele.
Seite 349

⓯ ✴✴ Feldberg
Höher geht es nicht: der höchste Berg des Schwarzwalds
Seite 201

⓰ ✴✴ Wutachschlucht
Sie gilt als der »Grand Canyon« des Schwarzwalds.
Seite 382

⓱ ✴✴ Belchen
Dieser herrliche Aussichtsberg hatte es schon den Kelten angetan.
Seite 174

⓲ ✴✴ Badenweiler
Bereits die Römer wussten um die Heilkraft der hiesigen Quellen.
Seite 144

⓳ ✴✴ St. Blasien
Hier locken der imposante Dom und die großartige Umgebung.
Seite 315

Lust auf …

… Berge, Museen, Kunst und Kulinarisches? Einige Anregungen für Ihren Aufenthalt im Schwarzwald ganz nach persönlichen Interessen.

BERGE
- **Belchen** ▶
  Der mythenumrankte Gipfel war schon den Kelten heilig.
  Seite 174
- **Schliffkopf**
  Grandiose Aussicht an der Schwarzwaldhochstraße
  Seite 348
- **Kandel**
  Waldkirchs imposanter Hausberg überragt eine herrliche Landschaft.
  Seite 367

BÄCHE UND QUELLEN
- **Monbachtal**
  Abgelegen und wild, ein Zufluss der Nagold bei Bad Liebenzell
  Seite 156
- **Bregquelle**
  Entspringt hier die Donau? So oder so ein lauschiges Fleckchen Erde.
  Seite 230
- ◀ **Hexenlochmühle**
  Klappernde Mühlräder an einem romantischen Wildbach
  Seite 369

KUNST UND DESIGN

- **Museum Frieder Burda**
  Über 500 Werke der Klassischen Moderne zeigt dieses private Museum in Baden-Baden.
  Seite 141
- **ZKM**
  Spannendes Kunst- und Medienmuseum in Karlsruhe
  Seite 258
- **Vitra-Designpark** ▶
  Werke berühmter Architekten und edles Design auf dem Campus der Vitra-Stuhlfabrik in Weil am Rhein
  Seite 264

KIRCHENSCHÄTZE

- **Kloster Alpirsbach**
  900 Jahre altes Kloster mit moderner Brauerei
  Seite 126
- **Augustinermuseum**
  Kostbarkeiten mittelalterlicher Kirchenkunst in Freiburg
  Seite 216
- ◀ **Bibliothek St. Peter**
  Ein barocker Augenschmaus auf den Höhen des Südschwarzwaldes
  Seite 325

KÖSTLICH SPEISEN

- **Schwarzwaldstube** ▶
  In Baiersbronn wirkt Deutschlands bester Koch: Harald Wohlfahrt.
  Seite 172
- **Schwarzer Adler**
  In Vogtsburg am Kaiserstuhl wartet Familie Keller mit erlesenen Weinen und Speisen auf.
  Seite 248
- **Hirschen**
  Sulzburg: Spitzenköchin Douce Steiner verbindet badische und französische Küche.
  Seite 267

INHALT • **Inhaltsverzeichnis**

HINTERGRUND

- **14 Fakten**
- 15 Natur und Umwelt
- *16 Schwarzwald auf einen Blick*
- *20 Infografik: Gebirge unter Spannung*
- *26 Special: Rückkehr des wilden Walds*
- 28 Bevölkerung und Wirtschaft
- *30 Infografik: Wald und Holz*
- *34 Willkommen im Alltag!*

- **36 Geschichte**

- **44 Kunst und Kultur**
- 45 Kunstgeschichte
- *50 Special: Ein Hut wird zur Marke*

- **51 Berühmte Persönlichkeiten**

ERLEBEN & GENIESSEN

- **64 Essen und Trinken**
- 65 Im Schinkenland
- *68 Typische Gerichte*
- *70 Infografik: Die beliebteste Torte der Welt?*
- *72 Special: Hochgenuss aus der Räucherkammer*

- **74 Feiertage · Feste · Events**
- 75 Weingenuss und Orgelklang

- **78 Mit Kindern unterwegs**
- 79 Spaß bei jedem Wetter

- **82 Shopping**
- 83 Kuckucksuhr und Tannenhonig

- **86 Übernachten**
- 87 Rundum gut aufgehoben

- **90 Urlaub aktiv**
- 91 Wandern, biken, draußen sein
- *94 Special: Westweg und mehr*

- **96 Wellness**
- 97 Jungbrunnen seit 2000 Jahren
- *100 Special: Sanus per aquam: Thermalbäder*

Eine Stätte früher Kultur:
Kloster Alpirsbach

Mitten in der Waldwildnis: das Wildseemoor südwestlich von Bad Wildbad

TOUREN

- 104 Tourenübersicht
- 106 Unterwegs im Schwarzwald
- 107 Tour 1: Dichter, Bäder, schroffe Höhen
- 111 Tour 2: Von der Kinzig auf die Baar
- 114 Tour 3: Durch den Hochschwarzwald
- 117 Tour 4: Von Freiburg durch den Süden

REISEZIELE VON A BIS Z

- 122 Achertal
- 125 Alpirsbach
- 129 Altensteig
- 131 Bad Dürrheim
- 133 Baden-Baden
- 144 Badenweiler
- 148 Bad Herrenalb
- 152 Bad Krozingen
- 154 Bad Liebenzell
- 157 Bad Peterstal-Griesbach
- 159 Bad Säckingen
- 163 Bad Teinach-Zavelstein
- 166 Bad Wildbad
- 171 Baiersbronn
- 174 Belchen
- 177 Bernau
- 179 Blumberg
- 182 Breisach am Rhein
- 184 Bühl
- 186 Calw
- 192 Donaueschingen
- 195 Ettenheim
- 199 Ettlingen
- 201 Feldberg
- 205 Forbach
- 208 Freiburg im Breisgau
- *210* ❗ *3 D: Freiburger Münster*
- 221 Freudenstadt
- 226 Furtwangen
- *228* ❗ *Special: Der Kuckuck ruft*

PREISKATEGORIEN
Restaurants
(Preis für ein Hauptgericht)
€€€€ = über 30 €
€€€ = 20 – 30 €
€€ = 15 – 20 €
€ = unter 15 €
Hotels (Preis für ein DZ)
€€€€ = über 180 €
€€€ = 120 – 180 €
€€ = 80 – 120 €
€ = unter 80 €

Hinweis
Gebührenpflichtige Servicenummern sind mit einem Stern gekennzeichnet: *0800...

230	Gengenbach
234	🛈 *Special: Riesen, Floßstube und Holländer*
235	Gernsbach
237	Haslach im Kinzigtal
239	Hinterzarten
244	Hornberg
246	Kaiserstuhl · Tuniberg
251	Karlsruhe
259	Lahr
261	Lörrach · Weil am Rhein
265	Markgräflerland
270	Maulbronn
272	🛈 *3D: Kloster Maulbronn*
277	Münstertal
282	Nagold
286	Oberkirch
290	Offenburg
296	🛈 *Special: Badischer Wein: Sonne im Glas*
298	Pforzheim
304	Rastatt
309	Rottweil
312	🛈 *Special: Fastnacht*
315	St. Blasien
318	🛈 *Special: Freie, keiner Obrigkeit untertane Leut'*
320	St. Georgen
323	St. Märgen
324	St. Peter · Glottertal
327	Schiltach
330	Schluchsee
334	🛈 *Special: Besser kann Werbung nicht sein*
339	Schramberg
340	🛈 *Infografik: Schwarzwälder Exportschlager*
344	Schwarzwaldhochstraße
349	Titisee-Neustadt
353	Todtmoos
355	Todtnau
358	Triberg
362	Villingen-Schwenningen
366	Waldkirch
370	Waldshut-Tiengen
372	Wehr
375	Wolfach
380	🛈 *3D: Vogtsbauernhof*
382	Wutachschlucht
385	Zell am Harmersbach

PRAKTISCHE INFORMATIONEN

390	Anreise
391	Auskunft
391	Literatur und Film
392	Notrufe
393	Preise · Vergünstigungen
394	🛈 *Special: Sonnengipfel und Wetterküchen*
396	Reisezeit
396	Verkehr
398	Register
403	Verzeichnis der Karten und grafischen Darstellungen
404	Bildnachweis
405	atmosfair
406	Impressum
410	🛈 *Kurioser Schwarzwald*

nachdenken · klimabewusst reisen
atmosfair

Landwasserhofmühle im Elztal/Oberprechtal: Solch heimelige, strohgedeckte Mühlen haben auch im Schwarzwald Seltenheitswert.

HINTERGRUND

Wissenswertes über Natur, Landschaft und Klima, über Geschichte und Kultur, Alltag und die Menschen. Natürlich auch über den Bollenhut, die Kuckucksuhr und berühmte Persönlichkeiten.

Landschaft fürs Gemüt

Sind es die stillen Täler, der Duft sonnendurchfluteter Wiesen oder die dunklen Wälder, die den Zauber dieser Landschaft in Deutschlands Südwesten ausmachen? Wie immer die Antwort auch ausfallen mag, mit dem Schwarzwald verbinden sich allerlei Sehnsüchte und Träume.

In der Heimat von Bollenhut und Kuckucksuhr darf sich das **diffuse Sehnen nach einer heilen Welt** mit intakter Natur erfüllen. Das lässt sich auch am großen Erfolg mehrerer Fernsehserien ablesen: »Die Schwarzwaldklinik«, »Die Fallers« und auch die Serie »Schwarzwaldhaus 1902 – Leben wie vor 100 Jahren«. Vor Ort stellt sich jedoch heraus, dass die verklärenden Bilder keineswegs die ganze Wahrheit zeigen: LKWs donnern durch die Täler, Motorradlärm zerreißt die Waldesstille, Gewerbegebiete fressen sich tief hinein ins Grün, sterile Wohngebiete prägen die Randbezirke so mancher Gemeinde, Stromleitungen und Windräder stören den Blick. Also alles auch nicht besser wie daheim? Vielleicht. Doch der kluge Reisende blendet solche Störfaktoren aus und widmet sich dem Schönen. Und da hat der Schwarzwald viel zu bieten.

Weltweit bekannt: die Kuckucksuhr

GENUSSREGION IM SÜDWESTEN

Von den Schwarzwaldgipfeln sieht man bis zu den Alpen, tiefblaue und im Sonnenlicht funkelnde Seen locken zum Baden und Bootfahren. Man kann sich im Schwarzwald in einen Rausch von Aktivitäten stürzen, oder auch den Urlaub ganz in sich gekehrt verbringen.
Um sich zu erholen, reisen jährlich **weit über 7 Mio. Urlauber** in den Schwarzwald. Sie finden eine Landschaft vor, die – gemessen an ihrer Vielfalt – ihresgleichen sucht. Sport zu treiben ist in fast allen Varianten möglich. In den vielen Kurorten finden geplagte Körper dank umfangreicher Wellness-Angebote endlich Entspannung. Städte wie das ewig junge Freiburg oder Heilbäder wie das mondäne Baden-Baden locken mit ihrem Charme auch internationales Publi-

kum an. Zudem steht der Schwarzwald bei Feinschmeckern ganz oben in der Gunst. Nirgends findet man auf so engem Raum so viele Sterne-Köche wie hier. Man muss aber nicht immer die Superlative bemühen, um genüsslich zu schlemmen: Die Küche der Region, sei sie badisch oder schwäbisch orientiert, ist bekannt für ihre Qualität. Zutaten aus heimischen Feldern, Flüssen und Wäldern, Schinken und Würste aus dem eigenen Rauch, Edelbrände aus der Familienbrennerei, Wein von den badischen Sonnenhängen, und nicht zu vergessen die Schwarzwälder Kirschtorte sind die Eckpfeiler der heimischen Gastronomie.

IMMER DIE NASE VORN

Ein angestaubtes Klischee besagt, der Schwarzwald sei nur etwas für ältere Biedermänner, die nicht von der Heile-Welt- und Heimat-Romantik der 1950er- und 1960er-Jahre lassen können – grundfalsch!

Ein Schwarzwaldhof im Grünen

Das touristische Angebot wird permanent erweitert und auf die entsprechenden Zielgruppen zurechtgeschnitten: Die anspruchsvolle **Wellness-Klientel** wird ebenso umfassend umworben wie **Skilangläufer** und Snowboarder, Radfahrer und **Mountainbiker**. Die Möglichkeiten von E-Bikes für den Tourismus in einer Mittelgebirgsregion erkannten die Schwarzwälder sofort. **Wanderer** können sich auf dem rund 23 000 Kilometer umfassenden Wanderwegenetz satellitengestützt durch die Wälder leiten lassen. Alte Burgen und Schlösser, Kirchen und Klöster wecken die Entdeckungslust bei Liebhabern von Kunst und Kultur.

Der Ehrgeiz der Tourismusexperten hat auch die Familien nicht vergessen: Ferien auf dem Bauernhof mit fantasievollen und engagierten Rahmenprogrammen machen selbst trübe und verregnete Tage zu einem Erlebnis.

Zwar gibt es **touristische Rummelplätze** wie den Mummelsee unterhalb der Hornisgrinde, die Triberger Wasserfälle, den Titisee, den Feldberg und den Schluchsee, wo sich an schönen Wochenenden und Feiertagen Menschenmassen ballen. Es gibt aber auch andere – abgeschiedene – Orte voller Stille und landschaftlicher Anmut. Dieses »sowohl – als auch«, diese breite Vielfalt zieht sich wie ein roter Faden durch das waldreiche Gebirge im deutschen Südwesten.

Fakten

Natur und Umwelt

Sanft gerundete Berge im Südschwarzwald und schroffe Gipfel im Norden sind ein Ausdruck der geologischen Vielfalt der Region. Die unterschiedlichen Landschaftszonen bieten Lebensraum für mediterrane Vögel wie den Bienenfresser am Kaiserstuhl und alpine Pflanzenarten am Feldberg. Umweltschutz spielt eine wichtige Rolle, davon zeugen auch die Diskussionen um einen Nationalpark.

Naturräumlich wird das Gebirge in Nord-, Mittel- und Südschwarzwald gegliedert. Trennlinie ist das Kinzigtal, das den Mittleren Schwarzwald durchschneidet. Es trennt Randplatten, Grindenschwarzwald, Enzhöhen und Nördlichen Talschwarzwald von der Mittleren Schwarzwald-Ostabdachung und dem Hochschwarzwald.

GEOLOGIE UND LANDSCHAFT

Die Gesteine des Schwarzwaldes bilden verschiedene Epochen der Erdgeschichte ab. Einen Überblick bietet das Blockdiagramm im Baedeker Wissen auf S. 21. Gneise zählen zu den ältesten Gesteinen der Region. Sie sind weitgehend am Ende des **Kambriums** und zu Beginn des Ordoviziums, also vor 520 bis 480 Mio. Jahren entstanden.

Erdgeschichte

Rotliegend-Schichten aus der Zeit des **Perm** (vor 280 Mio. Jahren) finden sich im Schwarzwald nur sehr selten und dann in wenigen Randtrögen: Baden-Badener Senke, Offenburg-Teinacher Senke, Schramberger Senke und Breisgau-Senke. Der auf 230 Mio. Jahre (**Trias**) zu datierende Buntsandstein ist die einzige bedeutende Schicht, mit der das Mesozoikum (Erdmittelalter) im Schwarzwald vertreten ist. Vor 40 Mio. Jahren, im **Tertiär**, begann die Heraushebung von Schwarzwald und Vogesen sowie der Einbruch des Oberrheingrabens. Diese Vorgänge hatten auch großen Einfluss auf die Entstehung von Thermalquellen und Lagerstätten (▶Baedeker Wissen S. 20).

Im **Miozän** (vor 25 Mio. Jahren) öffneten tiefreichende Brüche den vulkanischen Schmelzen des Kaiserstuhls den Weg aus dem Erdinnern. Im **Pleistozän** (vor 1,5 Mio. Jahren) gehörte der Schwarzwald zu den wenigen Mittelgebirgen, die während der Eiszeiten eigene Gletscher aufwiesen, so etwa am Feldberg und am Belchen.

Die Triberger Wasserfälle gehören zu den am besten besuchten Naturschönheiten im Schwarzwald.

Schwarzwald auf einen Blick

Regierungsbezirke Karlsruhe und Freiburg
Fläche: **11 079 km²**
(Baden-Württemberg: 35 750 km²)

Einwohner:
2,95 Mio.
(Baden-Württemberg: 10,78 Mio.)

Bevölkerungsdichte:
267 Einwohner/km²
(Baden-Württemberg: 302 Einwohner/km²)

▶ Naturraum

Höchste Berge:
▲ Feldberg (1493 m)
▲ Herzogenhorn (1415 m)
▲ Belchen (1414 m)
▲ Schauinsland (1284 m)

Längste Flüsse:
Enz (110 km)
Kinzig (95 km)
Nagold (92 km)

Größte Seen:
● Schluchsee (5,1 km²)
● Titisee (1,1 km²)

— Grenze der Regierungsbezirke Karlsruhe (im Norden) und Freiburg (im Süden)

▶ Verwaltung

Die Stadt- und Landkreise des Schwarzwaldes und ihre Einwohnerzahlen

Stadtkreise
- 301 000 Karlsruhe
- 231 000 Freiburg
- 122 000 Pforzheim
- 55 000 Baden-Baden

Landkreise
- 435 000 Karlsruhe
- 419 000 Ortenaukreis
- 254 000 Breisgau-Hochschwarzwald
- 227 000 Rastatt
- 224 000 Lörrach
- 207 000 Schwarzwald-Baar
- 167 000 Waldshut
- 159 000 Emmendingen
- 157 000 Calw
- 155 000 Enzkreis
- 138 000 Rottweil
- 119 000 Freudenstadt

▶ Wirtschaft

Beschäftigte 2012:

- sonstige Dienstleistungen: 42
- Produzierendes Gewerbe: 36
- Handel, Verkehr, Gastgewerbe: 22

▶ Tourismus

7,34 Mio. Gäste mit **20,49 Mio. Übernachtungen** (2012)

Davon **26 % aus dem Ausland**, hauptsächlich aus der Schweiz

▶ Klimastation Freiburg

Durchschnittstemperaturen

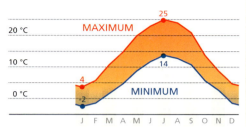

Niederschlag

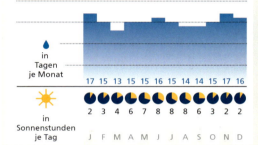

Windenergie in Baden-Württemberg

Bis 2020 möchte die Landesregierung Baden-Württemberg 10 % der Bruttostromerzeugung durch Windenergie decken. Ein geeigneter Standort ist der Schwarzwald.

Größenvergleich

fünfstöckiges Haus | Freiburger Münster | größte Windkraftanlage (Leistung: 7,5 MW)

Bestehende Windkraftanlagen im Schwarzwald

- 🟩 windstarke Region
- 🔴 >5 Windräder
- 🔴 3–5 Windräder
- 🔴 1–2 Windräder

HINTERGRUND • **Natur und Umwelt**

Grundgebirgsschwarzwald

Etwa 60% des kristallinen Grundgebirgssockels bestehen aus Gneisen, die durch Umwandlung aus Sedimenten (Paragneise) und magmatischen Erstarrungsgesteinen (Orthogneise) entstanden sind. Das Zentralschwarzwälder Gneisgebiet nimmt einen weitgehend zusammenhängenden Komplex vom Nord- bis zum Südschwarzwald ein. Gneise gehören zu den metamorphen Gesteinen; sie wurden also unter Einwirkung von Druck und Hitze umgewandelt. Im Schwarzwald handelt es sich großteils um Gneise, die oft mehrfach deformiert und teils aufgeschmolzen worden sind. Dies geschah in zwei Phasen innerhalb von 40 Mio. Jahren an der Wende vom Kambrium zum Ordovizium. Alle Stadien der Aufschmelzung sind durch entsprechende Gesteine vertreten. Als größere Granitkomplexe werden die Nordschwarzwälder, die Triberger und die Südschwarzwälder Granitmasse unterschieden. Es handelt sich um Magmatite (Erstarrungsgesteine), die durch die Aufschmelzung von Gneisen entstanden sind oder durch das Eindringen von Gesteinsschmelzen gebildet wurden. Die jüngeren, in seichtere Regionen der Erdkruste weiter aufgestiegenen und erstarrten Gesteine sind stärker differenziert.

Erze und Mineralien

Beim Erstarren der magmatischen Gesteinsschmelzen entstanden die Erz- und Mineralgänge, Grundlage für den **Bergbau** im Schwarzwald. Blei- und Zinkerz-Gänge findet man hauptsächlich im südlichen Schwarzwald im Gneis, Gänge der Kobalt-Nickel-Silber-Wismut-Uran-Formation im mittleren Schwarzwald im Granit (z. B. bei Wittichen). Die Schwerspatgänge im Gebiet von Freudenstadt und Neubulach hingegen gehören bereits ins Deckgebirge (s.u.).

Grundgebirge heute

Der im Tertiär am höchsten herausgehobene Teil des Südschwarzwalds weist allgemein sanfte Geländeformen auf – abgesehen von wenigen, in jüngerer Zeit tief eingeschnittenen Schluchten. Ursache für die gerundeten und kuppigen Formen ist die homogene Beschaffenheit der **Granite** und **Gneise**. Im Gegensatz zum Buntsandstein hat das undurchlässige Grundgebirge ein reiches Talnetz, besonders an der dem Regen ausgesetzten und zum tief gelegenen Rhein hin entwässernden Westseite. Für das zur höher gelegenen Donau hin entwässernde östliche Gebiet sind eher geräumige Talmulden und weite Hochflächen charakteristisch.

Buntsandstein-Schwarzwald

Das auf dem kristallinen Sockel aufliegende Deckgebirge wird vom **Buntsandstein** gebildet. Er bedeckt weite Teile des Nordschwarzwalds. Dieser wurde nicht so stark herausgehoben und auch nicht so stark abgetragen wie der Südschwarzwald. In einem immer schmaler werdenden Band zieht sich die Schicht nach Süden; auch an Mächtigkeit nimmt sie gewaltig ab. Während der Buntsandstein im Norden die beachtliche Mächtigkeit von 400 m erreicht, schrumpft er im Süden auf 20 m zusammen. Das Gewässernetz in dem durchlässigen

Gestein ist nicht so dicht wie im Kristallin, und die Hänge im Unteren sowie Mittleren Buntsandstein sind steiler, da sie leichter abgetragen werden. Die nährstoffarmen, ausgewaschenen Sandböden sind mit ausgedehnten Wäldern bedeckt. Für Ackerbau sind sie nur bedingt geeignet. Die Grenze zum Kristallin bildet eine markante, bis zu 250 m hohe Schichtstufe. Die Hänge im Mittleren Buntsandstein sind von Blockmeeren übersät. Die Hochflächen werden von Plattensandsteinen und Röttonen gebildet, die wiederum ackergünstigere Böden liefern und besiedelt sind. Örtlich hat sich auf den wasserundurchlässigeren tonreichen Böden allerdings staunasser Gleyboden entwickelt; auch Torfmoore sind entstanden.

Die im Osten anschließenden Gäuflächen – Korngäu, Heckengäu und Oberes Gäu – werden vom **Muschelkalk** gebildet. Die waldarmen, schon früh besiedelten Gäuplatten lassen auf vergleichsweise fruchtbare Böden schließen. Muschelkalk zusammen mit Keuper baut den im Südwesten gelegenen Dinkelberg auf. *Gäuflächen*

Mit einer Länge von 300 km und einer Breite von 40 km ist der Oberrheingraben das eindrucksvollste bruchtektonische Phänomen in Mitteleuropa. Auslöser sind die Kräfte, die beim Zusammenstoß von afrikanischer mit europäischer Kontinentalplatte freiwerden und noch heute zu seismischen Phänomenen wie Erdbeben führen (Baedeker Wissen S. 20). *Oberrheingraben*

Breite, eiszeitliche Niederterrassenschotter begleiten den während der Eiszeiten gebildeten Flusslauf. Der aus dem Bodensee fließende Hochrhein markiert auf seinem Weg nach Westen den Südrand des Schwarzwaldes. Bei Basel biegt der Fluss in nordöstlicher Richtung ab und

> **BAEDEKER WISSEN**
>
> *Die Erde bebt*
>
> Von der immer noch hohen seismischen Aktivität zeugen hin und wieder kleinere Erdbeben, so etwa im Dezember 2004 bei Waldkirch (Stärke 5,4 auf der Richterskala) und im Mai 2009 in Steinen bei Lörrach (Stärke 4,5). Das schlimmste Beben am Schwarzwaldrand seit Menschengedenken führte im Jahr 1356 zur Zerstörung der Stadt Basel.

durchmisst die Oberrheinische Tiefebene. Der fruchtbare **Löss**, der durch Windverfrachtung von feinstem Gesteinsstaub entstanden ist, bedeckt in mächtigen Polstern die Vorbergzone und den Kaiserstuhl (s.u.). Der Rhein verläuft nicht mehr in seinem ursprünglichen Flussbett. Das Ökosystem wurde durch die von Tulla vorangetriebene Flussregulierung im 19. Jh. und den im 20. Jh. erfolgten Ausbau zur Binnenwasserstraße nachhaltig beeinflusst. Nur an wenigen Stellen, so z.B. im Taubergießen und im Pamina-Rheinpark, sind noch Reste der ursprünglichen Flusslandschaft mit Auwäldern, Sumpfzonen, Totarmen und Flussschlingen erhalten.

Tektonik und Thermalismus

Gebirge unter Spannung

Wie keine andere Landschaft steht der Schwarzwald als Deutschlands größtes und höchstes Mittelgebirge unter Spannung. Es wird einerseits weiter aufgewölbt und gleichzeitig weitet sich der Oberrheingraben am Westrand des Gebirges. Vulkanismus bzw. hydrothermale Aktivität durchsetzen das Gebirge mit Erz- und Spatgängen, aus tiefen Klüften und Spalten treten bis heute teils hochtemperierte Mineralwässer aus.

▶ Die Entstehung des Oberrheingrabens
Seit zirka 45 Mio. Jahren senkt sich hier die Erdkruste. Aufwölbungen und Zugspannungen ließen einen Graben entstehen: Als Schultern des Oberrheingrabens hoben sich im Westen die Vogesen und im Osten der Schwarzwald heraus.

Erdoberfläche vor 140 Mio. Jahren
Lithosphäre (Erdkruste und oberer Erdmantel) — Buntsandstein — Muschelkalk — Keuper — Jura
W — Verwerfung — Grundgebirge — O

Erdoberfläche vor 70 Mio. Jahren
Lithosphäre reißt auf und strebt auseinander. — Gesteinspakete sinken ab, die Ränder heben sich und werden abgetragen. — abgetragenes Gestein
Verwerfung — Magma

Erdoberfläche heute
Oberrheingraben — Rhein — Kaiserstuhl — Rheinschotter
Vogesen — Schwarzwald

▶ Bergbau und Besucherbergwerke
Seit der Keltenzeit wurden Erze abgebaut, von 1961 bis 1991 auch Uran. Die Grube Clara bei Oberwolfach ist heute Deutschlands bedeutendste Fluss- und Schwerspatgrube.

1. **Neuenbürg:** Frischglück
2. **Neubulach:** Hella-Glück-Stollen
3. **Freudenstadt:** Silberbergwerk
4. **Seebach:** Silbergründle
5. **Oberwolfach:** Grube Wenzel
6. **Wolfach:** Mineralienhalde der Grube Wolfach
7. **Hausach:** Erzpoche
8. **Haslach:** Segen Gottes
9. **Waldkirch:** Suggental
10. **Freiburg:** Schauinsland
11. **Münstertal:** Teufelsgrund
12. **Wieden:** Finstergrund
13. **Todtmoos:** Hoffnungsstollen
14. **Dachsberg/Urberg:** Friedrich-August-Grube

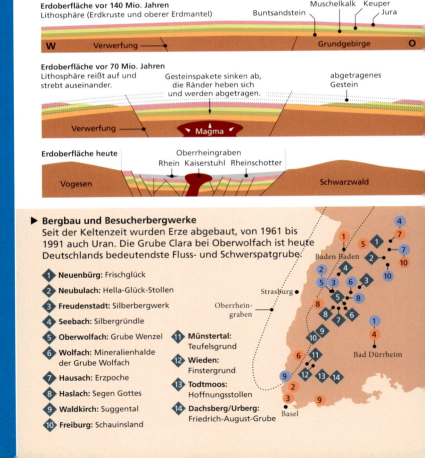

Geologisches Blockbild

Das Blockbild zeigt das Ergebnis von mehr als 500 Mio. Jahren Erdgeschichte im Schwarzwald.

Legende

jüngstes Gestein ↑

- Jüngere Sedimente
- Tertiäre und quartäre Sedimente
- Tertiär
- Tertiäre Ergussteine
- Weißer Jura
- Brauner Jura
- Schwarzer Jura (z.T. mit Oberkeuper)
- Mittlerer Keuper
- Muschelkalk und Unterkeuper
- Buntsandstein
- Paläozoikum
- Ältere Ergussteine (Quarzporphyre)
- Grundgebirge (v.a. Gneis und Granit)

↓ ältestes Gestein

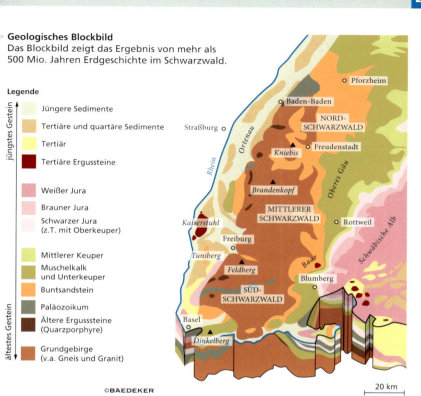

©BAEDEKER

20 km

Thermen

Aus Tiefen bis zu 3000 m treten an etlichen Stellen mineralisierte und bis zu 68 °C heiße Thermalwässer aus.

1. **Baden-Baden:** Caracalla-Therme/Friedrichsbad
2. **Badenweiler:** Cassiopeia Therme
3. **Bad Bellingen:** Balinea Therme
4. **Bad Dürrheim:** Solemar
5. **Bad Herrenalb:** Sieben-Täler-Therme
6. **Bad Krozingen:** Vita Classica
7. **Bad Liebenzell:** Paracelsus Therme
8. **Bad Peterstal-Griesbach:** St.-Anna-Therme
9. **Bad Säckingen:** Aqualon Therme
10. **Bad Teinach:** Mineral Therme

▶ Heilwässer

Calcium, Chlorid, Fluorid, Hydrogencarbonat, Kalium, Magnesium, Natrium, Sulfat und Kohlensäure sind die wichtigsten Inhaltsstoffe der Heilwässer aus dem Schwarzwald.

1. **Bad Dürrheim:** Bad Dürrheimer Heilwasser
2. **Bad Freyersbach:** Bad Freyersbacher Alexanderquelle
3. **Bad Griesbach:** Bad Griesbacher
4. **Bad Liebenzell:** Bad Liebenzeller
5. **Bad Peterstal:** Bad Peterstaler
6. **Bad Rippoldsau:** Bad Rippoldsauer
7. **Bad Teinach:** Hirschquelle
8. **Hornberg:** Hornberger Lebensquelle
9. **Schliengen:** Lieler Schlossbrunnen Hochblauen
10. **Wildberg:** Schwarzwaldquelle/Sprudel

Eiszeitliche Gletscher haben den Feldsee, einen Karsee, geschaffen.

Kaiserstuhl Der Kaiserstuhl hat einen maximalen Durchmesser von 16 km, und seine höchste Erhebung, der Totenkopf, ist 557 m hoch. Er ist ein Stratovulkan, d.h. ein **Schichtvulkan**, der wechselweise aus Lava und Tuffen aufgebaut ist. 80 % des Kaiserstuhls (ausgenommen die Höhen über 400 m) sind heute bis zu 60 m dick von fruchtbarem **Löss** bedeckt.

Relikte der Eiszeit Relikte der Gletscherbedeckung des Schwarzwaldes sind in großer Zahl vorhanden. Besonders gut sind die glazialen Formen der letzten Eiszeit (Würm) erhalten mit dem Feldberg als Zentrum der Vereisung. Er war von einer dicken Eiskappe bedeckt (Plateau-Vereisung), von der einige Talgletscher gespeist wurden. Die Riß-Vereisung hatte eine größere Ausdehnung als die Würm-Vereisung. Im Hotzenwald trafen die Gletscher mit den Alpengletschern zusammen, was damals zur Bildung von Stauseen führte. Von den glazialen Formen sind in erster Linie die **Kare** zu nennen, die man vor allem im Buntsandstein des Nordschwarzwaldes, aber auch im Südschwarzwald im Feldberggebiet findet. Sie wurden von den Hängegletschern an den Talflanken eingekerbt und sind häufig von kleinen Seen erfüllt (u. a. Mummelsee, Wildsee, Feldsee). **Moränen** sind beispielsweise am Titisee und am Schluchsee nachweisbar, die nach der Ausschürfung von Gletscherzungenbecken entstanden sind.

PFLANZEN

Die Vielfalt der Landschaft bildet sich auch in der Fauna und Flora ab. In der Rheinebene gedeihen mediterrane Gewächse wie der wärmeliebende Lorbeerseidelbast und die Weinrebe, Pflanzen, die sonst nur in den Alpen gedeihen wie der Alpen-Bärlapp und der Gelbe Enzian, haben die Schwarzwaldgipfel erobert. Die **Moore** hingegen wie zum Beispiel das Wildseemoor warten mit einer ganz eigenen Vegetation auf, deren charakteristische Vertreter die Torfmoose, Moorbirken und Krüppelkiefern sind.

Vor allen anderen Gewächsen fallen natürlich die Bäume ins Auge. Von den 6000 km² Fläche des Schwarzwaldes sind zwei Drittel bewaldet. Mehr Wald gibt es im Nordschwarzwald (rund 70 %), der Südschwarzwald ist zu rund 60 % mit Bäumen bestockt. Zwar sind die **Schwarzwaldtannen** legendär, doch entpuppen sich heute bei näherem Hinsehen die meisten Nadelbäume als **Fichten**. Einst dominierten tatsächlich Tannen und Buchen im Schwarzwald. Seit Bauern, Glasmacher, Bergarbeiter und Holzhändler die Wälder zwischen dem 16. und 19. Jh. massiv gerodet hatten, wurden die Kahlflächen vorzugsweise mit schnell wachsender Fichte bepflanzt. Heute ist diese Art von Monokultur in Misskredit geraten, erweisen sich die Fichten doch als sehr sturmanfällig.

Ganz entgegen dem Klischee vom »finstern Tann« wachsen im Schwarzwald gar nicht mal so wenig Laubbäume. Im Südschwarzwald beträgt deren Anteil fast ein Drittel, im Nordschwarzwald sind es knapp 15 Prozent. Wer die Abwechslung schätzt, dem seien die Wälder am Süd- und Westrand des Mittelgebirges empfohlen: Zur wärmeren Rheinregion hin wechseln die Tannen, Fichten, Kiefern und Lärchen mit Buchen, Eichen, wärmeliebenden Esskastanien, Vogelkirschen und Hainbuchen ab.

> **BAEDEKER WISSEN ?**
>
> *Tanne oder Fichte?*
>
> Wie unterscheiden sich Fichte und Tanne? Tannennadeln sind stumpf und haben auf der Unterseite zwei helle Streifen, ihren Zapfen wachsen senkrecht in die Höhe und die Rinde sieht eher hellgrau aus, worauf ihr korrekter Name »Weißtanne« anspielt. Die Fichte, auch Rottanne genannt, hat eine rötliche Rinde und ihre spitzen Nadeln pieksen. Das berühmte Schwarzwälder »Tannenzäpfle«-Bier zeigt auf dem Etikett herunterhängende Zapfen – offenbar ist also eine Rottanne abgebildet.

TIERE

So artenreich wie die Flora ist auch die Fauna des Schwarzwaldes. Bären gibt es zwar seit gut 300 Jahren keine mehr, doch Füchse, Marder, Wiesel, dazu Reh und Wildschwein leben nach wie vor in den

Säugetiere

Wäldern. Zur Zeit der Hirschbrunft im Oktober ist das Röhren dieser mächtigen Kolosse vor allem in sternklaren Herbstnächten weithin zu vernehmen. **Gämsen** waren lange Zeit ausgerottet. Eine zwischen 1935 und 1939 am Feldberg angesiedelte Kolonie von Tieren aus Österreich entwickelt sich prächtig und breitet sich aus. Gämsen sind nun auch am Belchen, Kandel, Schauinsland und im Wutachtal zu beobachten.

2011 und 2013 konnten im Südschwarzwald **Luchse** nachgewiesen werden. Ob diese dort aber tatsächlich heimisch sind oder das Gebiet nur auf ihren weiten Streifzügen durchqueren, ist noch ungeklärt. Auch ein Wolf, ebenfalls seit Jahrhunderten vertrieben, wurde im Schwarzwald wieder gesichtet.

Vögel Seltene Vogelarten finden im Schwarzwald ein Refugium. Dazu zählen Dreizehenspecht, der bis in die 1980er-Jahre als ausgestorben galt, Ringdrossel, Zitronenzeisig, das kleine Haselhuhn sowie sein mächtiger Vetter, das **Auerhuhn**. Dieser schwarze Koloss ernährt sich vorzugsweise von Heidelbeeren, ist aber extrem menschenscheu und daher kaum zu Gesicht zu bekommen. Auerhühner stehen unter strengem Naturschutz, da sie kurz vor dem Aussterben sind. Im Schwarzwald leben derzeit noch ca. 600 Tiere. Ebenfalls nur mit viel Glück zu entdecken ist der Apollofalter, der zum Beispiel in der Wutachschlucht zu Hause ist.

UMWELT- UND NATURSCHUTZ

Stress für den Wald Klimawandel, Auto- und Industrieabgase schädigen den Wald. Zu einem umfassenden »Waldsterben«, wie in den 1980er-Jahren gefürchtet, ist es nicht gekommen, weil der Schwefeldioxidausstoß vermindert wurde und infolge dessen der »**saure Regen**« etwas zurückging. Nicht beeinflussbar sind die Stressfaktoren wie sommerliche Trockenheit durch den **Klimawandel**. Auch in den vergangenen zehn Jahren nahm laut Waldzustandsbericht 2012 die Schadensintensität weiter zu. Ein beträchtlicher Teil der Bäume im Schwarzwald ist schwer geschädigt. Mit bloßem Auge kann man dies an vielen Tannen und Fichten, neuerdings auch an Eichen und Buchen, erkennen: Die Kronen werden licht, Nadeln bzw. Blätter verfärben sich gelblich, es kommt zu ansteigenden Nadel- und Blattverlusten.

Geschwächte Bäume sind anfällig für Schädlinge, darunter den Borkenkäfer, der Fichten und Tannen befällt. Ein bislang unbeachtetes Problem bildet der zunehmende Stickstoffeintrag in den Boden: Stickstoff ist an sich ein wichtiger Pflanzennährstoff, doch die Schwarzwald-Bäume sind darauf eingestellt, auf kargen Böden zu leben und nehmen ihn nur beschränkt auf. Was übrig bleibt, gelangt als Nitrat ins Grundwasser und verschmutzt damit auch Quellen und

Bäche. Die Zunahme des Luftstickstoffes ist vor allem auf Autoabgase zurückzuführen. Um der Bodenversauerung entgegenzusteuern, wird teilweise per Hubschrauber Kalk auf den Wald gestreut, eine Maßnahme, die Naturschutzverbände als reine Symptombekämpfung kritisieren.

Der Tourismus hat im Schwarzwald eine lange Tradition. Zum Problem wird der seit den 1960er-Jahren immer stärker werdende Naherholungsverkehr. Das fängt mit dem Verkehrslärm an: An Sonn- und Feiertagen erfüllt der Krach von Autos und Motorrädern jedes stille Tal, in dem eine Straße verläuft. Blechlawinen wälzen sich über die berühmte Schwarzwaldhochstraße, die B 500, und damit die Autofahrer ihr Gefährt mühelos mit dem Wanderstock vertauschen können, hat man allerorten Parkplätze in die Natur geschoben.

Umwelt und Tourismus

Der wachsende **Besucherdruck** zeigt seine hässlichen Seiten an den beliebtesten Zielen: Über den Feldberg ziehen sich Trampelpfade dicht an dicht und vernichten den trittempfindlichen Bewuchs, Mountainbiker, die die ausgewiesenen Strecken verlassen, richten verheerenden Schaden auf dem sensiblen Waldboden an, Heidelbeer- und Pilzsucher, die sich um Naturschutzgebiete wenig scheren, hindern am Boden lebende Vögel wie das Auerhuhn am Brüten. Selbst die Tourismusindustrie schlägt Wunden in ihr größtes Kapital, den Wald, etwa zum Bau von Skipisten, Hotelanlagen und Zweitwohnsitzen.

Dass hier ein sinnvolles Abwägen vonstatten gehen muss, haben viele im Schwarzwald begriffen und mahnen einen **sanften Tourismus** mit behutsamer Besucherlenkung an, zum Vorteil aller. Denn wo Lärm, hässliche Bauten und zerstörte Natur dominieren, bleiben die Besucher weg. Mit Konus-Karte (▶Praktische Informationen), umweltfreundlichen Übernachtungsmöglichkeiten und vielen anderen Ideen wird versucht, nachhaltigen Tourismus zu fördern.

Um den Schwarzwald als Erholungslandschaft und einzigartigen Naturraum zu bewahren, sind zahlreiche Natur- und Landschaftsschutzgebiete entstanden. Die drei größten Naturschutzgebiete sind der Feldberg (4226 ha), der Schliffkopf (1380 ha) und die Wutachschlucht (950 ha). In diesen Gebieten sind die Regeln am strengsten, die Wege dürfen keinesfalls verlassen werden. 2003 wurde der **Naturpark Schwarzwald Mitte/Nord** ausgewiesen. Mit einer Fläche von 370 000 Hektar ist er der größte Naturpark Deutschlands. Etwas kleiner ist mit 330 000 Hektar der **Naturpark Südschwarzwald**. Ziel der Naturparks ist es, die Schönheiten der Schwarzwaldlandschaft zu erhalten, gleichzeitig die Chancen des Schwarzwaldes als Ferienregion zu verbessern. Seit 2012 hat ein zähes Ringen um die Einrichtung eines Nationalparks im Nordschwarzwald eingesetzt (▶Baedeker Wissen S. 26).

Naturschutz

BAEDEKER WISSEN

Nationalpark Schwarzwald

Rückkehr des wilden Walds

In Deutschland sind bislang 14 Nationalparks ausgewiesen, doch keiner befand sich in Baden-Württemberg. Das hat die 2011 gewählte grün-rote Landesregierung Ende 2013 geändert. Die Einrichtung des Parks im Nordschwarzwald stieß auf viel Zustimmung, aber auch auf Protest.

Wozu einen Nationalpark ausweisen, wenn es doch Bannwälder, Natur- und Landschaftsschutzgebiete, Naturparks und andere Schutzzonen gibt? Im Nationalpark findet der größtmögliche Schutz, die Kunst des In-Ruhe-Lassens, auf einer sehr großen Fläche statt. Egal ob der Borkenkäfer nagt und frisst, Spechte Höhlen hacken, Sturm und Schneebruch den Wald durcheinanderwerfen, die schönsten Tannen ungenutzt alt und morsch werden, der Mensch greift nicht mehr ein. Ein ungehindertes Werden und Vergehen hebt an, wie es von Natur aus der Fall ist. »Prozessschutz« nennt sich die hier angewendete Art von Naturschutz, **Natur Natur sein lassen**.

Die große Suche

Doch dafür ist sehr viel Platz nötig, mindestens 10 000 ha Fläche sind gesetzlich verpflichtend. Doch wo im dicht besiedelten, von Straßen durchschnittenen Baden-Württemberg gibt es noch naturnahe Flächen, die groß genug sind und in Frage kommen? Nur im Nordschwarzwald.

Zwar wächst hier kein Urwald, weil durch die Bewirtschaftung der Anteil an Fichten bereits unnatürlich hoch ist. Aber wenigstens sind die Waldgebiete geschlossen und bieten mit den Mooren und Karen weitere, bereits unter Schutz stehende Zonen unberührter Natur. Und der Wald befindet sich überwiegend in Staatsbesitz. Insgesamt gute Voraussetzungen.

Zwei Fronten

Viele befürworten das Vorhaben der Landesregierung: **Naturschützer,** allen voran der Naturschutzbund NABU, wollen das Artensterben unterbinden und seltenen Tierarten wie Luchs, Auerhuhn, Dreizehenspecht und Ziegenmelker Lebensraum erhalten. Ziel ist nicht eine hohe Zahl an Arten. Vielmehr sollen sich genau die Lebensgemeinschaften entwickeln können, die völlig ungestörte Wälder benötigen. Das wird auch für die Forschung spannend.

Touristiker erhoffen sich einen Schub für die Region und den Zustrom von Besuchern, die hier noch unverfälschte Natur erleben können. Denn die Waldwege bleiben begehbar wie bisher, das Angebot an geführten Touren könnte sogar erweitert werden. Die **Wirtschaft** könnte profitieren durch neue Arbeitsplätze sowohl im Tourismus als auch durch den Betrieb von Nationalparkzentren und in der Parkverwaltung.

Doch auch Gegenstimmen werden laut. Der Verzicht auf große Mengen Holz schmeckt der regionalen **Holzwirtschaft** nicht, die den steigenden Bedarf sowieso kaum decken kann. Örtliche Sägewerksbesitzer fürchten um ihre Existenz,

Nur noch rund 600 Auerhühner leben im Schwarzwald. Im Nationalpark fände der Vogel Schutz.

wenn der Nachschub vor der Haustür ausbleibt. Vor allem aber der **Borkenkäfer** sorgt für Diskussionen. Überlässt man einen Fichtenwald sich selbst, breitet sich der Käfer ungehindert aus und hinterlässt kahle Wälder. Keine Augenweide, sondern auf Jahrzehnte hinaus ein hässlicher Anblick. Außerdem macht der Borkenkäfer an der Parkgrenze nicht halt, und viele Privatwaldbesitzer fürchten ein Desaster. Die Landesregierung bemüht sich um Ausgleich: Eine Pufferzone rund um den Nationalpark soll verhindern, dass andere Wälder geschädigt werden. Holzfällen ist in einer Übergangszeit von 30 Jahren noch zum Teil möglich. Sägewerke sollen mit Holz aus anderen Teilen des Staatswalds bedient werden.

Und was sagt die Bürgerschaft? Das Bild ist uneinheitlich. Zwar befürworten laut Umfragen zwei Drittel der Baden-Württemberger und viele Schwarzwaldgemeinden einen Nationalpark, sieben unmittelbare Anrainer-Gemeinden sind aber dagegen. Bei der Festlegung der Nationalparkgrenzen hat die Regierung fünf dieser Gemeinden ausgenommen und im Sommer 2013 das Gebiet rund um den Hohen Ochsenkopf/Plättig (2145 ha) und den Schliffkopf/Ruhestein (7485 ha) als Nationalpark vorgesehen. Dazwischen verläuft ein rund 2 km breiter Korridor. Das ist nicht optimal, aber man hofft, die Lücke noch schließen zu können.

Vorbild in Bayern

Im Bayerischen Wald entbrannte einst ziemlich genau der gleiche Streit, bevor 1970 der erste deutsche Nationalpark eingerichtet werden konnte. Heute begrüßt die Bevölkerung überwiegend das Projekt. Auch der Borkenkäfer, der lange Zeit in den sich selbst überlassenen Wäldern wütete, ist auf dem Rückzug, der Wald erholt sich aus eigener Kraft.

Bevölkerung und Wirtschaft

Städte mit wichtigen Industriezentren und kulturellem Angebot liegen überwiegend am Rand des Schwarzwaldes. Entsprechend ziehen junge Menschen eher hierhin, auf dem Land hingegen überaltert die Bevölkerung. Der Wald selber ist und bleibt für den Tourismus elementar, aber auch für die Energiewirtschaft, die Wind- und Wasserkraft nutzt.

BEVÖLKERUNG

Region der Pendler — Entlang der Randgebiete und dem Rheintal war die Siedlungsdichte schon immer sehr viel höher als im Zentrum des Schwarzwaldes. So leben derzeit in den am schnellsten wachsenden Gebieten wie dem Stadtkreis Freiburg 1457 Einwohner pro Quadratkilometer, in Karlsruhe sind es 1718. Anders sieht es im inneren Schwarzwald aus. In Baiersbronn leben nur 84 Einw./km² und in Bad Rippoldsau-Schapbach sind es sogar nur 31 (der Landesdurchschnitt liegt derzeit bei 302 Einw./km²). Wie an anderen Orten auch überaltert der ländliche Raum zunehmend – nach Schätzungen dürften im Jahr 2025 rund ein Drittel der Schwarzwälder über 60 Jahre alt sein. Junge Erwachsene zieht es in die Städte.

Wer nicht umziehen mag, ist mobil. Ein Heer von Berufstätigen pendelt täglich zwischen den Schwarzwaldtälern und den Wirtschaftsstandorten rund um Karlsruhe, Rastatt, Gaggenau, Pforzheim, Offenburg, Freiburg und Lörrach. Vorteil für alle Touristen: Die öffentlichen Verkehrsverbindungen zum Beispiel aus dem Großraum Karlsruhe in den Schwarzwald hinein sind bestens, und die erfolgreichen Verkehrskonzepte der Albtal- und der Murgtalbahn findet bundesweite Anerkennung.

Konfessionen — Die Bevölkerung von Schwarzwald und Rheintal ist, mit Ausnahme vom Nordosten der Region, **überwiegend katholisch**. Farbenprächtige Prozessionen wie die an Fronleichnam in Bad Peterstal-Griesbach locken Gäste aus nah und fern an.

WIRTSCHAFT

Bodenschätze — Das Kinzigtal, das Münstertal, der Schauinsland, die Gegend um Wittichen, Reinerzau, Neubulach, Neuenbürg und Schapbach waren im Mittelalter und im 18./19. Jh. bedeutende Bergbauzentren. Abgebaut wurden Eisenerze, Blei-, Silber-, Zinkerze, Fluss- und Schwer-

Bevölkerung und Wirtschaft • HINTERGRUND

spat. Heute haben Bodenschätze für den Schwarzwald nur noch geringe Bedeutung, ihr Abbau lohnt derzeit nicht. Nur nur noch die **Schwerspatgrube** Clara bei Oberwolfach ist in Betrieb. 1951 erregten Uranerzfunde bei Menzenschwand Aufsehen. Proteste aus der Bevölkerung und die Erkenntnis, dass der Tourismus mehr Einnahmen bringt als ein nur bedingt rentabler Uranbergbau verhinderten einen Abbau in großem Stil.

Wasserkraft trieb einst Mühlen, Eisenhämmer und Pochwerke an. Heute hat sie durch den Ausbau des Wasserkraftpotentials zur Stromgewinnung eine Neubewertung erfahren. Eingriffe in die Naturlandschaft gab es durch die Errichtung der Schwarzenbachtalsperre und des Schluchseekraftwerks (▶Schluchsee) inklusive der Kraftwerkstreppe an der Schwarza sowie durch die schon vor oder dem Ersten Weltkrieg entstandenen Hochrhein-Kraftwerke bei Rheinfelden und Laufenburg, denen weitere Anlagen folgten. Gegenwärtig wird das Laufwasserkraftwerk Rheinfelden (▶Lörrach) durch eine neue Anlage ersetzt. Auch an einigen Flussläufen im Schwarzwald sind in jüngerer Zeit neue Wasserkraftwerke entstanden, beispielsweise in Gutach im Elztal. Wie die Windkraft (s.u.) ist auch die Nutzung der Wasserkraft wesentlich für die Energiewende, gerät aber mitunter mit dem Naturschutz in Konflikt. Aus Naturschutzgründen umstritten und von den Protesten einer Bürgerinitiative begleitet, zeigt sich der jüngste Plan der Schluchseewerk AG. Sie will im Hotzenwald bei Atdorf Deutschlands größtes Pumpspeicherkraftwerk errichten, das eine Leistung von rund 1400 Megawatt haben und um das Jahr 2020 in Betrieb gehen könnte.

Auch die **Windkraft** wird zunehmend genutzt, bieten sich doch die Randlagen von der Windausbeute her vielfach für den Bau von Windparks an. Seit 2007 steht bei Calw die mit 14 Windrädern derzeit größte Anlage in Baden-Württemberg. Mit 125 m Höhe überragen deren Räder auch die höchsten Schwarzwaldtannen. Im Zuge der angestrebten Energiewende sollen weitere Anlagen eingerichtet werden. Touristiker und Naturschützer mahnen aber eine durchdachte Standortwahl an: Laut einer Studie würden 22 % der Gäste eine Region, an deren Aussichtspunkten und Wanderwegen Windanlagen stehen, meiden. Zudem schränkt der Schutz von bedrohten Fledermaus- und Vogelarten wie etwa dem Auerhuhn die Zahl der Standorte ein.

Energie

Typisch für die Landwirtschaft ist die markante Zweiteilung: Im milden Oberrheintal wachsen an den Sonnenhängen Weintrauben, dazu Kirschen und Zwetschgen in Fülle; in der Rheinebene gedeihen neben Gemüse und Ackerfrüchten zahlreiche Sonderkulturen von Tabak über Erdbeeren bis hin zum Spargel. Im Zentrum des Schwarzwaldes dominiert die Grünlandwirtschaft: Auf den Wiesen grasen

Land- und Forstwirtschaft

Forstwirtschaft

Wald und Holz

Seit alters ist der Schwarzwald ein wichtiger Holzlieferant, wie man spätestens seit Hauffs Märchen »Das kalte Herz« weiß. Auch heute spielt die Waldwirtschaft immer noch eine große Rolle: Pro Jahr werden im Schwarzwald allein über 3 Millionen Festmeter Fichten- und Tannenholz eingeschlagen.

▶ **Waldbesitz in der Schwarzwald-Region**
(Beispiel Landkreis Breisgau-Hochschwarzwald)

■ **Kommunalwald/Körperschaftswald**
ist im Besitz von Städten und Gemeinden sowie Körperschaften (z.B. der Kirche).

■ **Privatwald**
ist im Besitz von Privatleuten.

■ **Staatswald**
ist im Besitz des Landes und des Bundes.

23
40
%
37
©BAEDEKER

▶ **Baumarten im Schwarzwald**
(Beispiel Landkreis Breisgau-Hochschwarzwald)
Der Verbreitung der Fichten entstand vor allem durch die Aufforstung des Schwarzwaldes seit Mitte des 19. Jahrhunderts.

15% sonstige Laubbäume
4% Eichen
16% Buchen
10% sonstige Nadelbäume
11% Tannen
46% Fichten

▶ **Holzernte**

Holzrücken
Früher wurden Bäume per Hand mit Äxten und Sägen gefällt und entastet. Starke Kaltblutpferde zogen die Stämme aus dem Wald.

Holzvollernter
Heute sind zumeist moderne Holzvollernter im Einsatz.

So stirbt ein Baum
Schematische Darstellung der Ursachen des Baumsterbens.

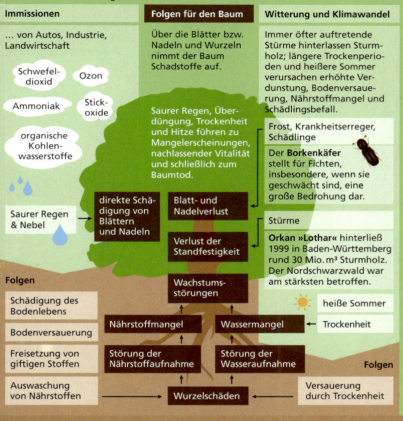

Immissionen	Folgen für den Baum	Witterung und Klimawandel
… von Autos, Industrie, Landwirtschaft	Über die Blätter bzw. Nadeln und Wurzeln nimmt der Baum Schadstoffe auf.	Immer öfter auftretende Stürme hinterlassen Sturmholz; längere Trockenperioden und heißere Sommer verursachen erhöhte Verdunstung, Bodenversauerung, Nährstoffmangel und Schädlingsbefall.

Schwefeldioxid, Ozon, Ammoniak, Stickoxide, organische Kohlenwasserstoffe

Saurer Regen, Überdüngung, Trockenheit und Hitze führen zu Mangelerscheinungen, nachlassender Vitalität und schließlich zum Baumtod.

Frost, Krankheitserreger, Schädlinge

Der **Borkenkäfer** stellt für Fichten, insbesondere, wenn sie geschwächt sind, eine große Bedrohung dar.

Saurer Regen & Nebel → direkte Schädigung von Blättern und Nadeln → Blatt- und Nadelverlust

Verlust der Standfestigkeit

Stürme

Orkan »Lothar« hinterließ 1999 in Baden-Württemberg rund 30 Mio. m³ Sturmholz. Der Nordschwarzwald war am stärksten betroffen.

Wachstumsstörungen

Folgen
- Schädigung des Bodenlebens
- Bodenversauerung
- Freisetzung von giftigen Stoffen
- Auswaschung von Nährstoffen

Nährstoffmangel ← ← Wassermangel ← Trockenheit

heiße Sommer

Störung der Nährstoffaufnahme — Störung der Wasseraufnahme

Folgen
Wurzelschäden ← Versauerung durch Trockenheit

Holztransport

Flößen
Früher wurden die Baumstämme über Rutschen (Riesen) zu Tal gebracht und dann in Flüssen zu Flößen bzw. ganzen Gestören zusammengebunden und weitertransportiert.

Bahn
Ab dem beginnenden 20. Jh. wurde immer mehr Holz per Eisenbahn aus dem Schwarzwald abtransportiert.

Lkw
Heute wird das meiste Holz per Lkw aus dem Schwarzwald gefahren.

Kühe, neuerdings lohnt auch die Schaf- und Ziegenzucht. Wie in allen klimatisch und landschaftlich benachteiligten Gebieten leiden auch die Schwarzwaldbauern unter ihrer Situation. Rund ein Drittel der Betriebe sind Vollerwerbsbetriebe. Der Trend geht zu immer größeren Flächen: Im Freiburger Raum liegt die durchschnittliche Betriebsgröße bei rund 18 Hektar, daneben gibt es unter den 3000 Höfen in diesem Raum 30 Großbauern, die über 100 Hektar Nutzfläche verfügen. Auch bei den Nebenerwerbslandwirten zeigt sich im Schwarzwald das gewohnte Bild: Immer mehr Landwirte hören altershalber auf, Nachfolger finden sich selten. Das könnte weitreichende Folgen haben. Denn die Bauern spielen eine entscheidende Rolle für den **Erhalt der Kulturlandschaft**. Würden sie die Weiden nicht mähen oder hier ihre Tiere nicht mehr grasen lassen, würde der Wald im Handumdrehen das Terrain zurückerobern.

Diese **Zunahme der Waldfläche** durch Aufgabe der Weidewirtschaft hat vor allem im Nordschwarzwald in besorgniserregendem Maße eingesetzt. Auch heute noch leben viele Schwarzwälder von ihrem Wald. Fast die Hälfte des Waldes zählt zum Privatwald, das ist ein sehr hoher Anteil. Doch verheerende Orkane haben Waldbesitzer und auch die kleinen Sägewerke fast an den Rand des Ruins gedrängt. Weil nach den Stürmen Millionen Kubikmeter Holz auf einen Schlag auf den Markt gebracht werden mussten, verfielen die Holzpreise. Zwar wird die Aufforstung von der öffentlichen Hand gefördert, doch bis diese Wälder wieder Ertrag abwerfen, vergehen Jahrzehnte. Grund zur Hoffnung gibt im Zeichen der erneuerbaren Energien und der guten Baukonjunktur der stetig ansteigende Holzpreis. Kleine Sägewerke hingegen können beim Verdrängungswettbewerb immer weniger mithalten.

Produzierendes Gewerbe Steht der Bollenhut für Heimatverbundenheit und Traditionen, darf die Kuckucksuhr als Symbol für den Einfallsreichtum der Schwarzwälder gelten. Schon mit den Vorformen der Kuckucksuhr (um 1670 wurden die ersten Schwarzwälder Uhren hergestellt) betrieben die Schwarzwälder einen schwunghaften Handel. Die einen erwarben sich ein oft bitter nötiges Zubrot, andere spezialisierten sich ganz auf diesen Handwerkszweig. Aus der Beschäftigung der Tüftler mit Holz, Metall und Glas erwuchsen weitere Wirtschaftszweige, darunter die **Feinmechanik** und die **Uhrenindustrie**, vertreten durch die Weltfirmen Kienzle und Junghans. 1903 stieg Firma Junghans mit 1600 Beschäftigten zur größten Uhrenfabrik der Welt auf. Doch große Schwarzwälder Marken wie zum Beispiel Dual haben die Stürme der Zeit nicht überstanden. Besonders der Nordschwarzwald gilt nach wie vor als strukturschwaches Gebiet, daher drängen die Gemeinden auf den Ausbau der Verkehrswege.

Der Wirtschaftsstandort Schwarzwald ist vor allem von **mittelständischem Gewerbe** geprägt. Großindustrie findet man nur am Ran-

Das grüne Freiburg nutzt Sonnenenergie im großen Stil.

de der Region, vor allem bei Freiburg und im Raum Karlsruhe. In Rastatt baut Mercedes-Benz sein A-Klasse-Modell. Vorteil für die Tourismusregionen: Fast alle Betriebe konzentrieren sich auf die Bereich entlang der Bundesstraßen, die überwiegend dem Lauf der Flusstäler folgen. Das macht diese Täler zwar nicht schöner, dafür blieb der Rest dieses Waldgebirges vor allzu großem Flächenfraß verschont.

Freiburg ist ein gutes Beispiel dafür, wie modernste Technologien den Ruf einer ganzen Region fördern können, ist doch Freiburg längst als **»Solar-City«** weit bekannt. Ganz in der Nähe auf dem Schauinsland in 1077 Metern Höhe ist bereits das Wasserstoffzeitalter angebrochen. Im »Rappenecker Hof« haben die Wirtsleute nicht nur 40 Quadratmeter Dachfläche ihres 1622 erbauten Schwarzwaldhofes mit Solarzellen bestückt. Um Engpässe in der Stromversorgung abzufangen, haben sie zudem eine Brennstoffzelle eingebaut.

Eine sehr wichtige Einnahmequelle ist der Tourismus, der 2012 ca. 186 000 Arbeitsplätze bot, sogar rund 744 000 inklusive aller Teilzeitstellen. Rund 4 Mrd. Euro netto setzte die Region 2012 mit dem Tourismus um. Jeder zweite Baden-Württemberg-Besucher kommt allein des Schwarzwaldes wegen. 7,3 Mio. Ankünfte pro Jahr weist die Beherbergungsstatistik aus. Allerdings: Die Zahl der Urlauber, die länger bleiben, nimmt ab, während die Kurzurlauber mehr werden. Im Durchschnitt bleibt ein Gast 2,8 Tage. 2012 zählte man rund 20 Mio. Übernachtungen. Die Landesregierung unterstützt den Schwarzwald-Tourismus finanziell. Größte Chancen verspricht man sich vom Ausbau des Sportsektors, der Teil des Wellness-Booms ist, auf den die Heil- und Kurbäder längst reagiert haben. Auch die Einrichtung eines Nationalparks im Nordschwarzwald soll dem Tourismus Rückenwind geben.

Tourismus

Willkommen im Alltag!

Den Schwarzwald abseits der Touristenpfade erleben und auch ganz »normale« Leute treffen – dazu einige Tipps.

GANZE KERLE

Interessant wäre es schon, den Alltag der Holzfäller zu erkunden. Doch sie sind über Zuschauer beim Baumfällen nicht begeistert – viel zu riskant. Was Forstwirte können, zeigen die besten Holzfäller der Region und ganz Europas beim Wettbewerb im Schuttertal. Eine ideale Gelegenheit, sich über Waldarbeit zu informieren, sind auch die Touren mit dem Förster im Naturschutzzentrum Feldberg.
Holzfällerwettbewerb Schuttertal
jährlich 1. Sommerferienwochenende
www.rsv-schuttertal.de
Touren mit dem Förster ▶Feldberg

HERR DER UHREN

Der Wildwuchs bei Kuckucksuhren ist enorm, von Plastikuhren aus Fernost bis zu noblen Designerstücken ist alles zu haben. Wie eine echte Schwarzwälder Kuckucksuhr in aufwendiger Handarbeit hergestellt wird, zeigt Holzbildhauer Christophe Herr. Er sägt, leimt, schnitzt und montiert, wie es seine Familie seit fünf Generationen macht. Und er erläutert gerne, wie der Kuckucksruf in den Uhren funktioniert.
Firma Robert Herr, Triberger Str. 38/40
78136 Schonach, Tel. 07722 52 74
www.schwarzwalduhr.de

LAUE NÄCHTE
In Freiburg ist es generell nicht sonderlich schwer, Kontakte zu knüpfen. Besonders einfach kommt man mit Einheimischen und Studierenden im Sommer ins Gespräch. In der Altstadt sammeln sich Nachtschwärmer, Prüfungsgestresste und ein breites Publikum und feiern das Leben.
Freiburg, Augustinerplatz

AUS DEM BAUERNRAUCH
Wie entsteht ein echter Schwarzwälder Schinken nach alter Tradition? Wie lange muss er lagern? Wie bewahrt man ihn auf? Metzgermeister Frank Pfau erläutert dies mit viel Elan und gibt Einblick in die komplizierte Welt der Wurstwaren. Besucher dürfen in seine Räucherkammer schauen, in der außer Schinken zahlreiche köstliche Wurstspezialitäten reifen.
Räucherspezialitäten Pfau
Alte Poststr. 17, 72285 Herzogsweiler
Tel. 07445 64 82, www.pfau-schinken.de
Mo. – Fr. 8.00 – 12.00, 14.30 – 18.00 Uhr,
Mi.nachmittag geschl., Besichtigung:
Di. 14.30, 16.30, Sa. 11.30 Uhr u.n.V.

ZELTEN PRIVAT
»Beautiful garden close to Pforzheim at the river Enz«, so oder ähnlich klingen die Angebote auf der Internetplattform »Camp in my garden«. Hier laden Hausbesitzer Touristen ein, das Zelt im heimischen Garten aufzustellen, oft Familienanschluss inklusive.
www.campinmygarden.com

Geschichte

Insel im Weltgeschehen

Bis ins frühe Mittelalter wagt sich kaum jemand ins finstere Waldgebirge. Die große Geschichte spielte sich jahrhundertelang in den Randzonen ab. Ausnahmen wie die Salpetereraufstände im Hotzenwald und Orkan Lothar bestätigen die Regel.

UR- UND FRÜHGESCHICHTE

10. Jt. v. Chr.	Steinzeitjäger durchstreifen die Randgebiete.
4. Jt. v. Chr	Erste Bauernkulturen in den Randgebieten
7. – 1. Jh. v. Chr.	Nachweis von keltischen Siedlungen und Bergbau
17 n. Chr.	Der Rhein wird Grenze des Römischen Reiches.
186 n. Chr.	Arae Flaviae (Rottweil) erhält römisches Stadtrecht.

Der eigentliche Schwarzwald bleibt lange Zeit menschenleer, doch in den klimatisch begünstigten und fruchtbaren Randgebieten sind steinzeitliche Jäger und Sammler unterwegs. Ab ca. 3000 v. Chr. werden die ersten Bauern sesshaft. Schon in der Jungsteinzeit suchen Menschen sporadisch den Schwarzwald auf, wie Pollenuntersuchungen in Mooren gezeigt haben. Für die Bronzezeit ist eine sommerliche Weidewirtschaft wie heute auf den Almen sowie Siedlungstätigkeit nachgewiesen. **Anfänge**

Kelten zieht es in der Eisenzeit (ab 800 v. Chr.) bis zur Zeitenwende in den inneren Schwarzwald auf der Suche nach Brauneisen. Eisenverhüttung ist nachweisbar für das 5./4. Jh. v. Chr. beim heutigen Neuenbürg im nördlichen Schwarzwald. Im 2. / 1. Jh. v. Chr. gibt es schon große stadtähnliche Siedlungen. So ist beispielsweise Tarodunum (Kirchzarten) ein Zentrum von Handel und Gewerbe. Caesar nennt diese Siedlungen **»oppida«** (dt. = Städte). Weitere Zeugnisse keltischer Kultur sind Kultstätten und Viereckschanzen (u. a. bei Grenzach-Whylen). Der griechische Geschichtsschreiber Herodot (um 490 – 420 v. Chr.) bezeichnet den Südostrand des Schwarzwalds – »wo die Donau entspringt« – als Heimat der Kelten. **Die Kelten im Schwarzwald**

Im 1. Jh. v. Chr. überschreiten die Römer den Rhein und machen sich daran, auch diese Ländereien ins römische Imperium einzugliedern. Den Schwarzwald nehmen sie als eine gewaltige verkehrstechnische Barriere wahr. Sie umgehen ihn und verlegen ihre Straßen entlang **Römische Eroberer**

Badenweiler: Knapp 2000 Jahre trennen das moderne Schutzdach von den gut erhaltenen Resten der römischen Thermen.

seiner Grenzlinien. Eine einzige **Querstraße** wird 74 n. Chr. durch den Wald hindurchgeführt und verläuft über Straßburg und Offenburg nach Rottweil. Entlang ihrer Straßen legen die Legionäre Militärlager (Kastelle) an, in deren Umgebung sich Handwerker ansiedeln. Auch vereinzelte Gutshöfe säumen die Römerstraßen. Allerdings lassen die Römer, die eine hoch entwickelte **Badekultur** haben, Thermalquellen wie Baden-Baden und Badenweiler dann doch nicht einfach links liegen. Hier wagen sie sich in den Wald hinein und bauen dort kunstvolle Thermen.

> **?** **BAEDEKER WISSEN**
>
> *Kalender der Druiden*
>
> Der Magdalenenberg bei Villingen ist einer der größten keltischen »Fürstengrabhügel« Europas. Um das Zentralgrab herum liegen weitere Gräber. 2011 untersuchte das Römisch-Germanische Zentralmuseum Mainz die Anordnung aller Gräber und stellte eine Übereinstimmungen mit dem nördlichen Sternenhimmel fest. Mittels senkrecht platzierter Stangen war es den Kelten offenbar möglich, in dieser Anlage Mondfinsternisse vorauszuberechnen. Erbaut wurde das »Observatorium« 616 v. Chr. Beim Magdalenenberg handelt es sich damit um den ältesten bislang bekannten keltischen Mondkalender.

Die älteste schriftliche Bezeichnung des Schwarzwalds findet sich beim römischen Geschichtsschreiber Tacitus (um 55 n. Chr. bis ca. 116 n. Chr.). Er nennt ihn »Adnobae« (dt. = bei der Waldgöttin Adnoba) und zählt die raue Schwäbische Alb gleich mit dazu. Auf der **Tabula Peutingeriana**, einer Karte aus dem 4. Jh. n. Chr., ist Germanien vom Silva Hercynia magis horrida durchzogen, zu dem der Schwarzwald als das Teilstück »Silva marciana« (Grenzwald) gehört. 868 erwähnt das St. Galler Urkundenbuch erstmals den »saltu Svarzwald« – hochgelegene Nadelwälder sind allerdings im deutschsprachigen Raum mehrmals als »Schwarzwald« bezeichnet worden, nur hat sich nirgendwo sonst dieser Name für ein Gebiet erhalten.

MITTELALTER

6. / 7. Jh. n. Chr.	Das Christentum breitet sich im Südwesten aus.
939	Das Fränkische Reich zerfällt.
1075 – 1250	Kloster Hirsau sorgt für neue Impulse in der Kirche.
11. – 14. Jh.	Flächenhafte Erschließung des Schwarzwalds

Aus Heiden werden Christen
Etwa um 260 n. Chr. besiedeln Alamannen die römischen Herrschaftsgebiete am Oberrhein. Auch sie umgehen den Schwarzwald. Vom 3. bis zum 6. Jh. bleibt er ein kulturarmes Waldland zwischen Rhein und Neckar. Erst als Chlodwig, König der Franken, sich 497 zum **Christentum** bekehrt, wird das für den Schwarzwald folgen-

reich. Seine Erschließung beginnt mit den Mönchen, die kleine Mönchszellen oder Klöster gründen. Den Anfang macht um 650 das Kloster St. Trudpert im Münstertal im Südschwarzwald. Es folgen Ettenheimmünster (um 700), Schuttern (um 750) in der Ortenau, Gengenbach im unteren Kinzigtal (724/727), Lauterbach bei Schramberg (769) und Hirsau (830) im Nagoldtal. Diese **Klostergründungen** lassen das Waldzentrum noch unberührt, erst mit Waldkirch (926) und Sulzburg (993) wirken sie in den inneren Schwarzwald hinein.

Die Zähringer sind berühmt als die bedeutendsten Städtegründer im Südwesten. 1120 gründeten sie zu Füßen ihrer Burg die Stadt Freiburg. An vielen strategisch wichtigen Stellen bauen sie Orte zu Städten aus: Rottweil, Villingen, Offenburg, Neuenburg und Rheinfelden etwa. Auch den siedlungsarmen Schwarzwald beziehen sie in die Politik mit ein. Bauern werden in den Tälern angesiedelt. Nach und nach entstehen so zusammenhängende Dörfer. Die Hochflächen des Schwarzwalds werden gerodet, was nicht nur weitere Wald- und Weidewirtschaft ermöglicht, sondern auch den Zugang zu den Bodenschätzen. Im 13. bis 15.Jh. werden Eisen-, Zink- und Bleierze gefördert, am Schauinsland und im Münstertal auch Silber. — **Erschließung des Waldes**

1218 sterben die Zähringer aus und 1268 ihre Nachfolger, die Staufer. Danach ist der Schwarzwald nicht mehr im Besitz eines Territorialherrn, sondern vieler Herren Land: die Habsburger, der Markgraf von Baden, der Herzog von Württemberg und die Fürsten von Fürstenberg teilen sich den Schwarzwald. Daneben gibt es freie Reichsstädte (wie Gengenbach), Klöster mit ihrem Besitz, und auch dem Hochstift Straßburg gehört ein Zipfel vom Schwarzwald. — **Vieler Herren Land**

NEUZEIT UND REFORMATION

1525/1526	Dem Bauernkrieg gehen Bundschuh-Aufstände am Oberrhein voraus.
1534	Herzog Ulrich führt die Reformation ein.
1618 – 1648	Dreißigjähriger Krieg
1672 – 1678	Der Breisgau wird in den »Holländischen Krieg« gezogen.
1688 – 1697	Baden-Durlach und Hirsau im Pfälzischen Erbfolgekrieg schwer zerstört
1740 – 1748	Österreichischer Erbfolgekrieg. Französische Truppen dringen über den Schwarzwald ins Neckarland vor.

Der Schwarzwald ist ein Bauernland. Die mittelalterlichen Bauern sind dem Adel und der Kirche zu Abgaben und Frondiensten verpflichtet. Im ausgehenden 15. Jh. ändern die Lehensherren die bishe- — **Bauernkriege** rige Abgabepraxis und ordnen das Recht auf Grundlage des Römischen Rechts, statt des bisherigen Gewohnheitsrechts, neu. Zudem versucht das Kloster St. Blasien, aus den abgabepflichtigen Bauern Leibeigene zu machen. Gegen diese Änderungen formiert sich der Widerstand des »gemeinen Mannes«. Die Bauern legen 1524/1525 den Grundherren ihre Forderungen mehrfach in »Artikeln« vor. Im Hegau, im Hotzenwald, im Münstertal, im Klettgau, in Stühlingen, im Wutachtal und anderswo versuchen bewaffnete »Haufen« den »Artikeln« Nachdruck zu verleihen. Zunehmend bekämpfen die Bauern die Obrigkeit, stürmen Schlösser, besetzen Klöster, belagern Städte. Der vereinigte **»Schwarzwälder Haufen«** zieht nach Freiburg und belagert die Stadt, die am 24. Mai 1525 die Forderungen der Bauern akzeptiert.

Der Aufstand erfasst nicht nur den Schwarzwald, sondern als der Große Bauernkrieg ganz Süddeutschland. Die Obrigkeit schlägt massiv zurück. Ihre Hauptstreitmacht, der **»Schwäbische Bund«**, besiegt im Juli 1525 die Hegauer Bauern entscheidend, andere Niederlagen der Bauern folgen. Doch ist ihr Kampf nicht ganz vergebens gewesen. Die Abgaberegelungen werden vielerorts verbessert bzw. zumindest eine weitere Verschlechterung abgewendet.

Reformation Die Reformation im 16. Jh. hat auch den Schwarzwald **konfessionell gespalten**. Württemberg und Baden-Durlach werden protestantisch. Vorderösterreich, Fürstenberg und Baden-Baden und damit gut zwei Drittel des Schwarzwalds bleiben katholisch.

Burgruine Rötteln (11. Jh.) bei Lörrach

In der ersten Hälfte des **Dreißigjährigen Krieges** (1618 – 1648) bleibt der Schwarzwald vom Kriegsgeschehen verschont, doch in der zweiten Hälfte trifft es das Breisgau und das Gebiet der badischen Markgrafen umso schrecklicher. 70 % der Bevölkerung fallen dem Krieg zum Opfer. Es ist kein Zufall, dass der Stadtschreiber und Schultheiß der Ortenaugemeinde Renchen, **Hans Jacob Christoffel von Grimmelshausen** (▶Berühmte Persönlichkeiten), das Kriegselend so eindringlich beschreiben kann. Nach dem Krieg folgen Pest, Viehseuchen und Ernteausfälle. Kurze Zeit später wird der Schwarzwald erneut verwüstet durch die Eroberungskriege des französischen Königs **Ludwig XIV**. Zurück blieben Elend und Not sowie ausgebrannte Höfe und entvölkerte Dörfer.

Das 18. Jh. beginnt mit dem Spanischen Erbfolgekrieg praktisch der erste Weltkrieg der Neuzeit. Der **Markgraf Ludwig Wilhelm von Baden** (»Türkenlouis«) starb an seinen Verletzungen, die er in der Schlacht von Höchstädt, der ersten größeren Auseinandersetzung im Spanischen Erbfolgekrieg, erlitt. Abermals sind auch der Schwarzwald und sein Vorland schwer betroffen, vor allem das badische Herrschaftsgebiet. Noch mehr Menschen fallen den Auseinandersetzungen dieses Krieges zum Opfer. Die Landesherren werben Einwanderer aus der Schweiz und aus Tirol an. Mitte des 18. Jh.s sind die Bevölkerungsverluste ausgeglichen, die Bevölkerung wächst.

Im Realteilungsgebiet führt das stetige Bevölkerungswachstum für immer mehr Menschen zum Verlust der bäuerlichen Existenzgrundlage. Die Not kann durch Arbeit in Handel und Gewerbe nicht aufgefangen werden. Auch wenn die ganze Familie in die Erwerbstätigkeit miteinbezogen und der Schwarzwald eine klassische Heimarbeiterregion wird, bleibt die Erwerbslage drückend und veranlasst viele Menschen zum Auswandern. Um 1750, 1770 und 1790 setzen regelrechte **Auswanderungsschübe** ein. Bis weit ins 19. Jh. hinein treibt das wirtschaftliche Elend die Menschen fort.

Spanischer Erbfolgekrieg

Das 18. Jh. ist auch die Zeit der Salpeterer-Aufstände im Hotzenwald, als die Bauern ihre Rechte einklagen. (▶Baedeker Wissen S. 318)

Salpeterer

19. JAHRHUNDERT

1805/1806	Baden wird Großherzogtum, Württemberg Königreich.
1817 – 1817	Hungersnot treibt die Menschen zur Auswanderung.
1870/1871	Krieg gegen Frankreich, Proklamation des Deutschen Reiches

Im Zuge der Neuordnung Europas nach den Napoleonischen Kriegen wird der Schwarzwald zwischen Baden und Württemberg aufgeteilt. Die Industrialisierung schreitet voran. 1809 nimmt im säkularisierten Kloster St. Blasien die erste Maschinenfabrik Badens ihren Betrieb auf. Die vom badischen Großherzog Karl im Jahre 1818 unterzeichnete Badische Verfassung gilt als die liberalste in ganz Europa. Anno 1825 wird in der badischen Hauptstadt Karlsruhe die erste Technische Hochschule Deutschlands gegründet. Es entsteht eine breite bürgerliche Bewegung, deren Vertreter die Beendigung der Kleinstaaterei zugunsten der deutschen Einheit fordern.

Maschinen kommen

Revolution! Als im Februar 1848 in Frankreich die Republik ausgerufen wird, kommt es im grenznahen Baden zur **Badischen Revolution**. Der radikaldemokratische Flügel der Einigungsbewegung und seine populären Führer **Friedrich Hecker** und **Gustav von Struve** rufen zum bewaffneten Aufstand auf. Friedrich Hecker zieht von Konstanz aus (wo er am 13. April 1848 die »Deutsche Republik« ausruft) mit einer Truppe bewaffneter Männer nach Karlsruhe, um im Land die Republik durchzusetzen. Den von ihm erhofften massenhaften Zulauf unterwegs findet er aber nicht. Heckers kleine Truppe wird am 24. September 1848 von Soldaten des Deutschen Bundes besiegt. 1848/1849 kommt es noch zu weiteren Aufständen der Radikaldemokraten, die jedoch von Regierungstruppen niedergeschlagen werden. Die Stadt Offenburg und das Murgtal sind Brennpunkte der Badischen Revolution.

20. UND 21. JAHRHUNDERT

1900	Freiburger Universität lässt auch Frauen studieren
1952	Gründung des Bundeslands Baden-Württemberg
1999	Orkan »Lothar« wütet im Schwarzwald

Bis zum Zweiten Weltkrieg Nach dem Ersten Weltkrieg und der Weimarer Republik beginnt die Zeit der nationalsozialistischen Diktatur. 1933 wählen über 40% der Wahlberechtigten im Schwarzwald die NSDAP, was dem Reichsdurchschnitt entspricht. Im **Zweiten Weltkrieg** treffen die Kriegsfolgen auch den Schwarzwald hart. Freiburg, Freudenstadt, Pforzheim und Karlsruhe werden stark bombardiert. Ab 1944 werden im KZ-Außenlager Haslach rund 1700 Menschen gefangen gehalten und zum Bau von Stollen für die Rüstungsindustrie gezwungen. Nach Kriegsende besetzen und verwalten Franzosen und US-Amerikaner das Gebiet.

Baden-Württemberg entsteht Durch Volksabstimmung entsteht 1952 aus den nach 1945 geschaffenen Bundesländern Württemberg-Baden, Württemberg-Hohenzollern und Baden das neue Bundesland Baden-Württemberg. Es ist das **drittgrößte Bundesland** der Bundesrepublik Deutschland.

Atomkraft – Nein danke Eine »grüne« ökologisch ausgerichtete Bewegung besetzt 1975 den Bauplatz eines geplanten Atomkraftwerks bei **Wyhl**. Die jahrelangen Auseinandersetzungen enden Mitte der 1980er-Jahre mit dem Verzicht auf diesen Standort.

Orkan »Lothar« Am 2. Weihnachtsfeiertag 1999 fegt der Orkan »Lothar« mit Windgeschwindigkeiten von mehr als 200 km/h über den Schwarzwald hinweg und hinterlässt große Verwüstungen, besonders in den Räu-

Staufen im Breisgau: Viele Häuser zeigen nach einer Erdwärmebohrung Risse.

men Baden-Baden, Oppenau und entlang der Schwarzwaldhochstraße. Insgesamt 30 Millionen Kubikmeter Holz »fällt« Orkan Lothar im Schwarzwald an diesem verhängisvollen Vormittag, wie gemähte Garben liegen ganze Wälder am Boden. Im Nordschwarzwald sind die Verwüstungen am größten.

Nur kleinräumig wirksam, aber für die Betroffenen eine Katastrophe: Nach einer Erdwärmebohrung im Jahr 2007 quillt der Untergrund der historischen Altstadt von Staufen im Breisgau (▶Münstertal) auf wie Hefeteig. Über 260 Häuser zeigen zum Teil gravierende Risse. Die Schäden werden auf bislang rund 50 Millionen Euro geschätzt.

Folgen einer Erdwärmebohrung 2007

In den Jahren 2001 und 2002 werden im Schwarzwald die beiden größten Naturparks Deutschlands ausgewiesen. Der über 100 Jahre alte Schwarzwald-Westweg und der 2007/2008 im Südschwarzwald angelegte Schluchtensteig erhalten das Prädikat »Qualitätsweg Wanderbares Deutschland«. Im Zuge von Atomausstieg und Energiewende rücken die Hochlagen als Standorte für Windparks in den Blick. Nachdem seit 2011 eine grün-rote Koalition in Baden-Württemberg regiert, nehmen Pläne zur Ausweisung eines Nationalparks im Nordschwarzwald Gestalt an (▶Baedeker Wissen S. 26).

Im 21. Jh.

Kunst und Kultur

Kunstgeschichte

Die Architektur, Plastik und Malerei im Schwarzwald ist eingebettet in die Entwicklung des süddeutschen Kulturraumes. Trotzdem haben sich einige kunstgeschichtliche Besonderheiten herausgebildet.

FRÜHE KULTURZEUGNISSE

Die von den Kelten geprägte Hallstattkultur sowie die spätere Latènekultur brachten seit dem 7. Jh. v. Chr. auch am östlichen Schwarzwaldrand qualitätvolle Arbeiten hervor. Eindrucksvolle Wall- und Burganlagen wurden angelegt, z. B. das Oppidum Tarodunum bei Kirchzarten und die Keltenschanzen bei Grenzach-Wyhlen. Prunkvolle Fürstengräber in imposanten Grabhügeln, ausgestattet mit reichen Grabbeigaben, wie im Falle des Magdalenenberges bei Villingen, verweisen auf die Rangstellung und den Wohlstand der kriegerischen Führungsschicht.

Kunst der Kelten

Bereits zur Römerzeit entstanden die ersten Städte und Militärstützpunkte am Rande des Schwarzwaldes. Das Municipium Arae Flaviae (Rottweil) war ein römisches Verwaltungszentrum, von dessen kultureller Bedeutung u.a. ein dort gefundenes Orpheus-Bodenmosaik zeugt. Bereits zu dieser Zeit waren die Thermalquellen von Aquae (Baden-Baden) und die der **Diana Abnoba** geweihten Heilquellen von Badenweiler weit bekannt.

Römerzeit

ROMANIK

Im 11. und 12. Jh. wurde der Schwarzwald verstärkt kolonisiert. Eine wichtige Rolle kam dabei den **Klöstern** zu. Von ihren Stiftern meist reich mit Grund und Boden ausgestattet, waren sie neben den Königs- und Bischofssitzen im Hochmittelalter die wichtigsten kulturellen Zentren des Landes. Für den Schwarzwald kann man sogar behaupten, dass die dortige Kunst auch weit über das Mittelalter hinaus in erster Linie eine Kunst der Klöster war. Als ältestes rechtsrheinisches Kloster am Westrand des Schwarzwaldes gilt St. Trudpert im Münstertal, dessen sagenhafte Gründung durch den irischen **Missionar Trudpert** in das 7. Jh. fällt (die tatsächliche Gründung fand wohl um 900 statt).

Hochmittelalter

Freiburger Münster: »Marienkrönung« von Hans Baldung, gen. Grien

Wuchtige Romanik: Klosterkirche St. Aurelius in Hirsau

Hirsau Für den Schwarzwald sollte das bereits in der Karolingerzeit gegründete Hirsau, das sich im Investiturstreit auf die Seite des Papstes und damit gegen den Kaiser stellte, von überragender Bedeutung werden. Unter Abt Wilhelm (1069 – 1091) schloss sich das Benediktinerkloster der vom burgundischen Cluny ausgehenden **Reformbewegung** an, die von Hirsau aus zahlreiche weitere Klöster erreichte. Eine wesentliche Neuerung dieser Reform war die Aufnahme von Laienbrüdern in das Kloster.

Die Neuorganisation des Klosterlebens und Veränderungen der Liturgie brachten auch neue architektonische Lösungen hervor, die gerne unter dem umstrittenen Begriff der **»Hirsauer Bauschule«** zusammengefasst werden. In den Klosterkirchen trennte nun eine hohe Schranke den Raum der Laien von dem der Mönche. Da verstärkt Prozessionen durchgeführt wurden, vergrößerte man den Westbau, der eine Vorhalle einschloss. Mustergültig ist dies noch heute an der Klosterkirche von Alpirsbach zu sehen.

Maulbronn In Maulbronn gründeten im Jahre 1147 Mönche aus dem elsässischen Neuburg ein Zisterzienserkloster, das im 16. Jh. aufgelassen und seither u.a. als evangelische Schule genutzt wird. Dank seines hervorragenden Erhaltungszustandes gehört es heute zu den schönsten mittelalterlichen Baudenkmälern des Reisegebiets. Seit 2013 ist das Kloster eines der Motive auf deutschen 2-Euro-Münzen.

Vom 11. bis zum 13. Jh. konnte das Geschlecht der **Zähringer** seine politische Macht vor allem im südlichen Schwarzwald ausbauen. Sie stifteten 1093 das **Kloster St. Peter**, ließen etliche Burgen bauen und traten vor allem als vorausschauende Stadtgründer auf den Plan. Insbesondere Freiburg, Neuenburg, Offenburg, Rheinfelden und Villingen zeigen auch heute noch den unverwechselbaren **kreuzförmigen Stadtgrundriss**, der die zähringischen Gründungen charakterisiert.

Zähringer-Gründungen

GOTIK

Der Übergang von der Romanik zur Gotik lässt sich an vielen Klöstern und Kirchenbauten ablesen. In Rottweil wurde vermutlich noch im 13. Jh. mit dem Bau eines Münsters begonnen, das ab der zweiten Hälfte des 15. Jh.s seine heutige Form erhielt; die Innenausstattung ist überwiegend neogotisch. Die Stil- und Schmuckelemente der französischen Kathedralgotik gelangten im 14. Jh. über Straßburg in den Schwarzwald. Als eindrucksvollstes Bauzeugnis dieser Epoche entstand das **Freiburger Münster**, an dem fast drei Jahrhunderte gebaut wurde. Sein Wahrzeichen, der 115 m hohe Hauptturm, ist einer der wenigen gotischen Kirchtürme, der bereits im Mittelalter vollendet werden konnte.

Architektur

Bemerkenswerte Zeugnisse der gotischen Steinmetzkunst sind die Plastiken des Kapellenturms in Rottweil, die in der Geschichte der deutschen Plastik als einzigartig gelten. Ein Hauptwerk der spätgotischen Innenausstattung ist der berühmte signierte Hochaltar des Breisacher Münsters aus dem Jahr 1526. In Tiefenbronn (▶Pforzheim) hinterließ der Maler Lucas Moser in der Pfarrkirche St. Maria Magdalena mit dem sog. Magdalenenaltar (1431) ein Juwel der süddeutschen Tafelmalerei des 15. Jh.s.

Plastik und Malerei

SPÄTGOTIK UND RENAISSANCE

Für die Malerei des 15./16. Jh.s ist der in Breisach ansässige **Martin Schongauer** (um 1450 – 1545) von Bedeutung. Die Darstellung des Weltgerichts im Breisacher Münster ist ein Spätwerk Schongauers. Den Hochaltar des Freiburger Münsters schuf **Hans Baldung, gen. Grien**. Der aus Schwäbisch Gmünd stammende Meister lernte in Straßburg, wo er vom älteren Schongauer beeinflusst wurde. Um 1503 ging er nach Nürnberg, wo er wahrscheinlich in die Werkstatt Albrecht Dürers eintrat. 1512 führte ihn der Auftrag für den Freiburger Marienaltar für mehrere Jahre in die Breisgaumetropole. Dieser signierte Altar enthält auf dem Kreuzigungsbild unter den dargestellten Zuschauern ein Selbstporträt des Hans Baldung.

Plastik und Malerei

HINTERGRUND • Kunstgeschichte

Architektur Architektonische Zeugnisse findet man vor allem im Bereich der Profanarchitektur und hier wiederum vorwiegend im Umkreis des herzoglichen Hofes. Dazu gehören auch das nur als Ruine erhaltene Jagdschloss der Herzöge von Württemberg in Hirsau bei Calw und der herzogliche Sommersitz in Maulbronn. Auf Veranlassung von Herzog Friedrich von Württemberg entstand um 1600 Freudenstadt als planmäßige Gründung um einen weitläufigen quadratischen Marktplatz.

BAROCK UND ROKOKO

Eine kulturelle Blütezeit erlebte der Schwarzwald im Barock und Rokoko. Zahlreiche Klöster wurden in dieser Zeit unter dem Einfluss der Vorarlberger Bauschule neu errichtet oder barock erneuert, darunter auch die Klöster in St. Märgen und St. Peter, St. Ulrich und St. Trudpert.

Künstlerfamilie Thumb Besonders häufig begegnet man der Künstlerfamilie Thumb, deren Mitglieder wiederholt im Schwarzwald tätig waren. Peter Thumb (1681–1766) entwarf die Bauten von St. Peter, St. Ulrich und St. Trudpert im Münstertal sowie von St. Georg in Villingen. **Johann Mathies**, der Erbauer von St. Märgen, stammte ebenfalls aus Vorarlberg. Wahrscheinlich vermittelt durch Peter Thumb, arbeitete der Wessobrunner Bildhauer und Stuckateur **Joseph Anton Feichtmayr** (Feuchtmayer; 1696 – 1770) in St. Peter. Sein zweiter großer Stuckaturenauftrag im Breisgau ist die Pfarrkirche in Merdingen unterhalb des Tuniberges. Auch der Riedlinger Maler **Franz Josef Spiegler** (1691 – 1757) war in St. Peter und Merdingen tätig, ebenso wie der Bildhauer **Johann Christian Wentzinger** (1710 – 1797) aus Ehrenstetten bei Freiburg. Letzterer erlangte schnell Ruhm und Reichtum, wie sein ehemaliges Wohnhaus, ein prachtvolles Stadtpalais am Münsterplatz in Freiburg, bezeugt.

VOM KLASSIZISMUS ZUR MODERNE

Klassizismus Der Neubau der Klosterkirche von St. Blasien durch den aus der südfranzösischen Stadt Nîmes stammenden französischen Baumeister Pierre Michel d'Ixnard (1723 – 1795) ist der wichtigste Bau des frühen Klassizismus im Schwarzwald. 1769 errichtete er das spätere großherzogliche Palais in Freiburg für die Freiherrn von Sickingen, das im Zweiten Weltkrieg fast völlig zerstört wurde. Sein Hauptwerk ist jedoch der Neubau des Klosters St. Blasien. Die Nebengebäude in St. Blasien stammten größtenteils von **Johann Kaspar Bagnato**, einem aus dem oberitalienischen Como stammenden Architekten.

Kunstgeschichte • HINTERGRUND

Nach den Napoleonischen Kriegen und den damit verbundenen politischen und territorialen Veränderungen gewannen die Residenzstädte – Karlsruhe für Baden und Stuttgart für Württemberg – an Bedeutung. Besonders die **Karlsruher Bauschule** erlangte im 19. Jh. rasch überregionale Bedeutung und avancierte neben München und Berlin zu einem der wichtigsten Zentren für moderne Architektur in Deutschland. Zu den führenden Baumeistern in der badischen Residenzstadt gehörten Friedrich Weinbrenner (1766 – 1826) sowie seine Schüler Heinrich Hübsch (1795 – 1863) und Friedrich Eisenlohr (1804 – 1855). Unter Weinbrenner als Leiter der obersten Baubehörde in Baden wurde der Karlsruher Marktplatz im klassizistischen Stil gestaltet. Sein Nachfolger Heinrich Hübsch macht den Rundbogenstil populär. Zu den bekanntesten Bauten von Hübsch zählen die Trinkhalle (1838 – 1842) und das ehemalige Dampfbad (1845 bis 1849) in Baden-Baden.

Eine wichtige Stellung in der Hierarchie der neuen Bauaufgaben nahm auch der Bahnhof ein. Friedrich Eisenlohr (s. o.) war seit den 1840er-Jahren zuständig für den gesamten Hochbau der badischen Staatseisenbahnen und konzipierte u.a. die Bahnhöfe von Karlsruhe und Freiburg. Auf ihn geht auch der Entwurf einer Kuckucksuhr in der Form eines badischen Bahnwärterhäuschens zurück – bis heute die bekannteste Erscheinungsform der Kuckucksuhr.

Architektur

Hans Thoma aus Bernau war zu seiner Zeit weit über den Schwarzwald hinaus bekannt. Obgleich er seit 1870 in München lebte und dort Wilhelm Leibl und seinem Kreis nahestand, blieb er zeit seines Lebens seiner Heimat eng verbunden, wie die zahlreichen Landschaftsbilder mit Motiven aus dem Schwarzwald belegen. Der bekannteste Maler und Porträtist aus dem Schwarzwald ist **Franz Xaver Winterhalter** (1805 – 1873), gebürtig aus Menzenschwand bei St. Blasien. Nach Aufenthalten am Karlsruher Hof als Zeichenlehrer der badischen Großherzogin und in Paris wurde er 1841 an den englischen Hof berufen, wo er ein Porträt der englischen Königsfamilie malte. Solchermaßen ausgezeichnet, wurde Winterhalter zu einem der begehrtesten Porträtisten des europäischen Hochadels und erstellte eines der berühmtesten Bilder von Kaiserin Elisabeth von Österreich, genannt »Sisi«.

Malerei

Als Zentrum zeitgenössischer Kunst ist Rottweil überregional bekannt. Nicht nur in den Straßen der Stadt findet man zeitgenössische Plastiken; mit dem Dominikanerforum hat die Stadt auch eine eigene Begegnungsstätte für moderne Kunst. Der berühmteste Rottweiler Künstler der Moderne ist der Bildhauer **Erich Hauser** (1930 – 2004), der im Kloster Beuron Unterricht im Modellieren und Zeichnen erhalten hat. Eine Pilgerstätte für Freunde zeitgenössischer Bau- und Handwerkskunst ist Weil am Rhein mit seinem **Vitra-Campus**.

Moderne

Bollenhut

Ein Hut wird zur Marke

Eines gleich vorweg: Der weltbekannte Bollenhut ist nicht die im Schwarzwald übliche Tracht, auch wenn er als dessen Markenzeichen gilt. Bollenhüte trug man nur in den Dörfern Gutach (Schwarzwaldbahn), Reichenbach (bei Hornberg) und Kirnbach (bei Wolfach).

Weshalb aber wurde gerade der Bollenhut zum Markenzeichen für den Schwarzwald? Unter den vielfältigen Trachten in diesem Waldgebirge ist er nicht der einzige Hut. Die Trachtengebiete im Schwarzwald werden nach den unterschiedlichen Kopfbedeckungen eingeteilt. Er ist auch nicht der größte – der Schäppel aus anderen Dörfern wirkt schon imposanter.

Es waren zwei »Reigschmeckte«, die dem Gutacher Bollenhut zu Weltruhm verhalfen: der aus Sachsen stammende Maler und Illustrator **Wilhelm Hasemann**, der ebenso wie seine Künstlerkollegen der »Gutacher Malerkolonie« auf seinen Bildern das hiesige bäuerliche Leben in romantisierender Weise darstellte. Und es war der der Berliner Komponist **Leon Jessel**. Er komponierte im Jahre 1917 die **Operette »Das Schwarzwaldmädel«**, die bis 1925 in aller Welt gespielt wurde. Und nie fehlte der Bollenhut. Nicht zu vergessen sind natürlich all die deutschen Heimatfilme der Nachkriegszeit wie »Das Schwarzwaldmädel«, »Schwarzwaldmelodie« etc. – auch sie sind ohne die roten Bollen nicht denkbar!

Die Farbe macht's

Hüte mit **roten Bollen** dürfen allerdings nur von nicht verheirateten Mädchen und Frauen getragen werden. Zum ersten Mal tragen sie sie bei der Konfirmation, dann bei verschiedenen kirchlichen und weltlichen Anlässen. Ihre Hochzeit begehen sie mit dem Schäppel, einer verzierten Brautkrone. Als verheiratete Frauen zieren ihre Hüte **schwarze Bollen**. Der Hut wird aus Strohbändern genäht, in Form gepresst, vorn und hinten leicht abwärts gebogen und mit einer Gipsmasse überzogen. Zum Schluss werden die Bollen – elf zurecht geschnittene Wollpompons auf die verleimte Gipsmasse aufgenäht. Unter dem Hut trägt man immer ein schwarzes Seidenhäubchen, das unter dem Kinn mit einer Schleife gebunden wird. Zur Gutacher Tracht gehören ferner eine weiße Bluse, darüber ein Mieder mit eingewebten Blümchen sowie ein schwarz glänzender Rock. Die **Männer** tragen einen schwarzen, rot abgefütterten Samtkittel und einen breitrandigen Plüschhut.

Wie Trachten entstehen

Die Trachten des Schwarzwaldes bildeten sich im 17. und 18. Jh. heraus. Von Anfang an waren sie differenziert, bedingt durch historische Entwicklungen, territoriale und konfessionelle Zugehörigkeiten. Eines ist allen gemeinsam: Sie sind stark in die kirchliche Tradition eingebettet, in die katholische bzw. protestantische. Deshalb sieht man sie an großen Kirchenfesten wie Erstkommunion, Konfirmati-

Handarbeit in einer Bollenhutmanufaktur

on, Erntedank, Kirchweih, Fronleichnam und anderen Festtagen. Bei den heute noch gängigen Trachten handelt es sich also um Festtagstrachten, die vor allem von Frauen getragen werden.

Kein Hut wie der andere

Die einzelnen Trachtengebiete werden nach der Kopfbedeckung der Frauen eingeteilt. Im **Markgräflerland** tragen Frauen die Chappe, eine Flügelkappe, die aus einer breite, durch Draht versteiften Schleife besteht. An den Enden der Flügelkappe befinden sich lange Fransen. Das einst sehr farbenfreudige Gewand der Markgräflerinnen ist heute fast nur in festlichem Schwarz erhalten geblieben. Lediglich bei dem Umschlagtuch entscheiden sich die Frauen manchmal für weiße Seide. Im **Schuttertal** tragen die Frauen die Goldhaube, eine mit Goldspitze und bunten Steinchen geschmückte und von einem schwarzen Tüllschleierchen umrandete Kappe, dazu eine kurze Jacke über einen gefalteten Rock und ein farbiges, mit schwarzen Fransen besetztes Halstuch.

Eine der wohl beeindruckendsten Kopfbedeckungen ist der **Schäppel**, ein Metallgestell, das mit rotem Schmuckband umwickelt wird, in das man Perlensträußchen einflicht. Zum Schäppel gehören noch zwei buntbestickte Borten, die vom Nacken bis zum Rocksaum reichen. Schäppel gibt es in allen Variationen – bei beiden Konfessionen, z. B. in St. Peter, in St. Märgen, im Elztal, im Wolftal, in Lehengerich und in St. Georgen.

Die Trachtenvielfalt im Schwarzwald ist enorm und eine wahre Freude für die Augen. Aber bitte keine Versprecher – bei dem Markenzeichen des Schwarzwaldes handelt es sich um einen Bollenhut, nicht um einen Bommelhut!

Berühmte Persönlichkeiten

JOHANN FRIDOLIN ALBIEZ (UM 1657 – 1727)

Johann Fridolin Albiez zettelte zu Beginn des 18. Jh.s im Hotzenwald eine Bewegung an, die fast 200 Jahre lang um ihre verbriefte Freiheit kämpfen sollte. Albiez war Salpetersieder. Seine Arbeit bestand darin, Hotzenwälder Bauernhöfe aufzusuchen und den Salpeter von den Stallwänden zu kratzen, den er dann der Obrigkeit in Waldshut verkaufte. Salpeter wurde zur Herstellung von Schießpulver benötigt. Albiez – genannt »Salpetererhans« – war auch gewählter Innungsmeister und einer der acht Repräsentanten der Grafschaft Hauenstein, die seit Jahrhunderten als reichsunmittelbar nur dem Kaiser unterstand. Als das Kloster St. Blasien 1719 versuchte, sich über die den Hauensteinern verbrieften Rechte hinwegzusetzen und die Hotzenwälder Bevölkerung zu Leibeigenen zu machen, protestierte Albiez. In der Folgezeit scharte sich die Mehrheit der Bevölkerung um den rede- und schriftgewandten »Salpetererhans«. Es entstand die **Salpeterer-Bewegung gegen die Leibeigenschaft** von St. Blasien und die damit verbundenen Abgaben. 1776 reiste Albiez nach Wien, um die Rechte der Hotzenwälder vor dem Kaiser zu vertreten. Doch er bekam hierzu keine Gelegenheit. Er musste Wien binnen 24 Stunden wieder verlassen. Als er trotz Verbots Versammlungen abhielt, auf denen er mit Schmähreden über das Kloster St. Blasien und die habsburgische Regierung herzog, wurde er in Freiburg inhaftiert, wo er am 29. September 1727 unter mysteriösen Umständen verstarb. Zwischen 1728 und 1755 erhoben sich die Salpeterer mehrmals gegen die Leibeigenschaft (▶Baedeker Wissen S. 318).

Salpetersieder

BERTHA BENZ (1849 – 1944)

Ruhm und Ehre, das erste funktionsfähige Kraftfahrzeug mit Benzinmotor entworfen zu haben, gebühren zwei Männern: Gottlieb Daimler (1834 – 1900) und Carl Benz (1844 – 1929), die – jeder für sich – ein Automobil entwickelt hatten und es 1886 der Öffentlichkeit vorstellten. Bei der **ersten Langstreckenfahrt** aber war eine »Frau am Steuer«, Bertha Benz, die aus Pforzheim gebürtige Gemahlin von Carl Benz. Am 5. August 1888 holte sie mit ihren beiden Söhnen ohne Wissen ihres Mannes den von ihm entworfenen »Patent-Motor-Wagen« aus der Werkstatt in Mannheim. Dieser 1885 entwickelte Wagen hatte drei Räder und einen Viertakt-Motor mit 0,75 PS. Bertha Benz wollte der Welt mit einer längeren Fahrt beweisen, wie leistungsfähig die Erfindung ihres Gemahls ist. Die Fahrt sollte von Mannheim in das 106 km entfernte Pforzheim gehen. An starken

Erste Frau am Steuer

Bertha Benz gilt als erste Frau am Steuer. Ihr Mann Carl hatte etwa zeitgleich mit Gottlieb Daimler ein erstes Fahrzeug mit Benzinmotor entwickelt.

Steigungen musste das Gefährt geschoben werden, weil der Motor zu schwach war. Auch lag der Kraftstoffverbrauch viel höher, als ihr Mann vermutet hatte. Es gab auch technische Pannen, doch Bertha Benz wusste sich immer zu helfen: Eine verstopfte Benzinleitung reinigte sie mit einer Hutnadel, einen Defekt an der Zündung isolierte sie mit einem Strumpfband. Am Abend telegrafierte sie ihrem Mann nach Mannheim: »1. Fernfahrt gelungen – sind gut in Pforzheim angekommen.« Zur Erinnerung an dieses Ereignis wird alle zwei Jahre im August auf derselben Strecke eine Gedächtnisfahrt organisiert.

ROBERT GERWIG (1820 – 1885)

Bauingenieur Der aus Karlsruhe stammende und dort auch verstorbene Bauingenieur Robert Gerwig, Mitglied der badischen Oberdirektion des Wasser- und Straßenbaus in Karlsruhe, erwarb sich große Verdienste bei der Verkehrserschließung des badischen Bodensee- und Donaugebietes. Er trassierte mit der Schwarzwaldbahn und der Höllentalbahn **die ersten Gebirgsbahnen** der Welt und ließ auch den ersten Kehrtunnel der Welt graben. Auch beim Bau der Schweizer Gotthardbahn tat er sich als Tunnel- und Trassenexperte hervor. Daneben leitete er seit 1857 als Direktor die Uhrmacherschule Furtwangen und war Landtags- und Reichstagsabgeordneter; 1880 wurde er Mitglied der Preußischen Akademie des Bauwesens.

J. J. C. VON GRIMMELSHAUSEN (1621 – 1676)

Schriftsteller, Schultheiß Über das Leben des bedeutendsten deutschen Erzählers des 17. Jh.s gibt es keine absolute Gewissheit. Wahrscheinlich wurde Johann (Hans) Jacob Christoffel von Grimmelshausen um den 17. März 1621 in Gelnhausen bei Frankfurt/Main geboren. Während des Dreißigjährigen Krieges diente er als Musketier und Regimentsschreiber in verschiedenen Armeen am Oberrhein. Von 1649 bis 1660 arbeitete er als Gutsverwalter eines früheren Kriegsherrn in Gaisbach, von 1662 bis 1665 einer benachbarten Burg bei Oberkirch. Von 1665 bis 1667 führte er einen Gasthof in Gaisbach. 1667 trat er in Renchen das Amt eines bischöflich-straßburgischen Schultheißen an, das er bis zu seinem Tod im August 1676 ausübte. Seine schriftstellerische Tätigkeit begann er 1658 unter verschiedenen Pseudonymen. 1668 erschien unter dem Pseudonym German Schleifheim von Sulsfort sein Hauptwerk – der bedeutendste deutsche Roman des 17. Jh.s: »**Der abenteuerliche Simplicissimus**«. In teilweise mit Dialekt durchsetzter Sprache und in Anlehnung an literarische Vorlagen, wie dem spanischen Schelmenroman, schildert Grimmelshausen den abenteuerlichen Weg seines naiven, eulenspiegelhaften Helden durch die

Wirren des Dreißigjährigen Krieges. Dabei entwirft er nicht nur ein Bild der damaligen Zeit- und Sittengeschichte, sein Buch ist vor allem eine moralisch-satirische Allegorie vom Leben des Menschen in dieser Welt.

HEINRICH HANSJAKOB (1837 – 1916)

Der alemannische Dichterpfarrer gilt als großer **Chronist des Schwarzwälder Lebens** im 19. Jahrhundert. Geboren wurde er 1837 in Haslach im Kinzigtal. Nach der Priesterweihe 1863 unterrichtete er an einem Gymnasium. Zwei Jahre später promovierte er zum Doktor der Philosophie. Mit seinen ersten schriftstellerischen Werken hatte er wenig Glück. Sein Büchlein über die »Salpeterer« und sein Aufsatz über die armen Bergarbeiter im Kinzigtal brachten ihn in den Verdacht der politischen Agitation gegen die Regierung. Er wurde schließlich – u.a. wegen politischer Reden – aus dem Schuldienst entlassen und musste 1870 und 1873 Gefängnisaufenthalte über sich ergehen lassen. Von 1869 bis 1884 war er Pfarrer in Hagnau am Bodensee. Hier gründete er 1881 die erste badische Winzergenossenschaft. Zugleich engagierte er sich als Abgeordneter (Zentrum) im badischen Landtag in Karlsruhe. Ab 1884 leitete er die Stadtpfarrei von St. Martin in Freiburg. Im Jahre 1913 kehrte er in seinen Heimatort Haslach zurück, wo er 1916 starb. – Hansjakob war ein vielgelesener Schriftsteller. In seinen über 70 Büchern finden sich auch Reisebeschreibungen und zeitgenössische Darstellungen. Das Hauptinteresse des Autors Hansjakob aber galt dem Leben und den Bräuchen der Menschen seiner Heimat.

Pfarrer und Dichter

JOHANN PETER HEBEL (1760 – 1826)

Sein Vater war fränkischer, seine Mutter alemannischer Herkunft; der Dichter, evangelische Theologe und Pädagoge Johann Peter Hebel selbst fühlte sich zeitlebens den Alemannen und ihrer Wesensart zugehörig. Zum Dichter reifte Hebel verhältnismäßig spät. Er hatte die 40 überschritten, als er seine »Alemannischen Gedichte« (1803) veröffentlichte. Diese waren in Karlsruhe, wo er lebte und arbeitete, aus dem Heimweh nach der südbadischen Heimat entstanden. Von Goethe und Jean Paul wurden sie hochgeschätzt. Da Hebel in diesem Werk ein möglichst genaues Bild seiner Heimat und ihrer Bewohner zum Ausdruck bringen wollte, durfte ein wichtiges Element nicht fehlen: die Mundart. Damit kommt ihm das Verdienst zu, den alemannischen Dialekt in den Bereich der Dichtung erhoben zu haben. Er verklärte den südlichen Schwarzwald mit seiner Landschaft und dem bäuerlichen Lebensbereich in einer Weise, wie es nur wenigen

Lehrer und Pfarrer

deutschen Landschaften zuteil geworden ist. Zwischen 1808 und 1811 gab Hebel den »**Rheinländischen Hausfreund**« heraus, für den er selbst viele auf alten Sagen, Anekdoten und Zeitungsberichten basierende Geschichten verfasste. Hier allerdings wich das Alemannische dem Hochdeutschen. Sein dichterisches Werk ist gekennzeichnet von Sprachkraft, schlicht-humorvoll, besinnlich, teilweise auch didaktisch.

HERMANN HESSE (1877 – 1962)

Schriftsteller

Hesse wurde am 2. Juli 1877 in Calw geboren. Mit den autoritären Schullehrern seiner Zeit geriet er in Konflikt: Er brach die Schule ohne Abitur ab und nahm in Tübingen eine Buchhändlerlehre auf. Ab 1904 widmete er sich nur noch der Schriftstellerei. Abgesehen von Reisen durch Europa und Indien (1911) lebte er zurückgezogen am Bodensee und im Tessin. Seit 1923 war er Schweizer Staatsbürger. Hesse starb am 9. August 1962 in Montagnola. Sein literarisches Werk ist durch den in zahlreichen Essays belegten Traditionsbezug zur deutschen Romantik, zu Goethe und zur deutschen Erzählliteratur des 19. Jh.s (Mörike, Keller, Jean Paul) gekennzeichnet. Zu einem Grundanliegen von Hesses gesamtem Schaffen wurde das problematische Verhältnis zwischen Dichtung und Leben, Schriftsteller und Bürger, zwischen der Isolation und Vereinsamung des Künstlers und seiner Sehnsucht nach menschlichen Kontakten. Seine Sprache zeichnet sich durch impressionistische Bilder aus. Zu seinen bekanntesten Werken gehören »Der Steppenwolf« (1927), »Narziß und Goldmund« (1930) und »Das Glasperlenspiel« (1943). Seine Bücher wurden in über 40 Sprachen übersetzt. 1946 erhielt Hesse den Nobelpreis für Literatur und 1955 den Friedenspreis des Deutschen Buchhandels.

Hermann Hesse

ERHARD JUNGHANS (1823 – 1870)

Verantwortlich für die Gründung der Uhrenfabrik Junghans in Schramberg im Jahr 1861 war eigentlich der Amerikanische Bürgerkrieg (1861 – 1865). Das von dort importierte Stroh wurde für den Strohhutfabrikanten Erhard Junghans unerschwinglich. Er sattelte um und baute von nun an Uhren. Doch die Zeiten für die Schwarzwälder Uhrenmacher waren in der zweiten Hälfte des 19. Jh.s nicht mehr rosig. Auswanderer hatten das technische Know-how des Uhrmachens mit in die Vereinigten Staaten gebracht, und nun schickten die Amerikaner u.a. in Massenproduktion hergestellte Schwarzwalduhren nach Deutschland. Junghans und andere Uhrenfabrikanten setzten sich zur Wehr. Sie fertigten amerikanische Uhren nach amerikanischem Prinzip. Erhard Junghans' »Amerikaner-Uhr« wurde ein großer Erfolg, denn sie war billig und für die damalige Zeit ungewöhnlich präzise. Auch Arthur, der Sohn von Erhard Junghans, orientierte sich nach dessen Tod am amerikanischen Modell. Und bald schon lief bei Junghans der **weltweit erste serienmäßig gefertigte Wecker** vom Band.

Unternehmer

Erhard Junghans

JOHANNES REUCHLIN (1455 – 1522)

Der Pforzheimer Johannes Reuchlin war kein theologischer Bahnbrecher wie Luther, kein literarischer Feuergeist wie Hutten, doch neben Erasmus von Rotterdam gilt er als **der führende Humanist**. Er studierte klassische Sprachen in Freiburg im Breisgau, Paris und Basel sowie Jura in Poitiers und Orléans. Als Jurist war er in württembergischen Diensten tätig, mit einer kleinen Unterbrechung in den Jahren 1496 – 1499, als er aus politischen Gründen Stuttgart verließ und in Heidelberg lebte. Drei Reisen nach Italien, wo er auch mit Marsilio Ficino und Pico della Mirandola zusammentraf, machten ihn zum Anhänger des Neuplatonismus und der Kabbala, über die er zwei Werke schrieb. Sein wichtigstes Werk war die »**Rudimenta**«, ein

Humanist von Rang

hebräisches Grammatik- und Wörterbuch – das erste christliche Lehrbuch der hebräischen Sprache. In seinen letzten zwölf Lebensjahren lag Reuchlin mit dem vom Judentum zum christlichen Glauben übergetretenen Johannes Pfefferkorn im Streit, der von Kaiser Maximilian I. ermächtigt worden war, jüdische Literatur zu beschlagnahmen und zu verbrennen. Der Streit erreichte seinen Höhepunkt in den berühmten anonymen »Briefen der Dunkelmänner«, in denen zahlreiche Humanisten für Reuchlin Partei ergriffen. Reuchlin selbst antwortete mit seinem satirischen »Augenspiegel« (1511), der einen Ketzerprozess gegen ihn auslöste. Obwohl Reuchlin Verbindungen zu Luther nachgesagt wurden und er von vielen Reformatoren Unterstützung erhielt, blieb er Rom treu.

JOSEPH VICTOR VON SCHEFFEL (1826 – 1886)

Schriftsteller Sein Roman »Ekkehard« (1855) wurde der erfolgreichste deutsche Roman des 19. Jh.s. Der in Karlsruhe geborene und verstorbene Schriftsteller Joseph Victor von Scheffel war nach seinem Jurastudium Rechtspraktikant in Säckingen und Bruchsal. Er wollte Maler werden und ging 1852 nach Italien, wo er sich seiner dichterischen Begabung bewusst wurde. 1853 entstand auf Capri »Der Trompeter von Säckingen«, der mit dem danach geschriebenen »Ekkehard« Scheffels Ruhm begründete.

Nach der Rückkehr aus Italien trat er aus dem badischen Staatsdienst aus. In Donaueschingen wurde er 1857 Archivar und Bibliothekar im Schloss. Die Erzählungen und Gedichte des volkstümlichen, oft trivialen und humorvollen Schriftstellers Scheffel zeichnen sich aus durch eine freiheitliche Gesinnung, Freude an der Natur und Wanderlust, Feuchtfröhlichkeit des Studentenlebens und den Hang zur vaterländisch-heroischen Vergangenheit. Seine letzten Jahre verbrachte Scheffel als weltflüchtiger Hypochonder in Radolfzell am Bodensee.

Joseph Victor von Scheffel

BERTHOLD SCHWARZ (2. HÄLFTE DES 14. JH.S)

Berthold Schwarz, mit bürgerlichem Namen wohl Konstantin Anklitzen, soll angeblich das **Schießpulver und Feuerwaffen** erfunden haben. Da die ersten Pulverrezepte schon 100 Jahre früher auftauchten (wahrscheinlich stammt das Schießpulver aus China oder Indien) und Feuergeschütze bereits seit 1326 nachweisbar sind, kann er höchstens Verbesserungen eingeführt haben. Als »Bertoldus Niger« tauchte er einige Zeit als Mönch im Freiburger Franziskanerkloster unter. Er wurde dann aber doch wegen seiner Erfindung 1388 in Prag zum Tode verurteilt.

Mönch und Alchimist

GUSTAV VON STRUVE (1805 – 1870)

Gustav von Struve, Rechtsanwalt, Publizist und Abgeordneter der Badischen Zweiten Kammer, galt im Vormärz als radikaler Demokrat. Nach dem Scheitern seines föderativ-republikanischen Verfassungsentwurfs im Frankfurter Vorparlament 1848 leitete er mit Friedrich Hecker den Aprilaufstand in Baden, der am 20. April 1848 bei Kandern blutig niedergeschlagen wurde. Er und Hecker flohen in die Schweiz. Während Hecker in die USA emigrierte, bereitete Struve in der Schweiz die zweite Phase der badischen Revolution vor. Im Herbst 1848 überquerte er mit Gleichgesinnten die schweizerisch-deutsche Grenze und rief am 21. September in Lörrach die deutsche Republik aus. Mit seiner mittlerweile auf 10 000 Mann angewachsenen Truppe zog er gen Norden in Richtung Freiburg. Doch konnten er und seine Streiter nur die Stadt Staufen erreichen und besetzen. Am 29. September wurde Staufen von regulären Truppen zurückerobert, Hecker zu fünf Jahren Gefängnis verurteilt. Im Mai-Aufstand 1849 wurde Struve aus der Haft befreit und zum Vizepräsidenten des badischen revolutionären Landesausschusses nominiert. 1851 wanderte er aus politischen Gründen in die Vereinigten Staaten aus. Am amerikanischen Bürgerkrieg nahm er auf seiten der Union teil. 1863 kehrte er nach seiner Amnestierung nach Deutschland zurück.

Rechtsanwalt und Revolutionär

GEORG THOMA (GEB. 1937)

Georg Thoma feierte 1960 seinen größten Triumph: Im amerikanischen Squaw Valley gewann er für die Bundesrepublik Deutschland die **Goldmedaille** in der Nordischen Kombination. Selbst die amerikanische Öffentlichkeit war von dem im Jahre 1937 in Hinterzarten im Hochschwarzwald geborenen Georg Thoma begeistert. 1964 wurde er Olympia-Dritter, 1966 Weltmeister bei den Nordischen Kombinierern. Darüber hinaus siegte er bei zahlreichen deutschen Meis-

Ski-Weltmeister

terschaften in der Nordischen Kombination und im Spezialsprunglauf. 1966 beendete er offiziell seine Skisportkarriere, 1971 quittierte er den Postdienst. Danach widmete er sich anderen Geschäften: Ferienwohnungen, einer **Skischule**, drei Skiliften, einem Tenniscenter, Auftritten bei offiziellen Veranstaltungen. Sport aber treibt der »Goldjunge« aus Hinterzarten immer noch: Wandern und Radfahren. Viermal gewann er den »Rucksacklauf« von Schonach zum Belchen.

HANS THOMA (1839 – 1924)

Maler und Graphiker

In Paris lernte der 1839 in Bernau geborene Künstler die Werke von Gustave Courbet und der Schule von Barbizon kennen. Ab 1870 lebte er in München, wo er Wilhelm Leibl und dessen Kreis nahe stand, ab 1876 in Frankfurt am Main und später im Taunus. Anerkennung als Maler fand Thoma, ein Vertreter des **Naturalismus**, erst 1890 bei einer Ausstellung in München. Anno 1899 berief ihn Großherzog Friedrich I. von Baden zum Galeriedirektor und Professor an die Kunstakademie nach Karlsruhe. Schwerpunkte seines Werkes, darunter Ölgemälde, Aquarelle, graphische Arbeiten und kunstgewerbliche Entwürfe, waren realistische Porträts seiner Familie, bäuerliche Figurenbilder und stimmungsvolle Landschaften, besonders aus dem Schwarzwald und vom Oberrhein.

JOHANN GOTTFRIED TULLA (1770 – 1828)

Ingenieur und Militär

Der am 20. März 1770 in Karlsruhe geborene Techniker gründete 1807 in seiner Heimatstadt eine Ingenieurschule nach dem Vorbild der Pariser École polytechnique. Aus Tullas Karlsruher Bildungsstätte ging 1825 die Polytechnische Schule hervor, Keimzelle der späteren Technischen Hochschule und heutigen Universität Karlsruhe.
Ab 1817 begann er mit seinem Lebenswerk, der Begradigung und **Schiffbarmachung des Oberrheins**. Dazu ließ er das Flussbett einengen und vertiefen, ließ Flussschlingen mit Durchstichen abschneiden und Dämme anlegen. Tulla, 1824 zum Oberst und drei Jahre später zum Offizier der Französischen Ehrenlegion ernannt, verstarb 1828 in Paris. Noch bis weit ins 20. Jh. führten Wasserbau-Ingenieure sein Werk fort, legten Staustufen an und korrigierten den Flusslauf mit immer mehr Deichen. Erst nach dem Zweiten Weltkrieg erkannte man allmählich die negativen Wirkungen von Tullas Rheinbegradigung. Zum einen sank der Grundwasserspiegel in der Oberrheinebene dramatisch ab, eine Versteppung griff um sich. Dann richteten gleich mehrere »Jahrhundert-Hochwasser« des Rheins Schäden an, wofür vor allem die Flussbegradigung verantwortlich ist, die dem Strom seine natürlichen Ausweich- und Überschwemmungsflächen

genommen hat. Mittlerweile versucht man, die schlimmsten Auswirkungen der Rheinbegradigung rückgängig zu machen, u. a durch die Ausweisung neuer Überschwemmungsflächen (Polder).

LUDWIG WILHELM I. (1655 – 1707)

Ludwig Wilhelm I., genannt **Türkenlouis**, Markgraf von Baden-Baden (seit 1677), machte als ruhmreicher Feldherr gegen die Türken und als bedeutender Bauherr Geschichte. Als Feldmarschall in kaiserlichem Dienst zeichnete er sich in den Türkenkriegen durch Mut und strategisches Geschick aus. 1689 drängte er, mit dem Oberbefehl in Ungarn betraut, die Truppen des Sultans bis nach Serbien zurück. In der »blutigsten Schlacht des Jahrhunderts« bei Slankamen (1691) erbeutete der »Türkenlouis«, wie man ihn von nun an nannte, u.a. 154 Kanonen, 54 Kisten voll Gold (Teile seiner Beute sind noch heute der Stolz des Landesmuseums in Karlsruhe). Seine militärischen Erfolge brachten ihm jedoch keinen politischen Gewinn. Bei der Bewerbung um die polnische Königskrone hatte er gegen August den Starken von Sachsen das Nachsehen. Auch auf militärischem Gebiet ließ der Erfolg spürbar nach. Nicht er, sondern sein berühmter Vetter Eugen von Savoyen trug den endgültigen Sieg über die Türken davon. Währenddessen versuchte der Markgraf als Oberbefehlshaber der Reichsarmee die Westgrenze des Reiches gegen die Franzosen zu verteidigen – mit wenig Erfolg: Die wiederholte Verwüstung Heidelbergs (1693) durch französische Truppen konnte er nicht verhindern; sein Versuch, 1694 Straßburg zurückzuerobern, scheiterte. Dafür machte er als Bauherr von sich reden: Er ließ eine Reihe von Bauwerken ersten Ranges errichten, vor allem in der **neuen Residenzstadt Rastatt**. 1707 starb der Türkenlouis im Alter von 51 Jahren an den Folgen einer drei Jahre zuvor erlittenen Verwundung.

Markgraf von Baden

FRIEDRICH WEINBRENNER (1766 – 1826)

Bei Reisen durch den Schwarzwald stößt man immer wieder auf den Namen Friedrich Weinbrenner. Der aus Karlsruhe stammende und auch dort verstorbene Architekt hatte in Karlsruhe, Zürich, Wien, Dresden und Berlin studiert. Entscheidend für die Herausbildung seines eigenen klassizistischen Stils waren ferner seine Reisen nach Frankreich und Italien. In seiner Heimatstadt Karlsruhe wirkte Weinbrenner ab 1800 als Baudirektor und war hier mit zahlreichen Bauten entscheidend für die Gestaltung des Stadtbildes verantwortlich. Aber auch andernorts schuf er große Bauten (z.B. Hotel »Badischer Hof« und Kurhaus in Baden-Baden) und hatte zudem zahlreiche Nachfolger, die den »Weinbrennerstil« kopierten.

Baumeister des Klassizismus

ERLEBEN UND GENIESSEN

Wo gibt es die besten Thermalbäder? Welche kulinarischen Köstlichkeiten hat der Schwarzwald zu bieten? Wann steigen die schönsten Feste? Lesen Sie es nach, am besten schon vor der Reise.

Essen und Trinken

Im Schinkenland

Der Schwarzwald ist als Schlemmerecke Deutschlands bekannt. Keine andere Gegend hierzulande hat so viele ausgezeichnete Restaurants vorzuweisen. Auf der badischen Seite macht sich die Nähe zum Elsass und der Schweiz bemerkbar, was der Qualität nicht schadet.

Was haben Flößer, Holzfäller und Waldbauern im Schwarzwald einst gegessen? Handfeste Kost aus allem, was Acker und Wiese, Wald und Bach hergaben. Im Rauch haltbar gemachte Schinken und Forellen, zu Schnaps gebrannter Überschuss der Obstbaumwiesen, gepökeltes Fleisch, Dauerwurst, eingelagerte Kartoffeln und Rüben. Und was von der Mahlzeit übrigblieb, am nächsten Tag als Eintopf aufgetischt. Die Zeiten schmaler Küche und eng geschnallter Gürtel sind vorbei, geblieben sind viele Hausrezepte aus Uromas Zeiten, die so manches traditionelle Gasthaus in Ehren hält.

Handfeste Kost

Der Schwarzwald wird als eine Art Schmelztiegel der Regionalküchen gepriesen: Eine breite Basis bilden die badische und schwäbische Küche mit Brägele (Röstkartoffeln), Maultaschen, Zwiebelrostbraten, Spätzle und Knöpfle (beides Teigwaren in spezieller Form), dazu gesellen sich Spezialitäten aus der Schweiz (Käse) und dem Elsass (Flammkuchen). Die meisten dieser Gerichte gehören zum Standard in den Restaurants. Mit einer Spezialität wie **Schäufele** hingegen, gepökelte und gesottene Schweineschulter, wird es schon schwieriger. Die Zubereitung ist langwierig, nur wenige Restaurants bieten diese badische Spezialität an.

Brägele & Co.

Im Frühjahr rollt die Spargelwelle. Im Rheintal hat der Schwarzwald wichtige Anbaugebiete für den zarten, badischen **Spargel** quasi vor der Haustür. Ab August sind es die Pfifferlinge, die die Speisekarten beherrschen, und die teils tatsächlich aus dem Schwarzwald stammen. Besonders im Herbst tun sich die Küchenchefs mit Wildspezialitäten hervor. Die Palette reicht vom »Hasenpfeffer« bis zum »Rehrücken Baden-Baden«. Nun öffnen auch die Straußenwirtschaften für vier Monate. Dort verkaufen Winzer ihren eigenen Wein und bieten in gemütlich-einfachem Ambiente kleine Mahlzeiten an, zum Beispiel Bibbeleskäs (ein mit Kräutern angemachter Quark oder Hüttenkäse) mit Brägele, Zwiebel- und Flammkuchen und Vesperplatte. Zu den besonderen Köstlichkeiten gehört Heidelbeerkuchen, den so

Höhepunkte der Saison

Gute Küche »ohne Saucenpulver oder Pommes frites« und ein gemütliches Ambiente zeichnen das Hotel Peterle am Feldberg aus.

mancher Gastgeber aus selbst gesammelten Beeren zubereitet. Ein Ganzjahresrenner ist die Schwarzwälder Kirschtorte (▶Baedeker Wissen S. 70).

Regionale Herkunf

»Regional« zieht, das wissen Gastronomen so gut wie die Hersteller. Doch was meint regionale Herkunft? »Schwarzwälder Schinken« (▶Baedeker Wissen S. 72) ist als Marke zwar seit 1997 EU-weit geschützt und bezeichnet Schinken, die im Schwarzwald hergestellt wurden. 2012 waren das immerhin rund 8,5 Millionen Stück, was heißt, dass dafür 4,25 Millionen Schweine ihre Keulen lassen mussten. So viele Schweine können allerdings regional gar nicht gezogen werden. Rund 80 % stammen aus den Schweinefabriken im Norden Deutschlands, weitere 10 % werden jenseits der Grenzen zugekauft.

Ähnlich verhält es sich beim **Kirschwasser**: Die berühmten »Chriesen«, kleine schwarze Brennkirschen, einst Rohstoff für das Chriesewässerli, sind längst Mangelware geworden. Wer wirklich regionale Edelbrände kaufen will, hält sich an die Kleinbrenner. Deren Zahl ist noch immer erstaunlich hoch, und die Chancen, hier tatsächlich Kirschen und Zwetschgen vom eigenen Obstgarten zu bekommen, groß.

> **? BAEDEKER WISSEN**
>
> *Restaurant-Kategorien*
>
> Preis für ein typisches Hauptgericht
>
> €€€€ = über 30 €
> €€€ = 20 – 30 €
> €€ = 15 – 20 €
> € = unter 15 €

Von der Weide nebenan

Ein Comeback feierten die Hinterwälder Rinder. Diese alte Rasse, die im Schwarzwald beheimatet war, ist dem Aussterben gerade noch entkommen und weidet nun vor allem rund um Feldberg und Belchen wieder. Zwar geben die rot-weißen Rinder bei weitem nicht so viel Milch wie die Hochleistungsrassen, aber sie sind robust und genügsam, weniger krankheitsanfällig, verursachen weniger Trittschäden auf den Weiden und kommen mit Steillagen zurecht. Sie liefern hervorragendes Fleisch, feinfasrig, zart marmoriert und schmackhaft. Allein im Münstertal gibt es drei Restaurants, die Hinterwälder Rind servieren: Kreuz und Spielweg in Münstertal und das Berghotel Wiedener Eck in Wieden. Die Milch der Hinterwälder wird von kleinen Hofkäsereien weiter verarbeitet.

Auch Ziegen meckern wieder verstärkt im Schwarzwald. Im Direktverkauf oder auf dem Markt erhält man Ziegenkäse und Ziegenwurst, zum Beispiel in Menzenschwand (▶ St. Blasien). Wie auch die Hinterwälder Rinder werden Ziegen gezielt in der Landschaftspflege eingesetzt und sorgen dafür, dass freie, nicht mehr bewirtschaftete Flächen nicht im Handumdrehen verbuschen. Gastwirte, die Hinterwälder Weiderind und Ziegenprodukte auf ihre Karte setzen und

Typisch Schwarzwald: rustikale Berggasthöfe in traumhafter Lage, hier der Raimartihof am Fuße des Feldbergs

Kunden, die das goutieren, tun auch etwas für den Landschaftsschutz. Dem trägt auch das Konzept der **»Naturpark-Wirte«** Rechnung. Restaurants mit diesem Label kaufen bei den Landwirten vor Ort ein und servieren mindestens drei regionaltypische Gerichte (Adressen unter www.naturparkschwarzwald.de bzw. www.naturpark-suedschwarzwald.de).

Der Schwarzwald gilt als eine Feinschmecker-Hochburg im Südwesten: 2013 schmückten sich 25 Restaurants mit insgesamt 33 Michelin-Sternen. Die höchste Sternekonzentration findet sich in **Baiersbronn**: Harald Wohlfahrt (Restaurant Schwarzwaldstube, Traube Tonbach), Deutschlands bester Koch, hat wie sein Kollege Claus-Peter Lumpp (Restaurant Bareiss) drei Michelin-Sterne erkocht – und seit Jahren behalten – Jörg Sackmann (Restaurant Schlossberg, Hotel Sackmann) schmückt sich seit 2013 mit einem zweiten. Da es Gourmets aus aller Welt nach Baiersbronn zieht, ist Geduld gefragt: auf einen Tisch bei Harald Wohlfahrt wartet man mitunter ein halbes Jahr. Dort wird man die höchsten Höhen der kulinarischen Genüsse erfahren, die typische Schwarzwälder Küche jedoch nicht. Die findet man in den Landgasthöfen und Bergvesperstuben, die zum Teil schon seit vielen Generationen im Familienbesitz sind.

Sterneköche und Landgasthöfe

Kleine Brauereien gehören zum Schwarzwald wie die Kirschtorte. Die Bekannteste ist die Badischen Staatsbrauerei Rothaus, die u.a. das »Tannenzäpfle« herstellt. Auf eine lange Tradition sieht im Südschwarzwald in der Nähe von Waldshut die Waldhaus-Brauerei zurück, ebenso die Alpirsbacher Klosterbrauerei. Zu den unabhängigen, freien Brauereien zählt auch die Freiburger Brauerei Ganter. Zum Thema Wein ▶Baedeker Wissen S. 296.

Bier und Wein

Typische Gerichte

Typische Gerichte

Im Schwarzwald vereinigen sich die badische und die schwäbische Küche. Jede bringt ihre Spezialitäten mit. Nicht selten wird die handfeste Hausmannskost zu feinen Kreationen fortentwickelt.

Forellen: Nur noch in wenigen Schwarzwaldtälern gibt es Forellen fangfrisch, allerdings stammen sie fast nie aus dem wilden Bach, sondern aus dem Zuchtteich hintern Haus, was bei dieser guten Wasserqualität nicht nachteilig ist. Traditionell zubereitet, kommen sie als Forelle »Müllerin« auf den Tisch, also in Mehl gewendet, gebacken und serviert mit Kartoffeln (Bild), oder »blau« (also gekocht). Kalt verzehrt man sie frisch aus dem Rauch als Filets oder am Stück. Auch die feine Kräuterküche hat die Forelle entdeckt und bietet sie mit Bärlauch und anderen, vor Ort gepflückten Wildkräutern an.

Maultaschen: Ein Klassiker der schwäbischen Küche. Diese quadratische Nudelteigfladen werden mit einer Füllung aus gehacktem oder gewiegtem Fleisch, Spinat und Gewürzen versehen und in einer Fleischbrühe aufgekocht. Man isst sie in der Brühe (siehe Bild) oder geschmälzt mit Kartoffelsalat. Ebenfalls beliebt ist die Variante geröstet mit Ei und gemischtem Salat. Mittlerweile dienen die Maultaschen als Ausweis von kulinarischer Kreativität und werden mit Kürbis, Lachs, Steinpilzen, Wild gefüllt oder in rein vegetarischer Variante angeboten.

Vesperplatte: Die wohl wichtigste Mahlzeit am Tag ist das »Vesper«. Ursprünglich wurde es als zweites Frühstück oder abends eingenommen. Fast jeder Gasthof und jedes Ausflugslokal bietet eine preisgünstige Vesperplatte an, die Wanderer und Radler mit den nötigen Kalorien versorgt. Obligatorisch gehören auf eine Vesperplatte mehrere dicke Scheiben Bauernbrot, Schwarzwälder Schinken oder Speck sowie Hausmacherwurst (Schwarzwurst, Griebenwurst, Leberwurst), gelegentlich auch Bergkäse oder Bibeleskäse. Dazu gibt's Petersilie, Zwiebelringe, saure Gurken und Tomaten als Garnitur, man trinkt Bier oder Most, zum Schluss einen Schnaps.

Spargel: Ende April bis Juni ist am Oberrhein Spargelsaison. Man genießt die königlichen Stangen meistens mit Petersilienkartoffeln, zerlassener Butter oder einer Sauce Hollandaise sowie mit dünnen Scheiben Schwarzwälder Schinkens. Manchmal bekommt man zum Spargel Eierpfannkuchen. Ist der Pfannkuchen kleingerupft, wird er »Kratzete« genannt.

Schwarzwälder Kirschtorte

BAEDEKER WISSEN

Die beliebteste Torte der Welt?

Die wohl bekannteste und beliebteste Torte der Welt hat in den 1930er-Jahren von Deutschland aus ihren Siegeszug um den Globus angetreten. Schon der bloße Gedanke an die Zutaten macht Laune: Sahne, geschlagen aus Milch von glücklichen Schwarzwälder Kühen, Kirschen, geerntet in sonnenbeschienenen Schwarzwälder Obstwiesen, und Kirschwasser, erzeugt in traditionsreichen Schwarzwälder Brennereien.

Verzierung aus Sahne mit aufgesetzter Kirsche

Schokoladenraspe

drei Böden aus dunklem Biskuitteig

Buttercreme und/oder Sahne

In Kirschwasser und Zucker aufgekochte Sauerkirschen

©BAEDEKER

▶ **Verwandte der Schwarzwälder Kirschtorte**

Neben dem Original gibt es Varianten, deren Verwandschaft größtenteils auf der Verwendung von Kirschwasser in Teig, Fruchtfüllung und/oder Sahne beruht.

Zuger Kirschtorte
Zwei Mandel-/ Haselnuss-Japonaisböden, Biskuit, Kirschsirup, Buttercrème

Kirschrolle
Gerollter Biskuitteig, gefüllt mit Sahne und Sauerkirsch-Zubereitun

Wer hat's erfunden?

Perser, Schweizer, Schwarzwälder – jeder will's gewesen sein, abenteuerliche Geschichten gibt es zahlreiche. Doch klar scheint nur eines: Ein Schwarzwälder war es nicht. Durchgesetzt haben sich zwei Theorien: So soll der junge Bäcker Josef Keller die Torte bereits 1915 im Café Agner in Bad Godesberg gebacken haben. Der Tübinger Stadtarchivar Udo Rauch dagegen sieht im Tübinger Konditormeister Erwin Hildenbrand den Erfinder. Er stellte die Torte in den 1930er Jahren im Café Walz her.

Zutaten für eine traditionelle Schwarzwälder Kirschtorte

Für den Biskuitteig:
6 Eier
1 Prise Salz
180 Gramm Zucker
100 Gramm Mehl
50 Gramm Speisestärke
50 Gramm Kakao

Für die Füllung und Verzierung:
500 Gramm Sauerkirschen
100 Gramm Zucker
1 EL Speisestärke
750 Gramm Schlagsahne
6 EL Kirschwasser
30 Gramm Bitterschokolade

▶ **Kirschwasser**
Kirschwasser wird aus vergorenen Kirschen gebrannt und ist eine echte Schwarzwälder Spezialität. Es hat einen Alkoholgehalt von ca. 40% Vol. und wird mit 14–16 °C Trinktemperatur genossen. Außer der Kirschtorte verleiht es u.a. auch Käsefondue und verschiedenem Gebäck sein Aroma.

Donauwelle
hrteig mit Sauerkirschen, darauf Buttercrème und rtbitterschokoladen-Guss

▶ **Nährwerte für 100 Gramm Schwarzwälder Kirschtorte**

Brennwert: 247 kcal	12,4%
Kohlenhydrate: 21,4 g	7,9%
Fett: 16,1 g	23,0%
Eiweiß: 3,9 g	7,9%

in Prozent des Tagesbedarfs (ausgehend von 2 000 kcal/Tag)

Schwarzwälder Schinken

Hochgenuss aus der Räucherkammer

Schwarzwälder Schinken eine der beliebtesten und bestverkauften regionalen Spezialitäten Europas. Jährlich werden über acht Millionen Stück dieser geräucherten Rohschinken abgesetzt.

Doch seit Jahren wird es immer schwieriger, richtig guten Schwarzwälder Schinken zu finden. Dafür gibt es mehrere Gründe. Die Zahl der Schwarzwälder Bauernhöfe, auf denen Schweine noch »nach alter Väter Sitte« gehalten, gemästet und gezüchtet werden, ist stark zurückgegangen. Hausschlachtungen finden nur noch selten statt, kleine Metzgereien findet man kaum mehr. Das Fleisch wird stattdessen zumeist in Großmetzgereien und Fleischfabriken verarbeitet, die durch sich ständig verändernde Verordnungen der EU-Bürokratie begünstigt werden. Um als »Schwarzwälder Schinken« verkauft werden zu können, muss der Schinken lediglich im Schwarzwald verarbeitet worden sein, wenngleich nach festgelegten Kriterien. Das meiste »Rohmaterial«, insbesondere jenes, das in den großen Schwarzwälder Schinkenfabriken verarbeitet wird, stammt überwiegend aus anderen Gegenden Deutschlands bzw. des Auslands.

Räuchern und Reifen

Schwarzwälder Schinken wird aus den Hinterschinken von Schweinen gewonnen. Beim Zerlegen werden diese entbeint und säuberlich zugeschnitten. Nun sind sie für das Trockenpökeln vorbereitet. Die Fleischstücke werden jetzt nach Familienrezepten eingerieben mit einer aromatischen Mischung aus Kochsalz, Pökelsalz, Pfeffer, Wacholderbeeren, Senfkörnern, Koriander, Lorbeerblättern – manche Fleischer verwenden auch ein wenig Knoblauch. Während dieser Phase entzieht das Salz dem Schinken Feuchtigkeit und macht das Fleisch mürbe. Binnen weniger Tage bildet sich die sogenannte Mutterlake, in der man die Schinken je nach Größe noch zwei bis drei Wochen liegen lässt. Traditionell wird beim Kalträuchern

auf den Boden des gemauerten Kamins Sägemehl von frisch geschlagenem Schwarzwälder Tannen- und Fichtenlangholz gestreut. Darüber schichtet man – je nach Überlieferung – Tannenzweige, Tannenzapfen und Holzhackschnitzel und bringt das Ganze zum Glimmen. Durch das Räuchern werden die Schinken haltbar, bekommen ihren besonderen Geschmack und erhalten ihre typisch dunkle Farbe. Manche Betriebe verwenden auch Wacholderreisig, was dem Rauchgut eine besondere Note verleiht. Die Schinken hängen dann zwei bis fünf Wochen im Rauch – bei einer Temperatur von 22 bis 25 °C. In dieser Zeit verlieren sie etwa ein Drittel ihrer Feuchtigkeit.

Nach dem Räuchern müssen die Schinken noch ruhen und reifen, bevor sie genussfertig verkauft werden können. Die Ruhe- und Lagerzeit schwankt je nach Betrieb zwischen fünf Wochen und einem Vierteljahr. In dieser Zeit wird der Schinken zart und kernig, und auch der Geschmack zieht voll in das Rauchgut ein. Nach Reifung hat der Schinken fast ein Drittel seines Frischgewichts verloren.

Lange Haltbarkeit

Schwarzwälder Schinken ist bei entsprechender Lagerung recht lange haltbar. Je nach Beschaffenheit und Schnitt liegt seine Haltbarkeit zwischen vier und zwölf Wochen, wobei die Aufbewahrungstemperatur zwischen + 7 °C und maximal +16 °C liegen sollte. Ein ganzer Schinken kann sogar ein Dreivierteljahr lang halten, sofern er richtig gelagert wird. Kleinere Schinkenstücke lagert man in Pergamentpapier oder in einem Schinkensäckchen verpackt im Gemüsefach des Kühlschranks.

EMPFEHLUNGEN

Metzgerei Brunner & Rüdlin
Höllbergstr. 2
79379 Müllheim-Hügelheim
Tel. 07631 23 25
www.dermetzger.eu

Metzgerei Decker
Gartenstr. 2
77756 Hausach
Tel. 07831 71 38
Filialen: Schiltach, Schutterwald
www.metzgerei-decker.com

Metzgerei Hauber
Hauptstr. 16
79737 Herrischried
Tel. 07764 4 23
www.metzgerei-hauber.de

Hilpertenhof
Langenordnach 21
79822 Titisee-Neustadt
Tel. 07651 74 49
www.hilpertenhof.de

Räucherspezialitäten Pfau
Alte Poststr. 17
72285 Pfalzgrafenweiler-Herzogsweiler
Tel. 07445 64 82
www.pfau-schinken.de

Metzgerei Werner
Sendelbach 1
77770 Durbach
Tel. 0781 4 27 61

Feiertage · Feste · Events

Weingenuss und Orgelklang

Es gibt wohl kaum eine andere Landschaft in Deutschland, in der so viel geboten wird wie im Schwarzwald – und zwar das ganze Jahr über in einer erstaunlichen Bandbreite.

Das Traditionell-Heimatliche, das sich in Symbolen wie Bollenhut, Kuckucksuhr und Schwarzwaldhaus ausdrückt, findet sein festliches Pendant in einer großen Anzahl von historischen Heimatfesten. Mit Trachtenumzügen, Musik der örtlichen Vereine, regionalen Speisen und Getränken beschwört man die Schwarzwälder Lebensart. Jedes Dorf und jede Stadt hat ihr Kirschen-, Zwetschgen- oder Weinfest. Rustikal geht's beim Schäferlauf in Wildberg zu, beim Rossfest in St. Märgen und dem Almabtrieb im Münstertal.
Ins religiöse Brauchtum eingebunden sind Feiern wie die Fronleichnamsprozessionen. Hier werden in katholischen Ortschaften (u. a. Hüfingen, Bad Peterstal, Glottertal, Tennenbronn, Schönau, Gengenbach) prächtige Blumenteppiche ausgelegt. Nicht weniger farbenprächtig gestalten sich die Patrozinien in Bad Peterstal und St. Peter sowie Kirchweihfeste (»Chilbi« oder »Chilwi«). Zu den größten Festen zählt die **schwäbisch-alemannische Fastnacht** (▶Baedeker Wissen S. 312). Ihre Hochburgen im Schwarzwald liegen in Rottweil, Elzach, Gengenbach, Villingen-Schwenningen.

Heimatfeste

Einen anderen Akzent setzen die Musikfeste. Da wären die Donaueschinger Musiktage zu nennen, eines der international renommiertesten Festivals für Neue Musik. Ebenfalls überregional bedeutend sind die »Stimmen« in Lörrach. Überwiegend jüngeres Publikum zieht es zum New Pop Festival nach ▶Baden-Baden und zum Zelt-Musik-Festival in Freiburg. Ein besonderes Highlight ist das Schwarzwald-Musikfestival von Mai bis Ende Juni an verschiedenen Orten. Klosterkonzerte wie in Alpirsbach und Maulbronn hinterlassen auch wegen der historischen Kulisse besonders tiefen Eindruck.

Musikfeste

Sportfeste haben ebenfalls große Bedeutung. In Iffezheim bei Baden-Baden trifft sich die »haute- volée« zum internationalen Galopprennen. Der Winter ist die hohe Zeit von Skispringen (u. a. in Hinterzarten, Titisee-Neustadt und Schonach) und Schlittenhunderennen (in Bernau und Todtmoos). Die kleine Privatbrauerei Waldhaus in der Nähe von Waldkirch veranstaltet jährlich einen »Bike Marathon«, an dem mehrere Hundert Radler teilnehmen.

Sportfeste

Bei den Alpirsbacher Klosterkonzerten ertönt die »Orgelskulptur« aus den Werkstätten der Firma Claudius Winterhalter.

Veranstaltungskalender

GESETZLICHE FEIERTAGE
1. Jan.: Neujahr
6. Jan.: Hll. Drei Könige
Karfreitag, Ostermontag
1. Mai: Tag der Arbeit
Christi Himmelfahrt
Pfingsten, Fronleichnam
3. Okt.: Tag der Dt. Einheit
1. Nov.: Allerheiligen
25./26. Dez.: 1./2. Weihnachtsfeiertag

FESTE UND EVENTS
Alle Veranstaltungshinweise:
www.schwarzwald-tourismus.info

JANUAR – MÄRZ
Fasnacht
Hochburgen sind Rottweil, Schramberg, Elztal.

FEBRUAR
Hundeschlittenrennen
Musher und Gespanne aus der ganzen Welt treffen sich im Hochschwarzwald in Bernau und Todtmoos zum großen Rennen.

MAI
Deutscher Mühlentag
Am Pfingstmontag öffnen viele sonst nicht zugängliche Schwarzwaldmühlen.
www.muehlen-dmg-ev.de

Frühjahrsmeeting
Galopprennen in Iffezheim bei ▶Baden-Baden

JUNI
Calwer Klostersommer
In den herrlichen Klosteranlagen von Hirsau wird ein buntes Programm aus Comedy, Volks- und Popmusik, Operninszenierungen und anderem mehr geboten.
www.klostersommer.de

Internationales Orgelfest
Alle drei Jahre (2014, 2017 usw.) Ende Juni tönen und pfeifen in Waldkirch die großen Orchestrien und kleinen Drehorgeln namhafter und unbekannter Hersteller.
www.waldkirch.de

JULI
Stimmen
Chöre und Solisten bieten in ▶Lörrach ein eindrucksvolles Musikereignis. www.stimmen.com

Rossini in Wildbad
Das Belcanto Opera Festival bringt weltstädtischen Glanz in den kleine Schwarzwaldort, in dem der Komponist Rossini einst kurte.
www.rossini-in-wildbad.de

Zelt-Musik-Festival
Zwei Wochen lang feiert Freiburg im Grünen in einem Zirkuszelt. Die Liste der Stargäste, die hier in den letzten 30 Jahren gespielt haben, liest sich wie ein who-is-who der Jazz-, Rock- und Popgeschichte. Chick Corea, Alice Cooper, Jan Garbarek, BAP und Konstantin Wecker waren schon da, auch Joan Baez, die Fantastischen Vier, Fettes Brot und viele andere. Tickets unter Tel. 07531 90 88 44
www.zmf.de

Klosterkonzerte
Den ganzen Sommer über werden im Kreuzgang und in der Klosterkirche von Alpirsbach

Galopprennen Iffezheim: das jährliche Großereignis bei Baden-Baden

Konzerte angeboten, teils sogar bei Kerzenlicht.
www.stadt-alpirsbach.de

AUGUST
Waldshuter Chilbi
Eine Woche lang wird das Ende der Belagerung durch die Schweizer gefeiert. www.chilbi.de

Weinfest Kaiserstuhl-Tuniberg
Breisach feiert das größte Weinfest der Gegend jährlich am letzten Augustwochenende.

SEPTEMBER
Bühler Zwetschgenfest
Anfang Sept.: Launiges Volksfest mit Weindorf, Jahrmarkt, Umzug, Zwetschgenkuchen, Zwetschgenschnaps und der Wahl der Zwetschgenkönigin.

Oberkircher Weinfest
Jährlich am 1. Septemberwochenende steigt vier Tage lang das Weinfest mit Essen, Trinken, Festprogramm und Kirmes.

Oechsles-Fest
Pforzheim kommt 17 Tage lang aus dem Feiern nicht heraus. In lauschigen Lauben werden Weine und Spezialitäten aus ganz Baden-Württemberg serviert.

OKTOBER
Donaueschinger Musiktage
Das älteste und renommierteste Festival für Neue Musik findet am 3. Oktoberwochenende statt.
www.donaueschingen.de

Almabtrieb Münstertal
Alle Rinder kommen am 1. Sa. im Oktober von den Hochweiden am Branden geschmückt zurück in den Stall. Im Tal wird das im Festzelt ausgiebig gefeiert.

DEZEMBER
Weihnachtsmärkte
Zwischen Glaskugeln, Glühwein und Goldrauschengel: Besonders romantische Märkte gibt es u. a. in Gengenbach, Schonach, Freiburg, Bernau, in der Ravennaschlucht und in Maulbronn.

Mit Kindern unterwegs

Mit Kindern unterwegs • ERLEBEN UND GENIESSEN

Spaß bei jedem Wetter

In der Heimat vom Holländermichel, wo knorrige Bäume wachsen, Wasserfälle durch dunkle Schluchten donnern, an Sommertagen Seen und Freibäder locken, ist es nicht schwer, mit Kindern einen herrlichen Urlaub zu verbringen.

Perfekt durchorganisierte, kompakte Unterhaltungsprogramme bieten mehrere Freizeitparks, darunter auch Deutschlands größter, der Europapark in Rust. Er eignet sich das ganze Jahr über bei jedem Wetter als ausgesprochenes Familienziel, ist allerdings nicht billig.

Die großartige Natur im Schwarzwald bietet sich an, um auch die größten Stubenhocker ins Freie zu locken. Auf breiten Forstwegen entlangzustapfen macht Kindern dagegen wenig Freude. Das berücksichtigen die »Natouren«, die der NABU Rastatt in Zusammenarbeit mit dem Naturpark Schwarzwald Mitte/Nord herausgebracht hat und die eine Anzahl von zeitlich überschaubaren Rundwanderungen enthalten. Diese abwechslungsreichen Touren speziell für Familien führen auf verschlungenen Pfaden an Bächen, Burgruinen, Kletterfelsen, Wasserfällen und Kletterbäumen vorbei und bieten somit viel Gelegenheit, eine Wanderung mit dem gewissen Schuss Abenteuer zu würzen. Mehrere Wildnispfade sind von den Gemeinden gesondert ausgewiesen und eignen sich bestens für Familine mit Kindern, darunter der Lotharpfad am Schliffkopf sowie der Luchs- und der Wildnispfad am Plättig (▶Schwarzwaldhochstraße) und auch der Wasserpfad am Sulzbach bei Lahr oder der »Quelli Erlebnispfad« bei ▶Bad Herrenalb.

Natur live

Viele Touristenorte und Unterkünfte haben sich auf Familien mit Kindern eingestellt und bieten allerlei eindrucksvolle Erlebnisse wie Nachtwanderungen mit dem Förster und Fackeltouren. Ein eigenes Schlechtwetter-Programm sorgt dafür, dass auch bei Regen die Laune nicht leidet. Geboten werden Besuche in Erlebnisbädern, Bergwerken ebenso wie Mitmach-Aktionen in Museen. Den ganzen Tag über etwas zu tun, Kätzchen und Hasen streicheln, die Kühe besuchen, beim Käsemachen zuschauen, Ponyreiten und vieles andere mehr versprechen die **Ferien auf dem Bauernhof**, die man überall im Schwarzwald erleben kann. Hier ist das Preis-Leistungsverhältnis wie auch in den anderen, zahlreichen familienfreundlichen Unterkünften sehr gut, auch für den kleinen Geldbeutel.

Familienferien

Der Europa-Park in Rust spielt unter den deutschen Freizeitparks die erste Geige und verspricht ein tagefüllendes Programm.

ERLEBEN UND GENIESSEN • Mit Kindern unterwegs

TIPPS FÜR FAMILIEN
Die Schwarzwald Tourismus GmbH bietet eine umfangreiche Informationsplattform für Familienferien an, inkl. Sehenswürdigkeiten, familenfreundlichen Unterkünften und Aktionen für Kinder.
www.schwarzwald-tourismus.info

NATURERLEBNISSE
NaTouren
Erlebnisreiche Wanderungen für Familien im Naturpark Nordschwarzwald, pdf-download der Tourbeschreibungen unter www.naturparkschwarzwald.de

Touren mit dem Ranger
In den Naturschutzzentren am Ruhestein (▶Schwarzwaldhochstraße), am ▶Feldberg sowie in der ▶Wutachschlucht bieten Ranger spannende Touren an, die auch für Kinder geeignet sind.

Burgen, Kare, Moore, Wasser
Burgruine Rötteln (▶Lörrach), Burg Hohennagold (▶Nagold), Nonnenmattweiher (▶Badenweiler), Wildseemoor am Kaltenbronn (▶Baiersbronn), Triberger Wasserfall (▶Triberg), Wasserfall Menzenschwand (▶St. Blasien)

FREIZEITPARKS
Europa-Park
allg. Infos ▶Ettenheim
Eintritt: Erw. 39 €, Kind (4 bis 11 J.) 34 €, Kind (bis 3 J.) und Geburtstagskinder bis 12 J. gratis.
Europas größter Freizeitpark bietet für Kinder eine Miniwelt mit Minikarusells, Märchengarten, Paddelbooten, Bootsfahrten durchs Reich der Elfen und anderes mehr, dazu für Eltern eine Online-Hilfe, mit der sich das Angebot für die einzelnen Altersgruppen sortieren lässt.

Steinwasen Park
allg. Infos ▶Freiburg/Umgebung
Eintritt: Gesamtpark Erw. 20 €, Kinder 4–11 J. 17 €, bis 3 J. frei, Eintritt (nur Tierpark): Erw. 11 €, Kinder 4–11 J. 9 €, bis 3 J. frei
Märchenwelt, Abenteuerspielplatz und die Fahrt mit dem Gletscherblitz gefallen Kinder aller Altersstufen.

FREIZEITBAD
Badeparadies Schwarzwald
allg. Infos ▶Titisee-Neustadt
Schalldicht abgetrennt von der Palmen- und Wellness-Oase sind in dem Galaxy-Spaßbad 18 Rutschen installiert, die vom Familiy Level (für kleinere Kinder) über Action Level (ab 7 J.) bis zu X-treme Level (ab 13 J.) reichen. Dazu kommt noch eine Edelstahl-Halfpipe für die ganz Wagemutigen sowie Dunkelrutschen.

BESUCHERBERGWERKE
Schauinsland
allg. Infos ▶Freiburg
Eintritt für Familienführung: Erw. 6 €, Kinder 4–12 J. 4 €, Familienkarte 20 €
800 Jahre lang wurde im größten Bergwerk des Schwarzwaldes nach Erzen gegraben. Eine spannende Tour führt tief unter die Erde. Führungen dauern in der Regel 1,5 Std. und sind erst für Kinder ab 12 J. Für Familien mit Kindern ab 4 J. wird eine kürzere Tour von nur 45 Min. angeboten.

Teufelsgrund

allg. Infos ▶Münstertal
Eintritt: Erw. 5 €, Kinder bis 14 J.
2,50 €, Schatzsuche 8 €
Eine Führung ins Schaubergwerk ist allein schon spannend genug. Darüber hinaus wird für Kinder eine »Schatzsuche« veranstaltet, bei der sie selber mit Eisen und Schlägel klopfen und ihr Glück versuchen dürfen. Die Schatzsuche wird immer donnerstags und samstags um 14.15 Uhr angeboten, eine Voranmeldung ist erforderlich.

MUSEEN
Deutsches Uhrenmuseum

allg. Infos ▶Furtwangen
Eintritt: Erw. 5 €, Familien (2 Erw. und bis zu 3 Kinder) 10 €
Eine unvergessliche Reise durch die Zeit: Jede Menge Uhren aus aller Herren Länder, auch sehr seltsame, sind hier zu bestaunen. Kinder erhalten auf Wunsch an der Kasse ein Mitmach-Rätsel. Regelmäßig führen die Mitarbeiter Kuckucksuhren und andere Zeitmesser vor.

Vogtsbauernhof

allg. Infos ▶Wolfach
Eintritt: Erw. 8 €, Kinder 6 – 17 J. 4,50 €, Kinder bis 5 J. frei,
2 Erw. u. 1 Kind 18 €,
2 Erw. u. 2 Kinder 22 €,
2 Erw. mit 3 und mehr Ki. 25 €
Auf dem riesigen Gelände des Freilichtmuseums laufen Hühner und Gänse umher, Kinder sehen Schweine, Pferde und Hasen, und auf der »Zickleinstreichelwiese« lassen sich die Ziegen sogar anfassen. Der neue Erlebnisspielplatz mit Kletterfelsen und einer

Wie lebten die alten Ritter? Einen Eindruck geben Burgruinen wie Hohennagold.

Hügel- und Wasserlandschaft eignet sich ideal zum Austoben. Im Hotzenwaldhaus ist ein »Dachboden der Kindheit« eingerichtet: ein kunterbuntes Durcheinandern, genau richtig zum Stöbern und Entdecken. In der Museumswerkstatt können sich Kinder eine Kuckuckspfeife schnitzen. Viele Mitmachangebote während der gesamten Saison richten sich an Kinder.

Shopping

Kuckucksuhr und Tannenhonig

Eine Kuckucksuhr oder einen Bollenhut? Authentischer geht es sicher nicht. Doch werden diese in Handarbeit hergestellt und sind entsprechend teuer. Das schert den regen Souvenirhandel nicht, der genügend preiswerte Alternativen bietet. Und Kirschtorte gibt's auch aus der Dose.

Triberg, Titisee und Mummelsee sind besonders wichtigste Ziele für den Schwarzwaldtourismus. Entsprechend viele Andenkenläden bieten hier preisgünstige **Kuckucksuhren** und Kleinigkeiten aller Art an. Vieles davon stammt allerdings nicht aus dem Schwarzwald. Wer authentisch kaufen will, wählt ein Souvenir aus den örtlichen Kunsthandwerksbetrieben. Über den ganzen Schwarzwald verstreut finden sich kleine Holzschnitzereien, die **Masken**, Krippen und Heiligenfiguren anfertigen, dazu **Kuckuckspfeifen** für die Kinder, Vogelhäuschen und Nistkästen. Echte Schwarzwälder (Kuckucks-)Uhren stellen hingegen nur noch wenige Spezialisten her. Gut besucht ist die Glasbläserei Dorotheenhütte (S. 376) sowie ▶Pforzheim. Dorthin zieht es vor allem die Schmuckliebhaber.

Kunsthandwerk

Die kulinarischen Souvenirs sind Schwarzwälder **Schinken** und **Speck**. Beides wird vakuumverpackt angeboten und lässt sich gut transportieren. Auch würziger **Bergkäse** und geräucherte Forellen sind als essbare Andenken begehrt. Ein etwas kurzlebigeres Mitbringsel ist die Schwarzwälder **Kirschtorte**. Die gibt es mittlerweile schon aus der Dose. Haltbarer sind **Tannenhonig**, die Marmeladen aus Waldfrüchten und die »flüssigen« Spezialitäten der Region, allen voran das Schwarzwälder **Kirschwasser** (»Chriesewässerli«), gefolgt von Obstwasser, Zwetschgenwasser und Himbeergeist. **Weine** aus der Ortenau, dem Breisgau, dem Markgräflerland, von Kaiserstuhl und Tuniberg kauft man am besten beim Erzeuger.

Kulinarische Souvenirs

Für den ganz großen Geldbeutel lohnt ein Abstecher nach **Baden-Baden**. Dort reiht sich eine teure Boutique an die nächste. Im normales Preisniveau bewegen sich die Geschäfte in den Zentren größerer Städte wie Pforzheim, Freudenstadt und Villingen-Schwenningen. Vor allem in **Freiburg und Karlsruhe** gibt es eine große Vielfalt von Boutiquen, Designer- und Lifestyle-Geschäften. Freilich trifft man auch hier auf die bekannten Ketten, die längst die Innenstädte dominieren.

Edelshopping

Schwarzwald-Fans kaufen am Mummelsee zum Bollenhut auch gleich die passende Haartracht.

Shopping-Adressen

SCHWARZWALD KOMPAKT
Alle wesentlichen Spezialitäten vom Schinken über Honig zum Kirschwasser sowie Kuckucksuhren, Bollenhut-Imitate und vieles mehr sind am Mummelsee-Großparkplatz erhältlich. Vorzüglich: das frische Holzofenbrot.

Märkte
Besonders umfangreiches Angebot in ▶Freiburg und ▶Lörrach. Über die Termine der Naturpark-Bauernmärkte und Genussmessen informiert die Schwarzwald Tourismus GmbH (▶Auskunft) www.schwarzwald-tourismus.info

WURST UND FLEISCH
▶Baedeker Wissen S. 72

BRENNEREIEN
Brennerei Schneider
Bellenwaldstr. 87
77656 Offenburg-Zunsweier
Tel. 0781 5 36 16
www.schneiders-edler-haustropfen.de
Edle Brände und Liköre (u.a. Kirschwasser, Zibärtle, Schlehe, Himbeer, Mirabellen, roter Topinambur)

Fichtenhof-Brennerei
Fichtenweg 5
79774 Albbruck-Unteralpfen
Tel. 07755 2 38
www.marder-edelbraende.de
Edle Brände und Geiste aus über zwei Dutzend verschiedenen Früchten. Spezialität des Hauses ist ein im Barrique-Fass gereifter Zwetschgenbrand.

Schwarzwälder Hausbrennerei und Imkerei
Tirolerstr. 8, 79848 Bonndorf
Tel. 07653 66 60
www.honig-schnaps.de
Edelbrände aus Obst der eigenen Streuobstwiesen. Dort haben es auch die Bienen gut und liefern besten Honig.

HONIG UND KONFITURE
Imkerei Graf
Im Wechselfeld 7
79271 St. Peter
Tel. 07808 39 11
Bester Tannenhonig, Gelée Royale, Honig-Met, Propolis, Bienenwachsprodukte

Obst- und Bienenprodukte Zimmermann
Breitmattstr. 9a
77749 Hohberg-Hofweier
Blütenhonig, Tannenhonig, Gelée Royale, Honig-Met, Bienenwachsprodukte

Konfiturenmanufaktur Faller
Seeweg 3
79694 Utzenfeld
www.fallerkonfitueren.de
Tel. 07673 91 07-0
Seit 1913 stellt Fa. Faller feine Konfituren und Fruchtaufstriche her. Vor dem Kochen werden die Früchte handverlesen, gerührt wird noch nach alter Väter Sitte im Kupferkessel.

FORELLEN
Forellen-Spezialitäten in verschiedenen Variationen, frisch und geräuchert bieten:

Honig und Konfitüren gibt es in hübscher Verpackung.

Forellenzucht Drafehn
Schuttertalstr. 1
77960 Seelbach-Wittelbach
Tel. 07823 23 54
www.drafehn.de

Forellenhof Eckert
Sägerstr. 28
79737 Herrischried
Tel. 07764 4 69
www.eckert-forellenhof.de

Fischzucht Zordel
Eyachtal 1
75305 Neuenbürg
Tel. 07082 6 04 20
www.fischzucht-zordel.de

KÄSE
Chäs-Chuchi Gersbach
Wehratalstr. 12
79650 Schopfheim-Gersbach
Tel. 07620 15 79
Hier wird naturbelassene Milch aus dem Hotzenwald verarbeitet. Käsereiführungen und -verkostungen sind auf Anfrage möglich.

Käserei Glocknerhof
Kaltwasser 2
79244 Untermünstertal
Tel. 07636 5 18
www.kaeserei-glocknerhof.de
Nach alter Überlieferung wird Käse aus Kuh- und Ziegenmilch produziert.

HANDWERK
Uhren
Handgearbeitete Kuckucksuhren und mehr bieten die Manufakturen in ▶Triberg und ▶Titisee-Neustadt.

Glaswaren
Für den Glaseinkauf von der Vase bis zur Christbaumkugel empfiehlt sich ein Besuch in der Dorotheenhütte in ▶Wolfach.

Felle
Gerberei Trautwein in ▶Schiltach fertigt und verkauft Felle aller Art und Ledermoden – nicht nur für Trachtenfans.

Übernachten

Rundum gut aufgehoben

Ruhig schlafen unterm Tannengrün, kein unerfüllbarer Traum im Schwarzwald. In abgelegenen Tälern wie in den Metropolen der Randregion öffnet sich dem Gast ein großes Spektrum.

Deutschlands ältester Gasthof steht in Freiburg. Seit 1311 nimmt der Rote Bär Übernachtungsgäste auf. Zwar setzt der Freizeittourismus erst im 19. Jh. auch im Inneren des Waldes ein, doch gibt es viele Gasthöfe an bedeutenden Straßen, die auf eine mehrhundertjährige Geschichte zurückblicken. Viel Erfahrung also mit der reisenden Kundschaft und mit den Trends der Zeit. Diese lange Tradition sorgt im Schwarzwald für ein **umfangreiches Angebot** an Übernachtungsmöglichkeiten. Es reicht vom Luxus-Schlosshotel über den familiär-gemütlichen Gasthof bis zum einfachen Wanderheim mit Etagendusche. Entsprechend unterschiedlich fallen die Preise aus. Die Lage tut ein Übriges: Prominente Kurorte wie Baden-Baden, Badenweiler und die Städte am Schwarzwaldrand Freiburg und Karlsruhe liegen vom Preisniveau her höher als die Pensionen im Herzen des Waldes. Doch auch hier finden sich vereinzelt hochpreisige Luxusressorts.
Gesichtslose Bettenburgen fehlen im Schwarzwald vollständig. Am weitesten verbreitet sind familiengeführte Mittelklasse-Hotel-Restaurants, die vielfach aus altbekannten Gasthöfen hervorgegangen sind und die sich im Laufe der Zeit an die gestiegenen Ansprüche der Kundschaft und die diversen Trends angepasst haben. Auch einige ehemalige und schön gelegene Schwarzwaldhöfe sind in den letzten Jahren liebevoll restauriert und zu hübschen Herbergen hergerichtet worden.

Erfahrene Gastgeber

Dass mit ewig singenden Wäldern und schneebedeckten Hängen allein kein Staat zu machen ist, zeigen die Übernachtungszahlen, die vor allem im Nordschwarzwald derzeit sinken, bestenfalls stagnieren. Viele Hoteliers haben daher kräftig in eine ökologisch korrekte Energiesanierung und den Ausbau des Wellnessbereichs investiert, die Zimmer renoviert mit Holz aus heimischen Wäldern auf dem Boden, Allergikermatratzen im Bett, Flachbildschirm an der Wand und W-LAN im ganzen Haus. Etliche Häuser bieten ein umfangreiches Sportprogramm mit E-Bike-Verleih, Schneeschuh- und Kräuter-Wanderungen, Golf- und Tennisplätzen vor der Haustür. Musterbeispiele für diese neue Generation im Beherbergungswesen sind das Hotel »Vier Jahreszeiten« am Schluchsee, das Wellness- und Natur-

Mehr als nur ein Bett

Ein Haus im Schwarzwaldstil auf modernem Niveau, das sogar den Deutschen Holzbaupreis gewann: Hotel Sommerau in Bonndorf.

Auch abseits gelegene Gebiete wie das Simonswälder Tal bieten Gästen angenehme Unterkünfte

hotel Schliffkopf sowie das »Dollenberg« in Bad Peterstal-Griesbach. Wer nicht will, braucht keinen Fuß vor die Tür zu setzen, denn längst wird im Hotel nicht nur übernachtet, sondern Urlaub gemacht in großzügigen Wellnessoasen mit Berg-SPA, Anti-Aging-Programm und Genießer-Tagen.

Wanderer willkommen

Die Erfahrung lehrt: Nicht überall im Schwarzwald sind Gäste willkommen, die nur eine Nacht bleiben, Wanderer etwa oder Mountainbiker auf einer Tour. Schon gar nicht in der Hauptsaison, wo man sich länger bleibendes Publikum erhofft. Von daher war es konsequent, das Label »Qualitätsgastgeber Wanderbares Deutschland« an Unterkünfte zu vergeben, die gerne auch nur für eine Nacht Gäste aufnehmen und am nächsten Tag für ein Proviantpaket sorgen.

Die 26 **Wanderheime** des Schwarzwaldvereins sind eine weitere sichere Anlaufstelle für Kurzzeitgäste. Ist die Teufelsmühle bei Bad Herrenalb mit »Waschgelegenheit am Brunnen« und »Schlafsackzwang« noch in einem sehr rustikalen Zustand geblieben, können die meisten Wanderheime mit annehmbaren Standard aufwarten und das zu einem günstigen Preis. Auch die Naturfreunde bieten herrlich gelegene Unterkünfte, die an den Bedürfnissen von Wanderern und Naturliebhabern ausgerichtet sind.

Übernachten • ERLEBEN UND GENIESSEN

Im Schwarzwald gibt es noch viele private Vermieter, die Ferienwohnungen und Zimmer für Touristen bereithalten. Die Preise sind zum Teil unschlagbar günstig und die Betreuung herzlich und familiär. Für Familien bieten sich die Ferien auf dem Bauernhof an. Adressen sowohl für Bauernhof-Ferien als auch für Ferienwohnungen und -häuser vermittelt die Schwarzwälder Tourismus GmbH (▶Auskunft).

Privatzimmer

Im Schwarzwald, in der Vorbergzone und in der Oberrheinebene gibt es eine Vielzahl einfacher bis komfortabler Campingplätze. Das Spektrum reicht vom naturbelassenen Zeltplatz an einem idyllischen Bergsee bis zu fast luxuriösen Anlagen mit Animations- und Freizeitprogramm.

Camping

Weitere Informationen

PREISKATEGORIEN
€€€€ über 180 €
€€€ 121–180 €
€€ 80–120 €
€ unter 80 €

Die im Reiseteil angegebenen Preise beziehen sich auf die Übernachtung für 2 Pers. im DZ mit Frühstück während der Hauptsaison.
Viele Unterkünfte bieten auch Komplettangebote für mehrere Tage bzw. Wochenendpauschalen, die günstiger sind.
Im Nov. schließen viele Hotels.

HOTELS
Online buchbar über die Schwarzwald Tourismus GmbH (▶Auskunft)

FERIEN AUF DEM BAUERNHOF
Urlaub auf dem Bauernhof in Baden-Württemberg e. V.
Friedrichstr. 41
79098 Freiburg
Tel. 0761 2 71 33 90
www.urlaub-bauernhof.de

WANDERHEIME
Schwarzwaldverein
Schlossbergring 15
79098 Freiburg
Tel. 0761 3 80 53-20
www.schwarzwaldverein.de

NaturFreunde
Landesverband Baden
Alte Weingartener Str. 37
76227 Karlsruhe
Tel. 0721 40 50 96
www.naturfreunde-baden.de

JUGENDHERBERGEN
Deutsches Jugendherbergswerk
Leonardo-da-Vinci-Weg 1
32760 Detmold
Tel. 05231 99 36-0
www.jugendherberge.de

CAMPING
Landesverband der Campingplatzunternehmer in Baden-Württemberg e. V.
Heinrichshofweg 4
77784 Oberharmersbach
Tel. 07837 8 41 40 32
www.camping-lcbw.de

Urlaub aktiv

Urlaub aktiv • ERLEBEN UND GENIESSEN

Wandern, biken, draußen sein

Urlaub heißt im Schwarzwald oft Sporturlaub. Wandern besitzt hier eine lange Tradition, längst ist auch für Radfahrer ein umfangreiches Wegenetz erschlossen. Vor allem das E-Bike hat sich zu einem beliebten Vehikel entwickelt.

Wandern hält im Schwarzwald noch immer die Spitzenposition unter den Aktivitäten. Die **Hauptwanderwege** sind gut markiert, auch zahlreiche regionale Routen hat der Schwarzwaldverein akribisch ausgewiesen. Sie erschließen die schönsten Gebiete des Gebirges zwischen Oberrheinebene und Neckar bzw. Bodensee. Geführte Wanderungen – oft mit natur- und landeskundlichen Erläuterungen von »Schwarzwald-Guides« und in der Ortenau von »Wein-Guides« – werden in allen Erholungsorten sowie in den Naturschutzzentren am Feldberg und am Ruhestein angeboten.

Mittlerweile sind im Schwarzwald auch einige **Qualitätswanderwege** zertifiziert worden. Der erste war der Westweg des Schwarzwaldvereins. Hinzugekommen sind der Schluchtensteig durch Wehra und Wutach, der Zweitälersteig rund um Waldkirch, Kandel, Simonswäldertal und Elztal und der Renchtalsteig. aber nicht jeder mag sich abrackern. Für die reinen Genusswanderer haben die Baiersbronner »Genießerwanderungen« ersonnen. Diese sind mit 10 bis 13 km in einem knappen halben Tag zu bewältigen und beinhalten stets schöne Einkehrmöglichkeiten.

Wandern

Radsportler finden im Schwarzwald ein grandioses Revier, egal, ob sie mit Tourenrad, Rennrad, Mountainbike oder E-Bike anreisen. Das Radwegenetz ist großzügig ausgebaut, allein das MTB-Netz umfasst 6000 markierte Tourenkilometern. **Radbusse** verkehren von Mai bis Oktober (▶Touren). Bequem zu erkunden sind die Radwege in den Tälern von Rhein, Kinzig, Elz, Murg, Alb, Enz, Nagold und Neckar. Rund 354 km misst der MTB-Weg Schwarzwald vom Karlsruhe im Norden nach Lörrach im Süden auf sechs sportlichen Etappen. Höchste Ansprüche an Kondition und Technik stellt die 450 km lange »Bike-Crossing-Schwarzwald«-Strecke, bei der 16 000 Höhenmeter zu bewältigen sind. Weniger anspruchsvoll und mit rund 100 km Streckenlänge auch kürzer, aber dennoch abwechslungsreich ist der Schwarzwälder Höhenradweg West, der vom Kloster Maulbronn aus via Pforzheim, Kaltenbronn und Seewald nach Freudenstadt führt. **Bike-Parks** haben in der Regel von April bis Oktober geöffnet.

Radfahren

Dem irdischen Gewühl entschweben: Von den Schwarzwaldbergen heben viele Drachen- und Gleitschirmflieger ab, hier am Blauen.

ERLEBEN UND GENIESSEN • Urlaub aktiv

Flugsport Es gehört sicher zu den eindrucksvollsten Erlebnissen, den Schwarzwald aus der Vogelperspektive zu erkunden. **Segelflugplätze**, wo auch Ballonfahrten angeboten werden, befinden sich u.a. in Bad Dürrheim, Gaggenau, und Kirchzarten. Viele Hänge eigenen sich zum **Drachen- und Gleitschirmflieger**. Flugschulen u. a. in Freiburg (Skytec) und Kirchzarten (Dreyeckland) bieten auch Tandemsprünge an für alle, die nicht selber fliegen wollen.

Klettern Zu den interessantesten Gebieten für Felskletterer gehören die Battertfelsen bei Baden-Baden, der Falkenstein bei Bad Herrenalb, der Gfällmattfelsen und der Scheibenfelsen bei Oberried, der Windbergfelsen bei St. Blasien sowie die Katharinenfluh am Schluchsee. Groß ist auch die Zahl an **Hochseilgärten**, wo zwischen den Bäumen, gut gesichert am Seil, gekraxelt werden kann.

Wassersport Das bedeutendste **Segel- und Surfrevier** ist der Schluchsee, gefolgt von Titisee und Nagoldtalsee. Die Murg bei Forbach ist der bekannteste Wildwasserfluss in Südwestdeutschland. Bei **Kanuten** und Kajakern beliebte Reviere sind darüber hinaus die Enz bei Bad Wildbad, die Wehra bei Wehr und der Neckar bei Rottweil. Vor allem im Frühjahr und Herbst ist der Wasserstand ausreichend für Fahrten. In der Regel ganzjährig befahrbar sind der Schluchsee, der Altrhein zwischen Neuenburg und Breisach sowie der Rhein bei Endingen am Kaiserstuhl.

Wintersport 1891 wurde im Schwarzwald der erste Skiclub gegründet, und nach wie vor nimmt der Wintersport vor allem im Hochschwarzwald eine wichtige Stellung ein. Wichtigstes Wintersportgebiet ist nicht zuletzt der Schneesicherheit wegen die Region Feldberg – Menzenschwand – Todtnau, deren zahlreiche Skilifte im **Liftverbund Feldberg** zusammengeschlossen sind. Auch »schwarze« Abfahrten finden sich dort. Brennpunkte des alpinen Skisports im Nordschwarzwald sind die Abfahrten an der Schwarzwaldhochstraße, im mittleren Schwarzwald die Orte Triberg, Schönwald, Schonach und Furtwangen. Zahlreiche Pisten sind dank Flutlicht bis 22.00 Uhr befahrbar.
Besonders eindrucksvoll ist das **Langlaufen** im tief verschneiten Winterwald. Bei entsprechender Schneelage werden Hunderte Kilometer Loipen im gesamten Schwarzwald gespurt. Einige Hotels und Ferienorte bieten Schneeschuhwanderungen an.
Snowboarder treffen sich am Mehliskopf und Kniebis an der Schwarzwaldhochstraße sowie die Bereiche Seebuck, Grafenmatt und Todtnauberg in der Skiregion Feldberg – Todtnau. An etlichen Stellen in dem Waldgebirge sind **Sprungschanzen** angelegt, darunter auch Großschanzen wie in Hinterzarten, Schonach und am Hochfirst bei Titisee-Neustadt, auf denen auch internationale Wettbewerbe ausgetragen werden.

Adressen für Sportler

Für alle Sportarten liefert die Schwarzwald Tourismus GmbH (▶Auskunft) eine Fülle von Informationen und Kontaktadressen
www.schwarzwald-tourismus.de

WANDERN
Schwarzwaldverein
Schlossbergring 15
79098 Freiburg
Tel. 0761 380 53-0
www.schwarzwaldverein.de

Online-Portale
GPS-Tracks, Routenvorschläge:
www.naturparkscout.de
www.schwarzwald-tourismus.de
www.wanderkompass.de
www.schwarzwaldverein.de

Touren-Apps für iTunes/Android:
www.hochschwarzwald.de
www.schwarzwald-tourismus.de

Weitwanderwege
▶Baedeker Wissen S. 92
Hans-Jakob-Weg 1 und 2:
www.kinzigtal.com
Wii-Wegli: www.wii-wegli.de

RADSPORT
Allgemeine Informationen
Unterkünfte, Radtransport, Touren, Rad-Verleih, Ladestationen für E-Bikes, Broschüren für MTB, E-Bike bei der Schwarzwald Tourismus GmbH

Online-Portale
www.schwarzwaldbike.de
www.mountainbike-schwarzwald.de
www.ebike-schwarzwald.de
s. o. auch bei Wandern

Bike-Parks und -routen
Europas größter Bike-Park:
▶Bad Wildbad
MTB-Funpark: ▶Todtnau

Bike-Arena Murg/Enz: 800 km zusammenhängendes MTB-Netz
www.bikearena-murgenz.de

FLUGSPORT
Gleitschirmfliegen
Übersicht und Bewertung der Startplätze bieten der Deutsche Hängegleiterverband unter
www.dhv.de
sowie www.paragliding365.com

Ballonflug
www.ballonflug.com

Drachenfliegen
Flugschulen unter www.frsw.de
Der DGFC Südschwarzwald informiert über die Fluggelände im Südschwarzwald
www.dgfc-suedschwarzwald.de

KLETTERN
Kletterparks und Seilgärten
lwww.schwarzwald-tourismus.de

Deutscher Alpenverein Baden-Württemberg
Rotebühlstr. 59a
70178 Stuttgart
Tel. 0711 6 27 00 54
www.dav.de
Kletterfelsen, Übernachtungsmöglichkeiten, Literatur

WINTERSPORT
Schneetelefon
Tel. 0761 88 58 11 33
www.schwarzwald-tourismus.de

Fernwanderwege

Westweg und mehr

Es muss nicht immer der Jakobsweg sein. Wem zwei Wochen Auszeit in Wald und Natur reichen, schnürt sein Bündel und durchquert der Länge nach den ganzen Schwarzwald auf dem Westweg. Er ist der berühmteste unter den Fernwanderwegen dieser Region mit einer hervorragenden Infrastruktur, der einzige ist er nicht.

Zwei Wochen nichts tun als wandern: Am Anfang zwickt und zwackt es überall, der Rucksack drückt, Fuß und Rücken schmerzen, doch das geht vorbei, und bald spielt sich ein Rhythmus ein: laufen, am Abend Quartier nehmen, duschen, essen, schlafen, am nächsten Morgen Rucksack packen, frühstücken und wieder laufen, den ganzen Tag von früh bis spät. Berggipfel und Landmarken, die sich vage im fernen Blau abzeichnen, kommen immer näher, werden schließlich erreicht und Schritt für Schritt wieder hinter sich gelassen. Man durchquert auf Stunden ausgedehnte Wälder, Lichtungen geben den Blick in die Weite frei, man bestaunt uralte Baumriesen, bewegt sich am Rand von Wasserfällen und Viehweiden, riecht Moos und Blätter, atmet klare, saubere Luft, vespert auf einer sonnendurchwärmten Wiese.

Irgendwann stellt sich ein Flow ein, das ewig-zwanghafte Kreisen der Gedanken ebbt ab, und Stille breitet sich auch innerlich aus. Nur beim Übernachten ankert man an Inseln der Zivilisation. Entwöhnt von Lärm und Getöse, nimmt man schärfer wahr. Ach, Schwarzwald, was ist aus dir geworden, möchte man aufseufzen, wenn zubetonierte Großparkplätze, Gebrüll der Motorräder, von Skipisten zerschundene Hänge, monströse Funktürme und Windräder das Idyll zerstören. Und trotzdem überwiegt ein Naturerlebnis, das gar nicht hoch genug eingeschätzt werden kann.

1900 angelegt

Der **Westweg** ist eine der Legenden unter den deutschen Fernwanderwegen. In 13 Etappen führt er südwärts von Pforzheim nach Basel über die gesamte Länge des

Schwarzwalds, markiert durch eine rote Raute. Er wurde im Jahr 1900 als erster Fernwanderweg vom Schwarzwaldverein mit dem Ziel angelegt, alle Naturlandschaften des Schwarzwaldes miteinander zu verbinden und abseits von Wirtschaftswegen einen möglichst ungetrübten Naturgenuss zu ermöglichen.

Der Straßenbau hat dies früh torpediert: Die 1930 angelegte **Schwarzwaldhochstraße** verläuft auf dem Ur-Westweg. Weil der Weg schon fast eine Art Denkmalschutz genießt, tat (und tut) man sich mit Änderungen der Streckenführung schwer. Das hat zur Folge, dass z. B. die Strecke über den Grindenschwarzwald zwischen Hornisgrinde und Schliffkopf parallel zur B 500 auf breiten Forstwegen verläuft. Nicht jeder Wanderer schätzt das. Jüngst angelegte Fernwanderwege wie der 2008 eingerichtete Schluchtensteig, werden von vorneherein weitab von Straßen geplant – doch das galt auch einmal für den Westweg.

Schlafen und einkehren

Bei allen Fernwanderwegen muss die Infrastruktur stimmen, also Möglichkeiten für Einkehr und Unterkunft gegeben und öffentliche Nahverkehrsmittel erreichbar sein. **»Wandern ohne Gepäck«** ist ebenfalls beliebt. Auch schätzen es viele Wanderer, wenn sie Ruhetage garniert mit Kunst- und Kulturgenuss einlegen können. Routenplanung übers Internet mit Wander-App, Abruf aller Gastgeber und Freizeitmöglichkeiten sowie Bushaltestellen ist heute ebenfalls ein Muss. In alledem ist der Schwarzwald vorbildlich. Die Macher des Westwegs, allen voran der Schwarzwaldverein, haben hier Pionierarbeit geleistet.

AUSWAHL WANDERWEGE

Westweg
Rund 285 km, von Pforzheim über die höchsten Gipfel bis nach Basel.
www.westweg.de

Mittelweg
Rund 230 km. Er erschließt die bäuerliche Kulturlandschaft zwischen Pforzheim und Waldshut.

Ostweg
Rund 240 km, von Pforzheim zur Wutachschlucht und weiter nach Schaffhausen.

Schluchtensteig
Auf rund 118 km quer durch den Südschwarzwald von Stühlingen nach Wehr, passiert er Wutach- und Wehraschlucht. Gute Kondition gefragt! www.schluchtensteig

Zweitälersteig
Rund 108 km Rundwanderweg durch Elztal und Simonswäldertal, gehört mit 4100 Höhenmetern zu den anspruchsvollsten Fernwanderungen. www.zweitaelersteig.de

Renchtalsteig
98 km, Rundwanderung von Oberkirch über die Höhen des Mittel- und Nordschwarzwalds.
www.renchtalsteig.de

Infos und Buchungsservice
Schwarzwald Tourismus GmbH
▶Auskunft

Wellness

Wellness • ERLEBEN UND GENIESSEN

Jungbrunnen seit 2000 Jahren

In Sachen Wellness, Kur und Erholung haben der Schwarzwald und seine Vorberge einiges zu bieten. Und man muss nicht einmal krank sein, um das große Angebot zu schätzen.

Badekuren, stationäre Kuren und Rehabilitationskuren im Anschluss an Klinikaufenthalte sind im Schwarzwald seit langem möglich. Heute gibt es zwölf Heilbäder, drei Orte mit Heilquellenkurbetrieben, neun Kneippkurorte und beinahe zwei Dutzend heilklimatische bzw. Luftkurorte. Die Mineral-, Thermal- und Solebäder im Schwarzwald bieten mit weitläufigen Bade- und Saunalandschaften und diversen Fitness-Angebote eine große Vielfalt.

Sole- bzw. Mineralwasservorkommen in **Bad Dürrheim** bzw. im Nordschwarzwald, vor allem aber Thermalwasser bilden die Voraussetzungen für den regen Kur- und Bäderbetrieb. Tief unterm Schwarzwald zirkulieren warme Wasserströme, die vor allem an den Verwerfungszonen zutage treten. Mit 69 °C am heißesten sprudeln die Quellen in **Baden-Baden**. Der mondäne Kurort ist außerdem der Inbegriff des Bädertourismus im Schwarzwald, sein Flaggschiff ist das Friedrichsbad. Nackt durchschreitet dort der Gast die Pforten zum Inneren des Bades, bekommt ein schneeweißes Laken in die Hand gedrückt und passiert, streng nach Geschlecht getrennt, Station für Station. Riesige Brausen lassen das heilende Wasser über den Badenden stürzen, Warmluftsäle und Dampfbäder schließen an, ein Höhepunkt ist die berühmte Seifenbürstenmassage. Im Thermalwasser treibend, bleibt sodann genügend Zeit, die fürstliche Architektur eingehend zu studieren. Auch **Bad Wildbad** profitiert von der Architektur vergangener Zeiten, als die Fürsten viel Geld springen ließen, um ihre Staatsbäder herauszuputzen (▶Baedeker Wissen S. 100).

Herrliche Klassiker

Deren Nachfolger, die vielen modernen Wellness-Tempel, haben auch einiges für sich: Saunalandschaften wie in der Baden-Badener Caracalla Therme zeigen sich weitläufig und mit allem Komfort ausgestattet, Licht- und Klangbäder erweitern das Angebot. Neben einem vielseitigen Spektrum an Massagen aller Art, darunter Hamam, Lomi-Lomi und Ayurveda, spielt auch das Schönheits- und Verwöhnprogramm eine steigende Rolle. Kein Wellness-Hotel ohne Beauty-Room, Fitness-, Ernährungs- und Yoga-Angebot. Jüngstes Mitglied in der Bäderlandschaft ist das Badeparadies Schwarzwald

Wellness und Fitness

Maurische Pracht: Ein Abglanz der großen Zeit der Bäder leuchtet in Wildbads Palais Thermal.

am ▶Titisee. Dort haben Kinder einen eigenen Bereich, wo sie weit weg von den Ruhesuchenden »Wellness« nach ihrem Geschmack auf Wasserrutschen genießen.

Geprüfte Qualität

Mit dem Qualitätssiegel »**Wellness Stars Therme**« sind im Schwarzwald mehrere Heilbäder, Thermen bzw. Bädereinrichtungen aufgewertet. Knapp drei Dutzend Hotels im Schwarzwald können mit einem **»Wellness Stars«-Gütesiegel** aufwarten. Mit Wohlfühl-Sternen ausgezeichnete Betriebe müssen strengen Anforderungen entsprechen. Verlangt werden Bade- und Saunalandschaften sowie Beauty-Farms, die in architektonischer Sicht ansprechend gestaltet sind. Ferner müssen die Gäste aus einem breiten Angebot von Sport- und Fitness-Möglichkeiten auswählen können. Darüber hinaus wird Wert gelegt auf fachlich geschultes Personal sowie eine gesunde Ernährung mit frischen und vitaminreichen Produkten.

Wohlig entspannen im Solemar Bad Dürrheim

Wellness • ERLEBEN UND GENIESSEN

WELLNESS IM ÜBERBLICK
Angaben zu Adressen, Öffnungszeiten, Preisen etc. bei den Orten

THERMEN
Bad Bellingen
Balinea Thermen

Bad Dürrheim
Solemar

Baden-Baden
Caracalla Therme
Friedrichsbad

Badenweiler
Cassiopeia Therme

Bad Herrenalb
Siebentäler Therme

Bad Krozingen
Vita Classica

Bad Liebenzell
Paracelsus Therme

Bad Wildbad
Palais Thermal

St. Blasien-Menzenschwand
Radon-Vital-Therme

WELLNESS-HOTELS (AUSWAHL)
Bad Peterstal-Griesbach
Hotel Dollenberg
Dollenberg 3
Tel. 078 06 78-0
www.dollenberg.de

Baiersbronn
Hotel Tanne
Tonbachstraße 243
Tel. 07442 8330
www.hotel-tanne.de

Schliffkopf Wellness & Natur Resort
Schwarzwaldhochstr. 1
Tel. 07449 92 00
www.schliffkopf.de

Donaueschingen
Der Öschberghof
Golfplatz 1, Tel. 07 71 84-0
www.oeschberghof.de

Freudenstadt-Lauterbad
Hotel Lauterbad
Amselweg 5
Tel. 074 41 8 60 17-0
www.lauterbad-wellnesshotel.de

Hinterzarten
Erfurt's Bergfried
Sickinger Str.28
Tel. 076 52 1 28-0
www.bergfried.de

Hotel Reppert
Adlerweg 23
Tel. 076 52 12 08-0
www.reppert.de

Schluchsee
Hotel Vier Jahreszeiten am Schluchsee
Am Riesenbühl 4
Tel. 076 56 70-0
www.vjz.de

Waldkirch-Ödsbach
Waldhotel Grüner Baum
Alm 33
Tel. 078 02 8 09-0
www.waldhotel-gruener-baum.de

Wolfach-St. Roman
Naturparkhotel Adler
St. Roman 14
Tel. 078 36 93 78-0
www.naturparkhotel-adler.de

Schwarzwälder Badekultur

Sanus per aquam (SPA)

Wo könnte eine Regeneration von Körper, Geist und Seele besser gelingen als in einer Therme? »Spa« heißt das Zauberwort, das von den Römern stammt und »sanus per aquam« = »gesund durch Wasser« heißt.

Einige der heutigen Schwarzwälder Wellness-Oasen können bereits auf eine fast 2000-jährige Geschichte zurückblicken. So gesehen hat der Begriff »Spa« durchaus einen realen Hintergrund. Schon die **Römer** schätzten die heilenden Thermen etwa von Baden-Baden und Badenweiler. Aus diesen »Thermae«, die schon seinerzeit manche Attribute heutiger Erlebnisbäder aufwiesen, sind im Laufe der Zeit Kurbäder von Weltruf geworden.

Im Zuber vereint

Im Mittelalter schlug dem Badewesen wieder eine große Stunde. Für Baden-Baden sind im 16. Jahrhundert zwölf Badehäuser mit 389 »Badekästen« nachgewiesen. Hier ergingen sich bunt gemischt alle, denen nach Baden war, gleich welchen Geschlechts. 3000 Kurgäste konnte Baden-Baden in dieser Zeit beherbergen.
Im späten Mittelalter werden Wildbad und Teinach dank der Protektion der württembergischen Herzöge zu Staatsbädern. Doch im 17. und 18. Jahrhundert geht es bergab: in der Zeit von Perücken, Puder und Parfum ist Wasser verpönt.

Der große Aufschwung

Im 19. Jahrhundert erlebte das Kur- und Bäderwesen im Schwarzwald eine ausgesprochene **Blüte**. Gekrönte Häupter und andere wichtige Persönlichkeiten aus aller Herren Länder ließen es sich nicht nehmen, in Baden-Baden, Badenweiler, Wildbad, Bad Teinach und auch in einigen kleineren Bädern zur Kur zu weilen.
Damals baute man prächtige Badehäuser und Trinkhallen, Kolonnaden und Wandelhallen, Grandhotels und sogar ein Spielcasino (in Baden-Baden). Kurpromenaden und herrliche Kurparks wurden angelegt. Schöne Umgebung, Kunst, Kultur und Zerstreuung unterstützten den Kurerfolg, zählten sie doch mit zu den wesentlichen Elementen fürs seelische Wohlbefinden. Wer es sich leisten konnte, besuchte die illustren Kurorte, egal, ob krank oder gesund. Baden-Baden hielt über Jahre hinweg den Titel **»Sommerhauptstadt Europas«**, weil sich hier immer besonders viele hochgestellte Persönlichkeiten trafen.
Seit den 1950er-Jahren erlebten die Kurstädte einen neuen Aufschwung: Krankenkassen übernahmen die Kosten für Kuren, sodass nun auch regenerierungsbedüftige Arbeiter »zur Kur« geschickt werden konnten. Die Zahl der Kurkliniken und -hotels nahm kräftig zu. Doch das Pendel schlug zurück: Die Kostendämpfungsmaßnahmen der Krankenkassen sorgten bei vielen Kurorten für massive Gewinneinbrüche, Kliniken schlossen, Hotels verwaisten. Von diesem Schlag haben sich viele Kurorte bis heute nicht erholt.

Vom Baden zur Wellness

Baden-Baden mit seiner »Caracalla Therme« sowie Badenweiler mit seiner »Cassiopeia Therme« haben mühelos den Anschluss an die Moderne geschafft. Mit Bedacht wurden in beiden Fällen wohlklingende römische Namen gewählt. Und zumindest dem Namen nach römisch geben sich die neuen »Balinea Thermen« in Bad Bellingen, der moderne Thermalbad-Komplex »Vita Classica« in Bad Krozingen und das ebenfalls moderne Mineral-Thermalbad »Aqualon« in Bad Säckingen.

Auch die Bäder der »Belle Époque« werden zu neuem Leben erweckt, wie in Bad Wildbad das glanzvolle »Palais Thermal« aus dem alten Graf-Eberhard-Bad hervorgegangen ist.

Mit einem Wasserbecken, und mag es noch so nobel sein, ist es längst nicht mehr getan. Abgerundet wird der Thermenbesuch von einem **Wellness-Angebot**, das vom Klangbad mit Unterwassermusik bis zu fernöstlichen Heilanwendungen reicht, dazu Schönheitsbehandlungen aller Art einschließt. Noch immer scheint das Bedürfnis nach »Balsam für Körper, Geist und Seele« ungebrochen. So reiten selbst kleinere Kurorte und eine wachende Zahl großer Hotels auf der Wellness-Welle und dehnen das Angebot stetig aus.

Ein wahrer Badetempel: Das Friedrichsbad in der Kurstadt Baden-Baden wurde vor wenigen Jahren aufwendig renoviert.

TOUREN

Waldschluchten, Wasserfälle und sonnige Gipfel, Obstbaumwiesen und Rebhänge, malerische Fachwerkstädte und berühmte Kurbäder, Natur und Kultur dicht an dicht – im Schwarzwald gibt es für jeden etwas.

Touren durch den Schwarzwald

Die Landschaft in Deutschlands Südwesten lockt mit herrlichen Aussichten, bietet jede Menge Ziele für Kulturbeflissene, für Naturfreunde und für Freiluft-Aktivisten. Sie kann aber auch mit alten Klöstern, freundlichen Dörfern und sehenswerten Städten aufwarten. Es folgen einige Vorschläge und Tipps für erlebnisreiche Ausflüge.

Tour 1 **Dichter, Klöster, schroffe Höhen**
Geschichtsträchtige Städte wie Pforzheim, Calw und Freudenstadt, berühmte Heilbäder wie Baden-Baden und Bad Wildbad sowie die aussichtsreiche Schwarzwaldhochstraße machen diese Rundfahrt durch den nördlichen Schwarzwald zum Erlebnis.
▶Seite 107

Tour 2 **Von der Kinzig auf die Baar**
Die Tour folgt zunächst der Kinzig talaufwärts, passiert das malerische Gengenbach und biegt beim Vogtsbauernhof ins Gutachtal ab, um via Triberg nach Villingen-Schwenningen und Donaueschingen hinaufzuführen.
▶Seite 111

Tour 3 **Eine Runde durch den Hochschwarzwald**
Die aussichtsreiche Runde führt von Freiburg über Waldkirch hinauf zum Kandel. Dann fährt man weiter nach St. Peter und zum Titisee. Über den Feldbergpass geht es hinunter nach Todtnau und von dort hinauf auf den Schauinsland, Freiburgs Hausberg.
▶Seite 114

Tour 4 **Seen, Kirchen und der Hotzenwald**
Interessante Städte wie Waldshut und Bad Säckingen, berühmte Klöster wie St. Blasien und Münstertal sowie idyllische Seen lernt man auf dieser Rundfahrt durch das südliche Ende des Schwarzwalds kennen.
▶Seite 117

Touren durch den Schwarzwald • TOUREN

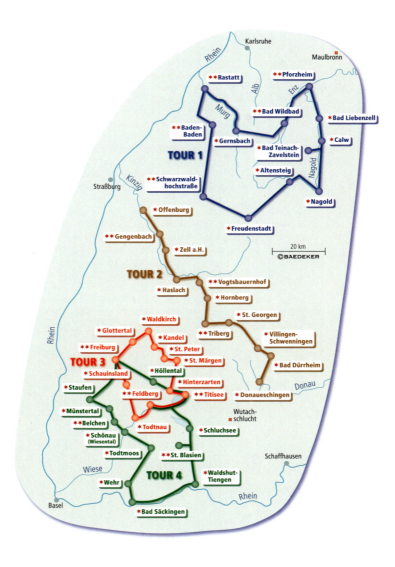

Unterwegs im Schwarzwald

Motorisiert

Den Schwarzwald kann man gut mit dem Auto erkunden. Das **Straßennetz** ist ziemlich engmaschig und größtenteils gut ausgebaut. Probleme gibt es manchmal auf einigen Nebenstraßen, die sich durch enge Täler und dunkle Wälder winden. Allgemein kommt es an Wochenenden mit Schönwetter nicht selten zu einem dichten Gedränge von Autos, Motorrädern und Radfahrern. Die Parkplätze an der Schwarzwaldhochstraße sind dann auch recht voll.

Der Schwarzwald, seine Vorbergzone und auch die Oberrheinebene sind bestens auf **Wohnmobil-Touristen** und Motorräder eingestellt. Für **Motorräder** an allen Wochenenden voll gesperrt ist die Strecke auf den Schauinsland (L 124) von Freiburg aus. Für die Auffahrt auf die Schwarzwaldhochstraße (B 500) gilt eine Geschwindigkeitsbegrenzung für Biker.

Öffentliche Verkehrsmittel

Man kann den Schwarzwald sehr gut mit öffentlichen Verkehrsmitteln bereisen, auch wenn dafür mehr Zeit eingeplant werden muss. Die wichtigsten Städte und Kurorte sind per Bahn oder Bus erreichbar. Ein engmaschiges ÖPNV-Netz überzieht den gesamten Schwarzwald und sein Vorland, wo leistungsfähige Verkehrsverbünde operieren, deren Bahnen und Busse in akzeptablen Zeitabständen

Frühlingsbeginn im Glottertal, die Zeit für Touren ist gekommen.

verkehren. Die Fahrpläne aller Nahverkehrsunternehmen sind in den meisten Fällen gut miteinander »vertaktet«. Zusätzlich attraktiv wird die Fahrt mit dem ÖPNV durch das KONUS-Ticket, das auf vielen Strecken freie Fahrt für Gäste ermöglicht (▶Praktische Informationen/Preise und Ermäßigungen).

Die Mitnahme von Fahrrädern ist auf den meisten Bahnstrecken problemlos möglich. In Bussen sieht es anders aus: in der Regel werden Fahrräder nicht transportiert. Ausnahme sind die drei **Radbus-Linien**. Sie verkehren von Mai bis Oktober und starten in Waldshut mit Ziel St. Blasien, Samstagnachmittag und Sonntag in Schramberg mit Ziel Sulgen und fahren an allen Wochenenden und Feiertagen von Zell über Todtnau auf den Feldberg (Fahrplaninfo unter www.suedbadenbus.de; allgemeine Informationen bei der Schwarzwälder Tourismus GmbH, ▶Auskunft).

Radbusse

Dichter, Bäder, schroffe Höhen   Tour 1

Länge der Tour: ca. 250 km
Tourdauer: 2 – 4 Tage

Auf dieser Tour durch den Nordschwarzwald lernt man die Gold- und Schmuckstadt Pforzheim kennen sowie Heilbäder wie Bad Liebenzell, Bad Teinach, Bad Wildbad und Baden-Baden. Die Route führt auch über die Schwarzwaldhochstraße.

Bei dieser Reise gilt: Badesachen und Wanderstiefel nicht vergessen! Gut zu bewältigen ist die Tour auch mit öffentlichen Verkehrsmitteln. Zwischen Pforzheim und Nagold verkehrt die Bahn, danach kommt man mit Regionalbussen von Ort zu Ort. Interessant für Wanderer ist die Strecke zwischen Kniebis/Alexanderschanze und Understmatt: Hier an der Schwarzwaldhochstraße lohnen sich Wanderungen vor allem rund um den Schliffkopf und am Mummelsee – dort bei Schönwetter mit Aufstieg zur Hornisgrinde – sowie beim Parkplatz Unterstmatt auf den Hochkopf. Wer es einrichten kann, bleibt des Naturerlebnisses wegen eine Nacht hier oben. Empfehlenswert sind die Hotels Schliffkopf, Zuflucht und Mummelsee (▶Schwarzwaldhochstraße).

Reisepraktisches

Die Goldstadt ❶****Pforzheim** ist Ausgangsort dieser Route durch den nördlichen Schwarzwald. Mit seinen Sehenswürdigkeiten – allen voran das Schmuckmuseum – bietet Pforzheim ein interessantes Besichtigungsprogramm. Außerdem gibt es hier gute Shopping-Möglichkeiten. Bevor man Pforzheim verlässt, lohnt noch ein Abstecher

Start in Pforzheim

zum 8 km nordöstlich gelegenen **Kloster Maulbronn**, das Teil des UNESCO-Weltkulturerbes ist. Dann verlässt man Pforzheim in südlicher Richtung und fährt im romantischen Nagoldtal aufwärts. Erstes Ziel ist der Kurort ❷ *Bad Liebenzell* mit seinem Thermalbad.

Hesse und Hirsau

Wenige Kilometer weiter südlich erreicht man **Hirsau.** Wer ein Faible für romanische Baukunst hat, sollte sich die eindrucksvollen Klos-

terruinen ansehen und die Krypta der Aureliuskirche. In ❸*Calw selbst lohnt ein Blick auf den von Fachwerkbauten umrahmten Marktplatz und ein Besuch des Hermann-Hesse-Museums.
5 km südlich von Calw führt die B 463 durch **Kentheim** hindurch. Das kleine unscheinbare Kirchlein St. Candidus ist eine der ältesten Kirchen in Südwestdeutschland und stammt aus vorromanischer Zeit. Schön ist ein Abstecher nach ❹***Bad Teinach-Zavelstein**. Unten im tief in den Buntsandstein-Schwarzwald eingekerbten Teinachtal liegt Teinach mit seinem Thermalbad, oben grüßt das alte Zwergstädtchen Zavelstein mit hübschem Fachwerk und Aussicht.

Die Hauptroute folgt dem Nagoldtal weiter aufwärts. Als nächstes erreicht man das altertümliche Städtchen **Wildberg**, wo alle zwei Jahre (immer in den geraden Jahren im Juli) der berühmte Schäferlauf stattfindet. Einige Autominuten später erreicht man ❺***Nagold** mit einem hübsch hergerichteten alten Kern und einer mächtigen Burgruine. Hier lohnt sich besonders ein Besuch des »Museums im Steinhaus«, ein ungewöhnliches, preisgekröntes Heimatmuseum. Nächstes Etappenziel ist das alte Flößer- und Fachwerkstädtchen ❻***Altensteig**. Von hier aus kann man ins Quellgebiet der Nagold fahren, wo der idyllisch gelegene **Nagold-Stausee** im Sommer Wassersportler von nah und fern anlockt.

Die Nagold entlang

Ab Altensteig führt die B 28 hinauf nach ❼***Freudenstadt**, der Stadt mit dem größten Marktplatz Deutschlands. In den Arkaden rund um den Marktplatz finden sich nette Läden und Cafés. Weiter folgt man der B 28 (Straßburger Straße), die sich immer höher hinauf in Richtung der Grinden-Hochfläche des Nordschwarzwalds schwingt. In wenigen Minuten ist **Kniebis** erreicht, wo man im Sommer herrlich wandern und im Winter skilaufen kann. Sehr gut isst man in der Kniebis-Hütte direkt an der B 28.

Freudenstadt und Kniebis

Bei der **Alexanderschanze** zweigt die eigentliche ❽**Schwarzwaldhochstraße** von der B 28 in nördlicher Richtung ab. Sie führt am Schwarzwald-Kamm entlang über schütter bewachsene und von Hochmooren durchsetzte »Grinden«. Die Sturmwurfflächen des Orkans »Lothar«, der 1999 über den Schwarzwald fegte, wachsen nur sehr langsam wieder zu. Der 800 m lange Lotharpfad (3 km vor Erreichen des Schliffkopfs) eignet sich auch für eine kleine Wanderung mit Kindern (festes Schuhwerk!).
Man passiert den **Schliffkopf** (mit Wellness-Hotel), wo sich ein Stopp lohnt, um vom Gipfel den Rundblick zu genießen. Schließlich erreicht man das Naturschutzzentrum Ruhestein, von wo aus im Sommer Wanderungen u. a. zum Wildsee und zum Karlsruher Grat unternommen werden können. Ab Ruhestein windet sich die Schwarzwaldhochstraße hinüber zum **Mummelsee**. Dieser liegt

Auf der Schwarzwaldhochstraße

idyllisch in einer Mulde am Hang der Hornisgrinde (1164 m), des höchsten Berges im Nordschwarzwald (nur bei gut Wetter lohnt der Aufstieg). Anschließend zieht sich die Schwarzwaldhochstraße in nördlicher Richtung weiter zu den Wintersportplätzen Unterstmatt und Mehliskopf.

Baden-Baden und Rastatt

Ab dem Mehliskopf geht es bergab. Am Plättig befindet sich der 4 km lange Luchspfad, ein Lehrpfad, der ebenfalls für eine Wanderung mit Kindern geeignet ist (festes Schuhwerk!). Vorbei am einstigen Nobelhotel Bühlerhöhe führt die Straße kurvenreich hinunter in die Kurstadt ❾**★★Baden-Baden** mit ihren Thermen, Luxushotels und dem Casino. Hier endet die Schwarzwaldhochstraße.

Dem Rhein zu, jenseits der A 5, liegt die frühere badische Residenzstadt ❿**★Rastatt**. Highlight ist das großartige Schloss mit seinen prachtvollen Sälen.

Zurück in den Wald

Von hier folgt man dem aus dem Schwarzwald hervorbrechenden Fluss Murg talaufwärts. Man passiert die Industriestadt Gaggenau mit dem Thermalbad Rotenfels und erreicht schließlich die alte Murgschifferstadt ⓫**★Gernsbach** mit der malerisch auf hohem Fels thronenden Ebersteinburg.

Wandern am Moor

Südlich von Gernsbach steigt ein Bergsträßchen im Reichental hinauf zu dem vom Orkan »Lothar« kahl gefegten Hohloh (984 m) mit dem Kaiser-Wilhelm-Turm. Hier oben gibt es auch ein Hochmoor mit dem kleinem **Hohlohsee**. Wer sich Turm, Moor und See anschauen will, kann das mit einer kleinen, ca. 1-stündigen Rundwanderung ab Parkplatz Schwarzmiss verbinden (3,4 km).

Danach schlängelt sich die Straße bergab zum Naturpark-Infozentrum **Kaltenbronn**. Es zeigt eine Ausstellung rund um Tiere und Pflanzen im Nordschwarzwald. Gleich gegenüber bietet Hotel Sarbacher eine gute Möglichkeit zum Einkehren. Vor Ort lohnt eine Wanderung: Ca. 2,5 Stunden benötigt man für die 8,5 km lange Tour rund um das streng geschützte **Wildsee-Hochmoor**. Die Wege sind hier einfach zu begehen, den ersten Anstieg kann man sogar mit der Fahrt in einem kleinen Sessellift abkürzen (Wanderkarten-download unter www.naturparkschwarzwald.de.

Ins Palais Thermal

Danach geht es weiter bergab ins Tal der Großen Enz, wo man schließlich die kleine Kurstadt ⓬**★★Bad Wildbad** mit ihren Thermalquellen erreicht. Einen halben Tag einplanen sollte, wer das wunderschöne, mit Austattungselementen im maurischen Stil versehene »Palais Thermal« besuchen will. Noch einmal rücken die Nadelwälder dicht an die Straße heran, die durchs Enztal zurück nach ❶**★★Pforzheim** und damit endgültig hinaus aus dem Schwarzwald führt.

Von der Kinzig auf die Baar

Tour 2

Länge der Tour: ca. 110 km
Tourdauer: ca. 2 – 3 Tage

Diese Route folgt einem der ältesten Verkehrswege durch den Schwarzwald, den schon die Römer genutzt haben. Entlang der Strecke durch das Kinzig- und das Gutachtal reihen sich geschichtsträchtige Städtchen aneinander, lernt man den Vogtsbauernhof ebenso kennen wie Deutschlands höchste Wasserfälle.

Diese Tour von Offenburg nach Donaueschingen ist ideal für Bahnfahrer. Sie dehnt sich auf der vollen Länge mit der Strecke der Schwarzwaldbahn. So kommt man auch in den Genuss, am Aufstieg von Hausach nach St. Georgen die vielen Tunnel zu erleben, die diese Bahn berühmt gemacht haben. Schwerpunkt der Tour liegt auf dem kulturellen Erlebnis, daher ist sie auch gut für Schlechtwetterperioden geeignet.

Mit der Bahn!

Kulturhistorischer Höhepunkt der Tour: das Freilichtmuseum Vogtsbauernhof, hier der Blick in den »Herrgottswinkel«

TOUREN • Tour 2

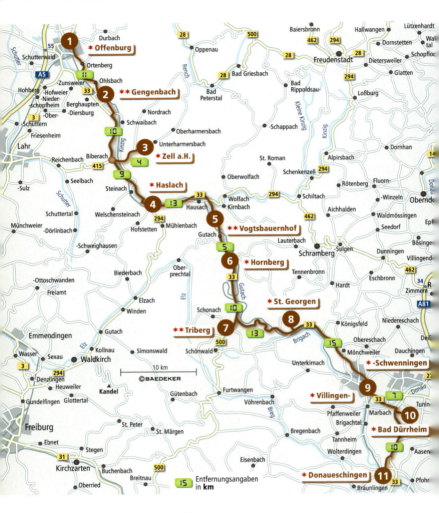

Start in der Ortenau

Ausgangspunkt ist ❶ ***Offenburg**, die Hauptstadt der Ortenau. Die Stadt und ihre Umgebung haben einiges an Sehenswertem zu bieten, und nicht nur im nahen Weindorf Durbach kann man exzellente Tröpfchen kosten. Von Offenburg geht es an Schloss Ortenberg vorbei ins hier breit ausgeräumte **Kinzigtal**. Erstes Ziel ist das malerische Städtchen ❷ ****Gengenbach**. Wenige Kilometer weiter südlich lohnt ein kurzer Einkaufs-Abstecher in das altertümliche Städtchen

❸***Zell am Harmersbach**, wo die Keramik mit dem berühmten Hahn-und-Henne-Motiv gefertigt wird. Wer mit der Bahn fährt, erreicht von Gengenbach aus Zell in ca. 30 Min. Dazu steigt man in Biberach entweder in Bus oder Bahn um.

Ein uralter Marktort ist ❹***Haslach** im Kinzigtal mit seinen schmucken Bauten. Weiter östlich liegt Hausach an der Mündung der Gutach in die Kinzig. Am Bahnhof zeigt eine große, aufwendig in Szene gesetzte Modellbahn im Maßstab 1:87 den Verlauf der realen Schwarzwaldbahn. Von Hausach bietet sich ein Abstecher (ebenfalls mit der Bahn möglich) ins obere Kinzigtal an. Dort befinden sich die alten Flößerstädtchen **Wolfach** und **Schiltach,** die beide eine malerische Altstadt und interessante Museen besitzen. Unweit davon liegt **Alpirsbach** mit seiner berühmten Klosterkirche, dem hervorragenden Klostermuseum und der Klosterbrauerei (Verkostung und Einkehr möglich).

Die Hauptroute folgt ab Hausach dem Flusslauf der Gutach in den Mittleren Schwarzwald hinein. Kurz nach dem Abbiegen ins Gutachtal (eigene Zughaltestelle) dehnt sich das Gelände des ❺********Vogtsbauernhofs** aus. In diesem größten Freilichtmuseum im Schwarzwald sind viele der typischen Schwarzwaldhöfe rekonstruiert. Mindestens einen halben Tag sollte man für den Besuch einplanen, der auch Kindern begeistert (▶Wolfach).

Höhepunkt Vogtsbauernhof

Weiter aufwärts im Gutachtal erreicht man das durch voreiliges Salut-Schießen bekannt gewordene Städtchen ❻***Hornberg** mit seiner Burgruine. Hier beginnt die spektakuläre Bergstrecke der **Schwarzwaldbahn**. Autofahrer Richtung Triberg kommen auf der B 33 fast automatisch in Schonachbach vorbei und damit an der »weltgrößten Kuckucksuhr«. Handgemachte Kuckucksuhren kaufen lohnt sich an der nächsten Station bei Fa. Herr in Triberg.

In ❼********Triberg** rauscht der mit 163 m höchste Wasserfall Deutschlands. Auch im Winter ist er eine Augenweide, wenn die fallenden Wasser zu Eis gefrieren und die bizarrsten Formen bilden.

Am Wasserfall

Immer weiter hinauf schlängelt sich die Hauptroute in Gestalt der B 33 bzw. der Schwarzwaldbahn bis nach ❽***St. Georgen**. Rund um die Epoche der Phono-Industrie und den DUAL-Plattenspieler dreht sich alles im örtlichen Phonomuseum.

Die Hauptroute (B 33) zieht nun weiter an den Ostrand des Mittleren Schwarzwalds nach ❾***Villingen-Schwenningen**. In Villingens sehenswerter Altstadt laden das Münster und einige interessante Museen zur Besichtigung ein, in Schwenningen erinnern zwei Sammlungen an die einstige Bedeutung der hiesigen Uhrenindustrie. Nächstes Etappenziel ist der auf der Baar gelegene Kurort ❿***Bad**

Auf der Baar

Dürrheim mit seinem Wellness-Bad »Solemar« und dem Museum »Narrenschopf« der schwäbisch-alemannischen Narrenzünfte. Letzte Station ist ⓫***Donaueschingen**, die alte fürstenbergische Residenzstadt mit ihrem Schloss und ihrer schönen barocken Schlosskirche. Touristischer Brennpunkt ist die sog. Donauquelle im Schlosspark. Von Donaueschingen gelangt man in knapp 1,5 Std. mit dem Zug zurück nach Offenburg.

Tour 3 Durch den Hochschwarzwald

Länge der Tour: ca. 130 km
Tourdauer: ca. 1 – 2 Tage

Ein unvergessliches Erlebnis ist die Runde durch den Hochschwarzwald, die über alle Stockwerke dieser reizvollen Ferienlandschaft führt. Ausgangspunkt ist die quirlige Universitätsstadt Freiburg. Unterwegs passiert man das berühmte Glottertal, erklimmt den Aussichtsberg Kandel, erreicht Titisee und Feldberg.

Reisepraktisches — Dieser Ausflug streift zahlreiche landschaftliche Schönheiten, mehrere Gipfel mit Panoramaaussicht und verschiedene sehr gute Wandergebiete sowie den Titisee, ist also eine ausgesprochene Schönwettertour. Mit Bus und Bahn sind bis auf den Kandel alle Ziele erreichbar, manchmal allerdings etwas umständlich. An Unterkünften besteht kein Mangel; besonders schön wohnt es sich auf der Höhe, z. B. in St. Märgen. Groß ist die Hotelauswahl vor allem am Titisee und in Hinterzarten. An schönen Wochenenden im Sommer wie im Winter ist der Feldberg-Großparkplatz meist brechend voll.

Start in Freiburg — Man beginnt die Rundfahrt in ❶****Freiburg im Breisgau** mit dem berühmten Münster und interessanten Museen. Außerdem kann man hier bummeln, einkaufen und sich eine Veranstaltung aus dem hochkarätigen Kulturprogramm aussuchen.

Los geht die Fahrt in nordöstlicher Richtung. Bei Denzlingen streift man das landschaftlich reizvolle ❷*****Glottertal** (Abb. S. 106), bekannt durch die Fernsehserie »Schwarzwaldklinik«. Wenig später erreicht man das hübsche Städtchen ❸*****Waldkirch** im Elztal, wo das Elztalmuseum die Geschichte des örtlichen Orgelbaus beleuchtet.

Dann folgt man einem kurvenreichen Bergsträßchen, das sich auf den ❹*****Kandel** hinaufwindet, einst als Hexenberg verschrien und heute ein vorzügliches Wandergebiet. Ein herrlicher Blick geht hier über die Oberrheinebene hinweg zu den Vogesen und den höchsten Gipfeln des Hochschwarzwaldes.

Die Straße schlängelt sich sodann bergab der alten Klostersiedlung ❺ *St. Peter entgegen, wo man die Klosterkirche und die Klosterbibliothek (▶Foto S. 102) besichtigen sollte, zwei kunsthistorische Kleinodien des Barock. Im Nachbarort ❻ *St. Märgen steht das Schwarzwälder Brauchtum am »Rosstag« im September hoch im Kurs. Allerdings findet dieses Fest nur alle drei Jahre statt, 2016 das nächste Mal. Zum Vespern und Kaffeetrinken bietet sich die Einkehr im Café Goldene Krone an, das von Landfrauen bewirtschaftet wird. Herrlich: ein kurzer Spaziergang zur Ohmenkapelle, die einst eine keltische Kultstätte war, mit Aussicht über die Wiesen und Wälder bis zum Schauinsland.

Sonnige Höhe

Mühlen und Moore

Von St. Märgen folgt man der »Schwarzwald-Panoramastraße« hinauf zum Thurner, wo sie in die B 500 einmündet. Kurz vor dieser Einmündung lohnt ein Abstecher in nordöstlicher Richtung und hinunter zur romantischen **Hexenlochmühle** (▶Waldkirch).

Die B 500 schlängelt sich von der Straßenkreuzung am Thurner südwärts und erreicht alsbald die für ihre stattlichen Schwarzwaldhöfe bekannte **Breitnau** und schließlich den Erholungsort und Wintersportplatz ❼***Hinterzarten**. Ein anschauliches Bild des Skisports und seiner Geschichte zeichnet das Skimuseum. Gleich hinterm Bahnhof beginnt das Hinterzartener Moor. Ein Bohlenweg erschließt dieses größte Moor im ganzen Schwarzwald.

Touristische Brennpunkte

Weiter geht es in südöstlicher Richtung zum ❽****Titisee**, einem der touristischen Brennpunkte im Hochschwarzwald. Baden, Boot fahren, eine kleine Wanderung um den See bieten sich hier an, mancher mag sich auch durch die mit Andenkenläden gesäumten Gassen treiben lassen und am Seeufer ein Eis essen.

Nicht weniger touristisch belebt zeigt sich das nächste Ziel, der via B 317 erreichbare ❾****Feldberg**. Am Großparkplatz bei der Talstation der Feldberg-Sesselbahn lädt das Naturschutzzentrum des Naturparks Südschwarzwald zum Besuch ein. Nur bei guter Sicht lohnt ein Besuch des Gipfels, der zwar nicht schön, aber der höchste im ganzen Schwarzwald ist. Entsprechend grandios kann die Fernsicht ausfallen.

Wer es ruhiger mag, spart sich den Feldberg und wandert vom Großparkplatz aus knapp 7 km in südlicher Richtung zum **Herzogenhorn**, dem mit rund 1415 m dritthöchsten Schwarzwaldberg. Die rote Raute des Westwegs weist den Weg. Wer bleiben möchte, isst und übernachtet im Leistungszentrum Herzogenhorn (▶Bernau).

Todtnau

Immer abwärts führt die Straße hinunter ins Wiesental bis ❿***Todtnau**, das wie die Feldbergregion ein guter Ausgangspunkt für Wanderungen und Radtouren ist. Der Bikepark am Hasenhorn zieht die MTB-Freunde an, Wanderer lassen sich vom Sessellift bequem auf den Gipfel tragen. Die Hauptroute folgt nun einer Bergstraße, die über Muggenbrunn zum Notschrei hinauf führt. Dabei passiert man auch die wildromantischen **Todtnauer Wasserfälle**.

Rückfahrt nach Freiburg

Oben am Notschrei (mit Hotel) gabelt sich die Straße. Die Tour führt auf der Höhe hinüber zum ⓫***Schauinsland**. Vom Parkplatz bei der Bergstation der Schauinslandbahn lohnt eine Wanderung hinauf zum Aussichtsturm, der bei Gutwetter einen Panorama-Rundblick bietet. Auch eine Erkundung des interessanten Schaubergwerks ist sehr zu empfehlen. Die kurvige, ehemalige Bergrennstrecke (an Wochenenden für Motorradfahrer gesperrt) führt wieder hinunter nach ❶****Freiburg**.

Von Freiburg durch den Süden · Tour 4

Länge der Tour: 240 km
Tourdauer: ca. 2 – 3 Tage

Diese Rundfahrt, die in Freiburg im Breisgau beginnt, erschließt einige der schönsten Plätze im Südschwarzwald. Dazu gehören das Münstertal und der aussichtsreiche Belchen ebenso wie Hotzenwald, Schluchsee und Titisee.

Wanderstiefel und Badesachen gehören bei dieser Tour zur Grundausstattung. Wer sich für Bergbau interessiert, plant das Besucherbergwerk Teufelsgrund (▶Münstertal) ein. Ebenfalls unter die Erde führt ein Gang in die Erdmannshöhle. Mit dem Freiburger Münster und den Klöstern St. Trudpert und St. Blasien bietet diese Tour auch kunsthistorisch bedeutsame Denkmäler. Die Hauptziele sind mit öffentlichen Verkehrsmitteln erreichbar, manche Sehenswürdigkeiten jedoch nur recht zeitaufwendig.

Reisepraktisches

Der Schluchsee lockt zum Bootfahren – und Fotografieren.

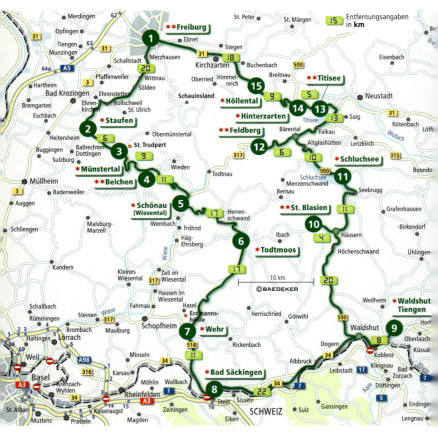

Start in Freiburg	Ausgangspunkt dieser Route ist ❶**Freiburg im Breisgau**. Man verlässt die Stadt südwärts via Merzhausen und dem Hexental. Bei Bollschweil lohnt ein kurzer Abstecher hinauf nach St. Ulrich. 6 km südlich von Bollschweil erreicht man die geschichtsträchtige Faust-Stadt ❷*Staufen im Breisgau* am Ausgang des Münstertales. Von Staufen geht es dann hinein ins ❸*Münstertal* mit der Barockkirche des Klosters St. Trudpert und dem Schaubergwerk Teufelsgrund.
Im Belchenland	Von Münstertal schlängelt sich ein Bergsträßchen hinauf zum ❹**Belchen**. Den »schönsten Gipfel des Schwarzwalds« erreicht man jedoch nur zu Fuß oder per Seilbahn. Direkt bei der Seilbahnstation findet man im Hotel Jägerstüble Unterkunft und Verpflegung.

Nach der Belchen-Tour geht es hinunter ins ❺***Wiesental** bei Schönau. Bettwäsche, Tischwäsche, Schlafanzüge gibt es in Schönau-Brand im Werksverkauf der einst im Wiesental beheimateten Textil-Marke »Irisette« (Mo. – Fr. 9.00 – 18.00, Sa. 9.00 – 13.00 Uhr).

Nördlich von Schönau geht die Hauptroute südostwärts bergauf über Herrenschwand in den Ferienort ❻***Todtmoos**, von wo aus man herrliche Wanderungen und Radtouren unternehmen kann. Das Wehratal abwärts gelangt man in das Städtchen ❼***Wehr**, von wo aus ein Besuch der wenige Kilometer weiter nördlich gelegenen **Erdmannshöhle** lohnt. Danach geht es weiter ins Hochrheintal, wo die Kurstadt ❽***Bad Säckingen** das nächste Etappenziel ist. Nach einem Spaziergang durch die malerische Innenstadt fährt man im Hochrheintal aufwärts nach ❾***Waldshut-Tiengen**, der Doppelstadt mit ihren beiden hübschen alten Stadtkernen und ihren interessanten Sehenswürdigkeiten.

Ins Wehratal

Von Waldshut aus folgt man der B 500, die nordwärts in den Hotzenwald hinaufführt. Unterwegs bieten sich viele reizvolle Ausblicke, so etwa beim Luftkurort Höchenschwand. Bei Häusern biegt man westwärts ins tief eingeschnittene Albtal ab und erreicht nach wenigen Minuten die alte Klostersiedlung ❿***St. Blasien** mit ihrer von einer mächtigen Kuppel überwölbten Klosterkirche. Der B 500 bei Häusern folgt man nordwärts zum ⓫***Schluchsee**, der vor allem in den Sommermonaten ein beliebtes Erholungsziel ist. Bei **Seebrugg** bietet sich die Möglichkeit zu einem Abstecher ostwärts nach Grafenhausen mit dem aus der TV-Serie »Schwarzwaldklinik« bekannten »Hüsli«. Am Nordufer des Schluchsees entlang geht es in den Hochschwarzwald, und man erreicht wenig später das zur Gemeinde Feldberg gehörende Dorf **Altglashütten**.

Durch den Hotzenwald

In Feldberg-Bärental mündet die B 500 in die Feldberg-Passstraße B 317 ein. Von hier aus erreicht man per Seilbahn und kurzem Fußmarsch den Gipfel des ⓬****Feldberg**. Wie in Tour 3 ausführlich beschrieben, folgen nun ⓭****Titisee** und ⓮***Hinterzarten**. Jenseits von Hinterzarten durchbricht die B 31 das einst wildromantischfelsige ⓯***Höllental**. Am Fuße der ersten Haarnadelkurven kann man der Ravennaschlucht einen Besuch abstatten. Bei der Ortschaft Himmelreich öffnet sich das Höllental zum Zartener Becken – der Schwarzwald endet. An Kirchzarten vorbei kommt man zurück nach ❶****Freiburg im Breisgau**.

Vom Feldberg ins Höllental

REISEZIELE VON A BIS Z

Alles überragende Gipfel wie Feldberg, Belchen und Hornisgrinde, tiefe Wälder, sonnige Weinberge, Wanderparadiese und Wellness-Oasen, kleine Dörfer, quirilige Städte und moderne Museen – im Schwarzwald gibt es viel zu entdecken!

Achertal

E 8

Landkreis: Ortenaukreis
Höhe: 142 – 1164 m ü. NHN

Von Hornisgrinde und Mummelsee stürzen sich die Wasser der Acher durch ein romantisches Tal mit Tannen- und Kastanienwäldern und Weinbergen hinunter in die Rheinebene. Im Frühling entfalten Tausende Obstbäume ihren Blütenzauber.

Beliebte Anlaufpunkte im Achertal sind das »Rotweindorf« Kappelrodeck, das »Mühlendorf« Ottenhöfen und das »Mummelseedorf« Seebach. Zum Bedauern vieler Eisenbahnfreunde stellte die älteste deutsche Museumsbahn, die **Achertalbahn**, im Juni 2013 die Fahrten mit der Museums-Dampflok ein. Ob die nötigen Mittel für die Wiederaufnahme des Betriebs in Zukunft wieder aufgebracht werden können, ist derzeit offen.

SEHENSWERTES IM ACHERTAL

Achern Die am Ausgang des Achertals in die Rheinebene gelegene 25 000-Einwohner-Stadt wurde im Zweiten Weltkrieg fast völlig zerstört. Daher zeigt sie heute ein überwiegend modernes Stadtbild und hat ihren Schwerpunkt auf den vielen Einkaufsmöglichkeiten. Ältestes Bauwerk der Stadt ist die gotische St. Nikolauskapelle (13. Jh.) mit ihrem schlanken Rundturm im Zentrum.

Sasbach/ Obersasbach Nordöstlich von Achern liegt die knapp 6000 Einwohner zählende Gemeinde Sasbach/Obersasbach an der Badischen Weinstraße. Ein Granitobelisk erinnert an den französischen **Marschall Turenne**, den berühmten Feldherrn Ludwigs XIV., der hier am 27. Juli 1675 im Kampf gegen die Truppen des deutschen Kaisers fiel.

*Sasbachwalden Prächtige Fachwerkhäuser mit üppigem Blumenschmuck prägen den unter Denkmalschutz gestellten alten Kern des Luft- und Kneippkurortes Sasbachwalden. Das Ortsbild von »Saschwalle«, wie die Gemeinde umgangssprachlich genannt wird, sowie eine gute Gastronomie und viele Freizeitmöglichkeiten sorgen das ganze Jahr über für touristischen Hochbetrieb. Hoch über dem Ort thront das **Brigittenschloss** (Hohenroder Schloss, 760 m ü. NHN), das im 11. Jh. als eine der ersten Steinburgen im Schwarzwald entstand. Von der Burgruine genießt man die beste Aussicht. Lohnendes Ziel einer kleinen Wanderung sind die **Gaishöllwasserfälle** zwischen Gaishöllpark und Ortsteil Bischenberg.

Achertal erleben

AUSKUNFT
Tourist-Information
Hauptstr. 65
77876 Kappelrodeck
Tel. 07842 1 94 33
www.achertal.de
www.achern.de

EVENT
TON:arten
Dieses hochkarätige Musikfestival findet im Hochsommer in Sasbachwalden statt.
Tel. 07841 10 35, www.ton-arten.com

ÜBERNACHTEN · ESSEN
Rebstock ❸❸❸
77876 Kappelrodeck/Waldulm
Kutzendorf 1
Tel 07842 94 80
www.rebstock-waldulm.de
Ruhetag Restaurant: Mo.
Schon von außen wirkt das Fachwerkhaus sehr einladend. Im geschmackvoll eingerichteten Restaurant fehlt auch der Herrgottswinkel nicht. Karl Hodapp kocht badisch-elsässische Küche auf hohem Niveau, Vater Josef stellt in der Brennerei wunderbare Edelbrände her und betreut den hauseigenen Weinberg. Mehrere elegante Gästezimmer verleiten, auch länger zu bleiben. Im Restaurant ist reservieren empfohlen.

Hotel Talmühle ❷❷
Talstr. 36, 77887 Sasbachwalden
Tel. 07841 6 28 29-0
www.talmuehle.de, 27 Z.
Ruhetage Restaurant: im Winter Mo., Di.
Gemütliche Herberge am Waldrand. Das zugehörige Restaurant Fallert bietet badisch-mediterrane Küche auf Feinschmeckerniveau an. Auf der Karte finden sich durchaus auch bodenständige Gerichte wie Kutteln, die hier mit Riesling verfeinert werden.

Hotel Engel ❶
Talstr. 14, 77887 Sasbachwalden
Tel. 07841 30 00
www.engel-sasbachwalden.de, 12 Z.
Im »Engel« übernachtet man in einem 250 Jahre alten, sehr schönen Fachwerkhaus. Die Zimmer zur Straße sind allerdings etwas laut. In der Gaststube kommen badische und Schwarzwälder Spezialitäten auf den Tisch.

---

5 km südlich von Sasbachwalden liegt das idyllische »Rotweindorf« Kappelrodeck (5900 Einw.) mit seinem Ortsteil Waldulm inmitten der Reben- und Obsthänge. Wahrzeichen des Ortes ist das Schloss Rodeck (heute Altersheim), ein im ausgehenden 19. Jh. errichteter Neorenaissancebau auf den Grundfesten einer mittelalterlichen Burg. Weinlehrpfade ziehen sich durch die Rebhänge.
Einstündige **Weinproben** bieten die Winzergenossenschaft Waldulm und die Kellerei »Hex vom Dasenstein«.

Kappelrodeck/ Waldulm

❶ April – Okt. 16.00 Uhr, Waldulm: Mi., www.waldulmer.de; Hex vom Dasenstein: Fr., www.dasenstein.de; Gebühr: 6 €

4 km weiter liegt das »Mühlendorf« Ottenhöfen am Gebirgsflüsschen Acher. Ein 15 km langer **Mühlenwanderweg** führt vom Bahnhof

Ottenhöfen

aus zu neun restaurierten alten Mühlen. Sechs Getreidemühlen und eine Hammerschmiede werden noch mit Wasserrädern angetrieben. Geübten Bergwanderern ist die zwar beschwerliche, aber herrliche Ausblicke bietende 12 km lange Tour ins Gottschlägtal und weiter hinauf auf den **Karlsruher Grat,** einer markanten Formation aus hartem Quarzporphyr, zu empfehlen. Hier ist vor ca. 250 Mio. Jahren Magma aus dem Erdinnern in einer 4 km langen und 750 m breiten Spalte im Grundgebirge emporgequollen und erkaltet. Der Rundweg beginnt am Bahnhof und führt auch an den sagenumwobenen Edelfrauengrab-Wasserfällen vorbei.

Nach **Seebach** (1500 Einw.) zieht es die Gäste vor allem des Mummelsees und der Hornisgrinde wegen (beide ▶Schwarzwaldhochstraße). Als Heimatmuseum zugänglich ist die im 18. Jh. erbaute »**Vollmers Mühle**«, in der auch Brauchtumsabende veranstaltet werden.

Vollmers Mühle; Mai – Okt. So. 10.00 – 11.30 Uhr, www.vollmersmuehle.de

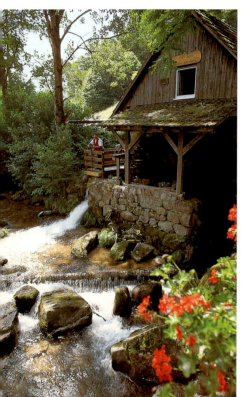

Station am Mühlenwanderweg in Ottenhöfen

Die 5 km südwestlich von Achern in der Rheinebene gelegene Kleinstadt **Renchen** (7300 Einw.) verdankt ihre Bekanntheit Johann Jacob Christoffel von Grimmelshausen (um 1622 – 1676). Der berühmte deutsche Barockdichter lebte hier und hatte von 1667 bis 1676 das Amt des Stadtschultheißen inne. Er verfasste während dieser Zeit den »Simplicissimus«. Gleich zwei Denkmäler erinnern an den berühmten Dichter. Eines wurde 1879 bei der kath. Kirche aufgestellt. Das andere, eine moderne Arbeit des Künstlers Giacomo Manzù auf dem Rathausplatz, zeigt Grimmelshausen als »Jäger von Soest«. Viel Interessantes über den Dichter findet man im **Simplicissimus-Haus**.

❶ Hauptstr. 59; So. 15.00 – 18.00 Uhr u. n. V., Eintritt: 1,50 €

* Alpirsbach

✳ G 9

Landkreis: Freudenstadt
Höhe: 400 – 800 m ü. NHN
Einwohnerzahl: 6500

Seiner über 900 Jahre alten Klosteranlage und der Brauerei hat der Luftkurort im oberen Kinzigtal seine Bekanntheit zu verdanken. Mit der ungewöhnlichen »Orgel-Skulptur« ist die Klosterkirche um eine Attraktion reicher.

Zwischen altehrwürdigen Gemäuern, die einstmals Mönche und Scholaren beherbergt haben, und schmucken Fachwerkbauten spazieren heute Urlauber und Tagesausflügler auf der Suche nach Fotomotiven und besonders originellen Souvenirs.
Graf Adalbert von Zollern gründete im Jahre 1095 das hiesige Benediktinerkloster, in dem schon bald der Einfluss der cluniazensischen bzw. Hirsauer Reformbewegung spürbar werden sollte. 1556, nach der Einführung der Reformation in Württemberg, wurde das Kloster aufgehoben und zur Ausbildungsstätte für den Pfarrnachwuchs umgenutzt. Seit alters große wirtschaftliche Bedeutung hatten die hiesigen Glasbläsereien und die Klosterbrauerei. Letztere wird mittlerweile privat betrieben und gehört keinem der großen Braukonzerne an.

Alpirsbach erleben

AUSKUNFT
Tourist-Information
Krähenbadstr. 2
72275 Alpirsbach
Tel. 07444 95 16-281
www.stadt-alpirsbach.de

EVENTS
Alpirsbacher Kreuzgangkonzerte
mit herausragenden Orchestern und Solisten; vier Termine Juni – Aug.
Tel. 07444 95 16-281
www.kreuzgangkonzerte.de

Schwarzwälder Ultra Radmarathon
Im September treffen sich besonders sportliche Radler zu diesem schweißtreibenden Kräftemessen.
www.surm.de

ESSEN · ÜBERNACHTEN
Brauereigasthof Löwen-Post ◐◐
Marktplatz 12
Tel. 07444 9 55 95
www.loewen-post.de
Ruhetage Restaurant: Di. ab 15.00 Uhr, im Winter auch Do.
Bekannte Adresse mit gediegener regionaler Küche. Spezialität sind die hausgemachten Bier-Maultaschen. Jüngst sind auch mehrere Hotelzimmer zum Angebot hinzugekommen.

Rathaus Die Fruchtschranne (1566) dient heute als Rathaus. Baugeschichtlich interessant sind die **Renaissance-Arkaden** im Erdgeschoss.

Alpirsbacher Klosterbrauerei Gegenüber dem Kloster fällt der verschachtelte Gebäudekomplex der Alpirsbacher Klosterbrauerei ins Auge. Mittendrin erhebt sich ein spätromanischer Wohnturm, der im 13. Jh. Teil einer Burg und später Wohnsitz der Klostervögte war. In dem Gebäudekomplex befinden sich heute das Museum der Klosterbrauerei, die Brauereischenke und ein Brau-Shop, wo u.a. Biershampoo und -gelee, Hopfenölbad und allerlei Trinkgefäße verkauft werden.
ⓘ Führungen Museum und Sudhaus: tgl. 14.30 Uhr, www.alpirsbacher.de

✴ EHEMALIGES KLOSTER ALPIRSBACH

Seit mehr als 900 Jahren beherrschen die mächtigen Sandsteinbauten des ehemaligen Benediktinerklosters Alpirsbach das enge Tal der jungen Kinzig.

Klosterkirche Besonders eindrucksvoll bietet sich die Klosterkirche St. Nikolaus dar, eine dreischiffige romanische Säulenbasilika auf kreuzförmigem Grundriss, die um 1130 errichtet worden ist. Sie ist heute evangelische Pfarrkirche. Ihr Bauschema folgt der cluniazensischen Liturgie. Die Vierung trennt das westliche Langhaus bzw. den Bereich der Laien vom östlichen Chor, dem Bereich der Mönche.

Anders als die himmelwärts strebenden gotischen Kathedralen wirkt der Innenraum schwer, wuchtig und in sich gekehrt. Ein besonderer Ernst geht von den Säulen mit ihren Würfelkapitellen im Mittelschiff aus. Nur das vorletzte Säulenpaar im Osten ist an Basis und Kapitellen eindrucksvoll verziert mit bärtigen Köpfen und Fabelwesen. Die Ausmalung der mittleren Altarnische in der östlichen Apsis zeigt das Jüngste Gericht und die Kreuzigung.

Der großartige Marienaltar im nördlichen Querschiff ist um 1520/1525 in der Werkstatt des Ulmer Meisters Nikolaus Weckmann entstanden.

Das Chorgestühl wurde Ende des 15. Jh.s geschaffen. Die in der ersten Hälfte des 13. Jh.s errichtete Sakristei ist eines der ältesten gotischen Baudenkmale im deutschen Südwesten.

> **? BAEDEKER WISSEN**
>
> *Die schwebende Orgel*
>
> Die schlanke, zwölf Meter hohe »Orgel-Skulptur« von Alpirsbach ist von allen Seiten gestaltet. Mit Hilfe eines Kompressors, der außerhalb der Kirche steht, kann ein Luftkissen von knapp einem Millimeter erzeugt werden. Dies genügt, um den 17 Tonnen schweren Koloss um 90 Grad zu drehen und vom Süd- ins Mittelschiff zu bewegen. Dort steht diese Klang-Säule frei und bietet bei Konzerten die bestmögliche Akustik. Ein einzigartiges Werk für Auge wie für Ohr.

Ehem. Kloster Alpirsbach

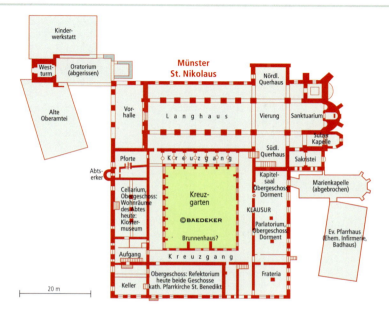

Orgelbaumeister Claudius Winterhalter aus Oberharmersbach und Bildhauer Armin Göhringer haben die Klosterkirche in Alpirsbach um ein eindrucksvolles Monument reicher gemacht – die futuristisch anmutende **»Orgel-Skulptur«** (Bild S. 74), eine 2008 eingeweihte moderne Luftkissen-Orgel (s. Baedeker Wissen nebenstehend).

Orgel

Südlich schließen die Klausurgebäude und der großartige im 15. Jh. umgebaute spätgotische Kreuzgang, der im Sommer den Rahmen für hochkarätige Konzerte bildet.
In der früheren Abtswohnung im Westflügel ist heute das *Klostermuseum eingerichtet. Es zeigt außergewöhnliche Schätze: Kleidungsstücke, Schuhe, Briefe und Zeichnungen von Klosterschülern und Mönchen des 16. Jh.s, darunter auch einige Strafarbeiten, die bei einer Sanierung der Gewölbe 1958 in großer Zahl ans Licht kamen. So authentisch lässt sich sonst kaum irgendwo der Schulalltag der »Mönche und Scholaren« nachvollziehen. Die Abtswohnung selbst, umfassend restauriert, bildet mit ihren hochgotischen farbigen Dekors die reinste Augenweide.

Klausurgebäude

> **BAEDEKER TIPP**
>
> ### Süße Köstlichkeiten
>
> In der Schau-Confiserie Heinzelmann darf man zusehen, wie süße Leckereien aus Schokolade und Marzipan entstehen. Mo. – Fr. von 9.00 – 12.00 und 14.00 – 18.00, Sa. bis 17.00 Uhr. Ambrosius-Blarer-Platz 2, Alpirsbach

Im früheren Kapitelsaal lassen sich noch älteste romanische Bauteile nachweisen. Darüber befindet sich das Dormitorium mit seinen Schlafräumen. Das im 15. Jh. im Südflügel eingerichtete Refektorium (Speisesaal) wurde in den 1950er-Jahren in eine katholische Pfarrkirche umgestaltet.

Südöstlich der Klausur steht etwas abgerückt das frühere **Kranken- und Badehaus** der Mönche. Ursprünglich war es über die Marienkapelle mit dem Kapitelsaal und der Hauptkirche verbunden. Heute beherbergt es das evangelische Pfarramt.

Klosterkirche und Museum: 15. März – 1. Nov. Mo. – Sa. 10.00 – 17.30, So. u. Fei. 11.00 – 17.30; Winter Do., Sa., So. 13.00 – 17.30 Uhr, Eintritt: 4 €, www.kloster-alpirsbach.de

UMGEBUNG VON ALPIRSBACH

Flößerpfad Alpirsbach - Lossburg
Von Alpirsbach aus folgt ein 12 km langer Wanderpfad der Großen Kinzig aufwärts in ihr Quellgebiet bei Lossburg. Unterwegs erfährt man viel Interessantes über den Holztransport auf dem Wasser, den man über Jahrhunderte selbst auf der hier noch relativ wenig Wasser führenden jungen Kinzig durchgeführt hat.

*Reinerzau
Westlich von Alpirsbach, jenseits des Heilenberg-Rückens, fließt die Kleine Kinzig durch die Reinerzau, ein reizvolles Schwarzwaldtal mit einigen alten Schwarzwaldhöfen. Einst betrieb man hier Bergbau und gewann aus Kobalterz jenen blauen Farbstoff, den führende Porzellanmanufakturen benötigten. Nordöstlich oberhalb der Reinerzau liegt der kleine Erholungsort **Schömberg** auf einer Rodungsinsel zwischen Großer und Kleiner Kinzig.

Schwarzwälder Wasserpfad
Von der Reinerzau erwanderbar ist die nordwestwärts gelegene **Trinkwassertalsperre Kleine Kinzig**. Die Tour entlang der Kleinen Kinzig eignet sich auch für Kinder, da man an vielen Stellen ans Wasser kommt und spielen kann. Unterwegs erfährt man Interessantes rund um das Thema Wasser. Das Speicherbecken enthält mehr als 13 Millionen Kubikmeter nitratarmes und trinkbares Wasser, mit dem Gemeinden der umliegenden Landkreise versorgt werden. Aus Gründen der Wasserreinhaltung ist im Trinkwasserspeicher Kleine Kinzig weder Baden noch Wassersport erlaubt.

❶ Streckenlänge ca. 4,3 km, Tourinfos mit pdf-download: www.naturparkschwarzwald.de, Stichwort »Natouren«

Altensteig

H 8

Landkreis: Calw
Höhe: 441 – 550 m ü. NHN
Einwohnerzahl: 10 700

Das malerische Fachwerkstädtchen mit seinen engen Sträßchen und Gässchen liegt auf einem sonnigen Bergrücken an der oberen Nagold. Es ist das östliche Tor zum Naturpark Schwarzwald Mitte/Nord.

Um das Jahr 750 entstand die Siedlung Altensteig, die wenig später auch eine Burg bekam. Über Jahrhunderte hatte die Flößerei große wirtschaftliche Bedeutung. Das Holz aus dem östlichen Schwarzwald wurde zunächst auf der Nagold und dann auf der Enz talabwärts in die rasch wachsenden Städte an Neckar und Rhein transportiert. 1913 wurde die Flößerei in Altensteig eingestellt. Heute hält die »Flößerzunft Oberes Nagoldtal« die Erinnerung an das alte Gewerbe wach.

Stadt der Flößer

An der Nagold klettern Altensteigs Häuser den steilen Hang hinauf.

SEHENSWERTES IN ALTENSTEIG UND UMGEBUNG

Fachwerk-Altstadt Altensteigs Altstadt wird geprägt von schön hergerichteten alten Fachwerkbauten – man liegt ja schließlich an der Deutschen Fachwerkstraße – mit hübschen Erkern und Blumen vor den Fenstern. Altensteigs wertvollster Fachwerkbau ist das **Alte Schloss**, das aus einer stauferzeitlichen Burg hervorgegangen ist und kunsthistorisch hochinteressante alemannische und fränkische Varianten des Fachwerkbaus aufweist. Der fünfstöckige Wohnturm ist als heimatkundliches **Museum** zugänglich.

Museum: Mi. 14.00 – 16.00, So. 14.00 – 17.00 Uhr, Eintritt: 1,50 €

Neues Schloss Unterhalb des Alten Schlosses haben die Württemberger 1604 das Neue Schloss für ihre Vögte errichten lassen. Baumeister war der geniale Heinrich Schickhardt (1558 – 1635). Im Innern kann man kunstvolles Schnitzwerk bestaunen. Wenige Schritte weiter fällt die herausgeputzte **Alte Vogtei** ins Auge.

Stadtkirche Die weithin sichtbare ev. Stadtkirche ist im 18. Jh. erbaut worden. In ihrem Innern gefällt ein 1961 entstandenes Wandgemälde des Künstlers Rudolf Yelin. Am Talhang steht das **Rathaus**, ein um 1490 errichteter wuchtiger Fachwerkbau. Gleich nebenan ist noch ein Steinhaus aus der Stauferzeit erhalten. Schön hergerichtet ist auch die alte **Ratsschreiberei**.

Altensteig erleben

AUSKUNFT

Tourist-Info
Rathausplatz 1
72213 Altensteig
Tel. 07453 94 61-147
www.altensteig.de

ÜBERNACHTEN · ESSEN

Best Western Hotel Sonnenbühl €€€
Wildbader Str. 44
72213 Altensteig-Wart
Tel. 07458 77 10
www.hotel-sonnenbuehl.de, 145 Z.
Ruhig auf einem Hochplateau gelegenes Haus mit Wellness- und Fitnessangebot, u.a. Hallenbad, Dampfbad, Sauna und Solarium sowie umfangreichem Sportangebot, dazu ein gutes Restaurant.

Hotel Restaurant Waldsägmühle €€€
Waldsägmühle 1
72285 Pfalzgrafenweiler-Kälberbronn
Tel. 07445 85 15-0
www.waldsaegmuehle.de, 37 Z.
Die romantische Herberge liegt mitten im Wald und bietet einen umfangreichen Wellnessbereich. Wildgerichte, frische Schwarzwaldforellen und andere regionale Köstlichkeiten kommen im Restaurant auf den Tisch.

Nordöstlich von Altensteig liegt das malerische alte Zwergstädtchen Berneck mit einer gut erhaltenen mittelalterlichen Burganlage, dem Oberen Schloss. Markant ist dessen dicke, fast 40 Meter hohe Schildmauer. Etwas tiefer steht das Untere Schloss (18. Jh.). In der um 1490 errichteten und Ende des 18. Jh.s umgebauten ev. Pfarrkirche sind gotische Fresken freigelegt.

*Berneck

Etwa 11 km südwestlich von Altensteig hat man die junge Nagold in den späten 1960er-Jahren zu zwei insgesamt 3 km langen **Hochwasserrückhaltebecken** aufgestaut. Beide Seen sind im Sommer fest in der Hand von Badelustigen und Surfern.

*Nagoldstauseen, Erzgrube

8 km südwestlich von Altensteig liegt Pfalzgrafenweiler (7200 Einw.). Wo früher die Pfalzgrafen von Tübingen Wild jagten, stehen heute 140 km markierte Wander- und Radwege sowie Langlauf-Loipen zur Verfügung. Der Vier-Burgen-Weg erschließt die Reste der Burg der Tübinger Pfalzgrafen sowie die Burgruinen Mandelberg, Rüdenberg und Vörbach. Nordwestlich verläuft das romantische Zinsbachtal mit einer alten Mühle. Im benachbarten Ortsteil **Herzogsweiler** hat die Schinkenräucherei Pfau ihren Sitz (▶S. 35).

Pfalzgrafenweiler

Der Pfalzgrafenweiler Ortsteil Kälberbronn liegt auf einer von Tannenwald umschlossenen Rodungsinsel südlich oberhalb der Nagoldstauseen. Am nördlichen Ortsrand ist das **Bannwaldgebiet Große Tannen** ausgewiesen, in dem man bis zu 250 Jahre alte und bis zu 50 m hohe Baumriesen bestaunen kann. Die mit 55 m höchste Tanne Deutschlands »fällte« 1999 Orkan »Lothar«.

Kälberbronn

✱ Bad Dürrheim

H 11

Landkreis: Schwarzwald-Baar-Kreis
Höhe: 700 – 850 m ü. NHN
Einwohnerzahl: 13 000

Gesundheit und Wohlbefinden, aber auch Fitness und Sport stehen auf dem Programm im Soleheilbad und heilklimatischen Kurort auf der Baar.

1822 bohrte man erfolgreich nach Salz; seit 1851 wurde die 28 °C warme Sole 1851 zu Trink- und Badekuren genutzt. 1883 ließ die badische Großherzogin Luise ein Soleheilbad für Kinder errichten. Heute fühlt sich die Stadt als »Club«, hat Club-Taler herausgebracht, bietet Club-Vergünstigungen und offeriert Einheimischen wie Gästen ein breites Animations-, Fitness- und Wohlfühlprogramm.

Solebad und Club-Stadt

SEHENSWERTES IN BAD DÜRRHEIM UND UMGEBUNG

*Luisengarten Schön hergerichtet ist der nach der badischen Großherzogin Luise benannte **Kurpark** mit wertvollem alten Baumbestand, Wasserspielen, Konzertmuschel, Tiergehegen sowie Tier-Großplastiken des Künstlers Professor Fritz Behn. Um die schöne blumenbunte Gartenanlage gruppieren sich die wichtigsten Kureinrichtungen, so das 1937 erbaute und 1993 modernisierte Kurhaus mit Wandelhalle und Sole-Trinkbrunnen, das moderne Kurmittelhaus und die 1987 eröffnete, von einer architektonisch bemerkenswerten Holz-Glaskuppel-Konstruktion überwölbte Badelandschaft »**Solemar**«. Südlich vom Kurhaus weitet sich das Gelände der Landesgartenschau 1994 mit verschiedenen Gärten, Kunstobjekten, Festplatz und einer abwechslungsreichen Spiellandschaft für Kinder.

*Narrenschopf Blickfang sind die Solbohrtürme der ehemaligen Solinenförderanlagen. Im alten Salzspeicher an der Luisenstraße ist das sehenswerte **Museum der schwäbisch-alemannischen Narrenzünfte** untergebracht. Schon allein das Ausstellungsgebäude ist einen Blick wert: Es besteht aus drei mächtigen Kuppeln – bei der ältesten handelt es sich um besagten Solebehälter –, die durch Gänge miteinander verbunden sind. In der größten Ausstellung ihrer Art in Deutschland sind rund 400 historische Narrenfiguren, Masken und »Kleidle« zu sehen. Überwiegend stammen sie aus dem Schwarzwald, von der Baar und

Bad Dürrheim erleben

AUSKUNFT
Kur- und Bäder GmbH
Luisenstr. 4
78073 Bad Dürrheim
Tel. 07726 66 62 66
www.badduerrheim.de

EVENT
Rothaus RiderMan
Am letzten September-Wochenende kommen Radler aus der ganzen Welt auf die Baar, um unter Profi-Bedingungen ihr Können zu testen. Wer seine Ausrüstung aufbessern will, geht zur »Cycling-Messe«.
www.riderman.de

BADEN · KUR · WELLNESS
Solemar
Huberstr. 8, Tel. 07726 66 62 92
www.solemar.de
tgl. 9.00 – 22.00, Fr. bis 23.00 Uhr
Eintritt ab 7,90€; Badelandschaft mit 13 Becken, Solegrotte, Wellness und Fitness

ÜBERNACHTEN
Waldeck Spa Hotel ⓔⓔⓔ
Waldstr. 18, Tel. 07726 66 31 00
www.hotel-waldeck.com, 36 Z.
Gut geführtes Haus mit Sole-Swimmingpool und therapeutischen Einrichtungen. Ein Camping-Bereich mit Zugang zum Spa-Angebot gehört zum Hotel.

vom oberen Neckar, aber auch aus anderen Fasnetshochburgen wie Oberschwaben, dem Allgäu und der Schweiz. Regelmäßig finden auch Wechselaustellungen statt.
❶ Luisenstr. 41, Di. – Sa. 14.00 – 17.00, So., Fei. 10.00 – 17.00 Uhr, Eintritt: 6 €, www.narrenschopf.de

Das im Jahre 1823 erbaute Salzlagerhaus dient heute als Haus des Gastes. Hier befindet sich das Fritz-Behn-Museum, das die Werke des gleichnamigen Tierbildhauers und Tierbildmalers zeigt sowie das Tier- und Jagdmuseum.
❶ Mi., So. 14.00 – 17.00 Uhr

Haus des Gastes

Weiter westlich, jenseits der Salinenstraße, ragen die beiden betagten Solebohrtürme in den Himmel. Um sie herum sind in den letzten Jahren moderne Sport- und Freizeitanlagen sowie das Hallen- und Freibad »**Miramar**« entstanden.

Solebohrtürme / Sportzentrum

Am nördlichen Rand der Kurstadt liegt der Salinensee, auf dem man Boot fahren und angeln kann.

Salinensee

✱✱ Baden-Baden

F 7

Stadtkreis: Baden-Baden
Höhe: 102 – 1003 m ü. NHN
Einwohnerzahl: 54 700

Spielcasino, Luxushotels, schicke Autos und edle Thermen prägen Baden-Badens mondänes Pflaster. Das Kontrastprogramm zu Glitzer, Glamour und trägem Dolce Vita bildet die herrliche Landschaft, die zum Wandern und Mountainbiken aufruft.

Die Heilkraft der im Tal der Oos entspringenden Thermalquellen war schon den Römern bekannt. Sie nannten diese Wässer Aquae Aureliae. 1479 verlegte Markgraf Christoph I. seine Residenz ins Neue Schloss und umgab die Stadt mit Mauern. Ferner erließ er 1507 eine Stadtordnung für das Bäder- und Herbergswesen. 1771 kam Baden-Baden an Baden-Durlach. Anfang des 19. Jh.s wurde es zur Sommerresidenz des von Napoleon geschaffenen Großherzogtums Baden-Baden. Offiziell genehmigt wurde der seither gängige Doppelname der Stadt, hervorgegangen aus »Baden in Baden«, erst 1931. Die Gründung der Spielbank 1838 und die seit 1858 veranstalteten Pferderennen von Iffezheim ließen den aufstrebenden Kurort bald zur »Sommerhauptstadt Europas« werden, in der sich gekrönte Häupter, Industrielle, Künstler, Musiker und Literaten trafen. Das

Römerbad, Luxusstadt

Gesellschaftsleben stand dabei im Vordergrund, wie sich zeigte, als 1872 im Deutschen Reich das Glücksspiel verboten wurde. Der Stern Baden-Badens sank jäh, seine Nachfolge trat Monte Carlo an. Erst langsam etablierte sich der Kultur- und Bädertourismus, für den bis heute viel getan wird: 1985 eröffneten die Caracalla-Therme und 1998 das Festspielhaus. Legendär ist die Einkommensstruktur in Baden-Baden: Nirgendwo sonst leben in Deutschland relativ gesehen mehr Millionäre.

Enge verwandschaftliche Beziehungen zwischen dem russischen Adel und dem Haus Baden sorgten seit dem 19. Jh. für ein reges Besucheraufkommen des russischen Hochadels mitsamt Hofstaat sowie Gutbetuchten aus dem Osten. Noch heute gehört die Stadt zu den beliebten Zielen von vermögenden Gästen aus Russland. Sie wandeln auf den Spuren ihrer großen Dichter, kuren, besuchen das Casino und geben fürs Wirtschaftsleben der Stadt nicht unerhebliche Summen aus. Einige lassen sich dauerhaft nieder. Mittlerweile ist jeder zehnte ausländische Einwohner russischer Herkunft.

> **?** **BAEDEKER WISSEN**
>
> *Baden-Badens illustre Gäste*
>
> Napoleon III., Kaiserin Elisabeth von Österreich (»Sisi«), Königin Victoria von England, Kaiser Wilhelm I., Niccolò Paganini, Franz Liszt, Johannes Brahms (ehem. Wohnhaus: Maximilianstr. 85), Gioachino Rossini, Iwan Turgenjew (Büste in der Lichtentaler Allee; ehem. Wohnhaus Fremersbergstr. 47 nicht zugänglich), Fjodor Dostojewski (Denkmal in der Seufzerallee, Haus: Bäderstr. 2), Nicolai Gogol (Gedenktafel am Rathaus), Lew Tolstoi (Notiz 1857: »Roulette bis sechs Uhr abends. Alles verloren.«).

SEHENSWERTES IN BADEN-BADEN

Gepflegte Kur- und Parkanlagen durchziehen das gesamte Stadtbild und verleihen Baden-Baden zusammen mit zahlreichen Repräsentativbauten und prächtigen Villen Exklusivität und Gediegenheit. Südlich unterhalb des Neuen Schlosses erstreckt sich die Altstadt, durchzogen von Gassen und malerischen Treppenwegen.

*Kurhaus, Spielbank Mittelpunkt des eleganten Kurlebens ist das am linken Ufer der Oos gelegene Kurhaus, das **Friedrich Weinbrenner** 1821–1823 im klassizistischen Stil erbaute. Zu Beginn des 20. Jh.s wurde der Ostflügel zur Aufnahme eines Restaurants und diverser Gesellschaftsräume vergrößert. Der rechte Flügel des Kurhauses wurde 1855 für den Spielbankpächter **Edouard Bénazet** als Sitz der Spielbank ausgebaut. Die Säle statteten Bühnenbildner der Pariser Oper prunkvoll aus. Das Casino bietet 2800 Besuchern Platz und ist inzwischen zur größten Spielbank Europas herangewachsen (▶Baden-Baden erleben).

Das ist Baden-Baden: Kurhaus und Spielbank unter einem Dach

Durch den gepflegten **Kurgarten** – mit Blick auf die Altstadt und das Neue Schloss – gelangt man zur Trinkhalle. Das 1839 – 1842 von Friedrich Hübsch errichtete Gebäude besteht aus der 90 m langen Vorhalle (die Themen für die 14 romantischen Wandbilder sind der badischen Sagenwelt entnommen) und der eigentlichen Trinkhalle.

*Trinkhalle

Nördlich der Trinkhalle steht im Garten des »Badischen Hofes« das bekannteste Wahrzeichen Baden-Badens, der dreischalige Thermalbrunnen.

*Thermalbrunnen

Westl. des Kurgartens erhebt sich der Michaelsberg mit der Stourdza-Kapelle. Sie wurde nach einem Entwurf Leo von Klenzes 1863 – 1866 als Grablege für die **rumänische Fürstenfamilie Stourdza** gebaut. Das Innere des spätklassizistischen Zentralbaus ist mit verschiedenfarbigem Marmor, Gemälden und Ikonen kostbar ausgestattet.
tgl. 10.00 – 18.00 Uhr nach Anmeldung unter Tel. 07221 2 85 74

*Stourdza-Kapelle

1998 eröffnete mit großem Pomp das mit 2500 Plätzen größte Festspielhaus Europas. In seine Architektur ist der Alte Bahnhof (19. Jh.) miteinbezogen. Hier werden hochkarätige Konzert-, Opern- und Ballettaufführungen geboten (▶Baden-Baden erleben).

*Festspielhaus

Baden-Baden erleben

AUSKUNFT
Kur & Tourismus GmbH
Schloss Solms, Solmsstr. 1
76530 Baden-Baden
Tel. 07221 27 52 00
www.baden-baden.de

Tourist-Information
Schwarzwaldstr. 52
Kaiserallee 3 (Trinkhalle)

BADEN · KUR · WELLNESS
Caracalla-Therme
Römerplatz 1, Tel. 07221 27 59 40
www.carasana.de
tgl. 8.00 – 22.00 Uhr

Friedrichsbad
Kontakt wie Caracalla
Tel. 07221 27 59 20
tgl. 9.00 – 22.00 Uhr
Im Friedrichsbad wird textilfrei gebadet; Frauen und Männer baden Mo., Do. u. Sa. getrennt, sonst gemischt.

SPIELCASINO
Spielbank Baden-Baden
Kurhaus, Kaiserallee 1
Tel. 07221 30 24-0
www.casino-baden-baden.de
Eintritt nur mit Personalausweis/Pass; beim Klassischen Spiel »angemessene Garderobe« (Sakko, Krawatte kann geliehen werden), tgl. ab 14.00 Uhr. Legeres Outfit nur beim Automatenspiel, tgl. ab 12.00 Uhr. Führungen: tgl. 9.30 bis 12.00, Winter ab 10.00 Uhr, 5 €

MUSIK · THEATER · TANZ
Festspielhaus Baden-Baden
Beim Alten Bahnhof 2
Tel. 07221 3 01 30
www.festspielhaus.de
Modernes Konzerthaus (2 500 Plätze) mit außergewöhnlich guter Akustik

Theater Baden-Baden
Goetheplatz
Tel. 07221 93 27 51
www.theater-baden-baden.de
Das 1860 – 1862 errichtete, prachtvolle Haus ist bekannt für kontrastreiche moderne Inszenierungen.

Kurhaus Baden-Baden
Kaiserallee 1
Tel. 07221 35 32 04
www.kurhaus-baden-baden.de
Hier finden glanzvolle Feste und Galas mit berühmten Unterhaltungsorchestern statt.

EVENTS
Int. Galopprennen Iffezheim
»Frühjahrs-Meeting«: Mai
»Große Woche«: Ende Aug./Anf. Sept.
www.baden-racing.com

SWR 3 New Pop Festival
Jährlich im Sept. mit noch wenig bekannten Pop-Bands
www.swr3.de

SHOPPING
Haupteinkaufsstraßen sind die Lange Straße und die Gernsbacher Straße.

Vickermann und Stoya
Merkurstr. 5, Tel. 07221 2 29 59
Handgemachte Schuhe. Kalb, Nappa, Pferd, Rochen-Leder werden in der kleinen, aber feinen Werkstatt passgenau gefertigt. Auch luxuriöse Schuhpflegesets sind erhältlich.

Baden-Baden • ZIELE

ESSEN

❶ *Stahlbad* €€€
Augustaplatz 2, Tel. 07221 2 45 69
Ruhetag: Di.
Internationale und französische Küche mit vorzüglichen Fischgerichten. Elegant-nostalgische Einrichtung und hervorragender Service

❷ *Zum Alde Gott* €€€
Weinstr. 10, OT Neuweier
Tel. 07223 55 13
www.alde-gott.de
Seit Jahren bekannte Gourmet-Adresse im Baden-Badener Rebland. Die kulinarischen Kreationen und der Service suchen ihresgleichen.

❸ *Gasthaus Auerhahn* €€
Geroldsauer Str. 160
OT Geroldsau, Tel. 07221 74 35
www.gasthaus-auerhahn.de
Hier wird Herzhaftes aus der badischen Küche bevorzugt, bei der typische Schwarzwälder Wild- und Fischgerichte nicht fehlen.

ÜBERNACHTEN

❶ *Brenner's Park-Hotel & Spa* €€€€
Schillerstr. 4 – 6, Tel. 07221 90 00
www.brenners.com
Legendäres Nobelhotel mit 100 Zimmern, 32 Suiten, eigenem Spa im römischen Stil, Beauty- und Fitness-Center und Park; »Brenner's Park Restaurant« gehört nach wie vor zu den besten in Deutschland.

❷ *Steigenberger Europäischer Hof* €€€€
Kaiserallee 2, Tel. 07221 933-0
www.steigenberger.com/Baden-Baden
120 Z., 5 Suiten
Seit 170 Jahren trifft sich hier, wer Geld und Namen hat. Das Luxushotel gegenüber von Trinkhalle und Casino ist eine Institution in Baden-Baden und verfügt über ein eigenes Spa sowie Wellness-Bereich und Sole-Bewegungsbad.

❸ *Radisson Blu Badischer Hof* €€€
Lange Str. 47
Tel. 07221 93 40
www.hotel-badischerhof-badenbaden.de, 155 Z., 4 Suiten
Das traditionsreiche Haus beim Thermalbrunnen hat sich in den ehemaligen Räumen eines Kapuzinerklosters eingerichtet. Aus den Wasserhähnen sprudelt feinstes Thermalwasser. Zum Angebot gehören ein Thermalbad sowie das vorzügliche »Parkrestaurant«.

❹ *Hotel am Sophienpark* €€€
Sophienstr. 14
Tel. 07221 35 60
www.hotel-am-sophienpark.de, 73 Z.
Mitten in der City in einer verkehrsberuhigten Zone hat man es von diesem Hotel aus nicht weit zu allen Sehenswürdigkeiten der Stadt. Die noblen Zimmer wurden 2013 renoviert; einige haben Blick auf den Park des Hotels.

❺ *Hotel Restaurant Weinberg* €€
Umweger Str. 68
OT Steinbach
Tel. 07223 96 97-0
www.weinberg-umweg.de
Ruhetag Restaurant: Di.
Malerisch im Baden-Badener Rebland gelegenes Haus mit Blick auf Weinberge und die Rheinebene. Im Restaurant locken zwischen Ostern und Johanni Spargelgerichte, dazu der hauseigene Riesling. Im Winter bullert der Kachelofen.

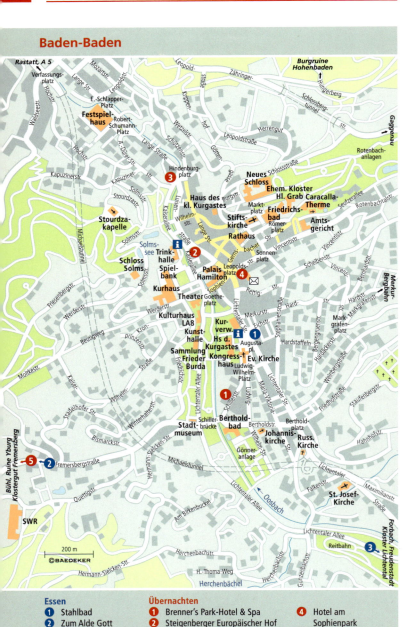

Essen
1. Stahlbad
2. Zum Alde Gott
3. Auerhahn

Übernachten
1. Brenner's Park-Hotel & Spa
2. Steigenberger Europäischer Hof
3. Radisson Blu Badischer Hof
4. Hotel am Sophienpark
5. Hotel Weinberg

Baden-Baden • ZIELE

In halber Höhe der Altstadt liegt der Marktplatz mit dem Rathaus. Den zuvor als Jesuitenkolleg genutzten Bau gestaltete Weinbrenner 1809 zum »Konversationshaus« (Kurhaus) um. Nach der Fertigstellung des neuen Kurhauses zog 1862 das Rathaus hier ein.

Rathaus

Die katholische Stiftskirche gegenüber dem Rathaus wurde schon 1245 als Pfarrkirche bezeugt und gehörte 1453 – 1806 zu einem Kollegiatstift. Der Turm ist in seinen vier Untergeschossen noch romanisch (13. Jh.), die achteckige Glockenstube ist gotisch (15. Jh.). Die dreifache Haube wurde im Jahre 1751 aufgesetzt. Das Hauptportal ist mit spätgotischen Figuren der Kirchenpatrone geschmückt. Im Innern beeindrucken das 5,60 m hohe Kruzifix (1467) des Nikolaus Gerhaert von Leyden und die **Grabmäler der Markgrafen von Baden** an den Chorwänden aus dem 14. bis 18. Jahrhundert.

Stiftskirche

Überragt wird der Marktplatz vom Neuen Schloß auf dem »Florentinerberg« (212 m ü. NHN). Der Renaissancepalast entstand ab 1437 über den Resten einer Burg des 14. Jh.s, 1479 verlegte Markgraf Christoph I. seine Residenz hierher. Der nach der Zerstörung von 1689 nur dürftig wiederhergestellte Bau wurde Mitte des 19. Jh.s modernisiert und diente den Großherzögen bis 1918 als Sommerresidenz. 1995 musste Markgraf Max von Baden das kostbare Inventar des Neuen Schlosses im Rahmen einer spektakulären Auktion von Sotheby's veräußern lassen. 2003 erwarben Investoren aus Kuwait das Schloss. Der geplante Umbau in ein Luxushotel wurde bislang nicht umgesetzt; Schloss und Park sind nicht zugänglich.

Neues Schloss

An der Nordseite des Römerplatzes liegt das ehemalige Kloster zum Heiligen Grab, ein Frauenkloster, das heute als Gymnasium dient. Das Kloster war 1670 gegründet worden, brannte jedoch 1689 bis auf die Kirche ab und wurde 1698 neu erbaut. Ihre jetzige Hauptfassade erhielt die Klosterkirche erst im Jahre 1895. Ein paar Stufen weiter oben tritt die **heiße Fettquelle** aus dem Fels aus, deren Wasser man an Ort und Stelle probieren kann.

Kloster zum Hl. Grab

Das Friedrichsbad wurde 1869 – 1877 im Stil der Neorenaissance errichtet und gilt bis heute als **einer der schönsten Badetempel Europas**. Anfang der 1980er-Jahre ist das Bad stilgetreu restauriert worden. Es beherbergt ein Römisch-Irisches Bad mit Heißluftdampfbad, Thermalbad, Sprudelbad, Bewegungsbad und diverse andere Einrichtungen. Fast ein Muss: die Seifenbürstenmassage. Gebadet wird textilfrei; für Damen und Herren gibt es einige getrennte Badetage (▶Baden-Baden erleben).

**Friedrichsbad

Von der Tiefgarage unter dem Römerplatz kann man die Ruine des Römerbades betrachten. Dies ist nur ein kleiner Teil der Gesamtan-

*Römerbad

lage. Die einfache Ausstattung der um 117 n. Chr. angelegten Bäder lässt ein Soldatenbad vermuten. Die ehemals leistungsfähige Warmluftheizung unter den Fußböden ist gut zu erkennen.
ⓘ Mitte März – Mitte Nov. tgl. 11.00 – 12.00 u. 15.00 – 16.00 Uhr, Eintritt: 2,50 €, www.badruinen.de

*Caracalla-Therme Die Caracalla-Therme ist aus dem früheren Augustabad hervorgegangen, das in den 1980er-Jahren komplett renoviert wurde. Mit fast 1000 m² Wasserfläche in den Außen- und Innenbecken, Heiß- und Kaltwassergrotten, Sprudelbecken, einer Saunalandschaft und vielem mehr ist die Caracalla-Therme ein attraktives Freizeitbad (▶Baden-Baden erleben).

Römerbad

Friedrichsbad
Badebecken
Badebecken
Caldarium (Warmbad)
Sudatorium (Schwitzbad)
© BAEDEKER
Kaltbad
Tepidarium (Laubad)
Eingang

A Apodyterium (Auskleideraum)
B Praefurnium
C Heizraum
■ Römische Mauern
∷ Hypocaustum
▨ Heißbluftleitungskacheln
☐ Neue Mauern

10 m

Den **Augustaplatz** mit seinen Wasserspielen beherrscht die zweitürmige neugotische **ev. Stadtkirche**, die zwischen 1855 und 1876 entstanden ist. Die Glasfenster zeigen im Langhaus die Reformatoren Luther, Melanchthon, Zwingli und Calvin; im Chor Christi Geburt, Kreuzigung und Auferstehung. Nach einer russischen Fürstin ist das **Palais Gagarin** benannt. Im barocken Trausaal schließen Paare aus aller Welt den Bund für's Leben. Im Erdgeschoss bietet Restaurant Rizzi mediterrane Küche.

*Lichtentaler Allee Diese herrliche Allee führt vom Goetheplatz am Ufer der Oos flussaufwärts bis zum Kloster Lichtenthal. Schon 1655 wurde hier eine Allee angepflanzt, die man samt den umliegenden Anlagen in der zweiten Hälfte des 19. Jh.s in einen Englischen Garten umwandelte. Hier wachsen etwa 300 verschiedene Baum- und Straucharten.

Kulturhaus LA8 Kulturhaus LA8, einst Sommerpalais für Königin Friederike von Schweden, wurde 1820 nach Plänen von Weinbrenner errichtet. Es beherbergt u.a. den renommierten Internationalen Club, der sich für die Iffezheimer Galopprennen engagiert, sowie in einem modernen Anbau das **Museum für Kunst und Technik des 19. Jahrhunderts**.
ⓘ Lichtentaler Allee 8, Di – So. 11.00 – 18.00 Uhr, Eintritt: 7 €, www.la8.de

Kunsthalle Nebenan steht die nahezu fensterlose Kunsthalle, die 1907 – 1909 nach Plänen von Wilhelm Vittali und Hermann Billing erbaut worden ist. Hier werden Wechselausstellungen von hohem Rang gezeigt.
ⓘ Di. – So. 10.00 – 18.00, Mi. bis 20.00 Uhr, Eintrtt: 7 €, www.kunsthalle-baden-baden.de

Die Caracalla-Therme bietet Wellness- und Freizeitvergnügen.

Gleich daneben eröffnete 2004 das Museum Frieder Burda. Einer der Söhne des Offenburger Verlagstycoons Franz Burda präsentiert in dem vom New Yorker Star-Architekten **Richard Meier** entworfenen und in hellem Weiß leuchtenden Neubau seine Sammlung von mehr als 500 Kunstwerken der Klassischen Moderne. Darunter befinden sich Arbeiten von Ernst Ludwig Kirchner, Max Beckmann, Georg Baselitz und Gerhard Richter. Hervorzuheben ist ein Ensemble aus dem Spätwerk von Pablo Picasso.

*Museum Frieder Burda

❶ Di. – So. 10.00 – 18.00, Mi. bis 20.00 Uhr, Eintritt: 10 €, www.museum-frieder-burda.de

Oosaufwärts beherbergt das im 19. Jh. erbaute und hübsch restaurierte Alleehaus das Stadtmuseum mit Exponaten von der Vor- und Frühgeschichte, über die Römerzeit und die mittelalterliche Badekultur bis zur Zeit der Belle Epoque um 1900.

Stadtmuseum

❶ Di. – So. 10.00 bis 18.00 Uhr, Eintritt: 5 €

Vom Stadtzentrum aus erreicht man über die Lichtentaler Allee in südlicher Richtung die Gönneranlagen, einen Heckengarten am rechten Oosufer. Benannt ist der um 1910 angelegte Garten nach dem früheren Oberbürgermeister Albert Gönner. Im Sommer kann man hier die Blüten von **über 300 Rosensorten** bewundern.

Gönneranlagen

Die Lichtentaler Allee endet bei einem 1245 gestifteten Zisterzienserinnenkloster mit der gotischen Klosterkirche (Chor 14. Jh., Schiff 15. Jh.). Die Fürstenkapelle neben der Kirche wurde 1288 erbaut und

Kloster Lichtenthal

war bis 1372 die Grablege der Markgrafen von Baden. Neogotische Fassade und die Gestaltung des Kircheninnenraumes gehen auf einen Umbau im frühen 19. Jh. zurück. Im **Klostermuseum** werden wertvolle Beispiele sakralen Kunsthandwerks aufbewahrt. Eine günstige Möglichkeit zu übernachten, bietet das **Gästehaus** des Klosters.
❶ Führungen: Mi., Sa., So. 15.00 Uhr, Anmeldung Tel. 07221 5 04 91-0, www.abtei-lichtenthal.de

Brahmshaus

Im Stadtteil Lichtental lohnt ein Besuch des auf einer Anhöhe gelegenen Brahmshauses. Im Dachgeschoss verbrachte Johannes Brahms die Sommer der Jahre 1865 – 1874.
❶ Maximilianstr. 85, Mo., Mi., Fr. 15.00 – 17.00, So. 10.00 – 13.00 Uhr, Eintritt: 2 €

Russische Kirche

In der Lichtentaler Straße steht die Russisch-Orthodoxe Kirche, die 1880 – 1882 für die seinerzeit große russische Gemeinde im byzantinischen Stil erbaut wurde.
❶ tgl. 10.00 – 18.00 Uhr

UMGEBUNG VON BADEN-BADEN

*Battert

Nördlich der Stadt erhebt sich der 568 m hohe Battert. Auf einem Vorsprung thront die Ruine der einstmals mächtigen mittelalterlichen ***Burgruine Hohenbaden** (Altes Schloss). Vom 11. bis zum 15. Jh. war Hohenbaden Sitz der Markgrafen von Baden, Ende des 16. Jh.s brannte es aus und wurde erst nach 1830 infolge der durch die Romantik angeregten Vorliebe für Ruinen wieder instandgesetzt. Die hochgotische Unterburg wurde unter Markgraf Bernhard (1372 – 1431) erbaut. Ihr Kernstück ist der dreistöckige Palas, der sog. Bernhardsbau, über mächtigen Kellergewölben. Die Verbindung zur Oberburg stellt der spätgotische Jakobsbau dar, der als letzter Bauteil unter Markgraf Jakob I. (1431 – 1453) errichtet wurde. Die Oberburg ist schon im 11./12. Jh. unter Markgraf Hermann II. (1073 bis 1133) erbaut worden. Zu ihr gehören der romanische Hermannsbau, der schlichte Bergfried und die im 13. Jh. an der Bergseite aufge-

Ruine Hohenbaden

Baden-Baden • ZIELE

führte mächtige Schildmauer. Von hier oben genießt man einen herrlichen Panoramablick über Baden-Baden (Schlossgaststätte mit Gartenhof; Mo. Ruhetag). Der Bergstock selbst ist einer der beliebtesten **Klettergärten** im Schwarzwald. Oberhalb der Burgruine erheben sich 15 bis 55 m hohe Felswände und Felstürme aus sehr widerständigem rotem Porphyr. Die Schwierigkeitsgrade reichen von II bis IX. Aber auch als Bergwanderer kann man die wilde Felsenwelt des Battert genießen.

> **BAEDEKER TIPP**
>
> *Auf dem Panoramaweg*
>
> Rund um Baden-Baden verläuft ein rund 40 km langer und leicht begehbarer Rundwanderweg, der viele schöne Ausblicke erschließt. Der Weg hat mehrere Zugänge, u. a. bei der Bernharduskirche, am Tiergarten und an an der Talstation der Merkur-Standseilbahn.

In westlicher Richtung führt die Fremersbergstraße aus Baden-Baden heraus. Auf ihr erreicht man das **Klostergut Fremersberg** (Abzweigung nach rechts). An der Stelle der Klosterschänke stand von 1426 bis 1828 das Franziskanerkloster Fremersberg.
❶ Klosterschänke: Mo. Ruhetag, Tel. 07221 2 58 54

Ruine Yburg

Über die von der Fremersbergstraße abzweigende Varnhalter Straße erreicht man die Ruine Yburg (517 m ü. NHN). Wegen der schönen Aussicht ist die Yburg ein vielbesuchtes Ausflugsziel (Restaurant).
❶ zeitgleich mit Restaurant: April – Okt. Di. – So. 11.30 – 22.00, Nov. – März Mi. – Fr. 18.00 – 22.00, Sa., So. 11.30 – 22.00 Uhr, www.yburg.net

*Merkur

Landschaftliches Wahrzeichen von Baden-Baden ist der 668 m hohe Merkur, der sich östlich der Stadt erhebt. Der Name des Berges rührt von der Entdeckung eines römischen Votivsteins für den Gott Merkur her. Dieser Stein ist auf der Südseite des 23 m hohen Aussichtsturms eingemauert worden. Am schnellsten erklimmt man den Berg mit der 1913 erbauten **Standseilbahn**.
❶ tgl. 10.00 – 22.00 Uhr, Berg- und Talfahrt 4 €

Geroldsauer Wasserfall

Ein beliebtes Wanderziel ist der Geroldsauer Wasserfall südlich des gleichnamigen Ortsteiles von Baden-Baden (Anfahrt von Lichtental über die Straße Richtung Geroldsau). Besonders hübsch ist es hier zur Zeit der Rhododendron-Blüte.

*Baden-Badener Rebland

Südwestlich von Baden-Baden, zu Füßen der Yburg, breitet sich die liebliche Landschaft des Baden-Badener Reblandes aus. Rund um die idyllischen Weinorte Neuweier, Varnhalt und Steinbach/Umweg gedeihen die Nägelsförster Spätburgunder-Trauben und die Neuweierer Riesling-Beeren. Dazu gibt es auch feinste badische Küche, beispielsweise im Restaurant »Alde Gott« in **Neuweier**.
Ruhetage: Do., Fr.mittag, http://zum-alde-gott.de.

Iffezheim Iffezheim ist weit über die Grenzen Deutschlands hinaus wegen seiner Pferderennbahn bekannt. Die Anlage wurde 1858 auf Betreiben des Baden-Badener Spielbankpächters Edouard Bénazet gegründet. In seinem Besitz befand sie sich bis 1870, seit 1872 gehörte sie dem Internationalen Club. Seit 2011 richtet »Baden Racing« die internationalen Galopprennen aus (▶Baden-Baden erleben).

** Badenweiler

✦ B / C 13

Landkreis: Breisgau-Hochschwarzwald
Höhe: 360 – 580 m ü. NHN
Einwohnerzahl: 4000

Der berühmte Kurort am Westabfall des Schwarzwaldes kann auf eine Badetradition verweisen, die bis in die Römerzeit zurückreicht. Heute geht es hier sehr beschaulich zu. Die Lage im Dreiländereck beschert auch Besuch aus der Schweiz.

Wo die Zitronen blühn Zu den Vorzügen Badenweilers zählt nicht zuletzt sein Klima. Die Hanglage des Ortes zu Füßen des Blauen gewährt Schutz vor rauen Winden. Im Jahresdurchschnitt ist es hier 0,5 °C wärmer, als es der Höhenlage entsprechen würde. Die Ruine des Römerbades und Münzfunde aus dem 2. und 3. Jh. n. Chr. bezeugen das Ansehen, das das Bad bei den Römern genoss. Ein Ort »Baden« wurde erstmals 1028 erwähnt. Von den Bädern hörte man jahrhundertelang nichts, erst 1544 und 1565 wurde in ärztlichen Schriften lobend auf sie hingewiesen. Mitte des 19. Jh.s begann der planmäßige Ausbau zum Kurort, das Kurhaus wurde 1853 eingeweiht. Von nun an trafen sich Wohlhabende und Einflussreiche in Badenweiler.

SEHENSWERTES IN BADENWEILER

Kurpark Das Zentrum von Badenweiler bildet der ausgedehnte Kurpark mit seinem prächtigen alten Baumbestand, dem Kurhaus und der Cassiopeia-Therme. Darum gruppieren sich traditionsreiche Hotels und weitläufige Villensiedlungen. Der 12 ha große Kurpark selbst zeichnet sich durch üppige, fast mediterran anmutende Vegetation aus. Hier gedeihen u. a. Zeder, Pinie, Lorbeer, Buchsbaum, Ginkgo, Indische Rosskastanie und besonders schöne Mammutbäume.
Eine schöne Aussicht genießt man von der **Burgruine**, dem Rest einer im 11. Jh. von den Herzögen von Zähringen erbauten, 1678 von den Franzosen zerstörten Burg. Unweit nördlich stößt man auf das **Belvédère**, 1811 von Friedrich Weinbrenner als Lusthaus erbaut.

Badenweiler erleben

AUSKUNFT
Thermen & Touristik GmbH
Ernst-Eisenlohr-Str. 4
79410 Badenweiler
Tel. 07632 79 93 00
www.badenweiler.de

BADEN · KUR · WELLNESS
Cassiopeia-Therme
Ernst-Eisenlohr-Str. 1
Tel. 07632 79 92 00
www.cassiopeiatherme.de
Bad tgl. 9.00 – 22.00 Uhr
Saunabereich ab 11.00 Uhr
Eintritt 13,50€; Thermen-Komplex mit Innen- und Außenbecken, Römisch-Irischem Bad, Saunalandschaft, Wellness-Oase

EVENT
Musik- und Winzerfest
Im September feiern Badenweilers Weingärtner und Musiker.

ÜBERNACHTEN · ESSEN
❶ *Grandhotel Römerbad* €€€
Schlossplatz 1
Tel. 07632 700
www.hotel-roemerbad.de, 75 Z.
Im »Ersten Haus am Platz«, einem imposanten weißen Vierflügelbau, spürt man noch das Flair der glanzvollen Zeit um 1900. Die Zimmer und Suiten sind hell und geräumig. Zum Hotel gehören ein Thermalbad und ein hübscher Park. Das Restaurant bietet mediterrane und regionale Küche.

❷ *Schwarzmatt* €€€€
Schwarzmattstr. 6a
Tel. 07632 82 01-0
www.schwarzmatt.de, 43 Z., 14 App.
Ruhig gelegenes Haus mit Hallenbad, Sauna und Solarium. Die Zimmer sind im Landhaus-Stil eingerichtet. Die mediterran orientierte Feinschmecker-Küche setzt auf regionale Zutaten. Ab 14.00 Uhr lockt ein herrliches Kuchenbuffet ins Café: Alle Rezepte stammen aus dem Schatzkästlein von Großmutter Hermine Bareiss.

❸ *Privathotel Post an der Therme* €€€
Sofienstr. 1
Tel. 07632 82 48-0
www.privathotel-post.de, 50 Z.
Freundliches Haus mit 2010 eingerichteter Thermalwasser-Wellness-Landschaft direkt gegenüber der Cassiopeia-Therme.

Gutedel-Garten
Seit den 1950er-Jahren lag der Weinbau am Burgberg brach. Nun sind die Hänge wieder bestockt. Ein rebbotanischer Garten zeigt, was es mit der Gutedel-Traube auf sich hat. Noch zum Kurpark gehört der kleine **Hildegard-von-Bingen-Garten**. In neun Beeten wachsen Heilpflanzen gegen die unterschiedlichsten Leiden.

Kurhaus/ Tschechow-Salon
Unter der Burgruine breitet sich das im Beton-Charme der 1970er-Jahre erbaute Kurhaus aus. Ein **literarisches Museum** erinnert an den russischen Dramatiker Anton Tschechow (1860 – 1904). Der Literat ist in Badenweiler an den Folgen einer Tuberkulose-Erkrankung verstorben. Auch andere mit Badenweiler verbundene Schrift-

ZIELE • Badenweiler

Übernachten / Essen
1. Grandhotel Römerbad 2. Schwarzmatt 3. Privathotel Post an der Therme

stellerinnen und Schriftsteller wie Annette Kolb, Gabriele Wohmann, Hermann Hesse und René Schickele werden in der Ausstellung gewürdigt.

○ Luisenstr. 5, tgl. 10.00 – 18.00 Uhr

*Cassiopeia-Therme Den östlichen Teil des Kurparks beherrscht das Markgrafenbad, das nach der Modernisierung als Cassiopeia-Therme firmiert. Kernstück ist das 1875 im klassizistischen Stil erbaute Marmorbad, darum herum gruppieren sich Thermal- und Wellness- sowie medizinische Badeeinrichtungen. Gespeist wird die Badelandschaft mit Thermalwasser, das am Quellaustritt eine Temperatur von 26,4 °C hat (▶Badenweiler erleben).

*Römische Badruine Die im Osten des Kurparks gelegene Badruine gilt als besterhaltenes antikes Badegebäude in Deutschland. Die im 2. Jh. n. Chr. geschaffene Anlage wurde 1784 wiederentdeckt. Ausgrabungsfunde bezeugen, dass die Badegäste vorwiegend aus Augusta Raurica kamen, einer größeren römischen Siedlung bei der heutigen Stadt Basel. Die 95 m lange und 35 m breite Anlage ist in zwei Hälften unterteilt, vermutlich für Männer und Frauen. Man gelangte jeweils von einem Vorraum, zu dessen beiden Seiten die Auskleideräume lagen, in denen man sich auch reinigte, in die zwei großen Baderäume. Schwimmen konnte man in den flachen Becken nicht. Zu jeder der beiden Badehälften gehörten auch ein Schwitzbad und ein rundes Kaltwasserbecken.

Römische Badruine

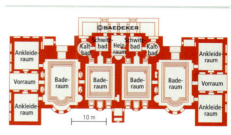

❶ April – Okt. tgl. 10.00 – 19.00, Nov. bis März bis 17.00 Uhr, Eintritt: 2 €

Nordwestlich des Burgbergs unterhalb des Ortszentrums eröffnete 2011 ein **Park der Sinne.** Dieser besteht aus Barfußpfad, Klangzaun, Duftorgel und Balanciergarten. So lassen sich an 20 Station allerhand unterschiedliche Sinneserfahrungen machen.

Westlich steht in einem Park das ursprünglich 1586 erbaute und 1887/1888 im Stil der Neorenaissance erneuerte Großherzogliche Palais. Heute wird es zeitweise für Ausstellungen genutzt.

Großherzogliches Palais

UMGEBUNG VON BADENWEILER

Auf schönen Wanderwegen oder auch mit dem Auto (ca. 8 km) gelangt man zu dem südöstlich von Badenweiler aufragenden Blauen (bzw. Hohen Blauen, wie er gelegentlich genannt wird). Vom Aussichtsturm auf dem Gipfel des 1165 m hohen Berges genießt man einen herrlichen Panorama-Rundblick. Das Berghotel mit Restaurant wird voraussichtlich nicht vor 2014 wiedereröffnet.

*Blauen

Eine schöne Straße führt von Badenweiler in das 12 km südlich gelegene ▶Kandern, etwa auf halber Strecke zweigt ein Sträßchen zum **Schloss Bürgeln** ab (heute Restaurant, Do. Ruhetag).

Kandern

Wie auch im Elsass und der Schweiz war der Storch am Oberrhein in den 1970er-Jahren fast ausgerottet. Dank eines Wiederansiedlungsprogramms sind die Vögel heute wieder häufiger zu sehen. In Kandern-Holzen lebt der mit 37 Jahren älteste Storch Baden-Württembergs. Wie an seinem Ring abzulesen ist, stand sein »Heimatnest« im schweizerischen Solothurn. Rund 30 Störche aller Altersgruppen lassen sich im jederzeit zugänglichen, spendenfinanzierten **Storchengehege** in Holzen studieren. Frei lebende Artgenossen besiedeln ringsum die Kirchtürme und Hausdächer. Besonders im Mai/Juni gibt es viel zu sehen, wenn die Jungen Flugübungen machen.

Holzen

Gehege: rund um die Uhr geöffnet, Storchenweg 10

*Nonnen-mattweiher Von der Straße Badenweiler – Neuenweg biegt kurz vor Neuenweg ein schmales Zufahrtssträßchen zum idyllisch gelegenen Nonnenmattweiher (913 m ü. NHN) ab. Der Karsee ist wegen seiner großen schwimmenden Insel mit interessanter Hochmoorflora bekannt. Der Name »Nonnenmattweiher« geht auf ein Nonnenkloster zurück, das einer Sage zufolge durch ein Gottesgericht im See versunken ist.

* Bad Herrenalb

G 7

Landkreis: Calw
Höhe: 400 – 700 m ü. NHN
Einwohnerzahl: 7400

Nur eine halbe Autostunde südlich von Karlsruhe liegt der Kurort im idyllischen Albtal. Für einen Hauch Romantik sorgt die Ruine eines Zisterzienserklosters.

Vom Kaltbad zur Therme Der Ort hat seinen Ursprung im 1148 gegründeten Zisterzienserkloster »Alba Dominorum«. Schwedische Truppen haben das Kloster kurz vor dem Ende des Dreißigjährigen Krieges zerstört. 1839 eröffnete einer Kaltwasser-Kuranstalt, in der berühmt-berüchtigte **Rosskuren** nach den Vorstellungen des Naturheilers Vinzenz Prießnitz verabreicht wurden. Von 1964 bis 1985 hat man durch Tiefbohrungen heilkräftige Thermalwasservorkommen erschlossen. Herrenalb wurde daraufhin zum modernen Badekurort ausgebaut.

SEHENSWERTES IN BAD HERRENALB

Zisterzienserkloster Neben ▶Maulbronn und Bebenhausen bei Tübingen war Herrenalb die dritte Zisterzienserabtei im Raum Württemberg. Von dem einstmals so reichen Zisterzienserkloster sind nur noch das Paradies genannte westliche Vorhalle der im 12. Jh. gebauten **Klosterkirche** sowie ein Teil der Sakristei erhalten. Aus dem Portal an der Ostwand wächst die sagenumwobene **Wunderkiefer**. In der Nordwand sind noch einige alte Epitaphe zu sehen. Die im Laufe ihrer Geschichte mindestens dreimal umgestaltete Kirche hat einen spätgotischen Chor und ein im Stil des Klassizismus gehaltenes Langhaus. Ein kunsthistorisches Kleinod ist das Grabmal (Scheingrab?) eines im 15. Jh. verstorbenen badischen Markgrafen.

Posthotel Der imposante Fachwerkbau des traditionsreichen Mönchs Posthotel ist immer noch ein »Hingucker«. Der Ausbau zum Fünf-Sterne-Resort soll bis 2014 umgesetzt sein.

Bad Herrenalb • ZIELE

Bad Herrenalb erleben

AUSKUNFT
Tourismusbüro
Rathausplatz 11, 76332 Bad Herrenalb
Tel. 07083 50 05 55
www.badherrenalb.de

BADEN · KUR · WELLNESS
Siebentälertherme
Schweizer Wiese 9, Tel. 07083 92 59-0
www.siebentaelertherme.de
Therme: tgl. 9.00 – 22.00 Uhr; Sauna: Mo. – Fr. 13.00 – 22.00, Sa., So., Fei. 9.00 – 22.00 Uhr, Eintritt ab 7,50 €

EVENTS
Klosterfest
Regionale Erzeugnisse, Einkaufsmöglichkeiten und viel Essen und Trinken rund ums Kloster: jährlich Anfang August mit einem bunten Rahmenprogramm.

Bahnhofsfest
Alljährlich in der zweiten Augusthälfte werden Dampfzugfahrten auf der Albtal-Bahnstrecke angeboten.

ESSEN · ÜBERNACHTEN
Schwarzwald Panorama €€€
Rehteichweg 22
Tel. 07083 92 70
www.schwarzwald-panorama.de, 88 Z.
Klimaneutrales Haus, Bioland und Slow food in der Küche, WLAN auf dem Zimmer, Selfness im SPA-Bereich, dazu ein Raum der Stille: alles auf der Höhe der Zeit in diesem komfortablen Haus, das 2013 wiedereröffnet wurde.

Lamm €€
Mönchstr. 31
OT Rotensol (5 km nordöstl.)
Tel. 07083 9 24 40
www.lamm-rotensol.de, 28 Z.
Haus mit geschmackvoll möblierten Zimmern. Im gemütlichen holzvertäfelten Restaurant wird gehobene badischmediterrane Küche geboten. Die Vinothek ist berühmt für ihre Spezialitäten aus Frankreich.

Hotel Restaurant Talblick €
Wildbader Str. 63
75335 Dobel
Tel. 07083 88 06
www.talblick-dobel.de
Ruhetag Restaurant: Do.
In ruhiger Lage zum Eyachtal hin liegt dieses grundsolide Hotel. Inhaberin Elisabeth Hübenthal kümmert sich ums Wohl aller Gäste, darunter zahlreiche Stammgäste, Wanderer und Radler. Das Restaurant bietet gute heimische Küche aus regionalen Produkten, u.a. schwäbisch-hällisches Landschwein.

Museen Bad Herrenalb

Durch den Torbogen beim Rathaus gelangt man zum Museum Bad Herrenalb, das sich auf engagierte Weise ganz den Feierabendziegeln der Sammlung Bernt Beachtung widmet. Diese Motivziegel erzählen allerhand (Lebens-)Geschichten, auch von Glaube und Aberglaube – immerhin schützten sie als Dachziegel das Haus vor Unbill. Auch die Ziegelherstellung sowie der Dachschmuck wird erläutert. Es lohnt sich, das kleine, feine Museum mit Führung anzuschauen.
❶ April – Dez. So. 14.00 – 17.00, Mai – Okt. auch Mi. 14.30 – 17.00 Uhr, Führungen n. V., Tel. 07038 85 69, Eintritt: 2,50 €

ZIELE • Bad Herrenalb

Kurgebiet Das 1891 eröffnete Kurhaus ist vor einigen Jahren um einen Trinkpavillon, eine Wandelhalle und einen Konzertgarten erweitert worden. Hohe Bäume, Ziersträucher und schöne Blumenrabatte zieren den alten Kurpark. Die Kurpromenade verbindet den alten Kurpark und die nördlich anschließenden Kuranlagen auf der Schweizerwiese. Nach den Thermalwasserfunden in den 1960er- und 1980er-Jahren hat man auf der Schweizerwiese die **Siebentälertherme** erbaut, ein modernes Kurzentrum mit Wellness-Einrichtungen und Prießnitz-Spa (▶Bad Herrenalb erleben).

! **BAEDEKER TIPP**

Vollwertkost

Wer sich für gesunde Ernährung interessiert, hat schon von ihm gehört: Roy Kieferle, Küchenchef im »Wagnerstüble« in Dobel. Er berät nicht nur Spitzensportler in Ernährungsfragen, sondern gibt sein Wissen auch in Kochkursen und Seminaren weiter. »Wagnerstüble«, Wildbader Str. 45/1, 75335 Dobel, Tel. 07083 87 58, www.roykieferle.de

Ein gründerzeitliches Schmuckstück ist der **Bahnhof** von Bad Herrenalb, Endstation der inzwischen elektrifizierten Albtalbahn. An mehreren Wochenenden zwischen Mai und Dezember fahren von hier nostalgische Dampfzüge durchs Albtal.

UMGEBUNG VON BAD HERRENALB

Falkensteinfelsen Landschaftliches Wahrzeichen von Bad Herrenalb sind die dunkelroten Felsen hoch über der Siebentäler-Therme bzw. dem Bahnhof. Von diesen auch von Kletterern gern aufgesuchten Felsen (Schwierigkeitsstufe VI, Jan. bis Brutende gesperrt) bietet sich ein herrlicher Panoramablick auf Bad Herrenalb.

Quellenerlebnisweg Im Tal der jungen Alb vom Stadtzentrum bis hinauf zur Plotzsägemühle ist ein Erlebnisweg angelegt mit Stationen, die auf Besonderheiten wie Sturzquellen, Quellsümpfe, sagenhafte Plätze sowie interessante Pflanzen und Tiere aufmerksam machen. Fachkundige Führungen werden angeboten (Informationen im Touristenbüro).

Wanderung Gaistal Eine lohnende Rundwanderung (ca. 15 km) führt von Bad Herrenalb zunächst südostwärts ins Gaistal. Nach kurzem Aufstieg erreicht man den Zieflesberg, von wo aus man zu der nahe der Albquelle errichteten Plotzsägemühle hinuntersteigen kann. Von der Mühle geht es südwärts bergan zum 930 m hohen Langmartskopf hoch über der Albquelle. Der Rundweg führt dann vom Langmartskopf in nordwestlicher Richtung weiter zur Teufelsmühle (908 m ü. NHN; Aussichtsturm, Gasthaus, Mo., Di. Ruhetag), von wo man einen herrlichen Panoramarundblick genießen kann. Danach geht man in

Vom Benediktinerkloster Frauenalb blieben bemerkenswerte Ruinen.

nordöstlicher Richtung bergab in die wildromantische Felsschlucht Teufelsloch mit ihren finsteren Grotten. Der Rückweg nach Herrenalb erfolgt über den Rißwasen.

Etwa 5 km talabwärts von Bad Herrenalb erreicht man den hübschen Flecken Frauenalb. Hier bestand vom 12. Jh. bis 1803 ein Benediktinerinnenkloster. Beachtenswert ist die **Ruine der Klosterkirche**, die 1729 – 1738 nach Plänen des Voralberger Barock-Baumeisters Peter Thumb entstanden und 1853 einem Brand zum Opfer gefallen ist. Der Klosterwanderweg verbindet Bad Herrenalb mit Frauenalb.

Frauenalb

Talabwärts zieht das in einem alten Sägewerk untergebrachte Fahrzeugmuseum Marxzell Besucher aus nah und fern an. Die Sammlung umfasst rund 100 Autos, 70 Motorräder sowie 150 Fahrräder. Die Geschichte des Fahrrads kann von der »Laufmaschine« des Freiherrn von Drais (um 1813) über den »Knochenschüttler« (um 1850) bis zum Hochrad (um 1880) nachvollzogen werden. Auch Lokomotiven, Pferde- und Straßenbahnwagen, Traktoren, Feuerwehrautos usw. gehören dazu.
ⓘ tgl. 14.00 – 17.00 Uhr, Eintritt: 5 €

*Fahrzeugmuseum Marxzell

Etwa 6 km östlich oberhalb von Bad Herrenalb liegt der Wintersportplatz Dobel (689 m ü. NHN; 2000 Einw.) auf einer von Tannenhochwald umgebenen Rodungsinsel des Buntsandsteinschwarzwaldes. Von früher mehreren Kureinrichtungen ist nur eine Kurklinik geblieben. Südlich und südöstlich unterhalb von Dobel verläuft das romantische **Eyachtal** mit seinen alten Mühlen.

Dobel

Der **Carl-Postweiler-Weg**, ein rund 10 km langer, abwechslungsreiche Wanderweg führt von Dobel in südlicher Richtung zunächst ins Tal der jungen Eyach hinunter und dann steil bergan zum **Wildseemoor** (▶Bad Wildbad).

Bad Krozingen

 B / C 12

Landkreis: Breisgau-Hochschwarzwald
Höhe: 233 m ü. NHN
Einwohnerzahl: 18 600

Der in der Oberrheinebene südlich von ▶Freiburg gelegene Kurort wird wegen seiner kohlensäurereichen, fast 40 °C warmen Heilwasservorkommen geschätzt.

| Erdölsucher finden Heilwasser | Erstmals erwähnt wurde »Scrozzinca« im Jahr 807. Auf die sprudelnde Mineraltherme stieß man im Jahre 1911, als hier nach Erdöl und Kali gesucht wurde. Heute liegt der Ort umgeben von Feldern und Wiesen in der flachen Rheinebene. Das Kurgebiet mit Park, Kurhaus, Mineral-Thermalbad und Kliniken erstreckt sich nördlich des Ortskerns. |

SEHENSWERTES IN BAD KROZINGEN UND UMGEBUNG

Schloss — Am westlichen Stadtrand (nahe der B 3 bzw. Basler Straße) steht das in Privatbesitz befindliche Schloss. Es wurde 1579 als Propsteigebäude des Klosters St. Blasien erbaut. Im Schloss wird eine Sammlung historischer Tasteninstrumente aus vier Jahrhunderten aufbewahrt. Die Instrumente sind bei regelmäßig veranstalteten Konzerten zu hören. Die restaurierte Schlosskapelle stammt von 1608, ihr Inneres wurde 1750 im Rokoko-Stil ausgestaltet.
❶ Konzertkarten: Tel. 07633 37 00, www.schlosskonzerte-badkrozingen.de

*Glöcklehof-Kapelle — Sehenswert ist die Glöcklehof-Kapelle in Oberkrozingen. Sie stammt aus dem 9. oder 10. Jh. und hat interessante Fresken aus jener Zeit vorzuweisen (Christus in der Mandorla, Martyrium Johannes' des Täufers, Kain und Abel).

*Heitersheim — 5 km südlich von Bad Krozingen liegt der durch sein **Malteserschloss** bekannte 5000-Einwohner-Ort Heitersheim an der B 3. Im 13. Jh. hatte der Johanniterorden, der sich nach 1530 Malteserorden nannte, größere Besitzungen am Oberrhein. Heitersheim sollte als

Bad Krozingen • ZIELE

Residenz der Großkomture aufblühen. Das Malteserschloss war von 1428 bis 1806 Sitz des Malteser-Ritterordens. Im 1740 entstandenen barocken Kanzleibau kann man sich über die Johanniter bzw. Malteser informieren. In der 1826 im klassizistischen Stil erbauten **Pfarrkirche St. Bartholomäus** sind die Grabmäler von Ordensmeistern und Großkomturen beachtenswert.

Nur ein paar Schritte vom Schloss entfernt sind die Reste eines luxuriös ausgestatteten römischen Landhauses aus der Zeit um 30 n. Chr. freigelegt. Im Säulenhof dieser ***Villa Urbana** hat der wohlhabende Hausherr ein großes Zierbecken anlegen lassen.

Maltesermuseum: April – Okt. So., Fei. 11.00 – 18.00, Mi. ab 13.00 Uhr
Villa Urbana: April – Okt. Di. – Sa. 13.00 – 18.00, So., Fei. ab 11.00 Uhr

Bad Krozingen erleben

AUSKUNFT
Kur- und Bäder GmbH
Herbert-Hellmann-Allee 12
79189 Bad Krozingen
Tel. 07633 40 08-163
www.bad-krozingen.info

BADEN · KUR · WELLNESS
Vita Classica Therme
Herbert-Hellmann-Allee 12
Tel. 07633 40 08-140
www.vita-classica.de
Therme: Mo. – So. 8.30 – 23.00 Uhr
Sauna: tgl. 10.00 – 23.00 Uhr
Eintritt 13,40 €; Thermalbad mit Innen- und Außenbecken (die verschiedenen Becken sind mit 29 °C bis 36 °C warmem Heilwasser gefüllt), Saunaparadies, Wohlfühlhaus mit Musikhalle, Japanischem Bad und Entspannungsbädern

EVENT
Open Air im Park
Im Juli und August treten im Kurpark bekannte Größen aus Klassik, Rock und Pop sowie Volksmusik auf. Höhepunkt für alle ist das Lichterfest. Programmfos bei der Touristeninformation

ESSEN · ÜBERNACHTEN
Eden Hotel an den Thermen €€€
Thürachstr. 1
Tel. 07633 10 05-0
www.edenhotels.de, 35 Z.
2010 wurde das Haus einer umfassenden Renovierung unterzogen. Die Zimmer besitzen gehobenen Standard. Gegenüber liegt das dazugehörige »Blumen- und Dufthotel Eden am Park« mit farbenfrohen Zimmern. Hier befindet sich auch die Wellness-Abteilung. Schön: Restaurant mit Sonnenterrasse.

Storchen €€€
Felix-und-Nabor-Str. 2
OT Schmidhofen
Tel. 07633 53 29
www.storchen-schmidhofen.de, 4 Z.
2 km außerhalb von Bad Krozingen speist man fein, vor allem Fisch und Wild, aber auch einfallsreiche regionale Kreationen, zum Beispiel den Klassiker Kutteln, hier mit grünem Spargel. Das Fleisch und die meisten anderen Zutaten stammen übrigens aus dem Schwarzwald bzw. dem Dreiländereck. Mit vier sehr geschmackvollen Gästezimmern.

★ Bad Liebenzell

✈ I 7

Landkreis: Calw
Höhe: 310 – 687 m ü. NHN
Einwohnerzahl: 9300

Hübsch eingebettet ins waldreiche untere Nagoldtal liegt das altbekannte Heilbad, das auch als Luftkurort sehr geschätzt wird. Hauptattraktion der liebenswerten kleinen Kurstadt ist das Kur- und Wellness-Zentrum Paracelsus-Therme.

Eine Klosterzelle — Wie bereits im Ortsnamen zum Ausdruck kommt, geht die Siedlung auf eine klösterliche Zelle im Nagoldtal zurück, die wohl im 10. Jh. vom nahen Kloster Hirsau aus gegründet worden ist. Bereits zu Beginn des 15. Jh.s hat man die hier austretenden Sauerwässer zu Kurzwecken genutzt. Die Liebenzeller Bäder erlangten rasch Berühmtheit. Im 18. Jh. vernichtete ein Stadtbrand einen Großteil der Bausubstanz.

SEHENSWERTES IN BAD LIEBENZELL

Altstadt — Die Altstadt von Bad Liebenzell ist in der jüngeren Vergangenheit liebevoll herausgeputzt worden, auch die Stadtmauer ist wieder freigelegt. Beachtenswert sind die Evangelische Stadtkirche mit ihrem Chor aus dem 12. Jh.. Der zur Kirche gehörende ehemalige Friedhof besitzt an der Westseite noch Gräber aus dem 15. Jh. bis 18. Jh. Weitere interessante Gebäude, die im Rahmen einer Stadtführung der Touristeninformation vorgestellt werden, sind das ehemalige Doktorhaus, das frühere Rathaus und der Criminalturm. Er war Teil der ehemaligen Stadtbefestigung, diente dann als Gefängnis und stammt aus dem 14. Jh..

Kuranlagen — Beiderseits der Nagold ist der Liebenzeller **Kurpark** angelegt, mit altem, vielgestaltigem Baumbestand, bunten Blumenrabatten, kleinem See mit schwarzen Schwänen und einer hohen Fontäne. Im Sommer finden hier Lichterfeste statt. Kurhaus, Parksaal, Trinkhalle und Konzertmuschel bilden ein reizvolles architektonisches Ensemble. Die mit einer Temperatur von 24 °C bis knapp 30 °C austretenden kohlensäure- und salzhaltigen Heilwässer sind 1526 vom großen Naturarzt Paracelsus gerühmt worden und kommen in der **Paracelsus-Therme** zur Anwendung (▶Bad Liebenzell erleben).

Missionsmuseum — Auf der ganzen Erde kennt man die evangelische Liebenzeller Mission, die sich 1902 in dem Kurort niederließ. Die Mission hat eine ei-

Bad Liebenzell • ZIELE

Friedlich fließt die Nagold im Schatten der Liebenzeller Burg dahin.

gene Schwesternschaft und eine eigene Ausbildungsstätte für Missionare, die in Asien, Afrika und Südamerika eingesetzt werden. Einen Besuch lohnt das Museum der Liebenzeller Mission (westl. oberhalb des Kurparks), in dem neben verschiedenen Bibelübersetzungen vor allem Gebrauchsgegenstände aus Japan, Taiwan, Papua-Neuguinea, Mikronesien, Bangladesch und Teilen Afrikas ausgestellt sind.
❶ Liobastr. 16; Mi. u. So. 14.30 – 18.30 Uhr, Eintritt frei, Spende erbeten

Die um das Jahr 1200 von den Calwer Grafen erbaute Burg Liebenzell war die wichtigste Burg im nordöstlichen Schwarzwald. Die wunderschön gelegene Hochmantelburg mit ihren Buntsandsteinquadern gilt als Musterbeispiel stauferzeitlicher Festungsbaukunst. Sie kam im 13. Jh. an die Markgrafen von Baden und wurde 1692 von den Franzosen ruiniert.

*Burg Liebenzell

Vom 34 m hohen Turm der Burg bietet sich ein schöner Blick ins Nagoldtal. Die Burggaststätte lädt zur Rast ein. 1952 wurde hier oben das **Internationale Forum Burg Liebenzell** gegründet. Jugendliche aus aller Welt halfen mit, hier oben eine Stätte der Begegnung für Menschen aus allen Teilen der Erde zu schaffen.
❶ März – Okt. Di. – So. 10.00 – 18.00 Uhr, Gaststätte Di. Ruhetag

Bad Liebenzell erleben

AUSKUNFT
Tourist-Information
Kurhausdamm 2 – 4
75378 Bad Liebenzell
Tel. 07052 408-0
www.tourismus.bad-liebenzell.de

BADEN · KUR · WELLNESS
Paracelsus-Therme
Reuchlinweg 1
Tel. 07052 40 86 51
www.tourismus.bad-liebenzell.de
Therme: tgl. 9.00 – 22.00, Sauna tgl. ab 10.00, Sa., So., Fei. ab 9.00 Uhr
Eintritt ab 9,50€; Thermalbad mit drei unterschiedlich warmen Bewegungsbecken, Außenbecken, Strömungskanal, Duftinsel, Sonneninsel, Saunalandschaft »Pinea« und Therapie-Abteilung.

EVENTS
Lichterfeste im Kurpark
Mai und Ende Juli/Anfang Aug.
mit Brillantfeuerwerk

AKTIV
E-Bike-Verleih
bei der Tourist-Information

ÜBERNACHTEN
Hotel Koch ⓔⓔ
Sonnenweg 3
Tel. 07052 13 06
www.hotelkoch.com
Das Hotel bietet moderne Zimmer. Es liegt direkt in der Fußgängerzone und unweit des Bahnhofs. Auch die Paracelsus-Therme ist nur wenige Minuten entfernt.

UMGEBUNG VON BAD LIEBENZELL

Monakam Etwa 4 km nordöstlich oberhalb von Liebenzell liegt das Dorf Monakam, in dessen 1802 erbauter evangelischer Pfarrkirche der berühmte **Monakamer Altar** zu besichtigen ist. Der Flügelaltar ist ein Meisterwerk der schwäbischen Spätgotik.

*Monbachtal Östlich unterhalb von Monakam verläuft das landschaftlich überaus reizvolle Monbachtal, das sich streckenweise als wildes Felsental, wo der Fluss über mächtige Buntsandsteinblöcke rauscht, dann wieder als romantisches Waldtal darbietet. Teils stehen hier noch sehr alte Fichten, Tannen und Buchen. Man kann das Tal zu Fuß bequem in längstens zwei Stunden durchmessen. An Schönwetter-Wochenenden ist allerdings meist viel los.

Schömberg 8 km westlich oberhalb von Bad Liebenzell liegt Schömberg (633 m ü. NHN; 8500 Einw.) in einem gerodeten und geschützten Hochtal der ansonsten von Tannen- und Fichtenwald bestandenen Buntsandsteinplatte zwischen Enz- und Nagoldtal. Außerhalb des Ortes sind mehrere Sanatorien bzw. Kurkliniken und Erholungsheime angesiedelt. Besondere Attraktion des Ortes ist das **Höhenwellenbad** »Nouvelle« mit Riesenrutsche und Blockhaussauna.

Bad Peterstal-Griesbach

F 9

Landkreis: Ortenaukreis
Höhe: 400 – 1000 m ü. NHN
Einwohnerzahl: 2700

Die beiden Heilbäder liegen zu Füßen des Kniebis im Tal der jungen Rench. Ringsum erstreckt sich ein großartiges Wanderparadies, das westlich an den geplanten Nationalpark Nordschwarzwald anschließt.

Bad Peterstal-Griesbach liegt sehr schön, sieht man von der Bundesstraße 28 ab, die beiden Orten viel Verkehr beschert. Ihre Heilwässer wurden schon im 17. Jh. von Matthäus Merian gerühmt: »... kommen zu Hülff dem Zipperlein und der Gliedsucht, machen Lust zu Essen, verzehren all Fäulniß und reinigen das Geblüt«. Heute ist das Angebot an Kureinrichtungen ausgedünnt, drei Bäder haben dichtgemacht.

Einst berühmte Quellen

BAD PETERSTAL

Der Ort wurde im 13. Jh. als **St. Peter im Tal** erstmals urkundlich erwähnt. Die Heilkraft seiner Quellen hat sich bereits im späten Mittelalter bis Straßburg und Freiburg herumgesprochen. Ende des 16. Jh.s entstand hier ein größeres Badhaus. In der Folgezeit besuchte manche Berühmtheit das Bad im Renchtal, unter ihnen auch Johann Jacob Christoffel von Grimmelshausen (▶Berühmte Persönlichkeiten), dessen »Simplicissimus« ebenfalls hier kuren durfte.

Geschichte

Schmuckstück von Peterstal ist der Brunnentempel, ein oktogonaler Pavillon, der im frühen 19. Jh. über der Sophienquelle errichtet worden ist. Die Heilbäder Marienbad und Bad Freyersbach existieren nicht mehr. In der barock ausgestatteten **Pfarrkirche** sind schöne sakrale Kunstwerke aus dem ehem. Kloster Allerheiligen (▶Oberkirch) beachtenswert. In einer alten Sägewerkshalle ist das **Schwarzwälder Moped- und Roller-Museum** eingerichtet, in dem seit Ende des Zweiten Weltkrieges gebaute Fahrräder mit Hilfsmotor, Mopeds und Motorroller ausgestellt sind.

Sehenswertes

❶ April – Okt. So. 11.00 – 17.00 Uhr, Eintritt: 2 €

Von Peterstal in südlicher Richtung am Rand des Freyersbacher Tales ansteigend, erreicht man in ca. 2 Std. die **Littweger Höhe**, wo sich verschiedene Wanderpfade mit dem Schwarzwald-Westweg kreuzen. Unweit nordöstlich erhebt sich der **Große Hundskopf** (947 m ü. NHN). Über die Littweger Höhe gelangt man auch ins einsame

*Wanderziele

ZIELE • **Bad Peterstal-Griesbach**

Bad Peterstal-Griesbach erleben

AUSKUNFT
Kur- und Tourismus GmbH
Wilhelmstr. 2
77740 Bad Peterstal-Griesbach
Tel. 07806 91 00-0
www.bad-peterstal-griesbach.de

EVENT
Fronleichnam
Zum Fronleichnamsfest Ende Mai/Anfang Juni werden die Straßenaltäre kunstvoll mit bunten Blumenteppichen geschmückt. Außerdem sieht man an diesem Tag viele Prozessionsteilnehmer in alten Schwarzwälder (Renchtäler) Festtagstrachten.

ÜBERNACHTEN · ESSEN
Hotel Dollenberg ❸❸❸❸
Bad Griesbach, Dollenberg 3
Tel. 07806 780
www.dollenberg.de, 97 Z.
Das familiengeführte Nobel-Hotel oberhalb von Bad Griesbach liegt wie ein gigantischer Fremdkörper vor dem Waldrand. Die Anlage besitzt einen weitläufigen Park sowie ein luxuriöses Spa & Beauty Center und wurde 2013 als bestes Wellness-Hotel Deutschlands ausgezeichnet. Im Restaurant »Le Pavillon« kocht Martin Herrmann auf Sterne-Niveau. Für Kinder gibt es auf dem Dollenberg betreute Schwimmzeiten und einen eigenen Mittagstisch.

Hotel-Restaurant Schauinsland ❸❸
Bad Peterstal, Forsthausstr. 21
Tel. 07806 98 78-0
www.schauinsland-hotel.de, 36 Z.
Hoch über dem Renchtal gelegenes Haus mit guten Restaurant, in dem auch Vollwertkost serviert wird.

Wildschapbachtal. Die Littweger Höhe kann zu Fuß auch bequem vom Wanderparkplatz auf dem **Freiersberg** (Verbindungsstraße Bad Peterstal – Schapbach) erreicht werden.

BAD GRIESBACH

Geschichte
Spätestens seit dem 16. Jh. rühmt man die hier aus dem Grundgebirge austretenden kohlesäurehaltigen und schwach radioaktiven Heilwässer. 1818 hat Großherzog Karl hier die erste badische Verfassung unterzeichnet. 1871 kam der russische Zar Alexander II. nach Bad Griesbach zur Kur, fünf Jahre später Kaiser Wilhelm I. Jahrzehnte befand sich Thermalbad St. Anna in kirchlicher Trägerschaft, dann in privater Hand. Seit 2013 hat die St.-Anna-Therme geschlossen.

Museum
Faißt
Neben dem Griesbacher Bahnhof kann man das private Taglöhner- und Brennereimuseum Faißt mit seinen alten Gerätschaften anschauen. Man erhält einen guten Eindruck von der gar nicht so guten alten Zeit. Am Schluss winkt die Schnapsprobe.
❶ Führungen: Fr. 15.30 Uhr u. n. V., Tel. 07806 9 84 50, Eintritt: 5,50 €

Südlich von Bad Griesbach erhebt sich der 691 m hohe **Kreuzkopf** (Aufstieg ca. 1 Std.). Vom Habererturm bietet sich ein schöner Ausblick ins Renchtal. Nördlich von Bad Griesbach hat sich die Wilde Rench einen tiefen Tobel gegraben. Vom Wanderparkplatz am Talschluss kann man zur **Alexanderschanze** oder zur **Zuflucht** (▶Schwarzwaldhochstraße) hinaufsteigen. Ein Wanderweg führt von Griesbach bergan zum Wasserfall, zu den Felsen der **Teufelskanzel** und weiter hinauf zur **Lettstätter Höhe** (966 m ü. NHN). Von hier kann man zum **Glaswaldsee** (▶Wolfach) hinuntersteigen.

*Wanderziele

Der »Wiesensteig« beginnt am Wanderparkplatz »Weiherplatz« (Anfahrt: Abzweigen in Griesbach in die Wilde Rench-Str., Parkplatz nahe Gasthaus Herbstwasen). Zunächst spaziert man entlang der Wilden Rench, erspäht Gebirgsstelzen und Zaunkönige, dann steigt der Weg Richtung Schwarzwaldhöhen und erreicht am Scheitelpunkt die sehenswerte Renchtalhütte. Zum Abschluss geht es hinunter über duftende Bergwiesen mit Wellness-Liegen für ein Sonnenbad.

Auf dem Wiesensteig

❶ Gesamtlänge: 9,6 km, mittelschwer, Einkehr: Renchtalhütte, kein Ruhetag, Tel. 07806 91 00 75

✱ Bad Säckingen

✦ D 14

Landkreis: Waldshut
Höhe: 292 – 600 m ü. NHN
Einwohnerzahl: 17 000

Die Trompeterstadt am Hochrhein hat ihren Gästen einiges zu bieten: die längste gedeckte Holzbrücke Europas, das Fridolinsmünster und das Trompeterschloss. Erholen kann man sich in heilkräftigen Mineralthermen.

Die Siedlung kam 1173 an das Haus Habsburg. Die Österreicher bauten ihren Besitz im Laufe der Zeit zu einem Bollwerk aus gegen die mit ihnen verfeindeten Schweizer und gegen die sich »frei« fühlenden Hotzenwälder Bauern. 1806 kam die Stadt zum Großherzogtum Baden.

Geschichte

SEHENSWERTES IN BAD SÄCKINGEN

Die mittelalterliche Stadtanlage ist noch gut erhalten und zeigt sich schön herausgeputzt. An der teils noch erhaltenen mittelalterlichen Stadtbefestigung markiert der **Gallusturm** die Nordspitze der Altstadt, der **Diebsturm** deren Südspitze.

*Altstadt

ZIELE • Bad Säckingen

Fridolinsmünster	Weithin sichtbare Landmarke von Bad Säckingen ist das doppeltürmige Fridolinsmünster, ein Sakralbau, der im 13./14. Jh. errichtet worden ist und im 17./18. Jh. in üppigstem Barock ausgestattet wurde. Die wundervollen Deckengemälde stammen von Franz Joseph Spiegler. Das Gotteshaus beherbergt einen wertvollen Kirchenschatz (u. a. Reliquienschrein des hl. Fridolin, sechs spätgotische Reliefs und byzantinische Gewebe aus dem 6. Jh.). An der Choraußenwand sind Epitaphe aus dem 17. und 18. Jh. beachtenswert, darunter auch das Grabmal von Maria Ursula von Schönau und ihrem Gemahl Werner Kirchhofer, dem berühmten »Trompeter von Säckingen«.
Münsterplatz	Hinter dem Fridolinsmünster sitzt der aus dem »Trompeter von Säckingen« bekannte **Kater Hiddigeigei** auf einem Brunnen. An der Nordspitze des Münsterplatzes befindet sich der **Alte Hof** (urspr. 14. Jh., im 16. Jh. umgestaltet), die einstige Residenz der Säckinger Äbtissinnen, mit schöner Fassadenmalerei. Benachbart das Grabmal des Trompeters von Säckingen.
*Haus der Fischerzunft	In der nahen Fischergasse ist das vornehme 1717 erbaute Haus der Säckinger Fischer- und Rheinschifferzunft renoviert worden. Eine

Bad Säckingen • ZIELE

Rund 200 Meter misst die Holzbrücke, die in die Schweiz führt.

Dauerausstellung beschäftigt sich mit dem Naturraum und der wirtschaftlichen Entwicklung am Hochrhein.

An das Münster schließt das 1825 erbaute Palais Landenberg an, das seit 1850 als Rathaus fungiert. Südlich gegenüber steht das renovierte historische Stiftsgebäude. Sehr schön ist auch der **Marktplatz**, der von traufständigen Häusern umrahmt ist. An seiner Nordwestseite steht das prächtig bemalte Haus Zur Fuchshöhle.

*Marktplatz, Rathaus

Die mit rund 200 m **längste gedeckte Holzbrücke Europas** überspannt den Rhein und führt hinüber ans Schweizer Ufer. Das Brückenwerk entstand 1571 anstelle eines Vorgängerbaus aus dem 13. Jahrhundert. Am westlichen Kopf der Holzbrücke gefallen das Deutschordensritterhaus und das Rokokohaus. Etwas abseits steht das Scheffelhaus.

*Gedeckte Holzbrücke

Im Süden der Stadt sehr hübsch angelegt ist der Schlosspark (im Sommer gelegentlich Konzerte), in dessen Mitte das im 16. – 18 Jh. erbaute **Schloss Schönau**. Berühmt geworden ist das »Trompeterschlösschen« durch das schöne Vers-Epos des Joseph Victor von

*Schloss Schönau

Scheffel, das 1852/1853 entstanden ist und auch Stoff für eine Oper des Komponisten Victor Ernst Neßler lieferte. Scheffel befasst sich in seinem »Sang vom Oberrhein« mit der Geschichte der Maria Ursula von Schönau, die im 17. Jh. den Burgtrompeter Werner Kirchhofer gegen den Willen ihres Vaters zum Gemahl nahm.

Das Schloss beherbergt heute eine **Scheffel-Erinnerungsstätte**, die umfangreichste **Trompetensammlung** Europas und eine **Schwarzwälder Uhrensammlung**. Einen Besuch lohnt auch das hier angesiedelte Hochrhein-Museum, das Funde aus vor- und frühgeschichtlicher Zeit aufbewahrt.

❶ Di., Do., So. 14.00 – 17.00 Uhr u.n.V., Eintritt: 3 €

SEHENSWERTES IN DER UMGEBUNG

Wallbach In Wallbach, einem 4 km rheinaufwärts gelegenen Stadtteils, lohnt der Besuch des originellen **Müll-Museums**. Alle Ausstellungsstücke stammen von der Mülldeponie und erschienen Museumsgründer Erich Thomann zum Wegwerfen viel zu schade. Mit Café.

❶ Hauptstr. 162, Do. 15.00 – 17.00, So. ab 14.00 Uhr, Tel. 07761 43 25

Bad Säckingen erleben

AUSKUNFT
Tourismus GmbH Bad Säckingen
Waldshuter Str. 20
79713 Bad Säckingen
Tel. 07761 56 83-0
www.bad-saeckingen-tourismus.de

BADEN · KUR · WELLNESS
Aqualon Therme
Bergseestr. 59
79713 Bad Säckingen
Tel. 07761 56 08-0
www.aqualon-therme.de
tgl. 9.00 – 22.00, Fr., Sa., bis 23.00 Uhr
Bewegungsbad mit Innen- und Außenbecken, Therapiebecken, Wellness-Bereich

ÜBERNACHTEN · ESSEN
❶ *Hotel Goldener Knopf* ●●●
Rathausplatz 9
Tel. 07761 56 50
www.goldenerknopf.de, 72 Z.
Die gepflegte Herberge liegt am Rande der malerischen Altstadt und hat eine nette Terrasse direkt am Hochrhein. Im 2013 neu eröffneten Hotelrestaurant »Vino Gusta« entstehen unter Regie von Jürgen Fritzen feine Köstlichkeiten. Über 100 Weine, zahlreiche aus der Region, bietet die Weinkarte.

❷ *Hotel Alte Post* ●●
Andelsbachstr. 6
79725 Laufenburg
Tel. 07763 9 24 00
www.alte-post-laufenburg.de, 12 Z.
Ruhetag Restaurant: Mo.
Angenehmes Hotel mit hellen Zimmern in fußläufiger Entfernung zur Altstadt. Im Restaurant speist man mit Blick auf den Rhein und die Schweiz.

Rheinaufwärts erreicht man das malerische mittelalterliche Städtchen (Klein-)Laufenburg (337 m ü. NHN; 4000 Einw.) mit seinen engen Gassen, Stiegen, Brunnen, Türmen und Toren. Es ist durch eine 1207 erstmals erwähnte Rheinbrücke mit dem schweizerischen (Groß-)Laufenburg verbunden. Klein- und Groß-Laufenburg wurden von Napoleon 1801 (Frieden von Lunéville) getrennt und dem Großherzogtum Baden bzw. der Schweizerischen Eidgenossenschaft zugeschlagen. Rheinabwärts hat man 1914 ein großes **Flusskraftwerk** in Betrieb genommen.

*Laufenburg

Nordöstlich von Laufenburg liegt das Dorf Hochsal, dessen »**Alter Hotz**« genannter Kirchturm das Wahrzeichen des Hotzenwaldes ist.

Hochsal

Bestens erhalten ist das **mittelalterliche Stadtbild** des aargauischen Städtchens Laufenburg. Sehenswert sind die Pfarrkirche, ein Meisterwerk der spätgotischen Sakralbaukunst, das spätgotische Rathaus, das barocke Gerichtsgebäude mit Rokoko-Saal sowie der Pulverturm, der Wasenturm und der Schwertlisturm. Laufenburg ist seit 1386 eine Hochburg der alemannischen **Fastnacht**.

*Laufenburg (Schweiz)

✶ Bad Teinach-Zavelstein

✦ I 7

Landkreis: Calw
Höhe: 340 – 750 m ü. NHN
Einwohnerzahl: 3000

Drunten im Tale liegt das traditionsreiche und für seine Heilwässer bekannte Bad, oben auf der waldigen Höhe thront das alte Fachwerk-Städtchen mit seiner romantischen Burgruine.

Die aus dem Heilbad Teinach, der Zwergstadt Zavelstein und einigen umliegenden Dörfern gebildete Gemeinde erstreckt sich vom mittleren Nagoldtal in ein anmutiges Seitental und auf die umliegenden Buntsandsteinhöhen.

SEHENSWERTES IN BAD TEINACH-ZAVELSTEIN

Die heilenden Quellen von Teinach sind spätestens seit dem Mittelalter bekannt. Im 17. und 18. Jh. war es das bevorzugte Bad der württembergischen Herzöge, die sich hier eine kleine Sommerresidenz mit Opernhaus und Reitbahn erbauen ließen. Teinacher **Mineralwasser** (Hirschquelle) wurde bereits um 1770 in Tonkrügen nach Stuttgart versandt. Das kleinste der württembergischen Heilbäder

Teinachs Heilquellen

Bad Teinach-Zavelstein erleben

AUSKUNFT
Teinachtal-Touristik
Rathausstr. 5, 75385 Bad Teinach
Tel. 07053 9 20 50 40
www.teinachtal.de

BADEN · KUR · WELLNESS
Mineraltherme Bad Teinach
Otto-Neidhart-Allee
Tel. 07053 92 67-0
www.therme-bad-teinach.de
Bis ca. 2014 wird die Therme saniert.

EINKAUFEN
Nudelmanufaktur
Badstr. 19, Tel. 07053 9 10 92
www.badteinacher.de
Mo. – Sa. 9.00 – 12.30, 14.00 bis 18.00 Uhr
Über 150 Nudelsorten werden hier in Handarbeit hergestellt. Eine besondere Zutat: Teinacher Quellwasser. Betriebsbesichtigung nach Voranmeldung möglich.

ÜBERNACHTEN · ESSEN
Hotel Therme ⓔⓔⓔ
Otto-Neidhart-Allee 5
Bad Teinach
Tel. 07053 29-0
www.bad-hotel.de, 58 Z.
Nobelhotel mit Kursaal und Wellness-Tempel (bis zur Wiedereröffnung der Mineraltherme ohne Schwimmbad). Im »Quellenrestaurant« gibt es raffiniert zubereitete regionale Gerichte.

Krone Lamm ⓔⓔⓔ
Marktplatz 2 – 3
Zavelstein
Tel. 07053 92 94-0
www.berlins-hotel.de, 42 Z.
Das erstklassige Hotel ging aus zwei benachbarten Gasthäusern hervor. Viele Zimmer im Haupthaus Krone wurden 2013 modernisiert. Im edlen Restaurant »Krone« speist man seit 2013 auf Sterneniveau.

---

erlebte in den 1970er- und 1980er-Jahren einen erneuten Aufschwung, als man durch eine Tiefbohrung **Thermalwasser** (Otto-Therme, 34 °C) mit hohem Mineraliengehalt erschließen konnte.

Kuranlagen 1835 ist das Teinacher Bad nach den Plänen des königlich-württembergischen Hofbaumeisters Thouret im Stil des Klassizismus ausgebaut worden. Dem Baustil des 19. Jh.s angepasst ist das 1983 eingeweihte Kurzentrum mit seinem neu gestalteten Kurpark mit künstlicher Kaskade.

Dreifaltigkeitskirche Die ev. Dreifaltigkeitskirche von Teinach ist 1665 geweiht worden. Neben der zierlichen und schmuckvollen Chororgel von 1680 gefallen das steinerne Altar-Kruzifix und eine Ziertafel aus Stein über dem Nordportal. Als einmaliges kunsthistorisches Kleinod ist die ****kabbalistische Lehrtafel** der württembergischen Prinzessin Antonia (1613 – 1679) zu betrachten. Das sagenumwobene Flügelbild, das die Strömungen der christlichen Pansophie des 17. Jh.s widerspiegelt, stellt den Erkenntnisweg der Kabbala (Gott nähert sich der

Menschheit in zehn »Abglänzen« bzw. Sephiroth) dar, wobei der Zahlen-, Buchstaben-, Farben-, Tier- und Pflanzensymbolik eine große Bedeutung zukommt. Der spätgotische Brunnen auf dem Vorplatz zwischen Kirche und Dürnitz ist ein Werk des Meisters von Urach (um 1489), das ursprünglich für die Brunnenkapelle des Klosters Hirsau geschaffen worden ist.

Rund 170 m über Bad Teinach thront **Zavelstein** auf einem bewaldeten Bergsporn. Das unter Denkmalschutz stehende mittelalterliche Burgstädtchen mit nur noch etwas mehr als einem Dutzend Fachwerkbauten und einer Pfarrkirche wird beherrscht von den Ruinen einer stauferzeitlichen Burg. In dieser hat 1367 der württembergische Graf Eberhard II. Zuflucht gefunden. Aus Dankbarkeit hat er dem Burgflecken Zavelstein das Stadtrecht verliehen.

> **BAEDEKER WISSEN** ❓ *Die Zavelsteiner Krokuswiesen*
>
> Nördlich außerhalb Zavelsteins erstreckt sich ein 52 ha großes Naturschutzgebiet, auf dessen Wiesen ab Mitte März/Anfang April Abertausende wilde Krokusse blühen, die eigentlich im Mittelmeerraum vorkommen. Der Burgherr und württembergische Gesandte Benjamin Buwinghausen von Wallmerode (1571 bis 1635) soll die Krokuszwiebeln hier eingeführt haben. Vergleichbar üppige Krokuswiesen gibt es sonst nur in Husum/Nordsee und Drebach/Erzgebirge.

Die **Burg** ist Anfang des 17. Jh.s im Stil der Spätrenaissance ausgebaut worden, wurde aber 1692 zerstört. Einzig der 28 m hohe Bergfried blieb
Burg: tgl. 11.00 – 16.30 Uhr

UMGEBUNG VON BAD TEINACH-ZAVELSTEIN

An der Nagold liegt das Dorf **Kentheim**, dessen 1075 erstmals urkundlich erwähntes Kirchlein eines der ältesten noch erhaltenen Gotteshäuser Süddeutschlands ist. Nur wenige kleine Fenster lassen Licht ins Innere, und im Dämmer weht ein Hauch uralter Frömmigkeit und Gottesnähe. Das Baudatum des Sakralbaus ist nicht genau bekannt. Fresken in Schiff und im Chor sind zwischen 1180 und 1340 entstanden und in der Reformationszeit übermalt worden.

*St. Candidus

Auf der Hochfläche südlich von Bad Teinach liegt das malerische Bergbau-Fachwerkstädtchen Neubulach (584 m ü. NHN, 5500 Einw.), gegründet im 13. Jh. nach dem Fund wertvoller Erze (u. a. Silber und Kupfer). In der zweiten Hälfte des 16. Jh.s kam der Bergbau zum Erliegen. Die Wiederaufnahme der Erzsuche im 18. und 19. Jh. erwies sich als unwirtschaftlich. Zwischen den beiden Weltkriegen hat man die Abraumhalden des Erzbergbaus zur Wismutgewinnung abgebaut. Die von schmucken Fachwerkbauten geprägte und

*Neubulach

ZIELE • Bad Wildbad

von einer Mauer umgebene Altstadt ist noch sehr gut erhalten. Fotogen präsentieren sich das Calwer Tor und der Diebsturm. Besonders sehenswert ist die Bergvogtei (16. Jh.) mit dem reichhaltigen **Mineralienmuseum »Kristallwelten«**.

❶ April – Okt. Di. – Fr. 10.30 – 12.30 u. 14.00 – 16.00, Sa., So., Fei. 10.30 bis 12.30 u. 13.30 – 17.00 Uhr, Eintritt: 3 €

*Hella-Glück-Stollen Südlich unterhalb von Neubulach liegt der Hella-Glück-Stollen versteckt im Wald. Er ist heute als Schaubergwerk zugänglich. Der Stollen wird wegen seiner besonders reinen Luft auch für die Asthmatherapie genutzt.

❶ April – Okt. Sa., So. Fei. 11.00 – 16.00, Juli und Ferien Baden-Württ. tgl. außer Mo. 11.00 – 16.00 Uhr, Eintritt: 4,50 €, www.bergwerk-neubulach.de

* Bad Wildbad

H 7

Landkreis: Calw
Höhe: 405 – 909 m ü. NHN
Einwohnerzahl: 10 400

Seit Jahrhunderten gerühmt werden die heilenden Wässer und die würzige Schwarzwald-Luft von Wildbad. Grafen, Herzöge und Könige erholten sich hier, später auch Bundespräsidenten, darunter Richard von Weizsäcker. Jährlich findet hier das Musikfestival »Rossini in Wildbad« statt.

Bäderstadt mit Tradition Bad Wildbad liegt im tief eingeschnittenen Tal der jungen Enz. Nach ▶Baden-Baden ist Wildbad der meistbesuchte Kurort des Nordschwarzwaldes. Bereits seit dem frühen 13. Jh. werden die hiesigen Mineralheilquellen genutzt. 1367 erhielt Wildbad vom württembergischen Grafen Eberhard dem Greiner das Stadtrecht verliehen, weil der Graf bei einem Besuch des Bades von einem Wildbader Untertan vor dem Feind gerettet worden sein soll. Ludwig Uhland (1787 bis 1862) hat diese Begebenheit in **»Der Überfall im Wildbad«** poetisch verarbeitet.

Seit dem Mittelalter sichern die Thermalquellen Wildbad seinen privilegierten Status. Der Ausbau der Kuranlagen, die Errichtung des Graf-Eberhard-Bades (heute »Palais Thermal«) und des König-Karls-Bades (heute »Forum König-Karls-Bad«), der Anschluss ans Eisenbahnnetz (1868) und der Bau der Sommerbergbahn (1908) ermöglichten eine Entwicklung zum renommierten Heilbad.

Die Thermen sprudeln mit Temperaturen zwischen 34 °C und 41 °C aus 70 – 600 m Tiefe. Ca. 1200 m^3 Thermalwasser benötigen die Kureinrichtungen täglich für ihre Hydro- und Bewegungstherapien.

Bad Wildbad erleben

AUSKUNFT
Touristik Bad Wildbad GmbH
König-Karl-Str. 5, 75323 Bad Wildbad
Tel. 07081 10 28-0
www.bad-wildbad.de

BADEN · KUR · WELLNESS
Palais Thermal
Kernerstr. 5, www.palais-thermal.de
Mo. – Fr. 12.00 – 22.00 Uhr
Sa., So., Fei. 10.00 – 22.00 Uhr
Eintritt ab 19 €; Thermalbad, Whirlpools, Massagebecken, Saunawelt mit römischem Dampfbad, Tauchbädern und Tepidarium.

Vital Therme
Bätznerstr. 85
Thermalbad: tgl. 9.00 – 19.00, Di., Do., Fr. bis 21.00. Sauna: Mo., Fr. 13.00 bis 19.00, Sa., So. 9.30 – 19.00 Uhr
Eintritt 9,50 €; Thermalbad mit Innen- und Außenbecken, Sauna, römischem Dampfbad, Salz-Öl-Bädern, Sonnenterrassen, Wellness- und Fitness-Programmen.

EVENT
Rossini in Wildbad
Zu Ehren des italienischen Komponisten Gioachino Rossini, der 1856 nach einem Kuraufenthalt in Wildbad seine Schaffenskraft wiedererlangt hat, findet alljährlich im Juli ein Musikfestival statt.
www.rossini-in-wildbad.de

AKTIV
Bikepark
Peter-Liebig-Weg 10
April – Okt. Mi. – So. 10.00 – 17.00 Uhr
www.bikepark-bad-wildbad.de
Auf den acht Strecken am Sommerberg besteht Protektorenpflicht.

ÜBERNACHTEN · ESSEN
❶ *Badhotel* ❸❸❸
(Mokni's Palais Hotels & Spa)
Kurplatz 4 – 6, Tel. 07081 301-0
www.moknis.com, 64 Z.
Das Badhotel gehört zu den traditionsreichsten Häusern im Nordschwarzwald. 2013 wurde ein Teil der Zimmer renoviert. Es besteht direkter Zugang zum »Palais Thermal«.

❷ *Rossini* ❸❸❸
(Mokni's Palais Hotels & Spa)
Anschrift wie Badhotel, 42 Z.
Unmittelbar gegenüber dem Badhotel liegt das Rossini, ebenfalls im Besitz der Familie Mokni und ebenfalls ein Nichtraucherhotel. Die individuell eingerichteten Zimmer zeichnen sich durch ihre elegante Möblierung mit einem Schuss ins Barocke aus. Im »Enzrestaurant« speist man ausgezeichnet.

❸ *Enztalhotel* ❸❸❸
Freudenstädter Str. 67
75337 Enzklösterle
Tel. 07085 18-0
www.enztalhotel.de, 50 Zi.
Das elegante Haus verfügt über eine »Wellness-Vital-Oase« mit Hallenbad, Sauna, römischem Schwitzbad und Beautyfarm.

❹ *Hotel Sonne* ❸❸
Wilhelmstr. 29
Tel. 07081 92 57-0
www.sonne-badwildbad.de, 22 Z.
Die Herberge steht in der verkehrsberuhigten Innenstadt. Besondere Spezialitäten im Restaurant sind Wildgerichte; das Wild stammt aus eigener Jagd.

ZIELE • Bad Wildbad

Palais Thermal Das klassizistische **Graf-Eberhard-Bad**, zwischen 1839 und 1847 an der Stelle eines alten Badhauses errichtet, ist das letzte große Werk des württembergischen Hofbaumeisters und Professors der Baukunst **Nikolaus von Thouret** (1767 bis 1845). In dem hervorragenden **Baudenkmal der württembergischen Badekultur** sind Fürsten-, Herren- und Damenbäder eingerichtet, teilweise mit **orientalischem Interieur**. Um 1900 erfolgte eine weitere Maurisierung. Viele herrliche Bauelemente blieben erhalten, nachdem das Bad 1995 umfassend renoviert und unter dem Namen »Palais Thermal« wiedereröffnet wurde. Höchst attraktiv sind die Maurische Halle (Foto ►S. 96) und das Jugendstil-Dekor. Im »Herrenbad« steht eine Nachbildung der Venus des dänischen Bildhauers Bert Thorwaldsen

Badhotel An das Graf-Eberhard-Bad grenzt das sanierte Badhotel, heute Teil des Komplexes Mokni's Palais Hotel & Spa (►Erleben). Der **klassizistische Repräsentationsbau** ist nach Vorlagen von Thouret anstelle des einstigen Königlichen Palais entstanden. Es umfasst auch den Kursaal und den Kaffeesalon.

Evangelische Stadtkirche An der Nordostseite des Kurplatzes ist nach dem letzten großen Stadtbrand im Jahre 1742 die Evangelische Stadtkirche erbaut worden. Der von Christian David von Leger entworfene Sakralbau fügt sich harmonisch in das Ensemble der klassizistischen Kureinrichtungen ein.

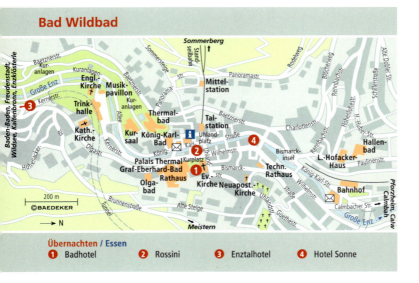

Bad Wildbad • ZIELE

Gründerzeitliche Monumentalität spiegelt das 1882 – 1892 im Stil der Neorenaissance errichtete **König-Karls-Bad** wieder. Sehr repräsentativ stellt sich der Vorbau des Badkomplexes mit seinem Kuppelsaal dar. Heute wird der Baukomplex unter dem Namen »Forum König-Karls-Bad« für Tagungen genutzt.

*Forum König-Karls-Bad

Der große, von prächtigen alten Bäumen bestandene Kurpark wird von der jungen Enz durchflossen. Am Parkeingang befinden sich elegante Geschäfte. Nahebei das »Kulturzentrum Trinkhalle«, das Kurpark-Restaurant und die Konzertmuschel. Im schmucken **Jugendstil-Kursaal** werden Theatergastspiele, Konzerte und diverse gesellige Veranstaltungen geboten. Auch das sanierte barocke **Königliche Kurtheater** dient voraussichtlich ab 2014 wieder Theater- und Konzertveranstaltungen, u.a. des Rossinifestivals. Im Jahre 1865 wurde die **Englische Kirche** erbaut für die damals zahlreichen Kurgäste aus dem Vereinigten Königreich.

*Kurpark

In immer mehr verblassender Eleganz zeigt sich der im Stil des Klassizismus gehaltene Wildbader Bahnhof am nördlichen Stadteingang. Doch bis heute ist er als Empfangssalon des aristokratisch angehauchten einstigen Weltbades erkennbar. Auch hier findet man »maurische« Anklänge wieder. Hübsch ist das Portal mit gusseisernen Ringsäulen und Ornamentfries. Rundbogenfenster im Erdgeschoss beleben die Physiognomie des Zweckbaus.

Bahnhof

UMGEBUNG VON BAD WILDBAD

Westlich der Stadt erhebt sich der 731 m hohe und herrliche Aussichten bietende Sommerberg, auf den eine **Standseilbahn** fährt. Fast wäre die Bahn dem Rotstift zum Opfer gefallen. Doch 2011 entschloss man sich für die Rundumsanierung. Die neuen Panoramawagen bieten eine herrliche Sicht während der Fahrt. Getrennte Abteile und Zugänge für Biker mit ihren Rädern und Fußgänger sorgen dafür, dass beide Gruppen ideal transportiert werden können. Von der Bergstation aus kann man wandern und erreicht einen der größten **Bikeparks** in Deutschland.

*Sommerberg

❶ Betriebszeit tgl. 8.45 – 20.45, Fr., Sa., So. bis 22.15 Uhr, einfache Fahrt 3 €

Etwa 4 km talabwärts liegt Calmbach am Zusammenfluss von Großer und Kleiner Enz. Der heutige Wildbader Stadtteil war in der Vergangenheit das Zentrum der Flößerei im Enztal. Im 1773 erbauten »Großen Haus am Berg« ist das hochinteressante **Heimat- und Flößermuseum** eingerichtet, dessen Sammlungsschwerpunkt neben der Flößerei auch das Wald- und Holzgewerbe ist.

Calmbach

❶ So., Fei. 14.00 – 17.00 Uhr, Eintritt: 2 €

Das beeindruckende Wildsee-Moor auf dem Kaltenbronn

Enzklösterle Dieser Luftkurort liegt 12 km südwestlich von Bad Wildbad. Er hat als Zentrum des Tanzsports internationale Bekanntheit erlangt. Das bereits 1145 erwähnte Klösterlein war vermutlich ein Benediktinerinnen-Kloster. Seine Entwicklung verdankt der Ort jedoch den Waldberufen. Rund um Enzklösterle gab es früher zahlreiche Kohlenmeiler, Salbe- und Wiedenöfen. Eine historische **Rußhütte**, in der man bis Mitte des 19. Jh.s durch das Verbrennen von harzreichem Abfallholz Grundstoffe für Farben und Arzneien hergestellt hat, ist als museale Einrichtung zugänglich. Ein ortsgeschichtlicher Lehrpfad erschließt zudem etliche wirtschafts- und kulturhistorisch interessante Plätze. Die Ausstellung **Krippena 2000** zeigt unter anderem die größte handgeschnitzte Krippe der Welt.

Krippena: Hirschtalstr. 30; April – Jan. tgl. 9.30 – 17.30, Sa., So. bis 16.00 Uhr, Eintritt: 3,50 €

Poppelmühle Wer wissen will, wie es in einer Schwarzwälder Mühle vor über 100 Jahren zugegangen ist, dem ist ein Besuch des Freilichtmuseums im Poppeltal beim Weiler Gompelscheuer südlich von Enzklösterle zu empfehlen. Die Scheuer bietet auch »Erlebnisgastronomie«, draußen saust man auf einer **Riesenrutschbahn** talwärts.

Baiersbronn • ZIELE

Knapp 15 km südwestlich enztalaufwärts vorbei am Weiler Sprollenhaus (Wandererstützpunkt) erreicht man den Kaltenbronn am Rande der noch intakten Hochmoorgebiete um den Wildsee und die Hohlohseen. Im 1869 errichteten Jagdhaus des Großherzogs von Baden ist heute ein **Naturpark- Infozentrum** eingerichtet. Ein paar Schritte oberhalb vom Infozentrum lockt ein großes Gehege mit heimischem Rotwild das ganze Jahr über viele Besucher an. Vom Kaltenbronn aus kann man herrliche Wanderungen bzw. Langlauftouren unternehmen. Auch gibt es eine 600 m lange Skiabfahrt mit zwei Schleppliften.

❶ Infozentrum: April – Okt. Mi. – So., Fei. 10.30 – 17.00, Dez. – März Mi. – Fr. 13.00 – 17.00, Sa., So., Fei. ab 10.00 Uhr, Eintritt: 3 €

*Kaltenbronn

Vom Kaltenbronn nordostwärts erreicht man in einer guten Stunde das Hochmoor um den größeren Wildsee und den kleineren Hornsee. Seit 1939 ist dieses 181 ha große, **höchstgelegene deutsche Moorgebiet** unter Naturschutz gestellt. Ein Rundweg und ein Bohlenweg (gutes Schuhwerk erforderlich, Rad/MTB verboten) führen durch das »Herz« des botanisch wie zoologisch interessanten Hochmoores.

**Wildsee-Hochmoor

Sehr lohnend ist eine Rundwanderung (ca. 2 – 3 Std.) vom Kaltenbronn westwärts zum **Kleinen und Großen Hohlohsee**. Die nicht nur botanisch interessanten Hochmoore stehen unter Naturschutz. Auf der Alten Weinstraße geht es nach Durchquerung des Moorgebietes in nordöstlicher Richtung zum 988 m hohen Hohloh. Hier steht der **Kaiser-Wilhelm-Turm**, von dem aus man weit ins Land spähen und die langsam wieder zuwachsenden Windwurfflächen, verursacht 1999 von Orkan »Lothar«, überblicken kann.

*Hohloh

Baiersbronn

✴ F / G 8 / 9

Landkreis: Freudenstadt
Höhe: 490 – 1150 m ü. NHN
Einwohnerzahl: 15 400

Als Wallfahrtsort der Feinschmecker ist Baiersbronn weit über Baden-Württemberg hinaus bekannt. Hier wirken Harald Wohlfahrt, Deutschlands bester Koch, und seine beiden ebenfalls hoch ausgezeichneten Kollegen Claus-Peter Lumpp und Jörg Sackmann.

Der Kernort Baiersbronn liegt im Zentrum einer von der Murg und ihren Zuflüssen geschaffenen Talspinne. Im flussabwärts immer enger werdenden Murgtal reihen sich die Ortsteile Klosterreichenbach,

ZIELE • Baiersbronn

Baiersbronn erleben

AUSKUNFT
Baiersbronn Touristik
Rosenplatz 3, 72270 Baiersbronn
Tel. 07442 84 14-0
www.baiersbronn.de

EVENTS
Leuchtendes Tonbachtal bzw. Buhlbachtal
Jeden Sommer findet eine große Lichtinszenierung statt, abwechselnd im Tonbach- und im Buhlbachtal, mit einem großen Brillantfeuerwerk als Abschluss.

Schwarzwald-Musikfestival
Jeden Sommer ist Baiersbronn einer der Veranstaltungsorte des Musikfestivals.

AKTIV
Köstlich Wandern
Geführte Touren durch Wald und Wiesen mit Verkostung regionaler Köstlichkeiten. Zum Abschluss winkt ein Vesper in einer Wanderhütte.
Buchung und Info: Baiersbronn Touristik

ESSEN · ÜBERNACHTEN
Schwarzwaldstube ❻❻❻❻
Tonbachstr. 237, OT Tonbach
Tel. 07442 49 20
www.traube-tonbach.de, 153 Z.
Ruhetage: Mo., Di., Mi.mittag sowie vier Wochen im Sommer
Harald Wohlfahrt, Deutschlands Nummer 1 der Kochkunst und ein international anerkannter Spitzenkoch, führt Regie in der Schwarzwaldstube. Etwas preiswerter speist man in der »Köhlerstube«, in der feine Gerichte serviert werden. Luxuriöses Wohnen verspricht das angeschlossene Hotel »Traube Tonbach«. Mit Wellness-Landschaft.

Dreisterne-Koch Harald Wohlfahrt

Bareiss ❻❻❻❻
Gärtenbühlweg 14
OT Mitteltal
Tel. 07442 47-0
www.bareiss.com, 164 Z.
Hier kreiert Drei-Sterne-Koch Claus-Peter Lumpp seine exquisiten Highlights. Im angeschlossenen Hotel übernachtet man höchst komfortabel.

Romantik-Hotel Sackmann ❻❻❻
Murgtalstr. 602
OT Schwarzenberg
Tel. 07447 2 89-0
www.hotel-sackmann.de, 65 Z.
Gepflegtes Haus mit Bade- und Saunalandschaft, Fitness und Massage. Koch Jörg Sackmann wurde 2013 mit einem zweiten Michelin-Stern ausgezeichnet.

Engel Obertal ❻❻❻❻
Rechtmurgstr. 28
OT Obertal
Tel. 07449 85-0
www.engel-obertal.de, 95 Z.
Die gut geführte Herberge verfügt über eine Wellness-Landschaft und ein Gourmet-Restaurant.

Röt, Huzenbach und Schönmünzach aneinander, im weit ausgeräumten Terrain der Murg-Quellflüsse verteilen sich die Streusiedlungen Friedrichstal, Mitteltal, Obertal, Tonbach und Buhlbach.

Im 18. Jh. erlebte die Holzwirtschaft im oberen Murgtal einen ungeheuren Aufschwung. Die württembergischen Herrscher ließen seinerzeit riesige Waldflächen abholzen. Die im Rheinland und in Holland geschätzten Baumstämme wurden auf der Murg zum Rhein geflößt – Wilhelm Hauff fand hier seine Vorbilder für »Das kalte Herz«. Als weiteres wirtschaftliches Standbein kam im 18. Jh. die Eisenhütte Friedrichstal hinzu. Mit dem Bau der Murgtalbahn von Rastatt nach Freudenstadt 1900/1901 war die Initialzündung für die Entwicklung des Tourismus gegeben. Drei berühmte Sterne-Köche, Harald Wohlfahrt, Claus-Peter Lumpp und Jörg Sackmann, machen Baiersbronn zu einem kulinarischen Brennpunkt in Deutschland. Bestrebungen der grün-roten Landesregierung, einen Nationalpark einzurichten, setzt man auch in Baiersbronn Widerstand entgegen (▶Baedeker Wissen S. 26).

> **? BAEDEKER WISSEN**
>
> *Der Schatz der Wunderheiler*
>
> Seit den 1930-er Jahren verharrte der Morlokhof bei Baiersbronn im Dornröschenschlaf, bis ihn 2005 Hotelier Hermann Bareiss aufwendig sanieren ließ. Dabei kamen unter dem Fußboden versteckt 132 Schriftstücke aus dem 18. Jh. ans Licht – der über fünf Generationen gesammelte Wissensschatz der »Heilerfamilie« Morlok. Er enthielt u.a. Rezepte gegen Krankheiten von Mensch und Vieh, Beschwörungsformeln und Gebete. Die Morloks selber waren im Dorf durchaus gefragt, aber auch gefürchtet. Der letzte »Heiler« starb 1940. Heute öffnet der Hof wöchentlich für Gäste des Hotels Bareiss.

SEHENSWERTES IN BAIERSBRONN UND UMGEBUNG

Baiersbronn

Der Kernort selbst verfügt über diverse Kur- und Freizeiteinrichtungen. Eine der schönsten Geschichten aus dem Schwarzwald schrieb Wilhelm Hauff, der im ***Hauff-Märchenmuseum** gewürdigt wird, dessen Besuch nicht nur für Kinder lohnt. Der Schriftsteller (1802 bis 1827) hat in seinem Werk »Das kalte Herz« Motive aus der Umgebung von Baiersbronn verarbeitet.
Märchenmuseum: Alte Reichenbacher Str. 1; Mi., Sa., So. 14.00 – 17.00 Uhr, Mitte Nov. bis Mitte Dez. geschl., Eintritt: 3 €

Kulturpark Glashütte

Im Ortsteil **Buhlbach** hat eine Privatinitiative in den Gebäuden einer ehemaligen Glashütte den Kulturpark Glashütte Buhlbach eingerichtet mit einer attraktiven Ausstellung und Glasbläser-Vorführungen.
❶ Mai – Okt. Mi. – So. 11.00 – 18.00 Uhr, Eintritt: 4 €

Ruhestein Ein aussichtsreicher Wanderweg über die 880 m hohe **Elme** windet sich hinauf zum Ruhestein mit seinem informativen Naturschutzzentrum (▶Schwarzwaldhochstraße; ca. 4 Std.) bzw. zum Naturschutzgebiet um Seekopf und Wildsee.

Sankenbachfälle Südwestlich oberhalb von Baiersbronn erreicht man die wild-romantischen Sankenbachfälle, die von den Hochmooren auf dem Kniebis (▶Schwarzwaldhochstraße) herunterstürzen.

*Klosterreichenbach Von kunsthistorischem Interesse ist die gut erhaltene, jedoch mehrfach umgestaltete **romanische Klosterkirche**. Sie gehörte zu dem 1082 vom Hirsauer Abt Wilhelm an der Reichenbachmündung errichteten Benediktinerkloster, einer der ältesten Hirsauer Gründungen. Das aus hiesigem Buntsandstein erbaute Gotteshaus wird von zwei massiven Türmen beherrscht. Von den ehemaligen Klosterbauten sind ferner das Badhaus und ein weiterer Turm erhalten. Der ehemalige Klostergarten ist heute als kleiner Kurpark hergerichtet.

*Heselbacher Kapelle Im murgtalabwärts gelegenen Dörfchen Heselbach lohnt ein Blick in das wuchtige romanische Kirchlein, das ursprünglich eine Waldkapelle (12. Jh.) des Klosters Reichenbach gewesen ist. Über dem Portal spannt sich ein romanisches Bogenfeld mit einer besonders ausdrucksvollen Christusdarstellung; in der südlichen Seitenwand befindet sich ein Bildnis des hl. Petrus. Auch ein etwa ein Meter hoher Stein im Inneren zeigt noch Reste einer Petrusdarstellung.

✶✶ Belchen

C/D 13

Landkreise: Lörrach, Breisgau-Hochschwarzw.
Höhe: 1414 m ü. NHN

Der Belchen, dritthöchste Erhebung des Schwarzwalds, ist einer der schönsten Aussichtsberge Deutschlands, von dem man bei entsprechender Wetterlage einen grandiosen Panorama-Rundblick genießen kann.

Schönster Schwarzwaldberg Im Norden sieht man ▶Feldberg und Seebuck mit ihren Türmen, im Nordosten das Herzogenhorn (▶Bernau). Südwärts reicht der Blick bis zum Schweizer Jura mit dem dortigen Belchen und weiter bis zu den Schweizer Alpen. Im Westen erkennt man den Blauen bei ▶Badenweiler, und jenseits des Rheins, in den französischen Vogesen, kann man den Großen Belchen (Grand Ballon) ausmachen.
Der Berggipfel ist autofrei. Von Multen aus gelangt man mit der Seilbahn leicht auf den Gipfel. Oben wartet das Belchenhaus mit Erfri-

Der baumlose Belchen soll einst eine Kultstätte gewesen sein.

schungen. Ein **Rundwanderweg** führt in ca. 30 Min. vom Belchenhaus um den Gipfel. Die Wegmarkierungen tragen QR-Codes, die Auskunft geben über allerlei Wissenswertes, z. B. die rund 40 Hinterwälder Rindern, die hier wieder grasen und seltene Pflanzen wie die Desvaux'sche Hainsimse. Hier oben haben sich Pflanzenarten erhalten, die schon in der Eiszeit am Belchen und Feldberg vorkamen, darunter das Weißzüngel, eine weißblühende Orchideenart, und der Schweizer Löwenzahn.

Als »Belchen« werden im alemannischen Sprachraum kuppelförmig aufgewölbte Berge mit waldfreien, weithin sichtbaren Kuppen bezeichnet. Einige Forscher leiten den Namen von dem des keltischen Sonnengottes Belenos ab. Die Belchenberge im Schwarzwald, Schweizer Jura und in den Vogesen regen seit uralter Zeit die Phantasie der Bewohner des heutigen Dreiländerecks an. Auf allen Belchenbergen werden heilige **Stätten eines Sonnenkultes** vermutet, die in keltischer und römischer Zeit zur Sommer- und Wintersonnenwende sowie zur Tag-und-Nacht-Gleiche aufgesucht worden sein sollen. Tatsache ist, dass – vom Schwarzwälder Belchen aus gesehen – die Sonne zur Zeit der Tag-und-Nacht-Gleiche genau am Großen Belchen in den Vogesen westlich des Rheins untergeht, und dass sie am kürzesten Tag des Jahres (Winteranfang) genau über dem Jura-Belchen in der Schweiz steht. Heute ist der Belchen für Esoteriker attraktiv. Dichter Johann Peter Hebel (▶Berühmte Persönlichkeiten) betrachtete den Belchen dereinst als »erste Station von der Erde zum Himmel«.

Belchen-Mythos

Belchen erleben

AUSKUNFT

Belchenland Tourist-Information
Gentnerstr. 2a
79677 Schönau
Tel. 07673 91 81 30
www.belchenland.com

ÜBERNACHTEN · ESSEN

Belchenhotel Jägerstüble €€
Obermulten 3
79677 Aitern
Tel. 07673 88 81 80
www.belchenhotel.de, 16 Z.
Direkt an der Talstation gelegenes, familiengeführtes Hotel mit Restaurant. Sehr freundlicher Service. Das Jägerstüble ist auch als Etappenziel für (Westweg-) Wanderer ideal, die abends im Wellnessbereich neue Kräfte tanken und im Frühtau den Belchen ersteigen können.

Hotel-Restaurant Moosgrund €€
Steinbühl 16
79695 Wieden
Tel. 07673 79 15, 17 Z.
www.schwarzwald-hotel-moosgrund.de
Die moderne und behindertengerecht ausgestattete Herberge verfügt über rollstuhlgerechte Zimmer, Hallenbad, Sauna, Solarium und Fitness-Raum. Die Küche bietet vorwiegend regionale Gerichte.

Berghotel Wiedener Eck €€€
Oberwieden 15
79695 Wieden
Tel. 07673 90 90
www.wiedener-eck.de, 30 Z.
Am Waldrand liegt dieses umweltorientierte Haus mit Hallenbad, Sauna, Solarium und Fitness-Raum. Im Restaurant werden badische Spezialitäten serviert.

BELCHENAUFSTIEG

Seilbahn
ab Multen: tgl. 9.30 – 17.00 Uhr
Bergfahrt: 6 €, Berg- und Talfahrt 7 €
www.belchen-seilbahn.de

Fußweg
von Neuenweg im Kleinen Wiesental zur Belchensüdseite: ca. 7 km
vom Parkplatz am Wiedener Eck (Verbindungsstraße zwischen Wiesental und Münstertal) via Heidstein und Rübgartenwald: ca. 9 km
Rundwanderung:
siehe »Belchenrundweg«

SEHENSWERTES IM BELCHENGEBIET

***Belchenrundweg**

Um die gesamte Belchenregion kennenzulernen, lohnt sich eine Rundwanderung (ca. 15 km; reine Gehzeit: ca. 4 bis 5 Std.) von **Neuenweg** aus. Zunächst geht es nordwärts zu den Belchenhöfen, dann sehr steil bergan über den Hohfelsen zum Belchenhaus und weiter zum Belchengipfel. Von dort folgt man dem Schwarzwald-Westweg (Gratwanderung) südwestwärts zum Haldenhof, sodann südwärts zum idyllischen **Nonnenmattweiher** (913 m), einem felsumrahmten eiszeitlichen Karsee, der berühmt ist für seine schwimmende Insel mit Moorflora. An ausgewiesenen Zonen darf gebadet werden. Von dort geht es bergab zurück nach Neuenweg.

Eine Attraktion besonderer Art ist das Schaubergwerk Finstergrund oberhalb der Ortschaft Wieden-Aitern. Hier hat man wohl schon im 16. Jh. **Silberbergbau** betrieben, der jedoch im 18. Jh. wieder eingestellt wurde. Nach dem Ersten Weltkrieg hat man die wirtschaftliche Bedeutung der hiesigen Flussspatvorkommen erkannt und diese bis 1974 ausgebeutet.

*Besucherbergwerk Finstergrund

❶ Mai – Okt. Sa., So., Fei. 10.00 – 16.00 Uhr, Juli – Sept. auch Mi., Eintritt: 6,50 €, www.finstergrund.de

Bernau

D/E 13

Landkreis: Waldshut
Höhe: 900 – 1415 m ü. NHN
Einwohnerzahl: 1900

»Da vergess´ ich alle Sorgen und der Friede der Natur umschließt auch meine Seele ...« so hat sich der aus Bernau gebürtige Maler Hans Thoma einmal geäußert. Und wirklich: Das Hochtal am Südfuß des Herzogenhorns ist eines der schönsten im Naturpark Südschwarzwald.

Die Großgemeinde Bernau umfasst zehn Ortsteile. Hauptort ist das 1173 erstmals urkundlich erwähnte Dorf Bernau. Lange Tradition hat hier oben das Heimgewerbe mit dem Rohstoff Holz. Mitte des 19. Jh.s zählte man in Bernau nicht weniger als 200 **Schnefler** genannte Hausgewerbetreibende, die Kübel, Schüsseln, Löffel, Spanschachteln usw. für den bäuerlichen Haushalt hergestellt haben.

Das etwa 8 km lange Hochtal öffnet sich nach Süden und ist nur zu rund 50 Prozent bewaldet und entsprechend sonnig. Wanderer, Mountain-Biker, Wintersportler und Genießer suchen es immer wieder gerne auf. Geologisch Interessierte zieht es auf den Hausberg von Bernau, den **Blößling** (1310 m). Er besteht aus vulkanischem Porphyr und lockt mit einer herrlichen Aussicht.

SEHENSWERTES IN BERNAU UND UMGEBUNG

Mehr als 80 Originale des berühmten, aus Bernau-Oberlehen gebürtigen Malers sind im Rathaus in Bernau-Dorf ausgestellt und geben einen hervorragenden Überblick über Hans Thomas Arbeiten – und den Schwarzwald, wie er einst war. Neben seinen naturalistischen Gemälden, Aquarellen und Grafiken sind auch schöne Glasmalereien und Majolika-Arbeiten des Schwarzwälder Künstlers (►Berühmte Persönlichkeiten) ausgestellt. Sehenswert sind auch die hier gezeig-

*Hans-Thoma-Museum

Bernau erleben

AUSKUNFT
Tourist-Info
Rathausstr. 18
79872 Bernau im Schwarzwald
OT Innerlehen
Tel. 07675 16 00 30
www.bernau-schwarzwald.de

EVENTS
Schlittenhunderennen
Jedes Jahr im Februar kämpfen rund 100 Teams mit mehreren Hundert Huskies um sportliche Ehren.

Holzschneflertag
Am 3. Wochenende im August lebt beim Resenhof ein fast schon ausgestorbenes Waldgewerbe wieder auf. Man kann zuschauen, wie anno dazumal Schindeln, Spanschachteln, Bürsten usw. gefertigt worden sind.

ÜBERNACHTEN · ESSEN
Landgasthof Bergblick ©©
Hasenbuckweg 1, OT Dorf
Tel. 07675 2 73
www.bergblick-bernau.de, 13 Z.
Der Gasthof überzeugt durch sehr gute Küche. Hier werden Spezialitäten der badischen und Elsässer Küche ebenso serviert wie herzhafte Schwarzwälder Vesper, Wild aus dem Wald nebenan und feine Kirschtorten. Angenehme Zimmer, einige davon mit Holz- statt Teppichboden.

Schwarzwaldhaus ©©
Am Kurpark, OT Innernlehen
Tel. 07675 3 65
www.schwarzwaldhaus-bernau.de
Das ruhig gelegene Haus mit freundlichen Gastgebern wurde 2012 komplett umgebaut und um diverse Zimmer sowie einen Wellness-Bereich erweitert. Im Restaurant kehren auch viele Einheimische ein – Tisch reservieren empfiehlt sich.

Krunkelbachhütte ©
Krunkelbachweg 10
OT Dorf
Tel. 07657 3 38
www.krunkelbach.de
tgl. ab 9.00 Uhr
Rustikale Wanderhütte weit ab vom Schuss. Unter der Woche darf man mit dem Auto bis zum Parkplatz unterhalb der Hütte fahren, ansonsten nur für Fußgänger. Handfeste Küche, Heidelbeerwein, selber gebackenes Brot, und in der Pilzsaison winken Pfifferlinggerichte. Mehrere einfache Zimmer verlocken zum Bleiben im Dunstkreis von Herzogenhorn, Feldberg und Schluchsee.

ten Werke der **Hans-Thoma-Preisträger**, die in ungeraden Jahren von Mitte August bis in den Herbst zu sehen ist. Dieser baden-württembergische Staatspreis wird alle zwei Jahre an bereits ausgewiesene Künstlerinnen und Künstler vergeben, die in Baden-Württemberg geboren sind oder hier ihren Schaffensschwerpunkt haben. Zu den Preisträgern zählten u.a. Otto Dix und Anselm Kiefer; 2011 erhielt Karin Sander den Preis.

❶ Mi.– Fr. 10.30 – 12.00 u. 14.00 – 17.00, Sa., So., Fei. 11.30 – 17.00 Uhr, Mitte Nov. – Mitte Dez. geschl., Eintritt: 6 €, www.hans-thoma-museum.de

Im restaurierten Resenhof in Oberlehen ist ein Holzschnefler- und Bauernmuseum eingerichtet. Hier werden alte Handwerke und Hausgewerbe wie die der Holzschnitzer, Schindelmacher, Löffelmacher, Kübler, Schachtelmacher und Drechsler erläutert. Nebenan zeigt das **Forum erlebnis:holz**, was Holzkünstler und -handwerker heute aus dem Werkstoff herzustellen vermögen.

❶ Pfingsten – 3. Nov. Mi. – So. 14.00 – 17.00 Uhr, Fasnacht – Pfingsten nur Mi. und So., Winteröffnungszeiten www.resenhof.de, Eintritt: 3,50 €

*Resenhof

Nördlich von Bernau ragt das Herzogenhorn auf, der mit 1415 m der **zweithöchste Berg des Schwarzwaldes** mit imposanter Felskulisse. Von seinem Gipfel bietet sich ein toller Panorama-Rundblick bis zu den Schweizer Alpen. Der am Berg angelegte Naturlehrpfad befasst sich mit der alpinen bzw. subalpinen Flora und Fauna des Südschwarzwaldes. Das Herzogenhorn erreicht man am schnellsten von der **Krunkelbachhütte** (Parkplatz; kleines Sträßchen von Bernau-Dorf). Wanderfreunde gehen von Bernau-Hof westwärts bergauf zum Hof-Eck und dann weiter auf dem Schwarzwaldwestweg. Von der Passhöhe der B 317 am ▶Feldberg (Grafenmatt) erreicht man das Herzogenhorn in einer guten Stunde zu Fuß, wobei man das Leistungszentrum für Skisport passiert (mit Einkehr- und Übernachtungsmöglichkeit, www.herzogenhorn.info).

*Herzogenhorn

Blumberg

✳ H 12/13

Landkreis: Schwarzwald-Baar-Kreis
Höhe: 538 – 913 m ü. NHN
Einwohnerzahl: 10 000

Für Eisenbahn-Nostalgiker ist das Städtchen Blumberg nahe der Schweizer Grenze ein Begriff: Hier verkehrt die Sauschwänzlebahn. Ganz in der Nähe strömt zudem die Wutach durch einen eindrucksvollen Canyon.

Blumberg liegt ganz im Südosten des Schwarzwalds, wo dieser an den Schwäbischen bzw. Schweizer Jura grenzt. Die nahebei gelegenen Dörfer Boll bzw. Gündelwangen sind gute Ausgangspunkte für Wanderungen in die ▶Wutachschlucht, die Lotenbachklamm und die Gauchachschlucht.

Zwei Drittel ihres Eisenerzbedarfs musste die deutsche Schwerindustrie im Dritten Reich importieren. Adolf Hitler war im Zuge der Kriegsvorbereitungen bestrebt, das Reich »autark« von Lieferungen aus dem Ausland zu machen. Daher besann man sich auch auf weni-

Erzabbau im Dritten Reich

Blumberg erleben

AUSKUNFT
Tourist-Info
Hauptstr. 52, 78176 Blumberg
Tel. 07702 51-203
www.stadt-blumberg.de

ÜBERNACHTEN · ESSEN
Sommerau ●●
79848 Bonndorf
Tel. 07703 6 70
www.sommerau.de, 12 Z.
Ruhetage Restaurant: Mo., Di.
Wo sich Fuchs und Hase gute Nacht sagen und nicht einmal Handyempfang existiert, hat Familie Hegar ein vorbildliches Haus erbauen lassen – der alte Gasthof brannte 1988 ab. Jetzt steht hier ein Schwarzwaldhaus mit mächtigem Walmdach in moderner, preisgekrönter Holzbauweise (Foto S. 86), lichtdurchfluteten Zimmern mit viel Holz und einem lauschigen See mit Saunahaus. Die Küche bietet Wild aus eigener Jagd, beste badische Küche aus regionalen Zutaten, zubereitet nach dem Motto »weniger ist mehr«.

MUSEUMSBAHN
Sauschwänzlebahn
Bahnhof Blumberg-Zollhaus
78176 Blumberg
Tel. 07702 51-300
www.sauschwaenzlebahn.de
www.wutachtalbahn.de

ger ergiebige Eisenerzvorkommen, wie die im Dogger von Blumberg. Mit immensen Kosten, dem Einsatz von Zwangsarbeitern und rücksichtsloser Enteignung von Landwirten bei der Flächenbeschaffung betrieb man hier zwischen 1937 und 1942 einen nie lukrativen Untertagebau.

SEHENSWERTES IN BLUMBERG UND UMGEBUNG

*Sauschwänzlebahn Eine Attraktion besonderer Art ist die Museumsbahn Wutachtal Blumberg – Weizen, besser bekannt unter den Bezeichnungen »Sauschwänzlebahn« oder »Kanonenbähnle«. Diese 25,8 km lange Bahnstrecke, die in den Jahren 1887 bis 1890 angelegt worden ist, ermöglichte rasche Truppenverlegungen an die deutsch-französische Grenze unter Umgehung des schweizerischen Kantons Schaffhausen. Auf einer Luftliniendistanz von 9,6 km hatten die Ingenieure jedoch das Problem, eine Höhendifferenz von 231 m zu bewältigen. Um jedoch von schweren Militärzügen befahren werden zu können, durfte die Strecke nicht steiler als 1 % ansteigen. Deswegen hat man **Viadukte, Schleifen und Tunnels** gebaut, darunter auch den einzigen Kreiskehrtunnel Deutschlands. Der reguläre Zugverkehr auf der Strecke Blumberg – Weizen wurde 1976 eingestellt. Bereits ein Jahr später konnte der Museumsbahnbetrieb aufgenommen werden. Im Bahnhof Blumberg-Zollhaus erläutert eine schön gemachte Ausstel-

Blumberg • ZIELE

lung die Geschichte der Wutachtalbahn, die hier auch im Modell aufgebaut ist (1 Std. vor Abfahrt und nach Ankunft der Züge).

Lohnend ist eine Wanderung (ca. 14 km, ca. 4 Std.; Vorsicht bei Nässe!) von Blumberg über den Buchberg (876 m ü. NHN) zu den **Wutachflühen**. So heißen die Felswände der unteren ▶Wutachschlucht, die der Fluss in den hier anstehenden Muschelkalk geschnitten hat.
An der etwa 3 km langen und bis zu 150 m tiefen Schlucht führt der gesicherte Flüheweg entlang zum Bahnhof Lausheim-Blumegg der Sauschwänzlebahn. Unterwegs passiert man wilde Tobel, Felsnadeln und das Trümmerfeld in der Umgebung des sagenumwobenen **Lunzisteins**.

Auch **Löffingen** ist ein guter Ausgangspunkt für Wanderungen in die ▶ Wutachschlucht. Zudem ist das 7600-Einwohner-Städtchen eine regionale Hochburg der schwäbisch-alemannischen Fasnet. Auffallend sind die vielen Häuser mit Zinnengiebeln in der Altstadt. Ein Sammelsurium aus archäologischen Funden, Gesteinen und altem Handwerkszeug bietet das kleine **Heimatmuseum**.

Heimatmuseum: Mo. – Fr. 9.00 – 12.00 u. 14.00 – 17.30 Uhr

Westlich von Blumberg liegt Bonndorf oberhalb der Wutachschlucht. Das Ende des 16. Jh.s errichtete *Schloss wurde im 18. Jh. barockisiert. In seinem Innern – man kennt es aus der Fernsehserie »Schwarzwaldklinik« – gefallen die Stuckarbeiten und das Deckengemälde in der Aula von Franz Joseph Spiegler. Das Schloss beherbergt heute u.a. das regionalgeschichtliche Museum und das **Narrenmuseum**. Anbei befindet sich der Japanische Garten mit Teehaus im Stil einer Pagode, Meditationsgarten und Schildkröteninsel.

Bonndorf

Narrenmuseum: Mi. – Sa. 10.00 – 12.00 u. 14.00 – 17.00, So. 14.00 bis 17.00 Uhr

Breisach am Rhein

 B 11

Landkreis: Breisgau-Hochschwarzwald
Höhe: 191 – 225 m ü. NHN
Einwohnerzahl: 14 700

Weithin sichtbar – bei Nacht auch angestrahlt – thront das Breisacher Münster auf einem Hügel hoch über dem Rhein. Berühmt ist die Stadt für die Wein- und Sektkellereien.

Umkämpfter Brückenkopf
Wo heute das Münster steht, siedelten schon in der Jungsteinzeit die ersten Menschen. 1648 fiel Breisach an Frankreich, 1697 wieder an Österreich, dem der französische »Sonnenkönig« Ludwig XIV. daraufhin Neu-Breisach (Neuf-Brisach) am linken Rheinufer entgegenstellte. 1793 wurde die Stadt nach mehrtägiger Beschießung vollständig zerstört. Im Jahre 1805 wurde Breisach badisch. Im Zweiten Weltkrieg musste die Stadt am Rhein erhebliche Zerstörungen hinnehmen, wurde danach aber wieder aufgebaut.

Imposant thront St. Stephan auf dem höchsten Punkt der Stadt.

SEHENSWERTES IN BREISACH UND UMGEBUNG

Am höchsten Punkt der Stadt ragt das St. Stephansmünster, eine große kreuzförmige Basilika aus Sandstein, auf. Nach den schweren Zerstörungen im Zweiten Weltkrieg wurde es in seiner ursprünglichen Form wieder aufgebaut. Vom romanischen Bau, mit dem um 1200 begonnen wurde, stammen noch die Anlage des Langhauses mit Querschiff und dem nördlichen der beiden Chortürme. Gotisch sind der um 1300 begonnene Chor, der Oberteil des Südturmes sowie der Westteil des Langhauses (15. Jh.), Sakristei und Innenausstattung wurden im 15. und frühen 16. Jh. ausgeführt. Der **Hochaltar** im Chor, eines der Hauptwerke gotischer Schnitzkunst am Oberrhein, ist ein Werk des nicht näher bekannten Meisters H. L. (vermutlich Hans Loy), der es zwischen 1523 und 1526 schuf. Beachtenswert ist ferner an der Westwand des Münsters ein großartiges Wandgemälde des Jüngsten Gerichts von **Martin Schongauer**.

**St. Stephansmünster

> **BAEDEKER WISSEN** ❓ *Der Wasserbrecher*
>
> Einst gurgelte und tobte das Hochwasser rund um einen Hügel mitten im Rhein, den die Kelten treffend »brisin-ac« / »Wasserbrecher« nannten. Sie bauten hier einen vor den Fluten sicheren Fürstensitz. Die kriegserfahrenen Römer nutzten den bequemen Rheinübergang als Brückenkopf und nannten ihn 369 n. Chr. »Mons Brisiacus«. Wann immer die Zeiten am Rhein unruhig wurden, war Breisach betroffen. Trotz guter Befestigung blieb kein Stein auf dem anderen. Nur der »Wasserbrecher« steht bis heute, gekrönt vom Münster.

Die **Radbrunnenallee** führt vom Münsterplatz in nördlicher Richtung zum Schlossberg. Auf halber Strecke steht der Radbrunnenturm (13. Jh.). Der 42 m tiefe Brunnenschacht versorgte die Oberstadt auch bei Belagerungen mit Wasser. Mit einem Tretrad wurde das Wasser in Eimern aus der Tiefe des Brunnens nach oben geschöpft.

Der Schlossberg war ehemals durch eine Burg der Zähringer befestigt. Heute befindet sich hier ein kleiner Park mit Freilichtbühne. Der **Tullaturm** – an der Stelle des einstigen Bergfrieds – verdankt seinen Namen dem Ingenieur Johann Gottfried Tulla, der sich um die Rheinregulierung verdient gemacht hat.

Schlossberg

Beim 1670 erbauten Rheintor handelt es sich um einem Rest der alten, nach Plänen des berühmten französischen Baumeisters Vauban angelegten Stadtbefestigung. Die barocke Prunkfassade ist dem Rhein zugewandt. Heute beherbergt das Rheintor das Museum für Stadtgeschichte. Zwei Schwerpunkte der Ausstellung sind die Festung Breisach und die Rheinregulierung im 19. Jh.
🛈 Di. – Fr. 14.00 – 17.00, Sa., So., Fei. 11.30 – 17.00 Uhr, Eintritt: 2 €

*Rheintor, Museum für Stadtgeschichte

Breisach erleben

AUSKUNFT

Breisach-Touristik
Marktplatz 16
79206 Breisach am Rhein
Tel. 07667 94 01 55, www.breisach.de

EVENTS

Weinfest Kaiserstuhl & Tuniberg
Am letzten August-Wochenende

Breisacher Festspiele
Theater am Schlossberg, Juni – Sept, www.festspiele-breisach.de

KELLEREIBESICHTIGUNGEN

Badischer Winzerkeller
Zum Kaiserstuhl 16, Tel. 07667 90 00
www.badischer-winzerkeller.de
Größte Erzeuger-Kellerei Europas. Führungen mit Weinprobe: Di., Do. 14.00 Uhr, 4 – 8 €

Sektkellerei Geldermann
Am Schlossberg 1, Tel. 07667 83 42 58
www.geldermann.de
März – Okt. tgl. 14.00 Uhr, 4 € (mit Sektprobe)

SCHIFFSAUSFLÜGE

Breisacher Fahrgastschifffahrt
Rheinuferstraße, Tel. 07667 94 20 10
www.bfs-info.de
April – Okt. Rund- und Schleusenfahrten sowie nach Basel und Straßburg

ÜBERNACHTEN · ESSEN

Best Western Hotel am Münster €€
Münsterbergstr. 23, Tel. 07667 83 80
www.hotel-am-muenster.de, 70 Z.
Modernes Haus mit Wellness-Bereich und Blick hinüber ins Elsass. Fein zubereitete, vor allem regionale Gerichte werden in den beiden Restaurants gereicht.

Eckartsberg Vom Marktplatz in der Unterstadt geht man in ca. 10 Minuten aufwärts zum mit Reben bepflanzten Eckartsberg, von dem aus man einen weiten Blick über die Landschaft am Oberrhein genießt. Jahrhunderte hindurch war der Berg durch eine Burg, von der nur spärliche Reste erhalten sind, als Festung ausgebaut. Heute mahnen das grüne Europalicht und die Europafahne zur Völkerverständigung.

Bühl · Bühlertal

E / F 7

Landkreis: Rastatt
Höhe: 123 – 1038 m ü. NHN
Einwohnerzahl: 29 700

Von der Oberrheinebene über die Rebenhänge der Vorberge bis hinauf zur Schwarzwaldhochstraße erstrecken sich die Gemarkungen von Bühl und Bühlertal. Im Frühling leuchten die Obstbaumblüten, im Herbst locken Wein- und Zwetschgenfeste und im Winter der Pistenspaß.

Bühl · Bühlertal • ZIELE

Bühl ist ein geschäftiges Städtchen am Rande der Rheinebene, das durch den Obstanbau bekannt ist, vor allem die **Bühler Zwetschgen** werden geschätzt. Die Bühler Zwetschge ist vermutlich aus einer Kreuzung zwischen der heimischen schlanken Zwetschge und einer vielleicht französischen Eierpflaume hervorgegangen, die man seit Mitte des 19. Jh.s kennt. Bedeutung hat daneben der in der Umgebung der Stadt angebaute Wein. Der **Affentaler Spätburgunder** soll hier schon im 12. Jh. kultiviert worden sein.

Nicht nur Zwetschgen

SEHENSWERTES IN BÜHL UND UMGEBUNG

Im Stadtzentrum umgeben gepflegte Parkanlagen das **Rathaus** und die **Stadtkirche St. Peter und Paul**. Gegenüber beginnt die Schwanenstraße. Sie mündet auf den Johannesplatz mit seinen Straßencafés. Das an der Hauptstraße stehende Rathaus war früher die alte Stadtkirche, die in der zweiten Hälfte des 19. Jh.s umgebaut wurde. Vom früheren Gotteshaus ist noch der achteckige spätgotische Turm (16. Jh.) erhalten. Das Gotteshaus neben dem Rathaus wurde in den 1870er-Jahren in neugotischem Stil errichtet. Es besitzt eine durchbrochenen Turmhelm und Glasmalereien in den Fenstern von Chor, Seitenkapellen, Langhaus und Querschiff, die in den 1950er-Jahren nach Entwürfen von Albert Burkart geschaffen wurden.

Bühl

Im Stadtteil Altschweier lohnt die im 18. Jh. als Ölmühle erbaute und vor einigen Jahren renovierte Rohrhirschmühle einen Besuch, die von zwei oberschlächtigen Wasserrädern angetrieben wird.
❶ April – Okt. 1. So. im Monat 14.00 – 18.00 Uhr, Eintritt: 2 €

Rohrhirschmühle

Der Ortsteil Kappelwindeck kann mit einer stattlichen, 1763–1766 errichteten und im 20. Jh. vergrößerten Barockkirche aufwarten. Der 51 m hohe Zwiebelturm ist weithin sichtbar.
Man folgt der durch Kappelwindeck führenden Hauptstraße weiter in südlicher Richtung und erreicht nach 2 km die **Ruine Altwindeck** (376 m ü. NHN) mit zwei viereckigen Bergfrieden. Einer von ihnen kann bestiegen werden, von oben bietet sich eine phantastische Aussicht. Windeck war die Stammburg der erstmals 1212 genannten Herren von Windeck. Zu Füßen der Burg hat ein vorzügliches Restaurant mit Hotel seinen Sitz (▶Erleben, S. 186).

Kappelwindeck

4 km östlich von Bühl erreicht man den hübsch zwischen Obstplantagen, Weinbergen und bewaldeten Schwarzwaldhängen eingebetteten Luftkurort Bühlertal (8000 Einw.). Oberhalb des Ortes sind die wild-romantischen **Gertelsbach-Wasserfälle** ein beliebtes Ausflugsziel. Die ***Geiserschmiede,** letzte von einstmals acht Hammerschmieden im Bühlertal, ist heute als Museum zugänglich. Sie wurde

Bühlertal

Bühl · Bühlertal erleben

AUSKUNFT
Tourist-Information
Hauptstr. 92
77815 Bühl (Baden)
Tel. 07223 93 53 32
www.buehl.de
www.buehlertal.de

EVENT
Bühler Zwetschgenfest
Seit 1927 wird am zweiten Wochenende im September das Bühler Zwetschgenfest gefeiert, u. a. mit der Wahl einer Zwetschgenkönigin.

ÜBERNACHTEN · ESSEN
Burg Windeck €€€
Kappelwindeckstr. 104
77185 Bühl, Tel. 07223 94 92-0
www.burg-windeck.de
Vor 800 Jahren hausten Ritter mäßig komfortabel auf Burg Windeck, heute genießen Gäste noble Zimmer im Landhausstil. Im Restaurant gibt es vorzüglich zubereitete badische Köstlichkeiten mit mediterranem Einschlag. Wer es rustikal mag, stillt im umgebauten Pferdestall seinen Hunger beim Vesper. Was der hauseigene Weinberg hergibt, verrät die Weinprobierstube.

1767 zunächst als Mahlmühle errichtet, Ende des 19. Jh.s aber zur Hammerschmiede umfunktioniert. Bis Anfang der 1960er-Jahre wurden hier Geräte für die Land- und Forstwirtschaft hergestellt.
● 2. u. 4. So. im Monat 14.00 – 17.00 Uhr

Bühlerhöhe Vom Bühlertal kommt man hinauf zur ▶Schwarzwaldhochstraße und zum **Schlosshotel Bühlerhöhe**. Der kuppelgekrönte Bau wurde 1911 bis 1914 von der Witwe des Generals Isenbart als Genesungsheim für Offiziere erbaut. Seit Jahren ist das Luxushotel geschlossen und wechselte mehrfach den Besitzer. 2010 verkaufte es der damalige Eigentümer, SAP-Gründer Dietmar Hopp, an einen ukrainischen Investor, 2013 stand ein Insolvenzantrag im Raum. Ob diese Legende unter den deutschen Hotels überhaupt wieder öffnet, ist unklar.

✱ Calw

Landkreis: Calw
Höhe: 320 – 683 m ü. NHN
Einwohnerzahl: 23 300

Hübsche Fachwerkbauten, enge Gässchen und viele Treppen sind typisch für die Heimatstadt des Dichters Hermann Hesse. Nur wenige Kilometer flussabwärts befindet sich mit dem Kloster Hirsau ein Kulturdenkmal von höchstem Rang.

Calw, das heute unter zunehmendem Laden-Leerstand im Zentrum leidet, war in der Vergangenheit eine der reichsten Städte Württembergs. **Hermann Hesse** (▶Berühmte Persönlichkeiten) nannte seine Heimat liebevoll »die schönste Stadt von allen«. Als »Gerbersau« taucht Calw in seinen Erzählungen auf. Das hat durchaus einen realen Hintergrund: Das Gerberhandwerk brachte der Stadt Wohlstand wie auch das Tuchmachergewerbe. Calwer Tuche wurden durch eine eigens gegründete Handelskompagnie in die Schweiz, nach Frankreich und Italien sowie in den Ostseeraum exportiert. Im 18. Jh. arbeiteten Tausende Spinnerinnen, Zeugmacher und Weber für die »Calwer Decken- und Tuchfabriken«. Auch der Holz- und Salzhandel trug im 18. Jh. zum Wohlstand der Stadt bei.

SEHENSWERTES IN CALW

Die vielen schönen Fachwerkhäuser des alten Stadtkerns sind in den letzten Jahren renoviert worden. Besonders malerisch bietet sich der Marktplatz dar. Bauhistorisch interessant ist das alte Rathaus mit seinem Staffelgiebel. Der heutige Bau entstand 1726 – 1730. **Marktplatz, Rathaus*

Wahrzeichen der Stadt ist die alte steinerne Nagoldbrücke mit einer dem hl. Nikolaus geweihten **gotischen Brückenkapelle** (um 1400). Sie ist eine der wenigen noch erhaltenen mittelalterlichen Brückenkapellen im süddeutschen Raum. Die beiden Nischenfiguren stellen einen Weber und einen Flößer dar. Auf der Brücke wurde 2002 eine Hesse-Skulptur des Künstlers Tassoti enthüllt. **Nikolausbrücke*

Der Lange Turm ist der letzte Rest der einstmals mächtigen Stadtbefestigung. Die alten Tortürme sind im 19. Jh. abgetragen worden. *Langer Turm*

Das reichhaltige Museum ist im **Palais Vischer** untergebracht. 1791 hat Johann Martin Vischer, seinerzeit einflussreicher Chef der Calwer Floß- und Holzhandels-Compagnie, den prominenten Rokoko-Bau errichten lassen. *Museum der Stadt Calw*
❶ Bischofstr. 48; April – Okt. Sa. u. So. 14.00 – 17.00 Uhr, Eintritt: 1,50 €

Gegenüber dem Rathaus, im zweiten Stockwerk des Fachwerkbaus Marktplatz 6, erblickte der Dichter Hermann Hesse (▶Berühmte Persönlichkeiten) am 2. Juli 1877 das Licht der Welt. In einem historischen Palais am Marktplatz – mit Blick auf das Geburtshaus – befasst sich eine Ausstellung ausführlich mit dem Leben und Werk Hesses. Zu sehen sind nicht nur Manuskripte und Erstausgaben, sondern auch Zeichnungen und Gemälde des Dichters. **Hermann-Hesse-Museum*
❶ April – Okt. Di. – So. 11.00 – 17.00, Nov. – März Di. – Do., Sa., So. 11.00 bis 16.00 Uhr, Eintritt: 5 €

Calw erleben

AUSKUNFT
Stadtinformation Calw
Sparkassenplatz 2, 75365 Calw
Tel. 07051 167-399, www.calw.de

EVENT
Calwer Klostersommer
Juli, Aug. in Hirsau mit Musik von Jazz bis Klassik sowie mit Theater und Kabarett. www.klostersommer.de

ÜBERNACHTEN/ESSEN
❶ *Flair-Hotel Kloster Hirsau* €€
Wildbader Str. 2, OT Hirsau
Tel. 07051 96 74-0
www.hotel-kloster-hirsau.de, 40 Z.
Unweit der Klosterruinen liegt dieses Wellness- und Tagungshotel. Das Restaurant bietet regionale und internationale Küche.

❷ *Hotel-Restaurant Rössle* €€
Hermann-Hesse-Platz 2
Tel. 07051 79 00-0
www.roessle-calw.de, 29 Z.
Ruhetag Restaurant: Fr.
Altstadthotel mit teppichbodenfreien Zimmern. Ferner gibt es hier gute schwäbische Küche (u.a. Filet-Topf mit Spätzle vom Brett).

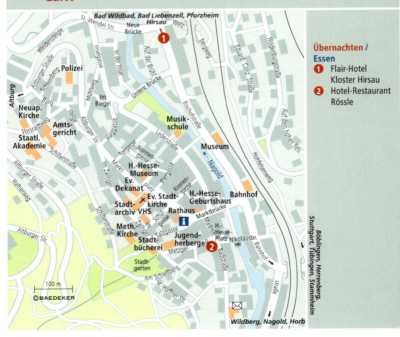

Calw

Die alteingesessene Weißgerberei Balz wurde zum Museum. Zu sehen sind die alten Wasserwerkstätten mit Maschinen-Inventar, die Fellstube, der Zurichtraum, die Trockenverarbeitung sowie der Wolletransport.

*Gerbereimuseum

❶ Badstr. 7/1; April – Okt. So. 14.00 – 16.30 Uhr, Eintritt: 2 €

* KLOSTER HIRSAU

Etwa 3 km nördlich von Calw liegt der Luftkurort Hirsau im Nagoldtal, seit 1975 Stadtteil von Calw. Seine Geschichte reicht ins Jahr 830 zurück, als hier ein **Benediktinerkloster** gegründet wurde. Unter Abt Wilhelm schloss es sich im 11. Jh. der cluniazensischen Reformbewegung an. Eine neue Klosteranlage entstand, deren Zentrum die Peter- und-Pauls-Kirche werden sollte. Das Kloster wurde zum Mittelpunkt der **cluniazensischen Reformbewegung** im deutschsprachigen Raum und vor allem zum geistlichen und kulturellen Zentrum im Nordschwarzwald. Vom Kloster gingen wichtige Impulse für die Kolonisation dieses Waldgebirges aus. 1536 wurde das Kloster im Zuge der Reformation aufgehoben und zu einer evangelischen Klosterschule umgewandelt.

Geschichte

> **? BAEDEKER WISSEN**
>
> *Zurück zu den Wurzeln*
>
> Im 11. Jh. setzte sich Abt Wilhelm von Hirsau entschieden für grundlegende Reformen der Ordensregeln des hl. Benedikt ein. Mönche und Nonnen sollten sich auf Armut, Keuschheit und Gehorsam zurückbesinnen. Um nicht von spirituellen Übungen abgehalten zu werden, engagierte man für die körperlichen Arbeiten Laienbrüder. Das öffnete das Kloster breiten Gesellschaftsschichten. Im Hirsauer Baustil schlug sich dies in der Einrichtung eines Bereichs für die Mönche und eines für die Laienbrüder nieder.

Im späten 16. Jh. ließ der württembergische Herzog Ludwig neben dem Kloster ein **Renaissance-Jagdschloss** errichten, das 1692 ebenso von französischen Truppen verwüstet wurde wie die Klostergebäude. Die gesamten Anlagen waren bis ins 20. Jh. der Verwahrlosung preisgegeben. Heute ist sie eine der Attraktionen von Calw und Umland.

An der Calwer Straße sind die Baureste der 1071 dem hl. Aurelius geweihten Klosterkirche zu sehen. Nach der Errichtung der Peter- und-Pauls-Kirche auf der gegenüberliegenden Nagoldseite verlor St. Aurelius stark an Bedeutung. Nach der Reformation wurde sie gar als Scheune und Schafstall benutzt. Im späten 16. Jh. hat man sie bis auf den bestehenden Rest des Langhauses abgetragen. Dieses wurde erst 1955 restauriert und wieder als katholische Pfarrkirche geweiht. Heute beeindrucken die gedrungenen romanischen Pfeiler mit ihren mächtigen Würfelkapitellen tief (Abb. S. 47).

St. Aurelius

Kloster Hirsau, heute Ruine, einst Impulsgeber für Kirchenreformen

Klostermuseum Neben St. Aurelius befindet sich das Hirsauer Klostermuseum. Hier wird die Klostergeschichte und der weitreichende Einfluss der Hirsauer Bewegung auf andere Klöster erläutert.
❶ April – Okt. Di. – Fr. 13.00 – 16.00, Sa., So. 12.00 – 17.00 Uhr, Winter geschl., Eintritt: 2,50 €

Klosteranlage Das Ausmaß der ehemaligen Klosteranlage zeigt die noch erhaltene Ummauerung. Der sog. **Eulenturm**, ein 36 m hoher romanischer Turm, ist das imposante Relikt der Klosterkirche St. Peter und Paul, die 1082 – 1091 im Auftrag von Abt Wilhelm auf der linken Nagoldseite erbaut worden ist. Besonders eindrucksvoll ist das Figurenfries, das einen Bärtigen eingerahmt von Tieren zeigt. Eingearbeitet in den roten Buntsandstein, kommt es am besten im Abendlicht zur Geltung. Zusammen mit einem zweiten, bereits abgebrochenen Turm stand der Eulenturm an der Westseite des romanischen Gotteshauses, das mit 97 m Länge und 23 m Breite das größte seiner Art weit und breit sein sollte. Die Kirche selbst war eine dreischiffige, achtjochige Basilika mit Querhaus und Turm über der Vierung. Entsprechend der cluniazensischen Liturgie war der Westteil der Kirche den Laien zugedacht, der Ostteil (Chor) den Mönchen.

An der Südseite des Gotteshauses schloss sich der gotische **Kreuzgang** mit den Klostergebäuden an. Er entstand im späten 15. Jh., als

Kloster Hirsau

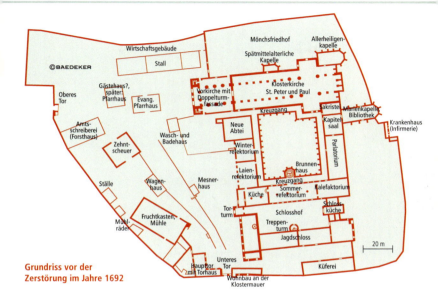

Grundriss vor der Zerstörung im Jahre 1692

das Kloster Hirsau eine durch die sog. Bursfelder Reformunion ausgelöste zweite Blüte erlebte.

Die spätgotische ***Marienkapelle** an der Ostseite des Kreuzgangs wurde 1516 fertiggestellt und ist einer der letzten noch erhaltenen Bauten des ehemaligen Klosters. Eine neugotische Renovierung in den 1880er-Jahren beseitigte barocke Veränderungen der Kapelle. Das Gewölbe stammt aus dieser Zeit. Über dem Gotteshaus befand sich ursprünglich wohl die Bibliothek. Diese Raumordnung wurde gewählt, weil die Kapelle nicht niedriger als die Konventsgebäude sein sollte.

An der Südseite des Kreuzgangs ließ **Herzog Ludwig von Württemberg** im späten 16. Jh., also erst nach der Aufhebung des Klosters, ein dreiflügeliges Schloss errichten. Seine Baumeister, **Georg Beer, Heinrich Schickhardt** und **Hans Braun**, waren dem Stil der Renaissance verpflichtet. Noch heute lassen die Ruinen die Bedeutung des Schlosses erahnen. In der Zeit der Romantik (19. Jh.) beflügelte die Anlage die Phantasie von Malern und Dichtern. Hier stand auch über 280 Jahre lang die von Ludwig Uhland besungene, fast 30 m hohe Ulme, die 1988 wegen Käferbefalls gefällt werden musste.

Schlossruine

* Donaueschingen

✦ G/H 12

Landkreis: Schwarzwald-Baar-Kreis
Höhe: 680 – 950 m ü. NHN
Einwohnerzahl: 21 000

Am Ostrand des Schwarzwaldes auf der Hochebene der Baar liegt Donaueschingen. Hier vereinigen sich Brigach und Breg, daher beansprucht die Stadt den Ursprung der Donau für sich.

Baar
Der Begriff »Baar« kennzeichnet die Hochebene zwischen dem Mittleren Schwarzwald und dem Trauf der südwestlichen Schwäbischen Alb. Aufgrund ihrer relativ hohen Lage zwischen zwei Mittelgebirgen sind die Winter recht kalt, die Sommer warm. Die Baar ist dank ihrer fruchtbaren Böden ein altbesiedeltes Bauernland. Sie wurde erst spät vom Schwarzwald her industrialisiert (vor allem Uhren- und feinmechanische Industrie in ▶Villingen und Schwenningen). Im 15. Jh. erwarben die Fürstenberger Donaueschingen und bauten sie im 18. Jh. zu ihrer **Residenz** aus.

SEHENSWERTES IN DONAUESCHINGEN

*Stadtkirche St. Johann
Anstelle eines gotischen Vorgängerbaus entstand in der ersten Hälfte des 18. Jh.s eine Barockkirche nach Plänen des Prager Baumeisters Maximilian Kanka. Das Haus Fürstenberg hatte durch die böhmische Gemahlin des Fürsten Joseph Wilhelm Ernst von Fürstenberg enge Beziehungen nach Prag, so dass hier das einzige Beispiel böhmischen Barocks im Schwarzwald entstehen konnte. Besonders markant sind die beiden von Zwiebelkuppeln bekrönten Türme.

*Schloss
Im Osten der Kernstadt steht das ursprünglich barocke Schloss der Fürsten von Fürstenberg in einem schön angelegten Park. Seine heutige Gestalt erhielt es im späten 19. Jh. und zeigt sich nun im Stil der Belle-Epoque. Die Innenausstattung (bes. Mobiliar und Gobelins) spiegelt die Zeit von der Renaissance bis zum Rokoko wieder. Im Festsaal fanden 1921 die ersten »Kammermusikaufführungen zur Förderung der zeitgenössischen Tonkunst« statt, aus denen die berühmt gewordenen »Donaueschinger Musiktage« erwachsen sind. Seit 2003 wohnt die Familie zu Fürstenberg wieder im Schloss.
❶ nur mit Führung, April – Okt., Termine: Touristeninformation oder www.fuerstenberg-kultur.de, Eintritt: 10 €

Schlosspark
Die Anfänge des im englischen Stil gestalteten Schlossparks reichen bis ins 18. Jh. zurück. Am Nordwestrand befindet sich die sog.

Donaueschingen • ZIELE

*»**Donauquelle**« (vgl. ▶Furtwangen), bei der es sich um eine Karstaufstoßquelle handelt. Die kreisrunde Brunnenfassung hat Adolf Weinbrenner geschaffen. Die allegorische Figurengruppe (1896) von Adolf Heer stellt die Mutter Baar und die junge Donau in Mädchengestalt dar. Bis voraussichtlich 2015 wird das Ensemble einer umfassenden Restaurierung unterzogen und ist nicht zugänglich.

Die naturgeschichtliche Sammlung sowie eine Kollektion moderner Kunst des Hauses Fürstenberg sind im Karlsbau untergebracht. Zu sehen sind neben mittelalterlichen Tafelbildern auch Werke von Anselm Kiefer sowie rund 150 weitere **moderne Kunstwerke** (Malerei, Plastik und Photographie) der Pisces Collection. Neben Waffen und Uniformen entdeckt man unter den Ausstellungsstücken auch Kurioses wie Napoleons Reiseurinal. Die **naturkundliche Sammlung**, die noch aus der Gründungszeit des Museums stammt, enthält neben seltenen Mineralien und Versteinerungen (darunter Saurierknochen) auch Gebeine eiszeitlicher Mammuts. Ferner sind gut präparierte Vertreter der europäischen Tierwelt ausgestellt.

Karlsbau

❶ Karlsplatz 7; April – Nov. Di. – Sa. 10.00 – 13.00 u. 14.00 – 17.00, So., Fei. 10.00 – 17.00 Uhr, Eintritt: 5 €

Donaueschingen erleben

AUSKUNFT
Tourist-Information
Karlstr. 58
78166 Donaueschingen
Tel. 0771 85 72 21
www.donaueschingen.de

EVENTS
Donaueschinger Musiktage
Seit 1921 wird jährlich im Oktober zeitgenössische Tonkunst mit avantgardistischer Musik geboten.
www.donaueschingen.de/musiktage

CHI Reitturnier
Reit- und Fahrturnier im September
www.chi-donaueschingen.de

Hüfinger Fronleichnamsprozession
Im Juni führt die Prozession entlang der mit bunten Blütenteppichen geschmückten Straßenaltäre.

ÜBERNACHTEN ESSEN
❶ *Der Öschberghof* ●●●●
Golfplatz 1
Tel. 0771 840
www.oeschberghof.com, 73 Z.
Nobles Golfhotel an der jungen Donau; mit Wellness- und Kosmetikbereich sowie eigenem Golfplatz. In den beiden Restaurants genießt man fein zubereitete internationale Gerichte.

❷ *Linde* ●●
Karlstr. 18
Tel. 0771 83 18-0
www.hotel-linde-ds.de, 22 Z.
Freundliches Haus in zentraler Lage. Das Restaurant bietet in gemütlicher Umgebung gute regionale Küche mit Zwiebelrostbraten, Maultaschen und mit einer kleinen Rösti-Karte einen kulinarischen Ausflug Richtung Schweiz.

ESSEN
❶ *Landgasthof Hirschen* ●●●
Wutachstr. 19
78183 Hüfingen-Mundelfingen
Tel. 07707 99 05-0
www.hirschen-mundelfingen.de
Ruhetage: Mi., Do.
Verena Martin bereichert die örtliche Gastronomie mit einen Angebot stets frisch zubereiteter Speisen aus dem Besten, was die Region zu bieten hat. Das Fleisch stammt aus artgerechter Haltung, das Bauernbrot backt man im Hirschen noch selbst. Zum Abschied kann man sich mit Marmeladen, Likör und Griebenschmalz aus eigener Produktion eindecken.

Kinder- und Jugendmuseum Die ehemalige Hofbibliothek ist heute ein Museum. Kinder und Jugendliche können hier naturwissenschaftlichen Phänomenen mit Hilfe von spannenden Experimenten auf die Spur kommen.
❶ Haldenstr. 5; in den Schulferien Di. – So. 10.00 – 17.30, sonst Di. – Fr. erst ab 14.00 Uhr, Eintritt: 5 €, Kinder 3,50 €, www.kijumu-donaueschingen.de

Brauerei Wer beim Brauen zuschauen möchte, kann dies werktags ab 14.30 Uhr in der Fürstenberg-Brauerei tun (Dauer: ca. 2½ Std.). Anschließend wird man zu einem Probetrunk eingeladen (ab 16 J.).
❶ Postplatz 1 – 4, Tel. 0771 8 62 06, www.fuerstenberg.de

Donau Am Ostrand der Stadt bringen »Brigach und Breg die Donau zuweg« – hier vereinigen sich die beiden aus dem Schwarzwald kommenden Flüsschen. Nach 2845 km langem Lauf durch Süddeutschland, Österreich und acht weitere europäische Staaten mündet die Donau ins Schwarze Meer.

Ettenheim

C 10

Landkreis: Ortenaukreis
Höhe: 190 – 500 m ü. NHN
Einwohnerzahl: 12 400

»Perle Badens« nennt sich das malerische Barockstädtchen an der Badischen Weinstraße mit seinem geschlossenen, unter Denkmalschutz gestellten Stadtkern. Viele Gäste zieht es westwärts in den nahen Europa-Park Rust.

Name und Gründung verdankt Ettenheim dem alemannischen Herzogsgeschlecht der Ettikonen (8. Jh.). Seine Blüte erlebte Ettenheim im 18. Jh., davon zeugen bis heute zahlreiche Bauten.

SEHENSWERTES IN ETTENHEIM UND UMGEBUNG

*Altstadt Zum Stadtbild Ettenheims mit seinen engen Gassen gehören neben barocken Bauten auch schöne Fachwerkhäuser aus dem 17. und 18. Jh.; von der ehem. Stadtbefestigung blieben zwei Tore (18. Jh.) erhalten. Das Zentrum wird von der **Stadtkirche St. Bartholomäus** beherrscht, einem spätbarocken, 1768 – 1777 erstellten Bau. Im Innern befindet sich das Grab des Kardinals de Rohan, der nach der französischen Revolution aus Straßburg emigrieren musste und in Ettenheim Zuflucht fand. Das 1757 erbaute **Rathaus** mit Glockenturm hat im Erdgeschoss offene Arkaden und fungierte so einst auch als Markthalle. Gegenüber steht das **Palais Rohan**, das sein heutiges Aussehen im ausgehenden 18. Jh. erhalten hat. Weiter oben erreicht man das 1744 erbaute sog. **Ichtratzheim'schen Haus** (»Prinzenschlössle«). Hier kam es 1804 zu einem eklatanten Bruch des Völkerrechts: Napoleon ließ hier einen vermeintlichen Gegenspieler, den mit einer Nichte des Kardinals Rohan verheirateten Herzog von Enghien verhaften, nach Vincennes bei Paris verschleppen und dort nach einer Scheinverhandlung erschießen.

*St. Landolin In dem ca. 5 km östlich vom Zentrum gelegenen Ortsteil Ettenheimmünster ist die Kirche St. Landolin sehenswert. Abgesehen von einigen Mauerresten weiter oben im Tal ist sie der einzige Rest eines Benediktinerklosters, das hier 725 gegründet worden war und 1865 abgetragen wurde. Der aus dem 17. Jh. stammende, im 18. Jh. veränderte Bau bewahrt in seinem Innern eine kostbare Reliquienbüste des hl. Landolin (von 1508) sowie eine **Silbermann-Orgel** von 1769.

Mahlberg 4 km nördlich von Ettenheim wird der Ort Mahlberg vom gleichnamigen, 1630 auf einem Basaltfelsen erbauten Schloss beherrscht. In einer ehemaligen Zigarrenfabrik mit Tabaktrockenschopf ist das **Oberrheinische Tabakmuseum** eingerichtet. Hier erfährt man alles über den hiesigen Tabakanbau und die manuelle bzw. maschinelle Weiterverarbeitung der Tabakblätter.
Tabakmuseum: Kirchstr. 2; Mai – Sept. So. u. Fei. 10.00 – 17.00 Uhr

Herbolzheim Das 5 km südlich von Ettenheim gelegene Herbolzheim ist für seine aus Spätburgundertrauben gekelterten Weißherbst bekannt. Ein kurzer Spaziergang führt zur 1747 erbauten **Wallfahrtskapelle Maria Sand** mit einem Gnadenbild vom Ende des 15. Jahrhunderts.

Ettenheim erleben

AUSKUNFT
Tourist-Info
Rohanstr. 16
77955 Ettenheim
Tel. 07822 43 22 10
www.ettenheim.de

EVENT
Kaiserbergfest
Jährlich am 3. Oktober wird beim Aussichtsturm ein Weinfest mit viel Musik, Speis' und Trank gefeiert.

ESSEN
Gasthaus zur Linde ●
Ortsstr. 18
77955 Ettenheim-Wallburg
Tel. 07822 13 79
Ruhetag: Mo.
Schönes Gasthaus mit Gartenwirtschaft. Die gutbürgerliche Küche bietet regionale Gerichte. Eine Spezialität sind die Hähnchen.

ÜBERNACHTEN · ESSEN
Metzgereigasthof Rebstock ●●
Hauptstr. 65, OT Münchweier
Tel. 07822 13 38
www.rebstock-muenchweier.de
Ruhetag Restaurant: Mo.
Das Haus ist für seine gute Küche bekannt, die badische Spezialitäten sowie Fleisch und Wurst aus eigener Metzgerei anbietet. Modern und komfortabel sind die Gästezimmer und Appartements.

Europapark Hotel Resort
Europaparkstr. 4 – 6, 77977 Rust
Tel. 07822 86 00
www.europapark.de, 764 Z.
Das Resort umfasst fünf Hotels in verschiedenen Preislagen, deren Flair zwischen italienischem »dolce vita« und iberischem Temperament changiert. Unter den Restaurants ragt das »Ammolite« heraus der Spitzenküche und des ungewöhnlichen Ambientes wegen.

Kenzingen

3 km weiter südlich erreicht man Kenzingen mit seiner von hübschen Bauten des 17. und 18. Jh.s geprägten Altstadt. Einen lebendigen Einblick in die Alemannische Fasnet vermittelt die *Oberrheinische Narrenschau. Auf lebensgroßen Puppen sind mehr als 250 ausgesprochen kunstvoll geschnitzte Holzmasken und phantasievolle Häs (= Kostüme) ausgestellt. Gruppiert sind die »Narren« vor der Kulisse ihres Dorfes oder der Stadt. Zudem dokumentieren Fotos und weitere Exponate das Fasnet-Geschehen vom Setzen des Narrenbaums bis zur Fasnetverbrennung.

❶ Alte Schulstr. 20; Jan. – Nov. Sa., So., Fei. 14.00 – 17.00 Uhr, Eintritt: 3 €

**Taubergießen

Westlich von Rust erstreckt sich das 1600 ha große Landschaftsschutzgebiet Taubergießen entlang des Rheins. Hier bekommt man noch eine ungefähre Vorstellung davon, wie die Rheinauenlandschaft vor der von Tulla vorgenommenen **Flussregulierung** ausgesehen hat. Zuvor kam es in den Rheinauen jedes Jahr und dann sogar mehrfach zu Überschwemmungen. Das sumpfige Gelände bildete den Lebensraum für bestimmte Pflanzen- und Tierarten. Nach der

Die Rheinauen zeigen sich mancherorts als urwüchsiger Dschungel.

Entschleunigung im Schwarzwald, Beschleunigung im Europa-Park

Rheinbegradigung sank der Grundwasserspiegel. Deswegen gibt es heute nur noch einzelne Bereiche mit ursprünglicher Vegetation. Verschiedene Wanderwege führen durch das Landschaftsschutzgebiet. Noch besser lässt sich diese Wildnis während einer Bootsfahrt erleben.

✶✶ EUROPA-PARK

Deutschlands größter Freizeitpark

Der Europa-Park, Deutschlands größter Freizeit- und Themenpark, liegt 7 km westlich von Ettenheim bei Rust in der Rheinebene. Er wurde 1975 im ehemaligen Park des Schlosses Balthasar (von 1575) eröffnet und in der Folgezeit umfassend ausgebaut. Mittlerweile erstreckt sich der Vergnügungspark über eine Fläche über 85 ha und zieht jährlich ca. 4,5 Millionen Besucher an. Mit mehr als 1400 Mitarbeitern ist die Einrichtung einer der größten Arbeitgeber in der Region. Zum Park gehören fünf Hotels und mehrere Restaurants, das »Ammolite« trägt seit 2013 einen Michelin-Stern (▶Erleben S. 196).

Über 100 Attraktionen

Im Park wird das Konzept verfolgt, die einzelnen Attraktionen in »europäischen Vierteln« anzusiedeln. Das Angebot umfasst 17 europäische Themenbereiche – von Spanien bis Island– mit der jeweils typischen Architektur und Gastronomie. Wer mag, schlendert vom Walliser Dorf zur Holzachterbahn »Wodan« im Wikingerdorf und gönnt sich einen Besuch im Mittelalter. Die Fülle ist immens: Weit über 100 Attraktionen locken. Unter den elf Achterbahnen befindet sich der **Silverstar**, Europas größte und höchste Stahl-Achterbahn.

Die Wagen donnern aus der Höhe von 73 Metern mit gut 130 km/h herunter. Breiten Raum nehmen Show- und Theaterprogramme ein. Viele dieser Veranstaltungen finden in dem vom Tessiner Stararchitekten **Mario Botta** entworfenen **Park Dome** statt. Darüber hinaus wird im Europapark ein breit gefächertes Veranstaltungsprogramm geboten. Im Internet kann man sich sein Programm zusammenstellen und über eine Park-App über eventuelle Wartezeiten an den Fahrgeschäften informieren (nur für Endgeräte mit GPS).

❶ Ende März – Anf. Nov. tgl. 9.00 – 18.00, im Sommer länger, Mitte Nov. bis Anf. Jan tgl. 11.00 – 19.00 Uhr, Eintritt: 39 €, Tel. 07822 77 66 88, www.europapark.de

* Ettlingen

G 6

Landkreis: Karlsruhe
Höhe: 130 – 410 m ü. NHN
Einwohnerzahl: 38 700

Wenige Kilometer südlich von ▶Karlsruhe entfernt liegt die Festspielstadt Ettlingen. Hauptattraktionen sind das Schloss und der Stadtkern.

Die Ursprünge der heutigen Stadt Ettlingen reichen bis in die Römerzeit zurück. Der Wiederaufbau der im Pfälzischen Erbfolgekrieg 1698 nahezu vollständig zerstörten Stadt erfolgte nicht zuletzt auf Betreiben von Markgräfin Sibylla Augusta, die Ettlingen als Altersruhesitz gewählt hatte. Die vorhandene Wasserkraft war im 19. Jh. eine wichtige Grundlage für die Industrialisierung. Es entstanden Papierfabriken, Spinnereien und Webereien.

SEHENSWERTES IN ETTLINGEN UND UMGEBUNG

In den letzten Jahrzehnten wurde die Ettlinger Altstadt aufwendig saniert. Mit ihren vielen sehenswerten Bauten bietet sie nun ein schmuckes Gesamtbild. Am Marktplatz mit dem spätgotischen Georgsbrunnen (1494) erhebt sich auffällig das Rathaus, ein 1738 entstandener Barockbau aus rotem Sandstein. Der römische Neptunstein, der an der Ostwand eingemauert ist, war der Votivstein einer Schifferzunft, den man 1481 fand und 1550 einmauerte. **Altstadt**

Der Turm neben dem Rathaus fungierte im Mittelalter als Stadttor. Im Nordwesten der Altstadt ist von der alten Stadtbefestigung der Lauerturm aus dem 15. Jh. erhalten. Sein Name ist auf die Gerber (Lauwer) zurückzuführen, die hier lebten und arbeiteten.

Ettlingen erleben

AUSKUNFT
Stadtinformation
Schlossplatz 3
76275 Ettlingen
Tel. 07243 101-380
www.ettlingen.de

EVENTS
Schlossfestspiele Ettlingen
Mitte Juni bis Ende Aug.
Theateraufführungen und Konzerte
Ticket-Service: Tel. 07243 10 13 80
www.schlossfestspiele-ettlingen.de

ESSEN
Hartmaier´s Villa €€€
Pforzheimer Str. 67
Tel. 07243 76 17 20
In der hübsch restaurierten Stadtvilla von 1816 werden vorzüglich zubereitete Köstlichkeiten gereicht.

ÜBERNACHTEN
Erbprinz €€€€
Rheinstr. 1
Tel. 07243 32 20
www.erbprinz.de, 122 Z.
Das »Erste Haus am Platz« besticht mit einem vorbildlichen Service. Entspannung versprechen SPA-Bereich und Saunalandschaft. Im Restaurant »Erbprinz« und in der »Weinstube Sibylla« speist man ausgezeichnet. Küchenchef Ralph Knebel hält zuverlässig seinen Michelin-Stern.

Hotel Watthalden €€€
Am Watthaldenpark
Pforzheimer Str. 67 a
Tel. 07243 71 40
www.hotel-watthalden.de, 87 Z.
Design-Hotel mit gutem Restaurant und Wellness-Angebot

*Schloss Das Schloss geht auf eine mittelalterliche Burg zurück (im Hof sieht man – integriert in den jetzigen Gebäudekomplex – noch Reste des alten Burgturms). Es wurde Mitte des 16. Jh.s neu erbaut und entstand in seiner jetzigen barocken Form zwischen 1728 und 1733 für die Witwe des Markgrafen Ludwig Wilhelm neu. In der heute als Konzertsaal genutzten **Schlosskapelle** beeindruckt ein 1732 von Cosmas Damian Asam geschaffenes Deckengemälde, das Leben und Martyrium des hl. Johannes Nepomuk darstellt.
Im Schloss ist das **Museum Ettlingen** untergebracht mit verschiedenen Einrichtungen: Das Albgau-Museum gibt einen Überblick über die Geschichte des Ettlinger Raumes. Die städtische Galerie zeigt Werke des Karlsruher Malers Karl Hofer (1878 – 1955) sowie des Bildhauers Karl Albiker (1878 – 1961). Die Sammlung Ostasiatische Kunst im Südflügel, eine Zweigstelle des Stuttgarter Linden-Museums, stellt neben Kunsthandwerk auch das traditionelle Interieur eines japanischen Wohnhauses aus.
❶ Mi. – So. 10.00 – 18.00 Uhr, Eintritt: 3 €

St. Martin Die östlich gelegene Martinskirche ist ein **barocker Saalbau**, der 1733 über den Resten einer Vorgängerkirche (und über römischen

Badeanlagen) fertiggestellt wurde. Der kleine dunkel verglaste Chor stammt noch aus gotischer Zeit (1460), ebenso der Turm darüber, der eine barocke Zwiebelhaube trägt. Das riesige **Deckengemälde** im Innern wurde erst 1987/1988 von Emil Wachter geschaffen.

Das 2 km östlich von Ettlingen gelegene Waldbronn (12 000 Einw., 230 – 300 m ü. NHN) besitzt mit der **Albtherme** eine moderne, vielseitige Bäderlandschaft. Das **Radiomuseum** in Waldbronn-Reichenbach zeigt die unterschiedlichsten Radios seit ihrer Erfindung in den 1920er-Jahren.

Waldbronn

❶ Stuttgarter Str. 25; Mi. u. 1. Sa. im Monat 15.00 – 17.00 Uhr

✱✱ Feldberg

D/E 12

Landkreis: Breisgau-Hochschwarzwald
Höhe: 1493 m ü. NHN

Höher hinauf geht's in keinem deutschen Mittelgebirge. Weithin sichtbar erhebt sich der kahle Rücken des Feldbergs über dem Südschwarzwald. An schönen Wochenenden und während der Schulferien tummeln sich Tausende Besucher auf 1493 Metern Höhe.

Als mächtiges Gneismassiv erhebt sich der Feldberg im südlichen Schwarzwald. Bei günstiger Witterung reicht der Blick im Nordosten zur Schwäbischen Alb, im Süden zu den Schweizer Alpen, während im Westen die Vogesen grüßen. Das raue Klima äußert sich auch in hohen Niederschlagsmengen (fast 2000 mm pro Jahr) und einer Schneedecke oft von November bis in den Mai.

Panoramablick

Im Februar 1891 schlug die Geburtsstunde des Schwarzwälder Wintertourismus: Damals bestieg ein Franzose als erster mit Skiern den Feldberg. Inspiriert von dieser neuen, aus Norwegen kommenden Sportart, gründeten bereits im Folgejahr Sportbegeisterte den SC Todtnau als ersten badischen Skiclub. Auch die Handwerker blieben nicht müßig und kopierten ebenfalls 1892 die norwegischen Bretter.

Geburtsstunde des Schwarzwälder Wintertourismus

Der Gipfel des Feldbergplateaus, der »Höchsten«, ragt bereits über die Baumgrenze auf, die hier bei 1450 m ü. NHN liegt. Ein dichter Borstgrasrasen bedeckt das karge Plateau, eine subalpine Vegetationsform, zu der neben dem Borstgras auch der Gelbe Enzian und der Schweizer Löwenzahn zählen. Die Hänge hingegen sind bewaldet. Dort finden das seltene Auerhuhn und der Dreizehenspecht Unterschlupf. Obwohl der Feldberg seit 1937 unter Naturschutz steht, hat

Naturschutz

Blick vom Feldberg, dem höchsten Berg des Schwarzwalds, über alle Baumwipfel hinweg auf das Alpenpanorama.

der Besucheransturm erhebliche Umweltschäden verursacht. Wanderer, Mountainbiker und Wintersportler zerstören die in dieser Höhe empfindliche Grasnarbe. Um dem Einhalt zu gebieten, hat man – erstmals in Deutschland – einen Ranger nach amerikanischem Vorbild eingesetzt. Die Zugänge zum Feldberg und einige stark frequentierte Wanderwege sind eingezäunt, um weitere Schäden zu vermeiden.

SEHENSWERTES AM FELDBERG

Haus der Natur Das architektonisch sehr ansprechende Haus der Natur (Naturschutzzentrum Südschwarzwald) beherbergt ein Besucherzentrum, das mit seinen abwechslungsreichen Ausstellungen umfassend und interaktiv über die Natur- und Wirtschaftsgeschichte des Südschwarzwaldes informiert. Im Feldberggarten können die seltenen, subalpinen Pflanzenarten bestaunt werden, die auf dem Plateau wachsen.
 tgl. 10.00 – 17.00 Uhr, Nov. – Mai Mo. geschl., Eintritt: 3 €, www.naz-feldberg.de

Gipfel Nur zu Fuß gelangt man über den 1448 m hohen Seebuck mit seinem weithin sichtbaren Fernmeldeturm und dem Bismarck-Denkmal

hinüber zum sanft gewölbten eigentlichen Feldberggipfel. Hier oben wurde 2002 ein 81 m hoher neuer Sendeturm in Betrieb genommen. Im Turm eröffnete 2013 ein **Schinkenmuseum**. Es zeigt, wie die bekannte Schwarzwälder Spezialität damals und heute hergestellt wird. In der Nähe befindet sich die Wetterwarte.
Schinkenmuseum: Juli – Sept. tgl. 9.30 – 17.00 Uhr, Eintritt: 2,90 €, www.naz-feldberg.de

In nordöstlicher Richtung fällt der Gipfelbereich ziemlich jäh zum Feldsee (1113 m ü. NHN) ab. Dieser ist das Musterbeispiel eines eiszeitlichen **Karsees**. Die Vertiefung ist vom Feldberggletscher förmlich ausgehoben worden. Der aus dem Feldsee tretende Seebach durchpflügt eiszeitliche Ablagerungen (Moränen) und mündet schließlich in den ▶Titisee, der sich seinerseits als ganz typisches Gletscherzungenbecken präsentiert. *Feldsee

Am Feldberg beginnen drei große und zwei kleinere Schwarzwaldtäler. Südlich unterhalb des Feldbergpasses entspringt die Wiese, die bei ▶Lörrach in den Rhein mündet, nördlich die Menzenschwander Alb, oberhalb des Feldsees der Seebach als Hauptquellfluss der Wutach (▶Wutachschlucht). Landschaftlich höchst reizvoll sind das **St. Wilhelmer Tal** und das **Zastlertal**, zwei tiefe Einschnitte, die bei Kirchzarten ins Dreisamtal münden. Fünf Täler

Die klassische Feldberg-Rundwanderung (Strecke: ca. 17 km; Dauer: ca. 4 – 6 Std.) führt von **Feldberg-Ort** (Jugendherberge Hebelhof) zunächst relativ steil bergan auf den Seebuck, dann zum Bismarck-Denkmal und entlang der Abbruchkante (Felsenweg) hoch über dem Feldsee vorbei. Wenig später biegt der Emil-Thoma-Weg in südlicher Richtung zum Grüblesattel ab. Über der Schlucht des Wiese-Quellgebietes durchmisst man die lichte Mattenvegetation bis zur Todtnauer Hütte (Berggasthaus), passiert sodann die St. Wilhelmer Hütte (Berggasthaus; schöner Blick auf den Schauinsland) und erreicht den **Feldberg-Hauptgipfel**. *Feldberg-Rundwanderung
Ab der Zastlerhütte (Berggasthaus, Do. Ruhetag) folgt man dem Naturlehrpfad Feldberg zum Rinkendobel und weiter zur Einmündung des Emil-Thoma-Weges. Durch schönen Wald steigt man hinunter zum Raimartihof (Berggasthaus mit Unterkunft), passiert das Feldseemoor mit seiner subalpinen Vegetation und erreicht den **Feldsee**. Von dort führt der Karl-Egon-Weg steil bergan und südwärts zurück nach Feldberg-Ort.

Als eines der schönsten Täler im Schwarzwald zieht sich das St. Wilhelmer Tal in nordwestlicher Richtung nach Oberried bei Kirchzarten hinunter. Eine Zunge des Feldberggletschers hat es u-förmig ausgehoben; Weißtanne, Bergahorn und Linde prägen das Bild. *St. Wilhelmer Tal

ZIELE • **Feldberg**

**Wintersportgebiet Feldberg Die Region um den höchsten Schwarzwaldberg ist das älteste und schneesicherste Skigebiet Südwestdeutschlands. Vor rund 100 Jahren standen hier die ersten Wagemutigen auf den »Brettln«. Heute toben sich hier alle Wintersportgruppen aus; 35 Lifte laufen während der Saison. Auch ein Snowpark für die Snowboarder fehlt nicht. Fällt der Schnee nicht reichlich genug, sorgen die Schneekanonen für Nachschub.

Feldberg erleben

AUSKUNFT
Tourist-Information
Dr.-Pilet-Spur 4
79868 Feldberg-Ort
Tel. 07652 12 06-83 20
www.hochschwarzwald.de

ANREISE
Auto
über B 317 Todtnau-Bärenthal zum Großparkplatz (Sommer 4 €, Winter kostenfrei); von dort zu Fuß oder mit der Feldbergbahn zum Gipfel. Während der Skisaison kann der Parkplatz bereits ab 8.00 Uhr belegt sein.

Bus
Im Sommer stündlich ab Todtnau und Titisee mit der Linie 7300; jeweils bis Haltestelle »Feldberger Hof«.
Ab Zell im Wiesental und Todtnau bzw. von Titisee von Mitte Dez. bis Mitte März Sa., So., Fei. halbstündlich mit dem Skibus Linie 9007
www.suedbadenbus.de

Feldbergbahn
am Großparkplatz; von der Bergstation ca. 1,8 km bis zum Gipfel. Juli – Sept. tgl. 9.00 – 17.00 Uhr, Mai, Juni, Okt. bis 16.30 Uhr, einfache Fahrt 7,70 €, Hin- und Rückfahrt 9,50 €
im Winter nur Sessellift-Betrieb
www.feldbergbahn.de

ÜBERNACHTEN · ESSEN
Schwarzwälder Hof ©©
Windgfällstr. 4
79868 Feldberg-Altglashütten
Tel. 07655 91 06-0
www.hotel-feldberg.de, 20 Z.
Modernes Haus mit Hallenbad, Sauna, Solarium und Gymnastikraum. Die Zimmer sind zweckmäßig eingerichtet. In der Gaststube gibt es Schwarzwälder Spezialitäten.

Hotel Grüner Baum ©©
Bärhaldenweg 2
79868 Feldberg-Neuglashütten
Tel. 07655 93 22 27
www.gruenerbaum-feldberg.de, 12 Z.
Ruhig und idyllisch gelegenes familienfreundliches Haus mit Sauna, Solarium und gutem Restaurant.

Hotel Restaurant Peterle ©©
Schuppenhörnlestr. 18
79868 Feldberg-Falkau
Tel. 07655 6 77
www.hotel-peterle.de, 14 Z.
Familiengeführtes Hotel mit einer bodenständigen, sehr guten Küche, deren Credo »Essen soll Spaß machen« lautet. Besonders gemütlich eingerichtet ist das Restaurant (Foto S.64). In den netten Zimmer herrscht genau die richtige Mischung aus Holz und modernen Elementen.

Forbach

G 7

Landkreis: Rastatt
Höhe: 215 – 1055 m ü. NHN
Einwohnerzahl: 5200

Im Tal der mittleren Murg liegt das schmucke Schwarzwaldstädtchen Forbach. Seit Jahrhunderten spannt sich eine berühmte Holzbrücke über den wild strudelnden Fluss.

Die Murg ist mit fast 80 Kilometern der zweitlängste Fluss im nördlichen Schwarzwald. Sie wird hauptsächlich von zwei Gebirgsbächen gebildet, die am Schliffkopf und am Ruhestein (▶Schwarzwaldhochstraße) entspringen. Bei Schönmünzach verengt sich das Murgtal auf dramatische Weise, was auf den widerständigen Granit-Untergrund in diesem Bereich zurückzuführen ist. Recht spektakulär ist das schluchtartige Tal zwischen Raumünzach und ▶Gernsbach. Unterhalb des alten Flößerstädtchens tritt die Murg in die Baden-Badener Senke mit ihrer eher lieblichen und vom Obstbau bestimmten hügeligen Landschaft ein. Große Bedeutung erlangten im oberen Murgtal die **Waldgewerbe** (u.a. Glashütten, Terpentingewinnung, Harzerei und Köhlerei). Eine bedeutende Rolle spielte bis weit ins 19. Jh. die Flößerei. In Forbach hatte die Flussfischerei lange Tradition. Im 19. Jh. erkannte man das **Wasserkraftpotenzial** der Murg und ihrer Zuflüsse. Im Forbacher Kraftwerk wurden in den 1920er-Jahren die damals stärksten Turbinen der Welt installiert.

*Murgtal

SEHENSWERTES IN FORBACH

Auf der Gemarkung Forbach hatten die badischen Murgschiffer einstmals reichen Waldbesitz. Im 18. und 19. Jh. flößten sie die Baumstämme in langen Gestören via Murg und Rhein bis nach Holland (▶Baedeker Wissen S. 234).

Stadt der Murgschiffer

Fotogenes Wahrzeichen von Forbach ist die 37,8 m lange Murgbrücke, eine freitragende und überdachte Holzbrücke mit wechselvoller Geschichte. 1570 spülte ein Hochwasser die erste Brücke fort. Die zweite wurde 1778 durch eine überdachte Holzkonstruktion ersetzt. Weil im Zweiten Weltkrieg viele Brücken gesprengt worden waren, musste die Holzbrücke auch nach 1945 als Ausweichübergang herhalten. Das fraß an der Standfestigkeit, sodass 1955 der gesamte Bau abgerissen und originalgetreu wiederhergestellt wurde. Bis heute ist sie eine der größten ihrer Art in Europa. Fußgänger, Radler und Autos dürfen sie passieren.

*Historische Holzbrücke

Forbach erleben

AUSKUNFT
Tourist-Info
Landstr. 27
76596 Forbach
Tel. 07228 39-0
www.forbach.de

ÜBERNACHTEN
Hotel-Pension am Mühlbach ⊚
Mühlbachweg 4
Tel. 07228 96 97-0
www.hotel-am-muehlbach.com, 12 Z.
Unweit vom alten Ortskern schlummert man hier in einer ruhigen Seitenstraße.

Für Hausgäste wird ein köstliches Dreigänge-Menü geboten. Auch (Westweg-)Wanderer und Radler sind hier gern gesehene Gäste.

AKTIV
Kajak-Schnupperkurs
Die Murg bei Forbach gilt als eine der schönsten Wildwasserstrecken Deutschlands. Kajak-Kurse bietet:
Adventure World Murgtal-Arena
Stried 14
Tel. 07228 96 91 70
www.murgtal-arena.de

Murggarten Gerne auch von Familien wird der Murggarten mit seinen Wasserspielen besucht. Recht originell ist der Hörnerich, ein Fabelwesen aus der hiesigen Sagenwelt, aus dessen Maul Wasser sprudelt. Anfänger im Kajaksport können an der Kajak-Spielstelle üben.

*Heuhüttentäler Eine Besonderheit der Landschaft um Forbach sind die sog. Heuhüttentäler, so etwa das Ebettal im Ortsteil Bermersbach und das Kauersbachtal im Ortsteil Gausbach. Bereits vor 250 Jahren wurden die steilen Murgseitentäler gerodet und mit sorgsam angelegten Terrassen und Kanalsystemen versehen, um Heu fürs Vieh zu gewinnen. Vermutlich geht die Bauweise für die Heuhütten auf Einwanderer aus Tirol zurück. Heute versucht man mit Hilfe von Ziegen, die Verbuschung und Wiederbewaldung dieser Täler einzudämmen.

*Giersteine Nicht weit von Forbach entfernt, beim Stadtteil Bermersbach und hoch über der Murg sind die Giersteine ein beliebtes Wanderziel. Diese fast schon mystisch wirkende Ansammlung mächtiger Granitblöcke ist durch Verwitterung entstanden.

SEHENSWERTES IN DER UMGEBUNG

*Rudolf-Fettweis-Kraftwerk Eine technische Meisterleistung der damaligen Zeit ist das während des Ersten Weltkrieges entstandene Pumpspeicherkraftwerk mit seinen gewaltigen Turbinen mit je 27 000 PS Leistung. Die EnBW AG bietet Kraftwerksführungen an.
➊ Werkstr. 5, Führung nach Vereinbarung, Tel. 0800 20 300 40

Forbach • ZIELE

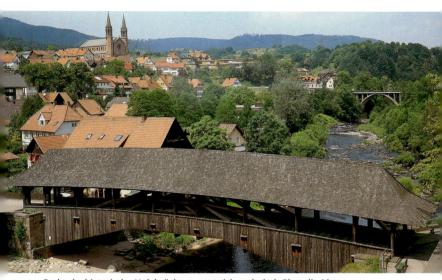

Forbachs historische Holzbrücke spannt sich malerisch über die Murg.

Etwa 10 km südwestlich oberhalb von Forbach, auf einer Höhe von 668 m ü. NHN wurde von 1922 bis 1926 die seinerzeit höchste Staumauer Deutschlands aus Gussbeton und Granitblöcken errichtet. Hinter der 65,3 m hohen und 400 m langen Steinmauer breitet sich der **größte Stausee im Nordschwarzwald** aus mit einem Speichervolumen von 14,4 Mio. m³. Das Wasser des ca. 2,5 km langen und ca. 600 m breiten Stausees wird durch mächtige Druckrohre auf die Turbinen des Rudolf-Fettweis-Kraftwerks in Forbach geleitet. Im Sommer ist der See ein beliebtes Ausflugsziel, denn hier kann man Ruder- und Tretboote mieten, surfen oder baden.

*Schwarzenbach-Talsperre

Früh konnte die Industrie im unteren Murgtal Fuß fassen. Bereits 1680 gab es in Gaggenau eine Eisenhütte, aus der 1888 eine Eisengießerei mit Maschinenfabrik hervorgehen sollte, die heute zur Daimler AG gehört. Hier werden u.a. die weltberühmten »Universalmotorgeräte« (Unimogs) gebaut.
Im Ortsteil Bad Rotenfels lädt das **Unimog-Museum** zum Besuch ein. Auf dem Außenparcours hat man die Gelegenheit, die Geländegängigkeit eines Unimogs als Beifahrer zu testen. Wer lieber selber das Steuer in die Hand nimmt, bucht ein Fahrertraining. Für Kinder gibt es spannende Spielstationen.
❶ OT Bad Rotenfels, Di. – Sa. 10.00 – 17.00 Uhr, Eintritt: 4,90 €, www.unimog-museum.de

Gaggenau

** Freiburg im Breisgau

◆ C/D 11/12

Stadtkreis: Freiburg
Höhe: 196 – 1284 m ü. NHN
Einwohnerzahl: 223 000

Freiburg ist eine der schönsten Städte Deutschlands. Dazu tragen die prächtigen Häuser der Altstadt und das Münster bei, sowie noble Passagen und Einkaufsviertel, und nicht zuletzt die bunte studentische Kneipenszene.

Kulturelles Zentrum

Freiburg, zwischen Kaiserstuhl und Schwarzwald gelegen, ist das kulturelle Zentrum des Breisgaus und das Tor zum südlichen Schwarzwald. Zum guten Ruf der Stadt, die durch die Universität bestimmt ist, trägt auch bei, dass sie in einem klimatisch begünstigten Gebiet liegt. Der Gehwegbelag in der größtenteils autofreien Altstadt besteht vielerorts aus halbierten Rheinkieselsteinen, die zu geometrischen Mustern, Zunftemblemen o. a. zusammengelegt wurden. Und dann sind da noch die »**Bächle**«: Im Mittelalter dienten sie der Brandbekämpfung, der Wasserzufuhr und als Viehtränke, heute sind sie erfrischendes Kuriosum.

Geschichte

Gegründet wurde Freiburg Ende des 11. Jh.s von den **Zähringern**. Nach deren Aussterben übernahmen die Grafen von Urach die Herrschaft. 1368 kauften sich die Freiburger von ihnen los und unterstellten sich den **Habsburgern**, unter deren Schutz die Stadt mit kurzen Unterbrechungen rund 450 Jahre verblieb. 1805 kam der Breisgau auf Betreiben Napoleons an das neu geschaffene **Großherzogtum Baden**. Im November 1944 wurde fast die ganze Innenstadt bei einem Bombenangriff zerstört, jedoch erfolgreich wieder aufgebaut. 2002 wählten die Freiburger Grünen-Mitglied Dieter Salomon zum Oberbürgermeister. 2010 wurde er in seinem Amt bestätigt.

SEHENSWERTES IM STADTZENTRUM

*Münsterplatz

Ein Rundgang durch Freiburg kann am Münsterplatz, dem Herzen der Stadt, seinen Ausgang nehmen. Er dient seit ca. 1800 als Marktplatz und liefert in den Vormittagsstunden mit seinen Obst-, Gemüse- und Blumenständen ein farbenfrohes Bild. Den Platz säumen mehrere schöne alte Gebäude, allen voran an der Südseite das 1532 vollendete rote Kaufhaus mit Laubengang und Staffelgiebeln, flankiert von Erkern mit spitzen Helmen, und das Wenzingerhaus (Nr. 30; 1761) mit dem Museum für Stadtgeschichte; an der Nordseite steht das 1969–1971 wieder aufgebaute Kornhaus (15. Jh.).

Sogar vom Münster aus zieht das rote Kaufhaus die Blicke auf sich.

**Münster

Blickfang ist das aus rotem Sandstein erbaute Münster. Es ist eines der größten Meisterwerke der gotischen Baukunst in Deutschland. Um 1200 begann man an Stelle eines Vorgängerbaus mit der Errichtung des Münsters, 1513 war der Bau im Wesentlichen vollendet. Viele Einzelteile am Außenbau des Münsters wurden und werden ausgetauscht bzw. erneuert, die Originale befinden sich im Augustinermuseum. Der schönste Schmuck der Seitenschiffe sind die überwiegend von den Zünften gestifteten **Glasfenster**. Vierung und Querhaus sind noch ganz in den großzügig schweren Formen der Romanik erhalten und lassen erkennen, dass hier ein Bau geplant war, der das Basler Münster übertreffen sollte. Helles Licht durchflutet den Chor. Der **Hochaltar**, 1512–1516 von **Hans Baldung Grien** gemalt, ist ein Hauptwerk der deutschen Malerei jener Zeit und Griens bedeutendstes Werk. Herausragend auch das **Altarbild** (um 1521) von **Hans Holbein** dem Jüngeren in der Universitätskapelle. Vom 116 m hohen Turm (um 1320/1330 vollendet) hat man eine großartige Aussicht.

Münster: Mo.–Sa. 10.00–17.00, So., Fei. 13.00–19.30 Uhr
Chor und Kapellenkranz: Mo. 13.00–16.00, Sa. 10.00–11.15 und 12.30–15.30, So., Fei. 13.00–16.00 Uhr
Turm: Mo.–Sa. 9.30–16.45, So. 13.00–17.00 Uhr
www.freiburgermuenster.info

Freiburger Münster

** *Gotisches Meisterwerk*

Das Münster Unserer Lieben Frau, aus rotem, in der Sonne prächtig leuchtendem Sandstein erbaut, ist eines der Meisterwerke gotischer Baukunst auf deutschem Boden.

ⓘ Öffnungszeiten siehe vorherige Seite
www.freiburgermuenster.info

❶ Langhaus

Das Langhaus ist eine Basilika, deren Mittelschiff über spitzen Arkaden ungegliederte Wände aufweist. Die hellen Fenster des Mittelschiffs waren einst dunkelfarbig verglast, wovon nur noch ein Beispiel zeugt.

❷ Chor

Der spätromanische Chor wird von einem Netzgewölbe überspannt. Sein Grundriss ist originell: Hier entsprechen den drei Seiten des Chorschlusses sechs Kapellen statt der bei französischen Kathedralen üblichen drei.

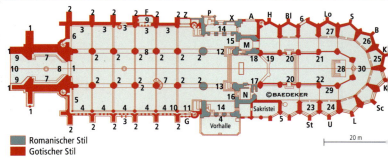

■ Romanischer Stil
■ Gotischer Stil

20 m

Innen
1 Madonna
2 Apostel
3 Fenster der Küfer, Bäcker, Schmiede, Schneider, Maler
4 Fenster der Tucher, Schuster, Bergleute, Märtyrer, St. Michael
5 Rebleuterose
6 Müllerrose
7 Kanzel
8 Schifforgel
9 Grafenkapelle
10 Zähringerfigur
11 Heiliges Grab
12 Dreikönigsaltar
13 Annenaltar
14 ehem. Lettner
15 Marienorgel
16 Roman. Relief

Chor
17 Gen. v. Rodt
18 Konrad v. Freiburg
19 Chororgel
20 Zähringerreliefs
21 Bischofsthron
22 Dreisitz
23 Wenzingertaufe
24 Holbeinaltar
25 Schnewlinaltar
26 Böcklinkreuz
27 Schutzmantelaltar
28 Hochaltar
29 Zur Bischofsgruft
30 Brunnen

Innenmaße
Länge 125m
Breite 30m
Höhe 27m

Kapellen
St Stürzel
U Universität
L Lichtenfels
Sc Schnewlin
K1 Kaiser
K2 Kaiser
B Böcklin
S Sother
Lo Locherer
Bl Blumenegg
H Heimhoffer
A Anna
M Magdalena
N Nikolaus
X Alexander
P Peter und Paul
Z Abendmahl
G Heiliges Grab
F Grafen

Aussen
1 Grafen, König, Heilige, Proph, Posaunengeng
2 Wasserspeier, Könige, Apost
3 Lammportal
4 Nikolausporta
5 Marienportal
6 Schöpfungspe
7 Figurenzykler
8 Jüngstes Ger
9 Alte Maße
10 Krönung Ma

Turmmaße
Höhe 11
Unterbau 3
Achteck 3
Helm 4

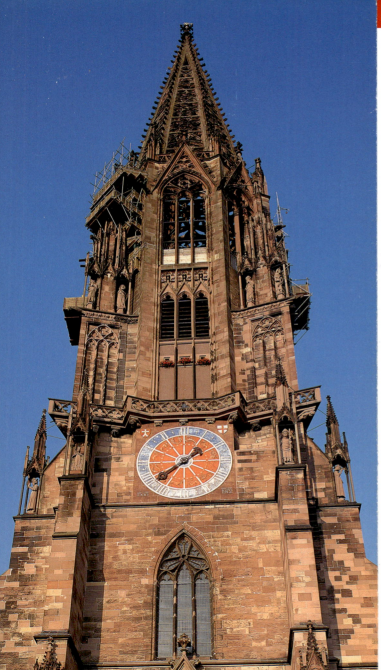

212 ZIELE • Freiburg im Breisgau

*Wentzinger-haus
In dem repräsentativen Gebäude befindet sich das **Museum für Stadtgeschichte**. Der Maler und Bildhauer **Johann Christian Wentzinger** (1710 – 1797) ließ sich das Haus am Münsterplatz 1761 nach eigenen Entwürfen erbauen.
❶ Di. – So. 10.00 – 17.00 Uhr, Eintritt: 3 €

Alte Wache
Der gelb getünchte Bau (1733) beherbergt das **Haus der Badischen Weine**. Hier kann man sich über die verschiedenen Rebsorten informieren, diverse Weine probieren (bei schönem Wetter auch auf der Terrasse am Münsterplatz) und auch einkaufen.

Kornhaus
Die Nordseite des Münsterplatzes beherrscht das Kornhaus. Es wurde 1944 ausgebombt und entstand 1969 – 1971 nach den Plänen des 15. Jh.s neu. Eine Ladenpassage und Gastronomiebetriebe haben hier ihren Sitz. Vor dem Kornhaus wurde 1970 der wiederhergestellte spätgotische **Fischbrunnen** (1483) aufgestellt.

Stadtgarten
Via Karlsplatz gelangt man in den 1887 angelegten Stadtgarten. Hier befindet sich die Talstation der **Schlossbergbahn**, die hinauf zu einem Terrassenrestaurant führt. Von oben hat man einen herrlichen Blick auf die Stadt.
❶ Bahnbetriebszeiten: tgl. 9.00 – 22.00, Di. nur bis 18.00 Uhr

*Schlossberg
Von hier aus kann man Spaziergänge auf dem Schlossberg (452 m ü. NHN) unternehmen. Dabei handelt es sich um eine vorgeschobene Kuppe des Schwarzwaldes, die vom frühen Mittelalter an die Burg der Herren von Freiburg trug. Von dieser ist jedoch fast nichts mehr erhalten. Ein schöner Aussichtspunkt ist der **Kanonenplatz**, eine von Bäumen bestandene ehemalige Bastion über den steilen Rebenhängen. Hier herauf kommt man am schnellsten vom Schwabentor (Fußweg oder Aufzug).

Konvikt-straße
Durch die Münzgasse gelangt man zur gewundenen Konviktstraße. Sie wurde in den 1970er-Jahren saniert, teilweise unter Verwendung der alten Häuserfassaden. Mit ihren Geschäften, Ateliers und Gaststätten ist sie eine Attraktion der Altstadt.

Oberlinden
Am südlichen Ende der Konviktstraße erreicht man den dreieckigen Platz Oberlinden. Unter der 1729 gepflanzten Linde steht der barocke Marienbrunnen. Das Lokal **»Zum Roten Bären«** gehört zu Deutschlands ältesten Gasthöfen, denn seit 1311 kann die Reihe der Bärenwirte lückenlos nachgewiesen werden.

*Schwabentor
Das spitzbogige Schwabentor entstand um 1250. Im Jahre 1954 wurde es renoviert. Über der Durchfahrt sieht man das »Dornmännle«, ein altes Freiburger Wahrzeichen.

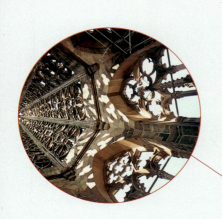

Blick von unten in den 116 m hohen »schönsten Turm der Christenheit«. Sein Zugang befindet sich rechts innen neben dem Hauptportal. Bis zur obersten Galerie sind es 328 Stufen.

Das Hauptportal des Münsters ziert ein großartiger Figurenschmuck. Gezeigt werden u.a. Geschichten aus dem Leben Jesu sowie die Wiedererweckung der Toten.

Der Hochaltar von Hans Baldung Grien ist ein Hauptwerk der deutschen Malerei jener Zeit.

In der Lochererkapelle steht ein spätgotischer Schnitzaltar (1521/1524), der eine Schutzmantelmadonna zeigt.

©BAEDEKER

Freiburg im Breisgau • ZIELE 213

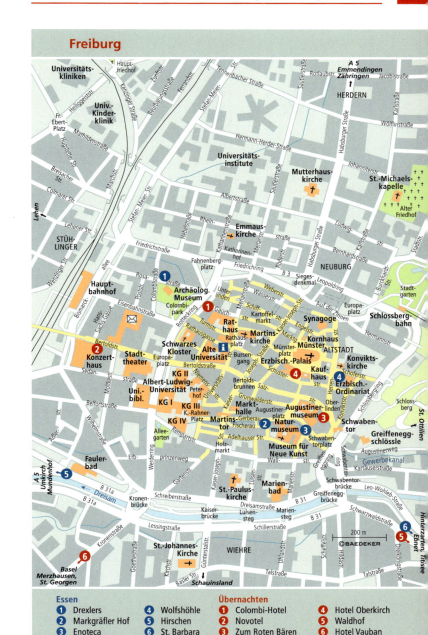

Freiburg erleben

AUSKUNFT
Tourist Information
Rathausplatz 2–4
79098 Freiburg im Breisgau
Tel. 0761 3881-880
www.freiburg.de

VERKEHR
»REGIO24«-Fahrscheine gelten ab Entwertung 24 Stunden (5,50 €). Die Welcome-Card gilt drei Tage inkl. Fahrt mit der Schauinslandbahn (24 €).

EVENTS
Zelt-Musik-Festival
Sommerliches Highlight ist das dreiwöchige Musikfestival (von Klassik über Jazz bis Rock & Pop) in einer Zeltstadt im Grünen. www.zmf.de

SHOPPING
Altstadt
Wichtigste Einkaufsmeile ist die Kaiser-Joseph-Straße mit Kaufhausfilialen und vielen kleineren Fachgeschäften. In den Straßen und Gässchen zwischen Martinstor und Münster gibt es viele Modeboutiquen, Kunst- und Antiquitätengeschäfte.

Wochenmarkt
Münsterplatz, Mo.–Sa. 7.30–13.00 Uhr
Frisches Obst und Gemüse, Schwarzwälder Rauchfleisch, Kirschwasser und andere regionale Spezialitäten

Confiserie Rafael Mutter
Gerberau 5 (Eingang Dietler-Passage)
Tel. 0761 2 92 71 41
Was hier angeboten wird, ist durchweg handgemacht, nicht nur die feinen Pralinen, die es entweder von der süßen Sorte gibt oder der würzigen (Curry, Safran, Balsamico). Die herrlichen Desserts werden in der Lounge serviert.

ESSEN
❶ *Drexlers* ❷❷
Rosastr. 9, Tel. 0761 5 95 72 03
Ruhetage: So., Fei.
Zum Restaurant gehört auch eine Weinhandlung. Im Offenausschank wählt man zwischen 30 köstlichen Tropfen, viele davon aus Baden, bei den Flaschen unter rund 380. Das Lokal bietet sehr gute Küche aus allem, was die laufende Saison wachsen und gedeihen lässt. Besonders günstig speist man mittags.

❷ *Markgräfler Hof* ❷❷❷
Gerberau 22, Tel. 0761 3 25 40
Im hübsch renovierten einstigen Stadtpalais der Familie von Kageneck lässt es sich gepflegt speisen. Geboten wird feine badische und internationale Küche. 17 Gästezimmer.

❸ *Enoteca* ❷❷❷
Gerberau 21, Tel. 0761 3 89 91 30
Ruhetage: So., Fei.
»Gastronomische Unterstützung für Feinschmecker, Faule und Untalentierte«, bietet das Lokal, das bekannt ist für seine sehr gute italienische Küche und seine vorzüglichen Weine. Besonders stimmungsvoll zeigt sich die zugehörige Trattoria in einem Altstadtkeller.

❹ *Wolfshöhle* ❷❷❷
Konviktstr. 8, Tel. 0761 3 03 03
Ruhetag: So.
Holztische, Lederstühle und Holzvertäfelung geben der Wolfshöhle eine elegantwarme Note. Ausgezeichnete Küche, die

neben köstlichen Klassikern wie Fleischküchle und eingemachtem Kalbfleisch auch Exotisches bietet. Unbedingt empfehlenswert: der günstige Mittagstisch.

❺ *Gasthaus Hirschen* €€€
Breisgauer Str. 47
79110 Freiburg-Lehen
Tel. 0761 8 97 76 90
Die Brüder Baumgartner bieten feine Leckereien aus saisonalen Produkten der Region. Mit modernem Hoteltrakt.

❻ *St. Barbara* €€
Sonnenbergstr. 40
79117 Freiburg-Littenweiler
Tel. 0761 6 96 70 20
April – Okt geöffnet; Ruhetag: Mo.
Auf halber Höhe über dem Ortsteil Littenweiler führt ein ca. 10-minütiger Fußmarsch vom Waldparkplatz zu diesem Ausflugslokal. Tolle Sicht, gute Küche mit Wild aus heimischer Jagd und Wein vom eigenen Gut locken Einheimische wie Gäste auf den Berg.

ÜBERNACHTEN

❶ *Colombi-Hotel* €€€€
Rotteckring 16 (am Colombi-Park)
Tel. 0761 21 06-0
www.colombi.de, 112 Z.
Nobelhotel am Südwestrand der Kernstadt mit Spa und Fitness Center. Das Restaurant ist seit Jahren die Nummer eins unter den Feinschmeckerlokalen in Freiburg.

❷ *Novotel am Konzerthaus* €€€
Konrad-Adenauer-Platz 2
Tel. 0761 3 88 90
www.novotel.com, 219 Z.
Modernes Komforthotel beim Hauptbahnhof mit Spa & Wellness, Restaurant, Bar und hübschem »Palmengarten«.

❸ *Zum Roten Bären* €€€
Oberlinden 12, Tel. 0761 3 87 87-0
www.roter-baeren.de, 25 Z.
Das im Herzen der Altstadt gelegene komfortable Hotel ist aus einem der ältesten Gasthöfe Deutschlands hervorgegangen, der mindestens schon seit 1311 besteht. In der Gaststube wird badische Küche serviert.

❹ *Hotel Oberkirch* €€
Münsterplatz 22, Tel. 0761 2 02 68 68
www.hotel-oberkirch.de, 26 Z.
Traditionsreiche Unterkunft mit berühmter Weinstube vis-à-vis vom Münster. Die modernen Zimmer sind auf zwei Stadtorte verteilt (Stammhaus Münsterplatz und Schusterstraße).

❺ *Waldhof* €€
Im Waldhof 16, OT Littenweiler
Tel. 0761 6 71 34
www.waldhof-freiburg.de
Absolut ruhig und höchst charmant zeigt sich das Tagungshaus der Waldhof Akademie. Uralte Bäume zieren das schlösschenartige Haus. Die Zimmer sind einfach eingerichtet, das Gästehaus wurde 2013 saniert. Gefrühstückt wird in der großen Bibliothek.

❻ *Green City Hotel Vauban* €€
Paula-Modersohn-Platz 5
Tel. 0761 8 88 57 40
www.hotel-vauban.de
Dreifach isolierte Fenster, begrünte Fassade, Hölzer aus heimischen Wäldern – das 2013 im Stadtteil Vauban eröffnete Hotel passt ideal in das ökologische Vorzeigeviertel von Freiburg. Alle Zimmer sind minimalistisch-modern gestaltet. Mit der Straßenbahn erreicht man ökologisch korrekt in 10 Minuten die Altstadt.

Blick in die Skulpturenhalle des großartigen Augustinermusems

**Augustinermuseum In dem 1278 gegründeten und 1784 aufgegebenen Klosterkomplex werden seit 1923 bedeutende Exponate der Städtischen Altertümersammlung und seit 1932 auch die reichen Kunstschätze des Erzbischöflichen Diözesanmuseums gezeigt. Nach mehrjährigen Umbaumaßnahmen konnte das Museum 2010 wiedereröffnet werden. Es gibt einen guten Einblick in die Kunst des oberrheinisch-alemannischen Kulturgebietes. Kernbereich der Ausstellung ist das vom Frankfurter Architekten Christoph Mäckler als Skulpturenhalle neu gestaltete Schiff der ehemaligen Klosterkirche. Hier stehen u.a. die zehn mächtigen steinernen Propheten vom Freiburger Münster.
Zu den Höhepunkten gehört **spätmittelalterliche Kunst**, darunter der Passionsaltar des Meisters des Hausbuchs (um 1480), der »Sündenfall« des Meisters H. L. (um 1520), das »Schneewunder« von Matthias Grünewald und »Christus als Schmerzensmann zwischen Maria und Johannes« von Lucas Cranach d. Ä. Dazu kommen noch wichtige Arbeiten von Matthias Grünewald, Hans Baldung Grien, Hans Holbein und Albrecht Dürer. Weitere Höhepunkte sind die Glasgemälde, darunter das »Dominikanerfenster (um 1300) im Treppenhaus, sowie die Barockorgel (1730) aus der ehemaligen Reichsabtei Gengenbach. Im Dachgeschoss ist Malerei des 19. Jh.s zu sehen, darunter Arbeiten von Anselm Feuerbach, Franz Xaver Winterhalter und Hans Thoma.

❶ Gerberau 15, Di. – So. 10.00 – 17.00 Uhr, Eintritt: 6 €

Freiburg im Breisgau • ZIELE

Die »Insel« zählt zu den besonders malerischen Altstadt-Quartieren. Hier fließt der Gewerbebach als Nebenarm der Dreisam an einer Reihe kleiner alter Häuser entlang. Eine Brücke führt hinüber zur **Ölmühle** (heute Goldschmiedewerkstatt).

*Insel

In der ehemaligen Mädchenschule Adelshausen sind heute Malerei und Plastik der Klassischen Moderne vom Expressionismus über die Neue Sachlichkeit bis zur Abstrakten Kunst zu sehen, darunter auch Arbeiten von Julius Bissier, Otto Dix und August Macke.

*Museum für Neue Kunst

❶ Marienstr. 10a; Di. – So. 10.00 – 17.00 Uhr, Eintritt: 3 €

Das *__Naturmuseum__ im ehemaligen Adelhauserkloster veranschaulicht seinen Besuchern mit Mineralien, Edelsteinen, Fossilien, Tier- und Pflanzen-Präparaten, wie das Leben auf der Erde entstand.

❶ Gerberau 32, Di. – So. 10.00 – 17.00 Uhr, Eintritt: 3 €

> **! BAEDEKER TIPP**
>
> ### Badefreuden nur für Damen
>
> Eines der vielen Kuriosa von Freiburg ist das Lorettobad. Seit 1866 baden hier ausschließlich Frauen. Rund um das 25-Meter-Becken breitet sich eine schöne Liegewiese aus, auf der es an warmen Sommertagen voll werden kann. Nur im benachbarten Familienbad, strikt durch einen Bretterzaun getrennt, dürfen auch Männer plantschen. Im Sommer tgl. ab 10.00, Sa., So. ab 9.00 Uhr. Stadtteil Wiehre, Lorettostr. 51a, Tel. 0761 21 05-5 70.

Durch die **Fischerau**, die mit ihren alten Häuschen dem schnell fließenden Gewerbebach folgt, oder die parallel dazu verlaufende **Gerberau** mit ihren zahlreichen Antiquariaten und Trödelläden gelangt man zum Martinstor (um 1210). Hier beginnt Freiburgs »Fressgässle«. In der Markthalle kann man Obst und Gemüse erstehen sowie lukullische Genüsse aus aller Welt probieren. Köstliches Bier gibt es in der von vielen Studenten geschätzten »Hausbrauerei Feierling« in der Gerberau 46.

Zwischen den Kastanienbäumen über einem Brunnen auf hohem Sockel steht die **Figur des Bertold Schwarz**, der als Franziskanermönch und Alchimist um 1353 hier das Schießpulver erfunden haben soll. An der Westseite des Platzes stehen das um 1900 erbaute Neue Rathaus (12.03 Uhr Glockenspiel) und das spätgotische Alte Rathaus (16. Jh.). Die Nordseite des Platzes nimmt die gotische St.-Martins-Kirche ein; sie besitzt ein sehenswertes Martinsfresko (um 1480) im südlichen Seitenschiff. Das gegenüber gelegene, 1516 erbaute **Haus zum Walfisch** ist eines der schönsten Häuser der Altstadt.

*Rathausplatz

Den zierlichen neugotischen Backsteinbau ließ sich die Witwe des spanischen Gesandten in St. Petersburg, Maria Antonia de Colombi,

*Colombischlössle

Kleinod zwischen Blumenrabatten: das Colombi-Schlösschen

im Jahre 1859 erbauen. Hier zeigt heute das **Archäologische Museum** seine bedeutenden Sammlungen aus Steinzeit, Bronzezeit, Keltenzeit sowie eine Alamannische Schatzkammer.
❶ Rotteckring 5, Di. – So. 10.00 – 17.00 Uhr, Eintritt: 4 €

St. Ottilien Über den Schlossberg gelangt man in einem ca. einstündigen Spaziergang zur schön gelegenen Wallfahrtskapelle St. Ottilien (mit Gartenrestaurant; Zufahrt mit dem Auto über die Kartäuserstraße). Die 1503 gestiftete Kirche ist ein langer gotischer Bau, an dessen Innenwänden Fresken aus dem 16. Jh. freigelegt wurden.

*Solarsiedlung Die Schwarzwald-Metropole hat einen herausragenden Ruf als »Solarstadt«. Im südlich der Altstadt gelegenen Stadtteil Vauban entstand ab 2002 die Solarsiedlung am Schlierberg mit knapp 60 sog. »Plusenergiehäusern«. Dächer und Fassaden der von dem Architekten Rolf Disch entwickelten Ökohäuser sind mit Solarzellen bestückt. Die in optimistische Farben getauchten »Kraftwerke« sind moderne Reihenhäuser, die in Größe und Geschosszahl variieren. Als Lärmschutzwand gegen die benachbarte Merzhauser Straße entstand das »Sonnenschiff«, ein lang gestreckter Geschäfts- und Bürobau mit Läden, Praxen und Büros, auf dessen Dach Penthäuser stehen, ebenfalls »Plusenergiehäuser« mit eigenem Dachgarten.

UMGEBUNG VON FREIBURG

Ein paar Kilometer aufwärts im Dreisamtal liegt der 9500 Einwohner zählende Erholungsort, umrahmt von einigen der höchsten Schwarzwaldberge. Der Ortsname »Zarten« leitet sich von »Tarodunum« ab, mit dem Ptolemäus 150 n. Chr. eine **Keltensiedlung** bezeichnete. Die kath. Pfarrkirche **St. Gallus** ist im Wesentlichen ein gotischer Bau des 16. Jh.s mit Vorhalle (um 1510) und reizvollem Chor. Beachtenswert ist vor allem der Grabstein des 1363 verstorbenen Ritters Kuno von Falkenstein. Bei der **Kienzlerschmiede** am Dorfbach handelt es sich um eine ca. 200 Jahre alte Hammerschmiede. Die Silberbrunnenstraße führt hinauf zur **Wallfahrtskapelle auf dem Giersberg**. Das schlichte 1738 errichtete Gotteshaus birgt einen Altar mit einem Gnadenbild des Schwarzwälder Künstlers Matthias Faller.

Kirchzarten

> **BAEDEKER TIPP**
>
> *Erholsame Rast mit Fernblick*
>
> Gern besucht wird der Giersberg bei Kirchzarten vor allem wegen der Pilgergaststätte »Sankt Laurentius«. Von ihrer hübschen Terrasse hat man im Sommer einen prächtigen Blick über das Dreisamtal und Freiburg bis zur Rheinebene und den Vogesen (Do. Ruhetag, Tel. 07661 5398).

An der Passhöhe Notschrei liegt die »Erlebniswelt Steinwasenpark«. Diese bietet einen kleinen Zoo mit überwiegend heimischen Tierarten (Rehe, Wildschweine, Steinböcke, Murmeltiere u.a.). Attraktionen sind die beiden ca. 800 m langen **Sommerrodelbahnen** sowie die 218 m lange Fußgänger-Seilbrücke, die einen ca. 30 Meter tiefen Taleinschnitt überspannt.

*Steinwasenpark

● Mitte März – Juni tgl. 10.00 – 16.45, Juli, Aug. tgl. 9.00 – 17.45, Sept. bis Anfang Nov. tgl. 10.00 – 17.00 Uhr, Eintritt: 20 €, Tierpark 11 €

Im Sommer ist dieser 1593 erbaute typische Schauinslandhof bei Hofsgrund als Museum zugänglich. Der Hof wurde bis 1966 bewirtschaftet und zeigt noch die ursprüngliche Einrichtung.

*Schniederlihof

● Hofsgrund-Oberried, Gegendrumweg 3, Sa., So., Fei. 11.00 – 16.00, Mai/Juni, Sept./Okt. auch Mi. 12.00 – 16.00, Juli/Aug. auch Di. – Fr. 12.00 bis 16.00 Uhr

Bereits seit 1987 ist der Rappenecker Hof am Schauinsland mit einer Photovoltaik-Anlage ausgestattet Damit ist das beliebte Ausflugsziel – hier wird auch Vesper angeboten – Europas erster mit Solarenergie versorgter Bauernhof.

Rappenecker Hof

Der 1284 m hohe Schauinsland ist Freiburgs Hausberg. Diesen erreicht man entweder über Kirchzarten und Oberried oder vom Vorort Horben aus per **Seilbahn** oder mit dem Auto auf einer 12,5 km

**Schauinsland

langen und kurvenreichen Bergstraße. Der einstmals an wertvollen Erzen reiche Bergstock ist ein westlicher Ausläufer des Feldberg-Massivs. Auffällig sind die ausgedehnten Wiesen auf seiner Hochfläche, die bereits im Mittelalter durch Rodung entstanden sind. Damals sollten sie den Holzbedarf der hiesigen Bergwerke decken. Malerisch ist die Gruppe der auf dem Kamm stehenden knorrigen Rotbuchen, die Äste sind von Wind und Schneelast bizarr verbogen. Vom Gipfelbereich des Schauinsland und besonders von seinem Aussichtsturm bietet sich ein überwältigender Panorama-Rundblick hinüber zum Feldberg und westlich über die Rheinebene zu den Vogesen. Der Schauinsland ist auch ein beliebter Skiberg und durch Skilifte sowie Langlaufloipen erschlossen. Östlich des Gipfels befindet sich das Observatorium des Fraunhofer-Instituts für Sonnenforschung.
Bergbahn: Horben, Bohrerstr. 11, tgl. 9.00 – 17.00 Juli – Sept. bis 18.00 Uhr, Berg- und Talfahrt 12 €, www.schauinslandbahn.de

> **? BAEDEKER WISSEN**
>
> ### Deutschlands Kulturtresor im Berg
>
> Tief im Schauinsland im Oberrieder Stollen lagert Deutschland Kopien sämtlicher Archivalien, die als nationales Kulturgut von hoher Bedeutung gelten. Dazu zählen z. B. die Krönungsurkunde Ottos des Großen von 936 und die Baupläne des Kölner Doms. Vor Kriegen und Katastrophen geschützt, lagern inzwischen 1369 Edelstahlbehälter mit rund 244 Millionen Mikrofilm-Aufnahmen im Berg; jährlich kommen etwa 15 Mio. Aufnahmen dazu. Als »Zentraler Bergungsort der Bundesrepublik Deutschland« steht der Stollen unter dem besonderen Schutz der UNESCO und genießt Sonderschutz nach den Haager Konventionen.

Die frühere Bezeichnung »Erzkasten« für den Schauinsland verwies auf den einstigen Stellenwert des Bergbaus. Vor allem im 14. und 15. Jh. florierte der Abbau von Silber, Blei und Zinkerz »im« Freiburger Hausberg. Von der Bergstation der Schauinslandbahn gelangt man zum **Museumsbergwerk Schauinsland**.
❶ Bergstation Schauinslandbahn; Führungen: Mai/Juni, Sept./Okt. Mi., Sa., So., Fei. 11.00 – 15.30 Uhr, Juli/Aug. tgl., Eintritt: 12 € (kleine Führung) bzw. 18 € (große Führung)

Emmendingen Die hübsch zwischen die Schwarzwald-Vorberge und den ▶Kaiserstuhl eingebettete Stadt Emmendingen (27 000 Einw.) hat im Leben Johann Wolfgang von Goethes eine Rolle gespielt. Goethes Schwester Cornelia (1750 – 1777) lebte hier mit ihrem Mann Johann Georg Schlosser, der als markgräflicher Oberamtmann tätig war. Der Dichterfürst besuchte 1775 das Paar und 1779 das Grab von Cornelia, das sich auf dem Alten Friedhof befindet. Das Alte Rathaus sowie einige barocke Bürgerhäuser. säumen den Marktplatz. Goethe ließ »Hermann und Dorothea« im ehemaligen »Gasthaus zum Löwen«

spielen, heute ein Kaufhaus (Marktplatz 9). Seit 1998 sammelt das **Deutsche Tagebuch-Archiv** in Emmendingen Tagebücher aus ganz Deutschland und bereitet sie für Recherchezwecke auf. Sowohl Wissenschaftler als auch alle Interessierten dürfen hier stöbern. Vielleicht wollen auch Sie Ihr Tagebuch abgeben?
Tagebuch-Archiv: Altes Rathaus, Marktplatz 1, Mo. – Fr. 10.00 – 12.00, Di. u. Mi. zusätzlich 15.00 – 17.00 Uhr, www.tagebucharchiv.de

Westlich von Emmendingen erreicht man die malerische Ruine Hochburg (346 m ü. NHN), **eine der größten Burganlagen Badens**. Im 11. Jh. von den Grafen von Hachberg erbaut, kam sie im 15. Jh. in den Besitz der Markgrafen von Baden. ***Hochburg**

Auf der nach Freiamt führenden Straße gelangt man zur Klosterkapelle Tennenbach (13. Jh.). Sie ist der Rest einer 1161 gegründeten und 1806 aufgehobenen Zisterzienserabtei. Die Klosterkirche wurde 1829 abgetragen, lediglich die frühgotische Kapelle blieb erhalten. **Klosterkapelle Tennenbach**

* Freudenstadt

G 9

Landkreis: Freudenstadt
Höhe: 731 – 968 m ü. NHN
Einwohnerzahl: 23 000

Freudenstadt ist auf dem Reißbrett entstanden. Dem Planer hat es gefallen, hier den größten Marktplatz Deutschlands anzulegen – ein weiter offener Raum in einer von dichtem Wald umgebenen Gemeinde.

1599 gründete der württembergische Herzog Friedrich I. im »förchtig wilden Wald« die Stadt; sein Baumeister Heinrich Schickhardt gab ihr das Gesicht einer regelmäßigen vierzeiligen Stadtanlage. Der Herzog holte protestantische Flüchtlinge aus dem Salzburgischen und Bergleute hierher, um im nahen Christophstal nach Erzen zu graben. Im April 1945, also den letzten Tages des Zweiten Weltkrieges, wurde der alte Stadtkern durch Beschuss vollständig zerstört und 1949 bis 1954 wiederaufgebaut. **Eine junge Stadt**

SEHENSWERTES IN FREUDENSTADT

Der von Heinrich Schickhardt entworfene und mit 216 x 219 Metern größte Marktplatz Deutschlands ist anlässlich des 400. Stadtgeburtstags (1999) neu gestaltet worden. Ein besonderes Einkaufserlebnis ***Marktplatz** bilden die Laubengänge, die sich um den Platz ziehen. Schmuckstück der Anlage ist der **Vierröhrenbrunnen** mit seinen im 18. Jh. aufgerichteten Buntsandstein-Brunnensäulen (Neptun, Justitia und der Herzog von Württemberg). In der Mitte des Platzes steht das nach dem Zweiten Weltkrieg erbaute **Stadthaus**, in dem das **Museum** derzeit seine stadtgeschichtliche und einer volkskundliche Sammlung neu aufstellt. Besonders beliebt vor allem bei Kindern ist die 1992 vom Stuttgarter Professor Lohrer entworfene Brunnenanlage mit ihren munteren Wasserspielen auf dem unteren Marktplatz.

Museum im Stadthaus: Di. – So. 10.00 – 17.00 Uhr

*Evang. Stadtkirche Die südliche Ecke des Marktplatzes wird von der 1601 bis 1608 im Stil der Renaissance errichteten Kirche (1951 wiederaufgebaut) eingefasst. Die beiden Langhäuser des Gotteshauses, in deren einem die Männer, im anderen die Frauen sitzen sollten, stoßen im rechten Winkel aneinander. Unbedingt näher betrachten sollte man drei kunsthistorische Kleinodien: das **Kruzifix** (um 1500), das je nach Betrachtungspunkt das Gesicht Christi anders aussehen lässt, das von den vier Evangelisten getragene **Lesepult** aus dem Jahre 1140 aus dem Kloster Alpirsbach und der im 11./12. Jh. angefertigte **Taufstein**, den wandernde lombardische Mönche auf ihrer Station im Kloster Hirsau angefertigt haben.

Freudenstadt besitzt Deutschlands größten Marktplatz.

Freudenstadt • ZIELE

Ca. 300 m östlich vom Marktplatz zieht diese Attraktion jüngere und ältere Besucher gleichermaßen an. Hier werden wissenschaftliche Phänomene der Mechanik, Optik, Akustik, Chemie und Elektrizität anhand diverser Exponate einfach erklärt. Man kann auch selbst Hand anlegen und ausprobieren.

Experimenta

❶ Musbacher Str. 5; April – Okt. tgl. 10.00 – 17.00 Uhr, Winter Mo. geschl., Eintritt: 5,50 €, www.experimenta-freudenstadt.de

Im Süden der Stadt erstreckt sich das Kurviertel, das in parkartigen Tannenhochwald übergeht. Mittelpunkt ist das 1895 vom Stuttgarter Unternehmer Paul Lechler (1849 – 1925) eröffnete Kurhaus Palmenwald. Das Jugendstil-Ensemble wurde 2010 nach Modernisierung als komfortables Wellness-Hotel wiedereröffnet (▶Erleben).

*Kurhaus Palmenwald

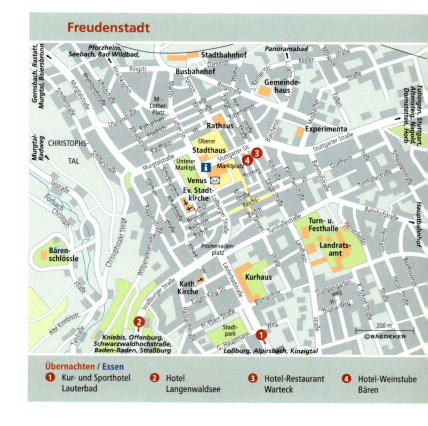

Freudenstadt erleben

AUSKUNFT
Tourist Information
Marktplatz 64
72250 Freudenstadt
Tel. 07441 864-0
www.ferien-in-freudenstadt.de

EINKAUFEN
Wochenmarkt
Marktplatz, Di., Fr. 8.00 – 12.00 Uhr

Confiserie Wetzel
Marktplatz 65
Ein nettes Mitbringsel: »Schwarzwälder Langholz«, eine nur hier gefertigte Nougatspezialität, eingepackt in heimischem Buchenholz.

ÜBERNACHTEN · ESSEN
❶ **Kur- und Sporthotel Lauterbad** ●●●●
OT Lauterbad, Amselweg 5
Tel. 07441 8 60 17-0
www.lauterbad-wellnesshotel.de, 39 Z.
Ruhig gelegenes Wellness-Hotel mit Therme, Saunalandschaft, Tepidarium und Beauty-Farm. Im Restaurant gibt es einfallsreich zusammengestellte Menüs und auch eine vortreffliche Vollwertkost.

❷ **Hotel Langenwaldsee** ●●●
Straßburger Str. 99
Tel. 07441 88 93-0
www.hotel-langenwaldsee.de
Direkt an einem kleinen See westlich von Freudenstadt an der B 28 liegt das Hotel der Familie Kaltenbach. Freundliche Zimmer, SPA-Bereich. Highlight ist die gute schwäbisch-badische Küche, die mit frischen heimischen Bio-Zutaten arbeitet.

❸ **Hotel-Restaurant Warteck** ●●
Stuttgarter Str. 14
Tel. 07441 91 92-0
www.warteck-freudenstadt.de, 13 Z.
Nette Herberge in Zentrumsnähe; Zimmer zur Fußgängerzone sind die ruhigeren. Das Restaurant des Hauses ist für seine gute und ideenreiche Küche bekannt.

❹ **Hotel-Weinstube Bären** ●●
Lange Str. 33, Tel. 07441 27 29
www.hotel-baeren-freudenstadt.de
Die Unterkunft im Stadtzentrum verfügt über 28 gemütliche Zimmer. In der Gaststube werden Schwarzwälder Spezialitäten angeboten sowie gute Weine und Edelbrände aus der Hausbrennerei.

Kienberg — Südwestlich vom Kurhaus Palmenwald erhebt sich der 800 m hohe Kienberg mit der **Friedrichshöhe** und dem **Herzog-Friedrich-Turm**, von dem sich ein schöner Ausblick bis zur Schwäbischen Alb bietet.

Besucherbergwerk — Am Nordwestabfall des Berges, wo der angeschnittene Buntsandstein dunkelrot leuchtet, hat man schon im 13. Jh. Schwerspat und Silber zutage gefördert. Ein rühriger Verein zeigt, was sich heute noch unter Tage entdecken lässt.
  ◐ Straßburger Str. 57; Mai – Okt. Sa., So., Fei. 14.00 – 17.00 Uhr

*Panoramabad — Ein Publikumsmagnet ist das großzügig konzipierte Panoramabad in der Nordstadt. Die Anlage umfasst ein Hallen- und Freischwimmbe-

cken, ein Sprungbecken, eine Riesenwasserrutsche, einen neuen Wellness-Bereich.
❶ Ludwig-Jahn-Str. 60, Mo. – Sa. 9.00 – 22.0C, So., Fei. bis 20.00 Uhr, Eintritt ab 4,50 €

Westlich der Stadt, jenseits des Forbachs, ist das Bärenschlössle mit dem großen Wildgehege und Gaststätte (Di. Ruhetag) ein beliebtes Ausflugsziel. Der hübsche Staffelgiebelbau aus dem 17. Jh. war einstmals Sitz eines Münzmeisters. Er erinnert an die Zeit, als man im Christophstal Silbervorkommen ausgebeutet hat. **Bärenschlössle**

UMGEBUNG VON FREUDENSTADT

Über 200 km markierte Wege erschließen den nahen Freudenstädter Parkwald. Am Parkplatz Teuchelwald beginnt der gut markierte Freudenstädter **Waldgeschichtspfad**, an dem auch einige der mächtigsten Tannen des Schwarzwaldes stehen, darunter die Großvatertanne mit 46 m Höhe. **Freudenstädter Parkwald**
Der wohl schönste Wanderpfad bei Freudenstadt ist der ***Breuningerweg**. Er führt vom Kienberg (Friedrichshöhe) zunächst ins südlich sich dahinschlängelnde Lautertal und danach hinauf auf die Rodter Höhe, vorbei am Kinzig-Ursprung und schließlich hinunter ins Tal der jungen Kinzig nach ▶Alpirsbach (Gehzeit ca. 6 Std.).

Knapp 10 km nordöstlich von Freudenstadt thront das altertümliche Fachwerkstädtchen Dornstetten (621 m ü. d. M; 7000 Einw.) auf einem Muschelkalksporn hoch über dem Glattal. Sehenswert sind der von Fachwerkbauten umrahmte Marktplatz mit schönem Brunnen (16. Jh.; Ritterbildnis als Brunnenfigur) und dem Heimatmuseum im Fruchtkasten.Im nordwestlichen Stadtteil Hallwangen ist ein **Barfußpark** angelegt. Einzelne Abschnitte des 2,4 km langen Parcours sind mit unterschiedlichen Materialien (Sand, Steine, Rindenmulch, Lehm, Gras usw.) ausgelegt, von denen sich jedes anders anfühlt. ***Dornstetten**
Heimatmuseum: Mai – Okt. Mi., Fr. u. So. 14.00 – 16.30 Uhr
Barfußpfad: Mai – Okt. tgl. 9.00 – 18.00 Uhr, Eintritt: 2 €

In Waldachtal wird in der Mönchhof Sägemühle gezeigt, wie die Schwarzwälder einst ihre Baumstämme mit Hilfe von Wasserkraft zu Brettern zersägten. Diversen Besichtigungsterminen geht eine Erlebnisführung mit dem Förster in den umliegenden Wald voraus. ***Mönchhof Sägemühle**
❶ Alte Str. 24, Führungen Mi., Sa. 14.00 Uhr an wechselnden Terminen, Eintritt: 3 €; Erlebnisführung 5 €, www.moenchhofsaegemuehle.de

Markantestes Bauwerk von Loßburg ist die evangelische **Jakobskirche** mit ihrem im späten Mittelalter errichteten Turm und einem im **Loßburg**

19. Jh. anstelle eines Vorgängerbaus errichteten Kirchenschiff. In der Nähe der Kirche ist noch der mittelalterliche Burghügel erkennbar. An der Hauptstraße zeigt das **Schwarzwaldmuseum** eine komplett eingerichtete Küferwerkstatt des 18. Jh.s mit 70-hl-Fass und Mostpresse sowie eine kleine Uhrensammlung (Uhrwerke aus Holz!) und eine Kollektion festlicher Loßburger Trachten.

Am südwestlichen Ortsrand zieht das hübsch gestaltete *****Zauberland Kinzigquelle** an der Kinzig mit Duftspirale, Wasserschaukel etc. Besucher an. Im nahen Wald versteckt sich die sagenumwobene und romantisch gelegene Hauptquelle der Großen Kinzig.

Museum: Mi. 14.00 – 16.30, So. bis 17.00 Uhr, März – Sept. Mi. geschl.

Kniebis ▶Schwarzwaldhochstraße

Furtwangen

F 11

Landkreis: Schwarzwald-Baar-Kreis
Höhe: 850 – 1150 m ü. NHN
Einwohnerzahl: 9300

Das Uhrmacher-Handwerk hat eine lange Tradition in Furtwangen. So verwundert es nicht, dass hier außer dem sehenswerten Deutschen Uhrenmuseum auch eine renommierte Fachhochschule angesiedelt ist.

Stadt der Uhrmacher
Die in einer Talmulde des Hochschwarzwalds gelegene Industriestadt Furtwangen, wurde 1179 erstmals urkundlich erwähnt. 1806 wurde Furtwangen badisch. Um das Jahr 1800 zählte man hier nicht weniger als 80 Uhrmacher sowie zahlreiche Uhrenträger und -händler, die ihre Ware bis nach England brachten. Überregionale Bedeutung besitzt die aus einer Lehranstalt für Uhrmacher hervorgegangene **Fachhochschule** für Feinwerktechnik, Elektrotechnik, Elektronik und Informatik.

SEHENSWERTES IN FURTWANGEN UND UMGEBUNG

****Deutsches Uhrenmuseum**
Hauptsehenswürdigkeit der Stadt ist das Deutsche Uhrenmuseum, das zu den **größten Sammlungen seiner Art weltweit** gehört. Hier wird die Geschichte des Chronometers in eindrucksvoller Weise dargestellt. Über 8000 Objekte aus aller Herren Länder – skurril, faszinierend, ausgefeilt, wertvoll. Gotische Stuhluhren und hölzerne Waaguhren des frühen 18. Jh.s können ebenso studiert werden wie

Furtwangen • ZIELE

Furtwangen erleben

AUSKUNFT
Tourist Information
Lindenstr. 1
78120 Furtwangen
Tel. 07723 92 95-0
www.furtwangen.de

EVENT
Antik-Uhrenbörse
Jährlich Ende August strömen Liebhaber antiker Uhren nach Furtwangen zur größten Messe dieser Art in Europa.
www.antik-uhrenboerse.info

ÜBERNACHTEN · ESSEN
Hotel-Restaurant Zum Ochsen ❸
Marktplatz 9
Tel. 07723 9 31 16
www.hotel-ochsen-furtwangen.de
Der Ochsen bietet 34 nette Zimmer an..
In der gemütlichen Gaststube werden schwäbische Spezialitäten serviert, auch kreative vegetarische Gerichte sind zu haben.

Höhengasthaus Kolmenhof ❸❸
Neuweg 11
(ca. 7 km vom Zentrum entfernt)
Tel. 07723 9310-0
www.kolmenhof.de, 8 Z.
Ruhetage Restaurant: Mi. abend, Do.
Zur einen Seite die Bregquelle, zur anderen das Martinskapellchen, rundherum Wiesen und Wälder und mittendrin der familiengeführte Kolmenhof mit seinen freundlichen Zimmern. Nicht nur Westwegwanderer erholen sich hier erfolgreich. Im sehr guten Restaurant werden auch frische Schwarzwaldforellen angeboten, hin und wieder sitzen auch bekannte Skispringer am Nachbartisch.

Lackschilduhren, Räderuhren, Pendeluhren, Schwarzwälder Kuckucksuhren, eine astronomische Weltzeituhr von Thaddäus Rinderle aus dem Jahre 1787, goldene Taschenuhren und eine Flötenspieluhr. Auch die wechselvolle Entwicklung der Schwarzwälder Uhrenindustrie wird beleuchtet (▶Baedeker Wissen S. 228, 340). Sonderausstellungen zu spannenden Themen rund um die Uhr ergänzen das üppige Programm. Zeit mitbringen!
❶ Robert-Gerwig-Platz 1, April – Okt. tgl. 9.00 – 18.00, Nov. – März tgl. 10.00 – 17.00 Uhr, Eintritt: 5 €, www.deutsches-uhrenmuseum.de

Südwestlich oberhalb von Furtwangen liegt mit Neukirch (960 bis 1141 m ü. NHN) eine Hochburg des nordischen Skisports, in dem auch internationale Wettbewerbe ausgetragen werden. **Neukirch**

Nordwestlich der Stadt (Fahrweg knapp 6 km; Berggasthof, Naturfreundehaus) erhebt sich Furtwangens Hausberg, der 1148 m hohe Brend. Er ist einer der besten Aussichtsberge im mittleren Schwarzwald. Vom modernen Aussichtsturm bietet sich an klaren Tagen ein Blick bis zu den Vogesen und den Schweizer Alpen. Vom Brend lohnt ein kurzer Marsch nordwärts zu den **Güntersfelsen**. ***Brend**

Kuckucksuhr

Der Kuckuck ruft ...

»*Die Schwarzwälder galten als die ersten Japaner; sie bauten hölzerne Uhren in großen Stückzahlen für den Export.*« *Diesen Satz hört man bei einer Führung im Deutschen Uhrenmuseum Furtwangen. Tatsächlich weist eine Erhebung aus dem Jahre 1842 Schwarzwälder Uhrenhändler in 4 Erdteilen und in 23 europäischen Ländern nach.*

Von den ersten Schwarzwälder Holzuhren existieren keine Originale; auf nachgebauten Uhren ist häufig die Jahreszahl 1640 zu sehen. In der Forschung setzt man die Holzuhren auf das Jahr »um 1650« an. Unklar bleibt auch, ob eine einfache Uhr aus Metall in Holz nachgebaut wurde oder ob man eine auswärtige Uhr zum Vorbild genommen hat.

Um die Mitte des 18. Jh.s war das Uhrmachergewerbe vor allem im Hochschwarzwald verbreitet. Die frühesten Uhren glichen einfachen Wanduhren aus Metall, die als Türmer- und Wächteruhren Verwendung fanden. Das **Uhrwerk** bestand nur aus Holz und Eisendraht. Angetrieben wurde die Uhr wohl von einem glatten Feldstein an einer Schnur mit kleinem Gegengewicht. Die Laufdauer betrug höchstens zwölf Stunden. Nach und nach ersetzte man hölzerne Bauteile durch metallene – mit einer Ausnahme: Die Holzgestelle mit hölzernen Trägerplatten behielt man bei.

Arbeitsteilung

Ab 1780 sorgte die Arbeitsteilung für eine Steigerung der Produktion (s. S. 340). Nach 1810 wurden im Schwarzwald jährlich 150 000 bis 200 000 Uhren gefertigt, nach 1840 um die 600 000. Mitte des 19. Jh.s waren an die 5000 Personen in der Uhrenproduktion tätig. Bis dahin wurden Uhren zumeist in Heimarbeit hergestellt. Jetzt entstanden kleinere Uhrmacherbetriebe. Die Uhrmacher fertigten nicht alle Teile selbst an. Schon im 18. Jh. ließen sie sich von Stell- und Schildmachern, Metallgießern, Werkzeugmachern beliefern. Im 19. Jh. kamen die **Schildmaler** hinzu, die oft mehr als die Uhrmacher verdienten.

Ein weltweiter Uhrenhandel

Den Verkauf der Uhren – 1841 verkauften von den 112 selbstständigen Uhrmachern in Furtwangen nur neun ihre Erzeugnisse selbst – übernahmen im Volksmund als »Packer« oder »Spediteurs« bezeichnete **Uhrenträger** und Händler. Diese kauften bei Uhrmachern und Schildmalern ein und begaben sich mit ihren Waren auf die Reise. Zwar gab es die Holzuhrmacherei in einigen Gegenden Europas, so auch in der Schweiz, doch nur im Schwarzwald wurden robuste und billige Gebrauchsuhren hergestellt.

Ab 1860 gab es im Schwarzwälder Uhrmachergewerbe erste Veränderungen, jetzt stellte man einzelne Teile fabrikmäßig her. Es entstanden große Uhrenfabriken, so etwa **Junghans** in Schramberg (1861). In der Technologie orientierte man sich am Entwicklungsstand der Zeit. Die entstehende Uhrenindustrie machte große Gewinne insbesondere mit Metallweckern und Federzug-Regulatoren. Von den 1905 produzierten 5,8 Mio. Uhren waren 70% Wecker. Die meistverkaufte Weckeruhr war der sog. Baby-Wecker, mit rundem Metallkorpus und aufgesetzter Glocke. Vor dem Ersten Weltkrieg wurde die Hälfte aller exportierten Uhren im Schwarzwald produziert.

Nach Verkaufseinbrüchen während der beiden Weltkriege konnte die Schwarzwälder Uhrenindustrie an alte Erfolge anknüpfen. In den besten, noch nicht von der Globalisierung geprägten Jahren nach dem Zweiten Weltkrieg wurden im Schwarzwald jährlich bis zu 60 Mio. Uhren und Uhrwerke produziert. Zeitweise waren in diesem Industriezweig bis zu 12 000 Menschen beschäftigt.

Wer erfand die Kuckucksuhr?

Die Palette Schwarzwälder Chronometer reicht von Bilderuhren über Wecker bis zur modernen Quarz- und Funkuhr. Es wurden Uhren mit beweglichen Figuren (»Männleuhren«) und solche mit Musikwerken hergestellt. Doch keine Uhr erreichte solche Popularität wie die Kuckucksuhr.

Die ersten Uhren dieser Art sind für das Jahr 1629 in Polen nachgewiesen, ab 1730 findet man sie im Schwarzwald. Und erst hier wurde die Kuckucksuhr zur Volksuhr. Der Kuckucksruf funktioniert so: Über zwei Pfeifen befinden sich Blasebälge; werden diese durch ein Rad des Schlagwerks angehoben, füllen sie sich mit Luft; durch ihr Eigengewicht fallen sie in sich zusammen, die Luft entweicht durch die beiden Lippenpfeifen, der Kuckucksruf ertönt.

Ihre heutige Gestalt erhielt die Kuckucksuhr 1850. Den Entwurf dafür lieferte **Friedrich Eisenlohr**, Professor am Polytechnikum in Karlsruhe und Regierungsbeauftragter für die Hochbauten der badischen Staatsbahnen. So verwundert es nicht, dass der Kuckuck in einem **Bahnwärterhäusle** wohnt. Verziert ist es mit Jagd- bzw. Waldmotiven, ferner gehören das Drahtpendel mit der Messingscheibe und den bronzefarbenen Tannenzapfen zur üblichen Ausstattung.

Bregquelle Etwa 7 km nordwestlich von Furtwangen erreicht man die Bregquelle (1078 m ü. NHN), die mündungsfernste Quelle der Donau. Von hier sind es 2888 km bis zur Mündung der Donau ins Schwarze Meer. Bereits seit dem 16. Jh. streiten sich Furtwangen und Donaueschingen um den Besitz der »richtigen« Donauquelle. Oberhalb der Bregquelle liegt die **Martinskapelle**. Etwa eine Viertelstunde weiter nordöstlich erreicht man die Quelle der dem Rhein zufließenden Elz.

Gütenbach Modelleisenbahner kommen in Gütenbach auf ihre Kosten, denn hier ist die Modellbaufirma **Faller** beheimatet. Ihr Ausstellungsraum bietet detailgetreu gestaltete Landschaften im Kleinformat mit allen Eisenbahnen und Highlights aus der Firmengeschichte.
Faller Miniaturenwelten: Kreuzstr. 9, Mi. – Fr. 10.00 – 17.00, Sa. 10.00 – 15.00 Uhr, www.faller.de

Balzer Herrgott Im Dreieck Wildgutach, Neukirch und Gütenbach liegt der Fallengrund, Drehort für viele Außenaufnahmen der TV-Serie »Die Fallers«. Ca. 1 km vom Waldparkplatz Gütenbach entfernt, ist der sog. Balzer Herrgott ein beliebtes Ausflugsziel. Im 19. Jh. hat man an einer alten Wetterbuche eine steinerne Christusfigur aufgestellt, die nach und nach von der Baumrinde umhüllt wurde. Heute ist nur noch der Kopf der eingewachsenen Figur zu sehen. Mehrfach hat man die Rinde nachgeschnitten, um ein vollständiges Überwallen der Figur zu verhindern. Zugänglich auch auf einem beschilderten, sehr steilen Wanderweg von der Hexenlochmühle aus (▶Waldkirch).

Linachtal Von Furtwangen führt der Schwarzwald-Mittelweg am Westrand des Linachtales vorbei zum Wanderer- und Skiangläufertreffpunkt **Kalte Herberge** (1028 m ü. NHN). Von 1922 bis 1925 wurde die 143 m breite und aus 13 aufrechten, ca. 25 m hohen Betongewölben bestehende **Linachtalsperre** errichtet. Das in Europa einmalige technische Baudenkmal war lange dem Verfall preisgegeben. Inzwischen ist die Gewölbereihenmauer saniert und ein Wasserkraftwerk installiert. Auch gebadet darf werden.

** Gengenbach

E 9

Landkreis: Ortenaukreis
Höhe: 175 m ü. NHN
Einwohnerzahl: 11 000

Nur wenige Kilometer südöstlich von ▶Offenburg liegt das malerische Fachwerkstädtchen Gengenbach im Kinzigtal, umgeben von Weinhängen und sonnigen Schwarzwaldhöhen.

Gengenbach • ZIELE

Historische Stadttürme wie das »Obertor«, gepflegte Brunnen und Fachwerkhäuser zieren Gengenbachs Altstadt.

Gengenbach, das 1230 Stadtrecht erhielt, wurde 1360 Freie Reichsstadt und zeichnet sich heute durch ein fotogenes Zentrum inmitten einer herrlichen Umgebung aus. Vor den Toren der Stadt haben sich die Holz- und Papierindustrie etablieren können.

Wo der Lachs sprang

Das Stadtwappen von Gengenbach zeigt einen springenden Lachs (Salm), den sog. Geng-Fisch, der früher in der Kinzig häufig vorkam. Von diesem Fisch leitet sich wohl der Stadtname ab.

SEHENSWERTES IN GENGENBACH

Im besonders hübschen historischen Kern von Gengenbach sind noch Teile der **spätmittelalterlichen Stadtbefestigung** (Prälatenturm, Schwedenturm, Kinzigtor, Haigeracher Tor, auch Obertor genannt) erhalten. Die schmucken Häuser stammen allerdings überwiegend aus dem 18. und 19. Jahrhundert: 1689 war die Stadt nach kriegerischen Auseinandersetzungen fast vollständig abgebrannt. Eine der fotogensten Ecken ist die Engelgasse, wo zahlreiche **schöne Fachwerkbauten** stehen.

Stadtbild

Gengenbach erleben

AUSKUNFT

Kultur- und Tourismus GmbH
Im Winzerhof
77723 Gengenbach
Tel. 07803 93 01 43
www.gengenbach.info

EVENTS

Gengenbacher Adventskalender
Im Advent verwandelt sich das Gengenbacher Rathaus mit seinen 24 Fenstern zum größten Adventskalender der Welt. Abend für Abend wird um 18.00 Uhr – untermalt von weihnachtlicher Musik – ein Fenster geöffnet.

Gengenbacher Fasend
Die Tradition der Gengenbacher Fastnacht reich bis ins 15. Jh. zurück. Während der »tollen Tage« treiben Hexen, Spättlehansel, Klepperlesbuben usw. ihre derben Späße. Höhepunkt ist der Narrenumzug am Fastnachtssonntag.

ÜBERNACHTEN · ESSEN

Schwarzwaldhotel Gengenbach €€
In der Börsiglache 4
Tel. 07803 93 90-0
www.schwarzwaldhotel-gengenbach.de, 59 Z.
Das Restaurant bietet Herzhaftes aus der Region und eine mediterran angehauchte Feinschmecker-Küche.

Pfeffermühle €
Hotel: Oberdorfstr. 24
Restaurant: Victor-Kretz-Str. 17
Tel. 07803 9 33 50
www.pfeffermuehle-gengenbach.de, 25 Z.
Ruhetag Restaurant: Do.
Hübsches historischen Fachwerkhaus mitten in der Altstadt. Im dazugehörigen Restaurant genießt man vorzügliche Steaks und viele Köstlichkeiten der badischen Küche.

Gasthof Rebstock €
Fußbach 2
77723 Gengenbach-Fußbach
Tel. 07803 9 64 88-0
www.rebstock-fussbach.de
Altbekannter Schwarzwälder Gasthof mit freundlichen Gästezimmern; er ist bekannt für seine Wildgerichte und die Hausbrennerei.

***Marktplatz** Von den drei Stadttoren verlaufen breite Straßen zum zentralen und immer recht belebten Marktplatz mit dem Röhrenbrunnen von 1582. Die Brunnenfigur (Kopie; Original im Haus Löwenberg), auch Ritter Schwed genannt, trägt eine Schriftrolle mit den Privilegien der einstigen Freien Reichsstadt. Auffallend sind das steinerne **Giebelhaus Pfaff** (von 1699, früher Ratskanzlei) und das städtische **Kauf- oder Kornhaus** aus dem 18. Jh. mit Renaissanceportal.

***Rathaus** Das stattliche Rathaus wurde 1784 vom Stadtbaumeister Victor Kretz im Stil des französischen Klassizismus geschaffen. Verschiedene Baudetails erinnern allerdings noch ans Rokoko, beispielsweise die Figuren der Weisheit und Gerechtigkeit sowie der Adler mit dem Stadtwappen auf dem Giebel.

Haus Löwenberg

Ebenfalls am Marktplatz steht das Löwenbergpalais (Hauptstr. 15). Dieser aus dem 18. Jh. stammende Bau beherbergt das Städtische Museum. Es bewahrt u.a. Baufragmente, darunter die Rathausbrunnenfigur, sowie den Kunstbesitz der einstigen Abtei; zudem werden hier Wechselausstellungen zu verschiedenen Themen veranstaltet.

*Kinzigtor

Der Kinzigtorturm bildet nach Süden hin den Stadtdurchlass. Nach aufwendiger Renovierung ist in dem höchsten der Tortürme ein **wehrgeschichtliches Museum** eingerichtet.
❶ Mai – Okt. So. 10.00 – 12.00, 14.00 – 17.00 Uhr, Sa. nur nachmittags, Eintritt: 2 €

> **BAEDEKER TIPP**
> ❗ *Mit dem Nachtwächter unterwegs*
>
> Ein Erlebnis, das man so schnell nicht vergisst, ist ein abendlicher Stadtrundgang mit dem Gengenbacher Nachtwächter, der Interessantes aus der Stadtgeschichte erzählt und immer wieder sein traditionelles Lied hören lässt.
> Mai – Juli Mi., Sa. ab 22.00,
> Aug. – Okt. Mi., Sa. ab 21.00 Uhr

Den Ostteil der Altstadt nimmt das Gebiet der ehemaligen **Benediktinerabtei** ein, die Mitte des 8. Jh.s gegründet und 1803 aufgehoben wurde. Die Klosterkirche **St. Maria**, in der ersten Hälfte des 12. Jh.s nach Hirsauer Vorbild erbaut, ist eine der wenigen erhaltenen romanischen Kirchen in diesem Raum. Die Hauptapsis wurde gotisch erneuert. Nach heutigem Zeitgeschmack wird die um 1900 vorgenommene Ausmalung vielfach als zu »reich« und »perfekt« bewertet. Von der barocken Inneneinrichtung blieb das Chorgestühl (1730) erhalten, das heute in den Nebenchören bewahrt wird.

Niggelturm

An der westlichen Ecke der Stadtmauer ragt der Niggelturm auf, dessen quadratischer Unterbau noch aus dem 14. Jahrhundert stammt. Zunächst fungierte er als Wehrturm, später als Gefängnis. Heute beherbergt er das **Narrenmuseum**.
❶ April – Okt. Mi., Sa. 14.00 – 17.00, So. 11.00 – 17.00 Uhr

Flößerei- und Verkehrsmuseum

Wenn man die Stadt durch das Kinzigtor verlässt, erreicht man nach wenigen hundert Metern das im denkmalgeschützten Bahnwärterhaus eingerichtete Flößerei- und Verkehrsmuseum.
❶ April – Okt. Sa. 14.00 – 17.00, So. 10.00 – 12.00 u. 14.00 – 17.00 Uhr, Eintritt: 2,50 €, www.floesserei-museum.de

Mooskopf

Schöne Wanderwege führen von Gengenbach in ca. 2 – 3 Std. zum nordöstlich sich erhebenden Mooskopf (875 m ü. NHN). Von dem 21 m hohen **Aussichtsturm** genießt man eine prächtige Fernsicht. Unterhalb des Gipfels erinnert ein Stein an Hans Jacob Christoffel von Grimmelshausen (▶Berühmte Persönlichkeiten), der auf der Moos seinen Simplicissimus als Einsiedler hausen lässt.

Flößerei

Riesen, Floßstuben und Holländer

Vermutlich die Römer etablierten im 2. und 3. Jh. im Schwarzwald die Flößerei, um Holz und Truppen zu transportieren. Im 18. und 19. Jh. ließ man zu Flößen zusammengebundene Baumstämme auf Nagold, Enz, Neckar, Murg, Wolfach und Kinzig vom Fällort bis zum Ort der Verarbeitung bzw. zum Rhein treiben, auf dem sie im Ferntransport zur Weiterverarbeitung bis in die Niederlande gelangten.

Die von Wilhelm Hauff in »Das kalte Herz« hervorragend beschriebene Flößerei im Schwarzwald wurde bis zum späten 19. Jh., mancherorts bis ins frühe 20. Jh. und im Wolftal gar bis in die 1950er-Jahre betrieben.

Riesen und Wieden

In den Holzschlaggebieten legte man **Riesen** genannte Rutschen an, auf denen die gefällten Baumstämme zu Tal sausen konnten. Mit Signalhörnern ausgestattete **Rieshirten** überwachten die gefährliche Arbeit.

Die Stämme wurden an der Einbindestelle mit **Wieden** (Weidenbändern) oder jungen, wie Schnüre gedrillten Nadelholzruten zu **Gestören** zusammengebunden. Aus mehreren Gestören bildete man ein oftmals über 100 m langes Floß, das von kräftigen Männern gelenkt wurde.

Anfangs stand die Scheiterholzflößerei für den Brennholzbedarf der großen Städte Basel, Freiburg, Offenburg, Straßburg, Rastatt, Karlsruhe und Pforzheim sowie für die Eisenwerke und Metallhütten im Vordergrund. Zu festgelegten Zeiten wurden an den Oberläufen der Schwarzwaldflüsse Scheite ins Wasser geworfen, die am Ufer in sog. **Holzgärten** angetrieben und gestapelt wurden.

Das Flößen auf den Nebenbächen der bereits erwähnten Flüsse gestaltete sich schwierig und war nur durch die Anlage von Staubecken möglich, die im Volksmund **Floßstuben** hießen. Diese wurden nach Bedarf und etappenweise geöffnet. Wenn es hohe Wasserführung zuließ, vergrößerte man die Flöße unterwegs. So trieben auf dem Rhein und Neckar des öfteren riesige, mit mehreren Floßhütten bestückte und einigen hundert Mann besetzte **Kapitalflöße** flussabwärts. Über 20 Meter lange Holzstämme – man nannte sie **Holländer** – fanden im Haus- und Schiffbau am Niederrhein Verwendung.

Das Ende der Flößerei

Schädigungen von Flussbett und Uferzone, Laufwasserkraftwerke und Industriebetriebe, dann auch noch die Konkurrenz der Eisenbahn brachten das Ende der Flößerei. In einigen Orten, so beispielsweise in Altensteig an der Nagold und in Calmbach am Zusammenfluss von Großer und Kleiner Enz sowie an der Kinzig bzw. an der Wolf (Wolfach und Bad Rippoldsau) hat man in den letzten Jahren die historischen Flößereinrichtungen renoviert und restauriert. Die Flößerei und das dazugehörige Brauchtum wird hier aufwendig dokumentiert und gepflegt.

Gernsbach

✤ F/G 7

Landkreis: Rastatt
Höhe: 160 – 990 m ü. NHN
Einwohnerzahl: 14 300

Als »Perle im Murgtal« und »Stadt der Sonnenuhren« bezeichnet sich die alte Flößerstadt mit ihren hübschen Fachwerkbauten, winkligen Gässchen und Schloss Eberstein.

Gernsbach liegt idyllisch: Die brausende Murg verläuft mitten durch den Ort. Wohlstand brachten dem Ort die Flößerei und der Holzhandel. Auch heute noch spielt Holz eine wichtige Rolle in Gernsbach, davon zeugen ein großes Sägewerk und eine größere Papierfabrik.

SEHENSWERTES IN GERNSBACH UND UMGEBUNG

Gernsbach sieht sich als Stadt der Sonnenuhren: 17 Stück sind über die Innenstadt verstreut, die vier ältesten befinden sich an der Liebfrauenkirche und am Rathaus. Die Touristeninformation bietet Sonnenuhren-Führungen an. Viele Gehwege und Plätze werden von bunten Canna gesäumt: Seit 2004 pflanzen die Stadtgärtner die schönen Urwald-Stauden in teils völlig unbekannten Variationen an – eine Augenweide von Juni bis in den September. Die Stadt steigt auf dem linken Murgufer terrassenförmig an, überragt von ihren beiden Kirchen. Auf halber Höhe liegt der **Marktplatz**, in den umliegenden Gassen sieht man noch viele alte Fachwerkhäuser und hübsche Brunnen.

Das ***Alte Rathaus** am Marktplatz ist ein auffallender roter Sandsteinbau mit einer hohen Giebelfassade. Das Gebäude wurde 1617/1618 als Wohnhaus für den mächtigsten Herren in der Murgschifferzunft errichtet und in reichen Formen der Spätrenaissance verziert. Über dem Portal prunkt noch das Familienwappen.

*Altstadt

> **BAEDEKER WISSEN**
>
> ### Eine Stadt, zwei Herren
>
> 1387 mussten die permanent klammen Grafen von Eberstein, um nicht vollends bankrott zu gehen, einen Teil der Stadt an die Markgrafen von Baden verkaufen. Bis 1660 besaß Gernsbach zwei Vögte, zwei Maßsysteme, zweierlei Münzen – und geheiratet werden durfte über die innerörtliche Grenze hinweg auch nicht. An diese unbequeme Zeit erinnert der 1511 errichtete Kondominatsbrunnen (con dominus = gemeinsame Herrschaft) auf der Hofstätte. Der Wappenschmuck zeigt die Rose der Ebersteiner, den badischen Schild und den zackenförmigen Wolfs- oder Flößerhaken von Gernsbach.

Gernsbach erleben

AUSKUNFT
Touristinfo
Igelbachstr. 11, 76593 Gernsbach
Tel. 07224 6 44 44
www.gernsbach.de

EVENT
Altstadtfest
3. Septemberwochenende. Höhepunkt ist ein großes Feuerwerk.

ÜBERNACHTEN · ESSEN
Schloss Eberstein €€€
Tel. 07224 9 95 95-0
www.hotel-schloss-eberstein.de, 14 Z.
Ruhetage Restaurant:
Mo., Di., Sa.mittag
In exponierter Lage wohnt man hier im ansprechend restaurierten historischen Gemäuer. Im noblen Schlossrestaurant werden feine Kreationen von Sternekoch Bernd Werner serviert, darunter auch Schwarzwälder Hirschkalbrücken mit Maronenpüree. In »Werners Restaurant« werden sämtliche Speisen auch als halbe Portionen angeboten.

Hotel Sarbacher €€
Kaltenbronner Str. 598
OT Kaltenbronn
Tel. 07224 93 39-0
www.hotel-sarbacher.de, 15 Z.
Das bestens geführte Haus mit Wellness-Bereich liegt mitten im berühmten Wandergebiet zwischen Gernsbach und Bad Wildbad. Im Restaurant gibt es herzhafte Schwarzwälder Spezialitäten und Wildgerichte.

Jakobskirche Über der Unterstadt erhebt sich die Jakobskirche, eine weite Hallenkirche des 15. Jh.s, die seit 1555 als evangelische Stadtkirche dient. Im Chor befindet sich das Grabmal des Grafen Wilhelm IV. von Eberstein (gest. 1562).

Liebfrauenkirche Auf dem höchsten Punkt der Stadt wurde 1378 die kath. Liebfrauenkirche errichtet. Bei einer in den 1970er-Jahren vorgenommenen Restaurierung wurde die ursprünglich gotische Ausstattung gekonnt mit modernen Elementen kombiniert. Beachtenswert sind vor allem ein Glasfenster mit der Kreuzigungsgruppe sowie eine Pietà aus dem frühen 16. Jahrhundert.

*Katz'scher Garten An der Murg hat man eine **spätbarocke Gartenanlage** wieder hergerichtet. Herrliche exotische Blütenpflanzen, Zypressen und Feigenbäume sowie einige bemerkenswerte Skulpturen erinnern an italienische Prachtgärten.

*Schloss Eberstein Auf einem Bergvorsprung hoch über der Murg thront südlich der Stadt das Schloss Eberstein. Die im 13. Jh. erbaute Burg war bis 1660 Sitz der Grafen von Eberstein. Nach dem Verlöschen des Herrscherhauses übernahmen die Markgrafen von Baden den Herrensitz. Im Schloss ist heute ein Hotel-Restaurant eingerichtet (s. o.).

Loffenau

Nur 4 km östlich von Gernsbach liegt dieses hübsche 2600-Seelen-Dorf (400 – 900 m ü. NHN). Im Ortskern sieht man schöne Fachwerkhäuser. Teile des Turmes der **Evangelische Kirche** (19. Jh.) stammen noch aus dem 13. Jh.; erhalten ist darauf ein Freskenzyklus des 15. Jh.s (restauriert). Ein lohnendes Ausflugs- und Wanderziel von Loffenau ist die **Teufelsmühle** (906 m ü. NHN), zu der eine Mautstraße hinaufführt. Von dem steinernen Aussichtsturm genießt man eine weite Rundsicht.

Teufelsmühle: Restaurant Mo., Di. Ruhetag
Maut: Fr., Sa., So., Pkw 2,50 €, Motorräder 1,50 €

Haslach im Kinzigtal

E 10

Landkreis: Ortenaukreis
Höhe: 220 – 500 m ü. NHN
Einwohnerzahl: 7000

Besonders malerisch präsentiert sich der alte Stadtkern mit seinen schönen Fachwerkbauten. Ganz in der Nähe befindet sich mit dem Freilichtmuseum Vogtsbauernhof eine der meistbesuchten Attraktionen des Schwarzwaldes.

Bereits die Römer haben sich hier im 1. Jh. n. Chr. niedergelassen. Ab dem 13. Jahrhundert wurde Haslach Zentrum eines bedeutenden Silberbergbaureviers und wichtiger Marktort. 1704 machten die Truppen des französischen »Sonnenkönigs« Ludwig XIV. die Stadt dem Erdboden gleich. Heute zählt Haslach mit ▶Wolfach zu den beiden attraktivsten Städten im Kinzigtal.

SEHENSWERTES IN HASLACH

*Alter Stadtkern

Die vom Durchgangsverkehr befreite, unter Denkmalschutz stehende Altstadt Haslachs besitzt noch zahlreiche Häuser des 18. Jh.s, darunter viele Fachwerkbauten. Am **Marktplatz** mit dem Sebastiansbrunnen (oder Rohrbrunnen, von 1738) steht das 1733 erbaute Rathaus. Die ursprünglichen Jugendstilmalereien von 1902 wurden 1953 durch die heimatbezogenen Bilder von Trachtenträgern ersetzt.

St. Arbogast

Die zuletzt zu Beginn des 20. Jh.s umgebaute katholische Pfarrkirche besitzt aus gotischer Zeit noch einen Turm (1481). Das romanische Tympanon (12. Jh.) im Turm zeigt den Sündenfall. Bedeutendster Kunstschatz in der Kirche ist der Bildnisgrabstein des Grafen Götz von Fürstenberg (gestorben 1381).

Haslach erleben

AUSKUNFT
Tourist Information
Klosterstr. 1
77716 Haslach im Kinzigtal
Tel. 07832 706-172
www.haslach.de

ÜBERNACHTEN · ESSEN
Gasthaus zur Blume ©©
Schnellinger Str. 56
OT Schnellingen
Tel. 07832 9125-0
www.zur-blume.de, 23 Z.
Freundliche, familiengeführte Unterkunft mit komfortablen Zimmern im 2007 eingerichteten Gästehaus. In vier gemütlichen Gaststuben genießt man gute badische Küche.

Drei Schneeballen ©
Hauptstr. 11, 77716 Hofstetten
Tel. 07832 2815
www.drei-schneeballen.de, 34 Z.
Seit über 500 Jahren befinden sich die Drei Schneeballen in Familienbesitz. Kachelofen, Jägerstammtisch und Omas Hochzeitsbild im Herrgottswinkel verbreiten Heimatgefühle in den Gaststuben, wo gutbürgerliche Schwarzwälder Küche auf den Tisch kommt. Auf drei Häuser verteilen sich einfache Zimmer für die Übernachtung.

Freihof-Museum Den Freihof ließ sich der Haslacher »Dichterpfarrer« Heinrich Hansjakob (1837 – 1916) im Jahre 1913 als Alterssitz erbauen. Dem Chronisten des Schwarzwälder Lebens im 19. Jh. widmet sich heute das zum Museum ausgebaute Haus.
❶ Hansjakobstr. 17, So., Mi. 10.00 – 12.30 u. 15.00 – 17.00, Fr. 15.00 bis 17.00 Uhr, Nov. – März So. geschl., Eintritt: 2 €

*Trachtenmuseum Die Bauten des 1630 südwestlich außerhalb des Stadtkerns gegründeten **Kapuzinerklosters** sind – wie es den Ordensregeln entspricht – äußerst schlicht. Neben der 1632 errichteten Klosterkirche entstand 1659/1660 die Loretokapelle. In dem Kapuzinerkloster kann man heute Schwarzwälder Volkstrachten in ihrer ursprünglichen Form bewundern.
❶ Klosterstr. 1, April – Mitte Okt. Di. – So. 10.00 – 12.30 u. 13.30 – 17.00, Mitte Okt. – März Di. – Fr. 10.00 – 12.30 u. 13.30 – 16.00 Uhr, Eintritt: 2 €

SEHENSWERTES IN DER UMGEBUNG

Fischerbach Die weit verstreuten Häuser von Fischerbach (1700 Einw., 220 – 930 m ü. NHN), 6 km nordöstlich von Haslach, überragt der **Brandenkopf** (934 m ü. NHN). Sein Name leitet sich angeblich von einem Waldbrand im Jahre 1730 ab. Von dem Aussichtsturm auf seinem Gipfel bietet sich eine prächtige Rundsicht. Im Gasthof auf dem Gipfel kann man auch übernachten (▶Zell am Harmersbach).

Im Haslacher Ortsteil Schnellingen lohnt das alte **Silberbergwerk** »Segen Gottes« einen Besuch, wo schon vor 800 Jahren nach wertvollen Erzen gegraben wurde.

*Besucherbergwerk

❶ Führungen: April – Okt. Di. – So. 11.00, 13 30, 15.00 Uhr u. n. V., Tel. 07832 91 25-0, Eintritt: 5 €

Hausach (5800 Einw.) liegt an der Einmündung des Gutachtals in das Kinzigtal. Südlich hoch über der Stadt ragt die Ruine der 1643 zerstörten fürstenbergischen Burg Husen aus dem Wald. 1873 entwickelte sich Hausach zur **Eisenbahnerstadt** dank der Anbindung an die Schwarzwaldbahn. Rund 200 Menschen arbeiteten auf dem noch heute eindrucksvoll großen Bahngelände. Direkt gegenüber dem Bahnhof lädt die liebevoll gestaltete **Schwarzwald-Modell-Bahn** Jung und Alt zu einem Besuch ein. Hier dreht sich alles um die »große« Schwarzwaldbahn. Die spätgotische Kirche **St. Mauritius** wurde Anfang des 16. Jh.s auf den Resten des romanischen Vorgängerbaus errichtet. Noch aus romanischer Zeit (um 1200) stammt das über der Tür eingemauerte Tympanon mit einer Kreuzigungsszene.

Hausach

* Hinterzarten

E 12

Landkreis: Breisgau-Hochschwarzwald
Höhe: 850 – 1200 m ü. NHN
Einwohnerzahl: 2600

Hinterzarten liegt auf einer weiten Hochfläche oberhalb des Höllentales und zu Füßen einiger der höchsten Gipfel des Schwarzwaldes. Diese herrliche Umgebung und das große Angebot an Sport- und Freizeitmöglichkeiten machen die Stadt zu einer der bedeutendsten Ferienorte der Region.

Skispringen auf der Adlerschanze – auch das verbinden viele mit Hinterzarten. Weltberühmtheit erlangte der Ort als Heimat zweier erfolgreicher Skispringer: **Georg Thoma** (▶Berühmte Persönlichkeiten) errang im Jahre 1960 olympisches Gold, sein talentierter Neffe Dieter war in den 1990er-Jahren einer der weltbesten Skispringer.

Auf dem Sprung

SEHENSWERTES IN HINTERZARTEN UND UMGEBUNG

Hinterzarten präsentiert sich als **gepflegter Ort abseits der Durchgangsstraßen**, dessen Häuser – vorwiegend Hotels, Pensionen und Ferienhäuser – sich über die Wiesen- und Waldlandschaft verteilen.

Und dann gibt es noch die vielen verstreut liegenden Schwarzwaldhöfe von Hinterzarten und Breitnau, von denen einige bereits seit dem 15. Jh. bestehen.

*Schwarzwälder Skimuseum

Der historische **Hugenhof** beherbergt ein Museum, das sich mit der über 100-jährigen Geschichte des Skisports in dem Waldgebirge befasst. Zahlreiche Fotos, Goldmedaillen, Ski und Bindungen in ihrer ganzen Entwicklungsgeschichte und ein Raum, der sich mit der Herstellung von Skiern befasst, machen das Museum zu einem spannen-

Hinterzarten erleben

AUSKUNFT
Hochschwarzwald Tourismus GmbH
Freiburger Str., 179856 Hinterzarten
Tel. 07652 12 06-82 00
www.hochschwarzwald.de/hinterzarten

EVENTS
FIS Grand Prix
Im August trifft sich die Weltelite zum Internationalen Sommerskispringen. Programm: www.sommerskispringen-hinterzarten.de

ÜBERNACHTEN · ESSEN
Parkhotel Adler ●●●●
Adlerplatz 3, Tel. 07652 127-0
www.parkhoteladler.de, 56 Z.
Das »Erste Haus am Platz« bietet außer komfortablen Zimmern einen Wellness- und Beauty-Bereich mit Spa, Bade- und Saunalandschaft und Fitness-Center. Gut und teuer speist man im eleganten Restaurant, etwas einfacher geht es im rustikalen »Wirtshus« zu.

Hotel Schwarzwaldhof ●●
Freiburger Str. 2, Tel. 07652 12 03-0
www.schwarzwaldhof.com, 26 Z.
Der wuchtige Gasthof mit seinem markanten Eckturm liegt zentral und ist kaum zu übersehen. Innen trifft der Gast auf moderne Zimmer, Dampfbad, Sauna und Solarium. Die Küche bietet liebevoll zubereitete Schwarzwälder Spezialitäten.

Waldhotel Fehrenbach ●●●
Alpersbach 9 (4 km westl.)
Tel. 07652 91 94 - 0
www.waldhotel-fehrenbach.de
Ruhetag Restaurant: Mo., Di.
Freundlich eingerichtete, großzügige Zimmer mit Blick auf die rauschenden Wälder oder ins Tal hinab. Im Restaurant »Zur Esche«, das sich einer ausgefallenen Küche, basierend aus vornehmlich heimischen Zutaten, verschrieben hat, werden auch Kochkurse angeboten.

Zum Engel ●●
Alpersbach 14 (4 km westl.)
Tel. 07652 15 36
www.engel-hinterzarten.de, 12 Z.
Ruhetag Restaurant: Do.
Seit 1446 ist der Engel im Besitz der Familie Steiert. Mit entsprechendem Herzblut und Engagement wird das Gasthaus betrieben. Die Zimmer sind überwiegend mit Balkon, in der Gaststube strahlen viel Holz und ein grüner Kachelofen Gemütlichkeit aus. Hier schmecken die badischen Köstlichkeiten nochmal so gut. Teils stammen sie aus der eigenen Räucherkammer.

Hinterzarten • ZIELE

den Einblick in den weißen Sport. Auch die Lokalheroen Georg und Dieter Thoma werden ausgiebig gewürdigt.
❶ Hugenhof, Di., Mi., Fr. 14.00 – 17.00, Sa., So., Fei. 12.00 – 17.00 Uhr, Eintritt: 5 €, www.schwarzwaelder-skimuseum.de

Adlerschanze
Auf der mattenbelegten Adlerschanze können die besten Skispringer Deutschlands das ganze Jahr über trainieren. Die Weltelite trifft sich hier alljährlich im Sommer zum FIS Grand Prix Sommerskispringen. Von Mai bis Oktober werden Schanzenführungen angeboten. Termine nennt die Touristeninformation.

*Hinterzartener Moor
Nördlich des Bahnhofs erstreckt sich anstelle eines eiszeitlichen Gletschersees das größte Moor im Schwarzwald, das eine Fläche von rund 70 ha überdeckt. Ein Holzsteg führt mitten durch das Moor, darum herum leiten einige Wanderwege sicher über das feuchte Terrain. Zahlreiche seltene Pflanzen gedeihen hier, darunter Sonnentau, Rausch- und Moosbeere, auch Tiere wie der Moorfrosch kommen hier vor. Wie alle Moore im Schwarzwald steht auch dieses unter Naturschutz. 2013 begann seine Renaturierung. Dazu versperrt der Naturschutzbund NABU die alten Entwässerungsgräben, um das Moor vor dem Austrocknen zu bewahren. Im Zuge der Maßnahmen soll auch eine Besucherplattform errichtet werden.

> **BAEDEKER WISSEN**
>
> *Moor und Klima*
>
> Baden-Württemberg war einst reich an Mooren. Nur noch 85 000 Hektar Moorfläche sind verblieben, rund 95 % fielen dem Torfabbau zum Opfer oder wurden trockengelegt, um Acker- und Grünland zu gewinnen. Heute hätte man die Moore aus Klimaschutzgründen gerne wieder, binden sie doch Kohlendioxid in großen Mengen. Dem Naturschutzbund NABU zufolge stammen weltweit 10 % des frei werdenden Kohlendioxids aus geschädigten Mooren.

Die am Ortsausgang nach Titisee gelegene **Jockelesmühle** ist einmalig im Hochschwarzwald: Nur ein Wasserrad treibt sowohl ein Mahlwerk als auch eine Säge an. Das Wasser stammt aus dem Hinterzartener Moor. Die im 18. Jh. errichtete Mühle ist in den 1990er-Jahren restauriert worden und nur anlässlich des jährlich stattfindenden Deutschen Mühlentags am Pfingstmontag zu besichtigen.

*Heimatpfad Hochschwarzwald
Der markierte Weg führt vom Hinterzarten (Bahnhof) durchs Löffeltal ins Höllental (ca. 1 Std.) und dann durch die Ravennaschlucht hinauf nach Breitnau (ca. 2 Std.). Im steilen **Löffeltal** stößt man auf die Klingenhofsäge und die Rutscherhofsäge (18./19. Jh.). Hinter dem **Hofgut Sternen** am Höllsteig (s. u.) geht es unter der Ravennabrücke der **Höllentalbahn** hindurch in die wilde ***Ravennaschlucht** mit dem berühmten Viadukt. Nun steigt man steil hinauf immer an

den Wasserfällen der Ravenna entlang. Schließlich erreicht man die Breitnau, von der aus man auf bequemem Weg wieder zurück nach Hinterzarten kommt.

Breitnau

Der über dem Höllental gelegene Ort Breitnau (2000 Einw., 800 bis 1200 m ü. NHN) erstreckt sich mit seinen weit verstreuten Höfen und Häusern in einem sonnigen Hochtal. Die **Dorfkirche** besitzt mit einem spätgotischen Kreuzigungsrelief an der Außenwand des Westturms, dem Grabmal für Helena von Landeck (von 1603) und dem Hochaltar von Matthias Faller bedeutende Kunstwerke.

∗ HÖLLENTAL

Wege durchs Höllental

Das Höllental, durch das die vielbefahrene B 31 führt, die Hinterzarten mit Freiburg verbindet, ist ein knapp 10 km langes und sehr enges Felsental. Es beginnt am Höllsteig bzw. an der Ravennaschlucht und endet in Himmelreich am Austritt des Tales ins Zartener Becken. Bewaldete Hänge, die bis zu 600 m hoch und sehr steil ansteigen, begrenzen das Tal, lassen es ziemlich düster, ja unheimlich erscheinen.

Erst seit Mitte des 17. Jh.s führt ein Weg durchs Höllental. Ausbesserungen wurden vorgenommen, um **Marie Antoinette**, Tochter der österreichischen Kaiserin Maria Theresia, ihre Reise von Wien über den Schwarzwald angenehmer zu machen. Sie sollte am Reiseziel Paris 1770 den späteren Ludwig XVI. heiraten. Für die Bewohner des Höllentals war es ein denkwürdiges Ereignis, als am 4. Mai 1770 der Brautwagen und 51 festlich geschmückte Kutschen eintrafen. Doch war der Weg mit teilweise über 20 % Steigung für Pferdewagen auch weiterhin nur schwer passierbar. Beim Hofgut Sternen in Höllsteig mussten die Fuhrleute zu ihren eigenen Gespannen weitere vier oder gar sechs Vorspannpferde anmieten, um die Steige hinauf nach Hinterzarten überhaupt bewältigen zu können.

∗Höllentalbahn

Auch der Eisenbahnbau durch das Höllental war mit technischen Anstrengungen verbunden, doch fand der Karlsruher Ingenieur **Robert Gerwig,** von dem auch die Pläne für die Schwarzwaldbahn (▶Hornberg) stammen, eine technische Lösung. Baubeginn war 1884, 1887 konnte der Betrieb bis Neustadt, 1901 bis Donaueschingen aufgenommen werden. Die Steilstrecken zwischen Himmelreich und Hinterzarten konnten bis 1933 nur durch den Einsatz von Zahnradloks bewältigt werden. So konnten sich die Reisenden damals auf eine gemütliche Fahrt einstellen. Die Geschwindigkeit betrug zwischen 10 und 30 km/h. Heute geht's schneller. Man »braust« mit immerhin 60 km/h auf der Steilstrecke bergauf und mit 50 km/h bergab. Nach wie vor ist die Höllentalbahn, die bis Hinterzarten 625 m Hö-

Das Höllental macht es dem Verkehr nicht leicht: Viadukt (oberhalb Hofgut Sternen) für die Bahn, bizarre Schlingen für die Autos.

henunterschied überwindet und bis Titisee neun Tunnels passiert, **eine der schönsten Bahnstrecken Deutschlands**.

Am Höllsteig (oberes Talende) befindet sich das **Hofgut Sternen**, ein historisches Gasthaus aus dem 18. Jh. mit Zollstation, wo auch schon Johann Wolfgang von Goethe (1779) logierte, heute Best Western Hotel. Hier kann eine alte Glashütte sowie eine Seilerei besichtigt werden. Auch erhält man den Schlüssel für die **St.-Oswald-Kapelle**. Die romanische Sakristei mit dem Beinhaus ist der älteste Bauteil des 1148 geweihten ältesten Kirchleins im Südschwarzwald. Lohnend ist eine Wanderung in die Ravennaschlucht.

Höllsteig

ⓘ Glashütte: tgl. 9.30 – 17.30 Uhr

Ein 1907 aufgestellter Bronzehirsch hoch oben auf dem Felsen erinnert an die Sage, wonach sich ein Hirsch durch einen Sprung über die hier nur 20 m breite Schlucht vor seinen Verfolgern gerettet hat. Unbekannte machen sich einen Witz daraus, den Hirsch immer neu zu bemalen und zu schmücken: Der Wahlerfolg von Grün-Rot bei der Landtagswahl 2011 gab Anlass für ein grün-rotes Fell, 2012 erhielt der Hirsch Flügel ...

*Hirschsprung

Hornberg

Landkreis: Ortenaukreis
Höhe: 364 – 1000 m ü. NHN
Einwohnerzahl: 4200

F 10

Bekannt geworden ist das Städtchen im Gutachtal durch das »Hornberger Schießen«. Dass es auch – zumindest indirekt – Heimat des weltberühmten Schwarzwälder Bollenhutes ist, wissen aber nur wenige.

Stadtgeschichte Bereits im 11. Jh. hat man auf steilem Fels über dem Gutachtal eine Burg angelegt, zu deren Füßen im 13. Jh. eine Burgsiedlung entstand. Im 17. Jh. zerstörten die Franzosen die Burg Hornberg. Dank der von Napoleon angeschobenen Territorialreform kam Hornberg 1810 an Baden. Starke Impulse erhielt das örtliche Gewerbe durch die Schwarzwaldbahn, die 1888 fertiggestellt war.

Hornberger Schießen Das sprichwörtliche »Hornberger Schießen« hat sich wohl während des Dreißigjährigen Krieges zugetragen. Damals haben sich in der Unter- und der Oberburg verschanzte schwedische und französische bzw. bayerische Truppen gegenseitig erfolglos belagert.
Eine volkstümlichere Version, die alljährlich auf Hornbergs Waldfreilichtbühne nachgestellt wird, erzählt die Geschichte anders: 1564 erwartete man im Städtchen voll Freude den Besuch des Herzogs von Württemberg. Der adlige Herr sollte mit gebührendem Salut empfangen werden. Diverse Irrtümer – das eine Mal hielt man die Staubwolke einer herannahenden Viehherde, das andere Mal die eines Kaufmanns mit Gefolge für den einherziehenden Fürsten – führten dazu, dass bei der tatsächlichen Ankunft des obersten Württembergers alles Pulver bereits verschossen war. Die Redewendung, etwas sei ausgegangen wie das Hornberger Schießen meint also: mit viel Getöse angekündigt, aber nichts dahinter.

SEHENSWERTES IN HORNBERG UND UMGEBUNG

Altstadt Beachtenswert ist die stattliche **Ev. Stadtkirche**, die im 13./14. Jh. erbaut worden ist. Ihr schöner, im Stil der Hochgotik gehaltener Chor ist ebenso sehenswert wie die um 1600 entstandenen Fresken, die Szenen aus dem Alten Testament zeigen. Das **Rathaus** ist in den 1660er-Jahren erbaut worden.

Schlossberg Auf dem Schlossberg, einem ca. 100 m hohen Felssporn, thront die Ruine der mittelalterlichen Burg Hornberg. Erhalten sind noch der

Bergfried, der Pulverturm, der Zwinger und zwei Gewölbe. Früher gab es hier sogar zwei Burgen. Spärliche Reste der älteren Burg sind in der Nähe des Schlosshotels zu sehen.

Jedem Hornberg-Besucher, der aus Richtung Triberg kommt, fällt sofort die überdimensionale (und nachts illuminierte) Kloschüssel an der Stadteinfahrt auf. Es ist das vom französischen Star-Designer **Philippe Starck** für die in Hornberg ansässige Firma Duravit entworfene und im Jahre 2004 eröffnete Design Center. Fachleute und interessierte Laien bzw. potenzielle Käufer von Sanitär-Keramik etc. können sich hier in einer Mischung aus Produkt-Präsentation, Verkaufsausstellung und Workshop über die neuesten Trends der Badezimmer-Architektur informieren.

Duravit Design Center

❶ Werderstr. 36, Mo. – Fr. 8.00 – 18.00, Sa. 12.00 – 16.00 Uhr

Die wahre Heimat des Bollenhutes (s. Baedeker Wissen, S. 50) ist die nach Hornberg eingemeindete Streusiedlung Reichenbach, die sich mit ihren alten Schwarzwaldhöfen über mehrere Seitentäler der Gutach bis zum Fohrenbühl erstreckt.

Reichenbach

Von Reichenbach aus lohnt eine Wanderung südwestlich bergauf zum aussichtsreichen **Windkapf** (926 m ü. NHN; mit Gasthaus »Deutscher Jäger«, Mi.abend und Do. Ruhetag).

Hornberg erleben

AUSKUNFT
Tourist-Information
Bahnhofstr. 3
78132 Hornberg
Tel. 07833 793-44
www.hornberg.de

EVENT
Hornberger Schießen
Das historische Ereignis wird im Sommer auf der Freilichtbühne im Storenwald nachgestellt.

ÜBERNACHTEN · ESSEN
Hotel Schloss Hornberg ❷❷
Auf dem Schlossberg 1
Tel. 07833 96 55-0
www.schloss-hornberg.de, 39 Z.
Einige der Zimmer besitzen eine sehr gute Aussicht aufs Gutachtal. Im Restaurant werden die Schwarzwälder Spezialitäten samstags mit Klaviermusik untermalt. In der Schlossgrotte kann man jeden ersten Samstag im Monat am Rittermahl teilnehmen (auf Voranmeldung).

Hotel Adler ❷
Hauptstr. 66
Tel. 07833 93 59 90
www.hotel-adler-hornberg.de, 19 Z.
Ruhetag Restaurant: Fr.
Der Adler bietet gut ausgestattete Zimmer in zentraler Lage. Im gemütlichen Restaurant werden saisonale Gerichte serviert, und die Weinkarte bietet auch Weine von kleinen Erzeugern in Baden.

Mooswaldkopf

Etwa 7 km nordöstlich oberhalb von Hornberg erhebt sich der Bergrücken Fohrenbühl mit dem Mooswaldkopf. Auf dem Gipfel steht ein Aussichtsturm.

***Schwarzwaldbahn**

In Hornberg beginnt der Anstieg der von 1838 bis 1888 erbauten Schwarzwaldbahn, eine der schönsten Bahnstrecken Deutschlands. Sie führt von ▶Offenburg über Hausach im Kinzigtal und Hornberg bis ▶Villingen. Maßgeblich für die Streckenplanung waren die territorialen Machtverhältnisse in der zweiten Hälfte des 19. Jh.s. Statt eines einfacheren Aufstiegs über das unliebsame württembergisches Gebiet (Schiltach – Schramberg) entschied man sich für den Vorschlag des badischen Baudirektors **Robert Gerwig**, ein Vorschlag, der jedoch einen finanziellen Kraftakt sondergleichen und Höchstleistungen der Ingenieurskunst erforderte. Die Hauptarbeit wurde zwischen 1838 und 1888 geleistet. Als besonders schwierig sollte sich die Überwindung des Höhenunterschieds von 450 m zwischen den beiden nur 10 km (Luftlinie) auseinanderliegenden Städtchen Hornberg und St. Georgen erweisen. Damit auch schwere Güterzüge den steilen Anstieg auf kurzer Distanz bewältigen konnten, musste die Strecke künstlich verlängert werden, was nur durch den Bau zahlreicher Brücken und Viadukte sowie durch die Anlage von 27 Tunnels möglich war. Gerwig wendete dasselbe Prinzip übrigens auch bei der Schweizer Gotthardbahn an. In Hausach sind Teile der Schwarzwaldbahn in der Modellausstellung nachgebaut.

❶ Fahrplan: www.efa-bw.de

> **BAEDEKER TIPP !**
>
> ### Hexenröhrling & Co.
>
> Die »Schwarzwälder Pilzlehrschau« zeigt in ihrer Ausstellung alle wichtigen Pilze als naturgetreue Nachbildungen. Wer Hexenröhrling, Steinpilz, Marone und Pfifferling zweifelsfrei bestimmen lernen will, schließt sich einem der pilzkundlichen Seminare an.
> Schwarzwälder Pilzlehrschau,
> Werderstr. 17, Hornberg,
> Tel. 07833 63 00, www.pilzzentrum.de.

** Kaiserstuhl

✦ B/C 11

Landkreise: Breisgau-HSW, Emmendingen
Höhe: 190 – 557 m ü. NHN

Wie eine Insel steigt der Kaiserstuhl markant aus der Oberrheinebene auf, und schon rein optisch nimmt man ihm seinen vulkanischen Ursprung ab. Weinbau prägt die Landschaft, die wärmeliebende Arten wie den Bienenfresser beherbergt sowie die größte Vielfalt an Orchideen in Europa.

Bienenfresser schätzen die Lösshohlwege des Kaiserstuhls als Nistplätze.

Landschaft

Seinen Namen hat der Kaiserstuhl wohl von einer Gerichtsstätte Kaiser Ottos III. (980 – 1002), der 994 bei Sasbach einen Gerichtstag abgehalten hat. Höchster Gipfel des nur 16 km langen, 12 km breiten Höhenzuges ist der 557 m hohe **Totenkopf**.

Der Kaiserstuhl besteht aus jungvulkanischen Tuffen und Ergussgesteinen. Fast der gesamte Höhenzug ist von einer gelblichen Lössdecke überzogen, die am Gebirgsfuß 10 – 20 m mächtig ist. Der fruchtbare Löss, das sehr milde Klima mit hohen Sommertemperaturen und verhältnismäßig geringen Niederschlägen ermöglicht einen lukrativen **Wein- und Obstanbau**. Vorherrschende Rebsorten sind Müller-Thurgau, Grauer Burgunder und Spätburgunder. 43% des gesamten Gebiets bedecken Reben; 30 % des badischen Weinbaus findet hier statt.

Die vielen kleinen Rebterrassen wichen in den 1970er-Jahren im Zuge der Flurbereinigung ausgedehnten Terrassenlandschaften. Trotz dieser erheblichen Eingriffe in die Natur gilt der Kaiserstuhl noch immer als botanisches Kleinod. Hier konnte sich eine Pflanzenwelt entwickeln, die teilweise an das nördliche Mittelmeergebiet denken lässt. An den sonnigen Südhängen gedeiht Trockenrasen. Schon Anfang März sieht man hier die auffallende Küchenschelle, in den Weinbergen stehen die tiefblauen, süß duftenden Traubenhyazinthen. Auch **Orchideen** sind in zahlreichen Arten vertreten, u.a. in Gestalt von Purpur-Knabenkraut, Spitzorchis und Frauenschuh. Vogelarten wie der wärmeliebende, prächtig gefärbte **Bienenfresser** und der Wiedehopf begeistern Vogelfreunde.

Region Kaiserstuhl erleben

AUSKUNFT
Kaiserstuhl-Tuniberg Tourismus
Marktplatz 16
79206 Breisach
Tel. 07667 94 01 55
www.kaiserstuhl.cc

EVENTS
Weinfeste
Ihringen (Juni), Vogtsburg-Bischoffingen (Juli), Breisach (Aug.), Vogtsburg-Achkarren, Vogtsburg-Oberbergen, Bickensohl, Königschaffhausen (alle Sept./Okt.)

AKTIVITÄTEN
Museumseisenbahn
»Rebenbummler«
Verkehrt von Mai bis Juli sowie Sept. und Okt. an mehreren Wochenenden bzw. Riegel und Breisach am Rhein. Tel. 07642 68 99 90, www.rebenbummler.de.

Wandern
Der Bienenfresserweg zwischen Ihringen-Bhf. und Königschaffhausen führt durch die Brutgebieten des Bienenfressers (16 km; gelbes Vogel-Logo). In Endingen beginnt der »Kaiserstuhlpfad« (21,7 km, Ziel Ihringen).

Kaiserstuhl-Radwanderweg
64 km, grünes Radfahrerschild

WEINPROBEN
WG Königschaffhausen
n. V., Tel. 07642 9 08 46
www.koenigschaffhauser-wein.de

WG Kiechlingsbergen
n. V., Tel. 07642 90 41-0
www.kiechlingsberger-wein.de

ESSEN
Schindlers Ratsstube ✪✪
Marktplatz 10, 79346 Endingen
Tel. 07642 34 58
Ruhetage: So.abend, Mo.
Das gemütliche Lokal ist bekannt für seine badischen Spezialitäten, z. B. Flusszander im Riesling.

Schneckenbergstüble ✪
Schlossbergstr. 66
79235 Vogtsburg-Achkarren
Tel. 07662 63 58, www.engistweine.de
Ruhetag: Do.
Das kleine Vesperstüble hat seinen Namen von der nahegelegene Weinbergslage. Ins Glas kommt der eigene Wein, auf den Teller sehr gute badische Küche. Freitags und samstags gibt es auch Leberle, samstags und sonntags köstliche Schäufele.

ÜBERNACHTEN · ESSEN
Schwarzer Adler ✪✪✪
Badbergstr. 23
79235 Vogtsburg-Oberbergen
Tel. 07662 93 30-0, www.franz-keller.de
Die bekannteste Gourmet-Adresse der Region Kaiserstuhl. Zudem bietet Fam. Keller eine gigantische Weinauswahl. Gemütliche Zimmer im 1. OG und im Gästehaus verführen zum Bleiben.

Kreuz-Post ✪✪
Landstr. 1., 79235 Vogtsburg-Burkheim
Tel. 07662 90 91-0
www.hotel-kreuz-post.de, 29 Z.
Das Landhotel mit seinen geschmackvoll eingerichteten Gästezimmern liegt mitten in den Weinbergen. Im Restaurant wird gute badische Küche serviert. Mit Hausbrennerei.

SEHENSWERTES AM KAISERSTUHL

Endingen (9100 Einw.) ist eines der schönsten Fachwerkstädtchen Badens und eine der größten Weinbaugemeinden Baden-Württembergs. Viele der Fachwerkhäuser stammen noch aus dem 16. und 17. Jahrhundert. Besonders stimmungsvoll präsentiert sich der Marktplatz mit den wichtigsten historischen Bauten. Hier steht das Kornhaus, ein stattlicher Bau von 1617 mit Staffelgiebel. Das Haus Krebs (Mitte 18. Jh.) ist mit seinem Balkongitter ein Musterbeispiel des Rokoko.
Im ca. 500 Jahre alten **Üsenberger Hof**, einem restaurierten Fachwerkbau mit Resten spätgotischer Wandmalereien, erinnert das Vorderösterreich-Museum an jene Zeit, als Endingen und der Breisgau noch zu den »habsburgischen Vorlanden« gehörten.
Vorderösterreich-Musem: Ostern – Okt. Mo. – Fr. 9.00 – 12.30 u. 14.30 bis 18.00, Sa. 10.00 – 13.00, 1. So. im Monat 10.30 – 12.30 Uhr, Winter nur werktags

*Endingen

> **BAEDEKER WISSEN ?**
>
> *Boten des Klimawandels*
>
> Bienenfresser sind lebende Beweise für den Klimawandel. Heimat der exotisch gefärbten, knapp amselgroßen Vögel ist der Mittelmeerraum. Seit den 1990er-Jahren dringen sie immer weiter nach Norden vor und haben mittlerweile ihren deutschen Verbreitungsschwerpunkt am Kaiserstuhl. Die geselligen Vögel nisten dicht an dicht in Erdröhren, die sie in die Abbruchkanten der Lösshügel graben. Neben Bienen fangen sie auch ganze Reihe anderer Insekten im Flug. Der »Bienenfresserweg« (▶Erleben) führt durch die Brutgebiete am Kaiserstuhl.

Riegel (3700 Einw., 183 m ü. NHN) war schon in der Römerzeit eine bedeutende Siedlung. Davon zeugen die Reste eines Mithras-Heiligtums (in der Uesenbergstraße), das zu Beginn des 2. Jhs n. Chr. erbaut wurde. Das Römermuseum informiert über diese Zeit. Auf einem Hügel am südlichen Ortsrand steht die Michaelskapelle (15. Jh.) mit einem hervorragenden Ausblick.
Römermuseum: Hauptstr. 14, So. 11.00 – 17.00 Uhr, Eintritt: 2,50 €

Sasbach (3400 Einw., 180 – 220 m ü. NHN) ist eine typische Winzergemeinde. Direkt über dem Rhein erhebt sich nordwestlich des Ortes die Ruine der **Limburg** (269 m ü. NHN) als Rest einer im Dreißigjährigen Krieg zerstörten Zähringer-Burg. Hier soll 1218 Rudolf von Habsburg geboren sein.

Sasbach am Kaiserstuhl

Beeindruckender ist jedoch die 2 km westlich aufragende Burgruine Sponeck. Heute befindet sich sie in Privatbesitz. Erbaut wurde sie kurz vor 1300 und fiel ebenfalls den Zerstörungen des Dreißigjährigen Krieges zum Opfer. Auf dem Burggelände hat man vor einiger Zeit Grundmauern eines römischen **Kastells** freigelegt.

Burgruine Sponeck

Ein besonderer Ort: die Ehrentrudiskapelle vor den dunklen Schwarzwaldhöhen

Vogtsburg im Kaiserstuhl

Oberrotweil ist die größte der ehemaligen sieben Winzergemeinden (Achkarren, Bickensohl, Bischoffingen, Burkheim, Ober-/Niederrotweil, Oberbergen und Schelingen), die heute die Weinbaugemeinde Vogtsburg im Kaiserstuhl (5600 Einw.) bilden. In **Niederrotweil** befindet sich einer der bedeutendsten Kunstschätze im Kaiserstuhl: Die Michaelskirche wurde vermutlich bereits im 8. Jh. gegründet. Im spätgotischen Chor beeindrucken großfigurige Fresken (um 1350) sowie ein Sakramentshäuschen (1492). Wichtigstes Kircheninventar ist der Hochaltar, ein Spätwerk des Meisters H. L. (möglicherweise Hans Loy). Rund um **Bickensohl** liegen die beeindruckendsten Lösshohlwege des Kaiserstuhls. Ein 7 km langer Rundweg mit Start an der Winzergenossenschaft Bickensohl (Neunlindenstr. 25) führt zu den schönsten Orten. Das Kaiserstühler Weinbaumuseum in **Achkarren** informiert über Boden, Klima, Rebsorten und die Geschichte des Weinbaus. ***Burkheim** gehört zu hübschesten Orten im Kaiserstuhl. Im historischen Ortskern steht neben schönen Bürgerhäusern des 16. – 18. Jh.s das Rathaus, ein schlichter dreigeschossiger Renaissancebau von 1604. Vom mittelalterlichen Vorgängerbau der Pfarrkirche (18./19. Jh.) blieb die Erdgeschosshalle des Turmes erhalten (bedeutende Wandmalereien aus dem 16. Jh.). **Bischoffingen** wird im Osten überragt von der bewaldeten Mondhalde. Von hier bietet sich ein herrlicher Rundblick über den Kaiserstuhl.

Weinbaumuseum, Achkarren: Palmsonntag – 1. Nov. Di. – Fr. 14.00 bis 17.00, Sa., So., Fei. 11.00 – 17.00 Uhr, Eintritt: 2 €

Tuniberg

Der »kleine Bruder des Kaiserstuhls« ist ein etwa 10 km langer und knapp 4 km breiter Hügel (bis 316 m ü. NHN) im Südosten, allerdings nicht vulkanischen Ursprungs, vielmehr handelt es sich dabei um eine lössbedeckte Kalkscholle. Der Name »Tuni« stammt aus dem keltischen und bedeutet soviel wie »Zaun« (= von »dun«). Wie am Kaiserstuhl wird hier intensiv Spargel-, Obst- und Weinbau betrieben, und auch hier ist das Landschaftsbild durch Großterrassen weitgehend verschandelt.

An der Südspitze führt von Munzingen ein befahrbarer Weg hinauf zur ***Ehrentrudiskapelle** (272 m ü. NHN). Sie ist 1716 auf mittelalterlichen Grundmauern neu erbaut worden. Die Aussicht ist prächtig und reicht über die Rheinebene bis hin zu den sich dunkel auftürmenden Schwarzwaldhöhen.

Merdingen

Merdingen (2500 Einw.) am Westrand des Tunibergs ist eine **Weinbaugemeinde mit stattlichen Fachwerkhäusern**, darunter das Haus Saladin von 1666. Die barocke Pfarrkirche wurde 1738 – 1749 von Johann Kaspar Bagnato errichtet und zählt wegen ihrer prächtigen Innenausstattung zu den schönsten Dorfkirchen am Oberrhein.

** Karlsruhe

F – H 5/6

Stadtkreis: Karlsruhe
Höhe: 115 m ü. NHN
Einwohnerzahl: 285 000

Wer sich durch Karlsruhe bewegt, dessen Blick fällt immer wieder auf das Schloss. Die fächerförmige Anlage der Innenstadt ist charakteristisch für die ehemalige großherzoglich-badische Residenzstadt, in der die Formensprache des Klassizismus vorherrscht. Und dazu kommen noch großzügig proportionierte Parks und Gartenanlagen sowie ein mildes Klima.

Die Fächerstadt

Die sich zwischen den nordwestlichen Ausläufern des Schwarzwalds und dem Rhein ausbreitende badische Metropole ist u. a. Sitz des Bundesverfassungsgerichts und des Bundesgerichtshofs, einer Universität, einer Kunstakademie und einer Musikhochschule. Der Rheinhafen förderte die Ansiedlung einer vielseitigen Industrie. Karlsruhe verdankt seine Entstehung dem Markgrafen Karl Wilhelm von Baden-Durlach, der hier im Jahr 1715 seine neue Residenz inmitten seines bevorzugten Jagdreviers, des Hardtwaldes, gründete, nachdem seine Durlacher Residenz 1689 verwüstet worden war. Er legte fest, dass alle Straßen fächerförmig auf sein Schloss zulaufen sollten. Das klassizistische Gepräge erhielt die Stadt zu Beginn des 19. Jh.s durch die schlicht-eleganten Staats- und Privatbauten des Karlsruher Architekten Friedrich Weinbrenner (1766 – 1826; ▶Berühmte Persönlichkeiten). Er schuf u. a. die Bebauung am Marktplatz (insbesondere die Ev. Stadtkirche), baute die Münze und das Markgräfliche Palais am Rondellplatz und legte die Kaiserstraße an.

Erstes Mädchengymnasium Sehr aktiv und erfolgreich setzte sich der Verein »Frauenbildungsreform« für die Gleichberechtigung in der Bildung ein. 1893 eröffnete auf Betreiben dieses Vereins in Karlsruhe das erste Mädchengymnasium in Deutschland. 1899 legten die ersten vier ihr Abitur ab; drei nahmen ein Studium auf. Seit 1900 durften sich Frauen deutschlandweit erstmals immatrikulieren: dies an den Universitäten Heidelberg und Freiburg.

SEHENSWERTES IN KARLSRUHE

**Schloss Das Herzstück der Stadt ist der weite Schlossplatz mit dem in seiner heutigen Form 1752 – 1785 unter dem Markgrafen Karl Friedrich, dem Enkel des Stadtgründers, erbauten dreiflügeligen Schloss; es steht an Stelle des bescheidenen Ruhesitzes (1715–1719) von Markgraf Karl Wilhelm (»Carols Ruhe«). Mit dem Badischen Landesmuseum beherbergt das Schloss die bedeutendste kunst- und kulturgeschichtliche Sammlung Badens. Hervorragend sind seine Sammlungen der Vor- und Frühgeschichte, von antiken Kulturen des Mittelmeerraums sowie der Kunst-, Kultur- und Landesgeschichte vom Mittelalter bis zur Gegenwart. Einen Höhepunkt bildet die sogenannte Türkenbeute des Markgrafen Ludwig Wilhelm (»Türkenlouis«). Hinter dem Schloss erstreckt sich der ausgedehnte Schlossgarten, ein im englischen Stil angelegter Landschaftsgarten mit Teich, schönem Baumbestand, Liege- und Spielwiesen.
Badisches Landesmuseum: Di. – Do. 10.00 – 17.00, Fr – So. 10.00 – 18.00 Uhr, Eintritt: 4 €, www.landesmuseum.de

Majolika-Manufaktur Nördlich hinter dem Schlossgarten befindet sich die 1901 gegründete Staatliche Majolika-Manufaktur mit dem **Majolika-Museum**. Unter den Exponaten befinden sich auch Schöpfungen von Hans Thoma, Hermann Billing, Fritz Behn und Max Laeuger. Führungen durch die Keramikwerkstatt werden angeboten (nur nach Voranmeldung drei Tage im Voraus).
Schalen, Fliesen, Wandteller etc. kann man in der **Verkaufsausstellung** günstig erwerben. Gelegentlich ist auch 2.-Wahl-Keramik zu stark ermäßigten Preisen zu haben.
Majolika-Museum: Ahaweg 6, Di. – So., Fei. 10.00 – 13.00, 14.00 – 17.00 Uhr, Eintritt: 2 €, www.majolika-karlsruhe.com

Karlsruhe • ZIELE

Essen
1. Zum Ochsen
2. La Medusa
3. Nagels Kranz

Übernachten
1. Schlosshotel
2. Renaissance Karlsruhe
3. Novotel Karlsruhe City
4. Der Blaue Reiter
5. Allee-Hotel

Karlsruhe erleben

AUSKUNFT
Tourist-Information
Bahnhofsplatz 6
76137 Karlsruhe
Tel. 0721 37 20 53 83
www.karlsruhe-tourismus.de

EVENTS
Händel-Festspiele
Highlight im Februar/März sind die Händel-Festspiele im Staatstheater.

Brigandefeschd
Im Frühling verwandelt sich der Marktplatz in eine Riesen-Freiluftgaststätte, in der man allerlei badische Spezialitäten probieren kann.

Das Fest
Ende Juli: Das größte Open-Air Südwestdeutschlands, bei dem bekannte Bands und Interpreten zu hören sind, zieht zigtausende Besucher an. Eintritt ist frei.
www.dasfest.net

SHOPPING
Kaiserstraße
Stärkst frequentierte Einkaufsmeile ist die als Fußgängerzone ausgewiesene Kaiserstraße zwischen dem Mühlburger Tor im Westen und dem Berliner Platz im Osten. Hier reihen sich Kaufhausfilialen, Kettenläden und Boutiquen nahtlos aneinander. Auch ist hier die Postgalerie als zweitgrößter Shopping-Mall der badischen Metropole angesiedelt.

Shopping Boulevard am Ettlinger Tor
»Shopping der Spitzenklasse« verspricht der größte Konsumtempel der Stadt mit ca. 130 Geschäften.

ESSEN
❶ *Zum Ochsen* €€€€
Pfinzstr. 64
76227 KA-Durlach
Tel. 0721 9 43 86-0
www.ochsen-durlach.de
Ruhetage: Mo., Di.
Nach wie vor die Nr. 1 im Raum Karlsruhe ist der Durlacher »Ochsen«. der sich selbst gern als »ein Stückchen Frankreich für Genießer« bezeichnet. Die Küche ist exzellent, und die Weinkarte sucht ihresgleichen.

❷ *La Medusa* €€
Rastatter Str. 34
Tel. 0721 1 83 91 23
www.osteria-la-medusa.de
Ruhetage: So., Mo.
Nettes Lokal mit guter italienischer Küche. Besonders empfehlenswert ist der preiswerte Mittagstisch.

❸ *Nagels Kranz* €€€
Neureuter Hauptstr. 210
76149 KA-Neureut
Tel. 0721 70 57 42
Ruhetage: So., Fei.
Gemütliches Gasthaus mit vorwiegend ländlich-französischer Küche. Zum guten Essen gibt es erlesene Weine.

ÜBERNACHTEN
❶ *Schlosshotel* €€€
Bahnhofsplatz 2
Tel. 0721 38 32-0
www.schlosshotel-karlsruhe.de, 96 Z.
Traditionsreiches Haus mit Sauna, Solarium und Fitnessraum. Zum Hotel gehören die beiden empfehlenswerten Restaurants »Großherzog« und »Schwarzwaldstube«.

❷ Marriott Renaissance Karlsruhe ❸❸❸
Mendelssohnplatz
Tel. 0721 37 17-0
www.marriott.de, 207 Z., 8 Suiten
Großhotel in zentraler Lage, das guten Service bietet.

❸ Novotel Karlsruhe City ❸❸
Festplatz 2, Tel. 0721 35 26-0
www.accorhotels.com, 246 Z.
Hotel für Geschäftsreisende und Touristen, mit Dampfbad, Sauna und Fitness Center. Im Hause befindet sich das Restaurant »Majolika«, das wegen seiner ausgezeichneten mediterranen Küche gern besucht wird.

❹ Der Blaue Reiter ❸❸❸
Amalienbadstr. 16
76227 KA-Durlach
Tel. 0721 9 42 66-0
www.hotelderblauereiter.de, 81 Z.
Modernes Haus mit komfortablen Zimmer, von deren Wänden Drucke der Künstlervereinigung »Blauer Reiter« leuchten. 2011 kam der Neubau »Kubus« hinzu.

❺ Allee-Hotel ❸❸
Kaiserallee 91
Tel. 0721 9 85 61-0
www.alleehotel-ka.de, 60 Z.
Ruhig gelegenes Haus mit modern eingerichteten Zimmern.

Mit prächtigem alten Baumbestand und herrlichen Blumenrabatten kann der Karlsruher Botanische Garten aufwarten, der sich westlich des Schlosses ausbreitet. Diverse Schauhäuser mit Kakteen und tropischen Pflanzen grenzen den Garten nach Norden ab. ***Botanischer Garten**
❶ tgl. 8.00 bis Einbruch der Dunkelheit

Nach Südosten schließt der 1965 – 1969 errichtete Gebäudekomplex des Bundesverfassungsgerichtes an, der aus zwei großen und drei kleineren Pavillons besteht. **Bundesverfassungsgericht**

Am Botanischen Garten liegen die Orangerie und südlich die Staatliche Kunsthalle, eine der ältesten und bedeutendsten Gemäldegalerien Deutschlands, deren Spektrum vom 14. Jh. bis zur Gegenwart reicht. Schwerpunkte der Sammlung umfassen sowohl altdeutsche Meister wie Grünewald, Dürer, Hans Baldung Grien, Cranach, Holbein als auch niederländische und französische Malerei (u. a. Rubens, Rembrandt, Lorrain, Chardin) und Malerei des 19. Jh.s (Delacroix, Courbet, Degas, Monet). In der Orangerie sind Werke von Cézanne und Gauguin über Kandinsky, Klee, Delaunay, Matisse, Kirchner bis zur zeitgenössischen Kunst zu sehen. Die **Junge Kunsthalle** präsentiert wechselnde Ausstellungen speziell für Kinder und Jugendliche. ****Staatliche Kunsthalle**
❶ Hans-Thoma-Str. 2 – 6; Di. – Fr. 10.00 – 17.00, Sa., So., Fei. 10.00 – 18.00 Uhr, Eintritt: 8 €, www.kunsthalle-karlsruhe.de

Schräg gegenüber der Kunsthalle befindet sich in einem neobarocken Bau aus rotem Sandstein (1901) der Badische Kunstverein. In seinen **Badischer Kunstverein**

Fremdartig wirkt die rote Pyramide auf dem Marktplatz. Sie ist das Wahrzeichen der Stadt und birgt die Gruft des Stadtgründers.

Räumen und dem hübschen Lichthof veranstaltet der Kunstverein Ausstellungen zeitgenössischer Künstler.
❶ Waldstr. 3; Di. – Fr. 11.00 – 19.00, Sa., So., Fei. 11.00 – 17.00 Uhr, Eintritt: 3 €, www.badischer-kunstverein.de

Kaiserstraße Die 2 km lange, größtenteils zur Fußgängerzone erklärte Kaiserstraße verläuft südlich vom Schloss als Ost-West-Achse der Fächerstadt und ist deren **Hauptgeschäftsstraße**. In ihrem vom Marktplatz zum Durlacher Tor führenden östlichen Teil liegt die schon 1825 gegründete Technische Universität, an der Heinrich Hertz 1885 – 1889 die elektromagnetischen Wellen erforschte

*Marktplatz Die Kaiserstraße quert den von Weinbrenner als geschlossene klassizistische Platzanlage geplanten Marktplatz. Auffällig erhebt sich hier die 6,50 m hohe, aus rotem Sandstein erbaute **Pyramide**, das Wahrzeichen von Karlsruhe. Sie birgt die Gruft des Stadtgründers. Die Westseite des Platzes begrenzt das **Rathaus** mit seiner dreiteiligen Fassade, gegenüber steht die ebenfalls von Weinbrenner entworfene **Evangelische Stadtkirche**, die an einen griechischen Tempel erinnert.

Karlsruhe • ZIELE

*Museum beim Markt

Das Museum beim Markt zeigt Arbeiten vom Jugendstil bis zur Angewandten Kunst der Gegenwart, darunter Werke des 1919 gegründeten Bauhauses.
❶ Karl-Friedrich-Str. 6, Di.–Do. 11.00–17.00, Fr.–So. 10.00–18.00 Uhr, Eintritt: 4 €, www.landesmuseum.de

*Staatl. Museum für Naturkunde

Die gesamte Südseite des Platzes nimmt ein 1865–1875 im Stil der Neorenaissance errichteter Monumentalbau ein. Hier erfährt man Interessantes über Mineralien, Gesteine und Fossilien sowie über die Entwicklung von heimischen und exotischen Pflanzen und Tieren. Höhepunkte der Ausstellung sind ein **Flugsaurier**, ein **fossiler Wal** und ein **Riesensalamander**. Er beherbergt die Landessammlungen für Naturkunde mit Abteilungen für Geologie, Mineralogie, Botanik und Zoologie, letztere mit einem Vivarium.
❶ Erbprinzenstr. 13; Di.–Fr. 9.30–17.00, Sa., So., Fei. 10.00–18.00 Uhr, Eintritt: 3 €, www.smnk.de

Landesbibliothek

In Sichtweite liegen die Badische Landesbibliothek und die 1814 von Weinbrenner erbaute katholische Stephanskirche, die an das römische Pantheon erinnert. Im ehemaligen Großherzoglichen Palais (1893–1897) tagt heute der **Bundesgerichtshof**.

*Prinz-Max-Palais

Unweit südlich steht das 1899 von Prinz Max von Baden erworbene gründerzeitliche Palais. Es beherbergt das **Stadtmuseum** sowie das **Museum für Literatur am Oberrhein**. Dieses zeigt Handschriften, Erstdrucke, Briefe u. a., die einen Überblick über Leben und Werk von mehr als 150 oberrheinischen Dichtern geben.
❶ Karlstr. 10; Di., Fr., So. 10.00–18.00, Do. 10.00–19.00, Sa. 14.00 bis 18.00 Uhr

Badisches Staatstheater

Vom Markt südwärts gelangt man durch die Karl-Friedrich-Straße über den Rondellplatz mit der Verfassungssäule und dem 1963 wiederhergestellten ehem. Markgräflichen Palais, einem der schönsten Bauten Weinbrenners, zur Straßenkreuzung am Ettlinger Tor. Überquert man die Kriegsstraße, sieht man schon das in zwei Gebäuden untergebrachte Badische Staatstheater (1970–1975), vor dem der originelle »Musengaul« von Jürgen Goetz steht.
❶ www.staatstheater.karlsruhe.de

Verkehrsmuseum

Die Ettlinger Straße führt zum Festplatz, dem Mittelpunkt des Kongress- und Ausstellungszentrums, mit der 1985 modernisierten Stadthalle, dem Konzerthaus, der Nancy-Halle sowie der Schwarzwald- und Gartenhalle. Östlich vom Vierordtbad liegt das Verkehrsmuseum mit Auto- und Motorrad-Oldtimern sowie Eisenbahnmodellen.
❶ Werderstr. 63; So. 10.00–13.00 Uhr, Eintritt: 3 €

ZIELE • Karlsruhe

*Stadtgarten, Zoo

Zum grünen Erscheinungsbild Karlsruhes trägt der ausgedehnte Stadtgarten (Japan- und Rosengarten) südlich des Festplatzes bei. Zu ihm gehört auch der Zoo mit seiner sehr schönen **Eisbärenanlage**. Zum Abschluss eines Besuchs locken die selbst hergestellten Eiskreationen der »Milchbar Zoo-Terrassen«.

🄸 Mai – Sept tgl. 8.00 – 18.00, Okt., Febr., März tgl. 9.00 – 17.00, Nov. bis Jan. tgl. 9.00 – 16.00 Uhr, Eintritt: 6,50 €

*ZKM

Zu einem Wallfahrtsort für Kunstbeflissene wurde binnen kurzer Zeit das ZKM (Zentrum für Kunst und Medientechnologie) westlich der Innenstadt. Hier gehen traditionelle Künste wie Malerei und Musik eine geglückte Verbindung mit modernster Digitaltechnik ein, zu erleben im Museum für Neue Kunst und im Museum für Medienkunst (sehr beliebt bei der Jugend: die Etage mit einer Vielzahl von Computerspielen zum Ausprobieren).

🄸 Lorenzstr. 19; Mi. – Fr. 10.00 bis 18.00, Sa. und So. 11.00 – 18.00 Uhr; Eintritt: 6 bzw. 3 €, Kombiticket für beide Museen: 10 €; www.zkm.de

Einst Munitionsfabrik, heute Attraktion rund um Kunst und Medien: das ZKM

Ein Besuch der einstigen Zähringer-Residenz **Durlach**, heute ein östlicher Stadtteil von Karlsruhe, lohnt vor allem wegen seines hübschen Stadtkerns. Im sog. Prinzessinnenbau des Schlosses, der einstigen Residenz der Markgrafen von Baden-Durlach, sind das Pfinzgau-Museum und das Karpatendeutsche Heimatmuseum untergebracht. Auf den 225 m hohen Turmberg führt die älteste in Betrieb befindliche Standseilbahn Deutschlands hinauf. Von seinem zum Aussichtsturm umgebauten Bergfried (Durlacher Warte) hat man einen weiten Blick auf die Stadt und über die Oberrheinebene

🄸 Museen: Sa. 10.00 – 17.00, So. 11.00 – 18.00 Uhr

Turmberg

Ein beliebtes Ausflugsziel ist dieser 255 m hohe Berg, auf den die **älteste in Betrieb befindliche Standseilbahn** Deutschlands hinaufführt. Der als Aussichtsturm ausgebaute Bergfried, die **Durlacher Warte**, stammt noch von einer bereits im 13. Jh. zerstörten Burg.

Lahr

———————————— ✈ C/D 9/10

Landkreis: Ortenaukreis
Höhe: 250 – 750 m ü. NHN
Einwohnerzahl: 44 000

Lahr war einst das Zentrum der badischen Tabakverarbeitung. Heute zieht es Gartenfreunde anlässlich der jährlichen Chrysanthemenausstellung in die Industriestadt.

Älter als die Stadt selbst ist ihr Name, er kommt von »Lare«, was »Leere« bzw. »Weideland« bedeutete. Während sich das Stadtzentrum seinen mittelalterlichen Charakter teilweise bewahren konnte, gruppieren sich ringsum Stahl-, Maschinen- und Fahrzeugbau, Möbelherstellung sowie die Nahrungs- und Genussmittelproduktion.

SEHENSWERTES IN LAHR UND UMGEBUNG

Die zur Fußgängerzone erklärte Marktstraße bietet samt den umliegenden Gassen ein hübsches Bild. Das Alte Rathaus ist ein schlichter Renaissancebau von 1608 (Umbauten im ausgehenden 19. Jh.) mit Glockentürmchen und spitzbogigen Arkaden im Erdgeschoss. Einige der Räumlichkeiten werden heute für Ausstellungen genutzt. Von hier gelangt man durch die Marktstraße zum **Storchenturm**, dem einzigen Überbleibsel der Geroldsecker Wasserburg des 13. Jh.s.
Das **Neue Rathaus** wurde 1808 von einem Schüler Weinbrenners als **Villa Lotzbeck** erbaut. Die evangelische Stiftskirche in der Bismarckstraße geht auf eine 1259 gestiftete Klosterkirche zurück, von der noch der hohe Chor erhalten ist. Beachtenswert ist eine Kreuzigungsgruppe von 1559.

Altstadt

> **BAEDEKER TIPP !**
>
> *Das »Süße Löchle«*
>
> Baden-Württembergs erstes und bislang einziges denkmalgeschütztes Café befindet sich in Lahr. Die gesamte Inneneinrichtung stammt aus den 1920er-Jahren. Ein besonderer Augenschmaus sind die Auslagetheken aus Nussbaumholz, darauf die wuchtige Registrierkasse von 1910. Geboten werden selbst gebackene Kuchen und ca. 18 Kaffeesorten; die Backstube soll ein Museum werden. Friedrichstr. 14, Ruhetage: So., Mo.

Durch die Gärtnerstraße gelangt man zur **Burgheimer Kirche**, einem frühromanischen, 1035 geweihten Gotteshaus, das zu den ältesten Sakralbauten Badens gehört. Der Turm ist romanisch, im Chor befinden sich Wandmalereien von 1482.

ZIELE • **Lahr**

Lahr erleben

AUSKUNFT
KulTour Büro
Altes Rathaus, Kaiserstr. 1
77933 Lahr, Tel. 07821 95 02 10
www.lahr.de

EVENT
Chrysanthema
Von Mitte Oktober bis Mitte November ist die Altstadt mit Tausenden Chrysanthemen geschmückt, Gastronomen bieten Chrysanthemenmenus. Programm unter www.chrysanthema.lahr.de

ÜBERNACHTEN · ESSEN
City-Hotel Lahr €€
Alte Bahnhofstr. 6
Tel. 07821 915-0
www.city-lahr.de, 36 Z.
Das verkehrsgünstig gelegene Haus verfügt über zeitgemäß ausgestattete Zimmer. In der »Brasserie Feißt & Feißt« werden fein zubereitete regionale Spezialitäten serviert.

Hotel-Restaurant Adler €€€
Reichenbacher Hauptstr. 18
OT Reichenbach
Tel. 07821 90 63 90, 23 Z.
www.adler-lahr.de
Ruhetage Restaurant: Mo., Di.
Vater und Sohn Fehrenbacher kochen im Adler internationale Küche auf Sterneniveau. Wer es nachahmen will, bucht einen Kochkurs. Ein Traum: die üppige Weinkarte und die Terrasse. Die Zimmer sind von schlichter Eleganz und liegen überwiegend zum ruhigen Garten.

Stadtpark Der Haupteingang zum Stadtpark liegt westlich des Stadtkerns an der Kaiserstraße. Der Lahrer Bürger Christian Wilhelm Jamm (1809 bis 1875) hinterließ nach seinem Tode seine Villa und den sie umgebenden Park seiner Heimatgemeinde. Die Villa des Parkgründers beherbergt heute ein **Museum**, das Kunstwerke der Region und eine heimatkundliche Sammlung zeigt. Der Park selbst lädt mit seinen teilweise exotischen Bäumen und Sträuchern zum Verweilen ein. Den echten indianischen **Totempfahl** haben die einst in Lahr stationierten kanadischen Soldaten gestiftet.
❶ Mi., Sa., So., Fei. 14.00 – 17.00, April – Okt. So. auch 10.00 – 12.00 Uhr

Schuttern Das 5 km nordwestlich von Lahr gelegene Schuttern besitzt eine Kirche von 1773. Sie gehörte zu einem Benediktinerkloster, das im 8. Jh. als erstes auf dem rechten Ufer des Oberrheins gegründet wurde. In der Unterkirche sind Fundamentreste früherer Kirchenbauten, Bauteile aus der Römerzeit und ein Mosaik aus dem 10. Jh. zu sehen.

*Ruine Hohengeroldseck Imposant erhebt sich 5 km östlich von Seelbach Ruine Hohengeroldseck (525 m ü. NHN). Erbaut wurde die Burg der Geroldsecker bereits Mitte des 13. Jh.s, 1689 wurde sie zerstört. Zur Hauptburg gehörten zwei turmartige Palasbauten, von denen das sog. Hintere Haus noch als eindrucksvolle Ruine erhalten ist.

Lörrach · Weil am Rhein

↦ B/C 14

Landkreis: Lörrach
Höhe: 272 – 555 m ü. NHN
Einwohnerzahl: 49 000

Lörrach und Weil am Rhein liegen im äußersten Südwestzipfel Deutschlands und gehören zu einem lebhaften Dreiländereck: Nur der Rhein trennt sie vom Elsass und von Basel.

Mitte des 18. Jahrhunderts entstand hier die erste größere Textilmanufaktur. Dieser Industriezweig sollte in der Folgezeit überragende Bedeutung erlangen. Gegen Ende des 18. Jh.s wirkte hier Johann Peter Hebel (►Berühmte Persönlichkeiten) als Lehrer. Während der badischen Revolution im Jahre 1848 war Lörrach für einen Tag (21.9.) Hauptstadt der Deutschen Republik. Heute hat u.a. der Schokoladenfabrikant Suchard hier seinen Sitz. — Geschichte

SEHENSWERTES IN LÖRRACH UND UMGEBUNG

Das Stadtzentrum wurde vor einigen Jahren nach den Vorstellungen der Architekten Thomas Zoller und Franz Häring neu gestaltet. Attraktiver Mittelpunkt ist der **Alte Marktplatz** mit einer modernen Bildersäule. Städtebauliche Dominante ist das Hochhaus der Stadtverwaltung. Davor, zwischen Rathaus und Bahnhof, ist der modern gestaltete Zundelheiner-Brunnen das neue Wahrzeichen von Lörrach. Die klassizistische **Ev. Stadtkirche** ist 1817 nach Plänen von Wilhelm Frommel und Christoph Arnold errichtet worden. Der Kirchturm stammt noch aus dem frühen 16. Jahrhundert. — Stadtzentrum

Das Dreiländer Museum ist im ehemaligen Lörracher Pädagogium untergebracht. Es beherbergt neben naturhistorischen sowie vor- und frühgeschichtlichen Funden eine **hervorragende Sammlung von Skulpturen** des 14. – 18. Jahrhunderts (u. a. Dinkelberger Madonna, um 1500), Altar- und Andachtsbilder, Malerei des 17.–19. Jahrhunderts, die Sammlung Max Laeuger (Keramik und Malerei) sowie Erinnerungen an Johann Peter Hebel, der 1783 – 1793 Lehrer am Lörracher Pädagogium gewesen ist. — *Dreiländer Museum
❶ Basler Str. 143, Mi. – Sa. 14.00 – 17.00, So. 11.00 – 17.00 Uhr, Eintritt: 2 €www.dreilaendermuseum.eu

Die in einem recht schönen Park gelegene Villa Aichele fungiert als städtische Kultureinrichtung, in der Dichterlesungen, Kammerkonzerte und Kunstausstellungen stattfinden. — Villa Aichele

Lörrach · Weil am Rhein erleben

AUSKUNFT
Tourist-Information Lörrach
Burghof, Herrenstr. 5, 79539 Lörrach
Tel. 07621 9 40 89 13
www.loerrach.de

Tourist-Information Weil am Rhein
Hauptstr. 290/1, 79576 Weil am Rhein
Tel. 07621 422-04 40
www.w-wt.de

EVENTS
Stimmen-Festival
Dieses stilistisch vielfältige Musik-Event im Juli ist alljährlicher Höhepunkt im kulturellen Leben der Stadt.
Tel. 07621 940 89-11
www.stimmen.com

Röttler Burgfestspiele
Im Sommer dient die Burgruine als Kulisse für zumeist recht volkstümliche Freilicht-Theateraufführungen.
Tel. 07621 57 89-004
www.burgfestspiele-roetteln.com

AKTIVITÄTEN
Laguna Badeland
Sportplatz 1, 79576 Weil am Rhein
Tel. 07621 95 67 40
www.laguna-badeland.de
tgl. 9.00 – 21.00 Uhr
Eintritt ab 17,50 €; Freizeitbad mit Wellenbad, Riesenwasserrutsche, Hallen- und Freischwimmbecken und Saunalandschaft.

EINKAUFEN
Wochenmarkt
Angebote aus der Region überwiegend von Direkterzeugern bietet Lörrachs gut besuchter Bauernmarkt.
Di., Do., Sa. 7.00 – 13.00 Uhr

ESSEN
Burgschenke Rötteln €€
Burg Rötteln
79541 Lörrach
Tel. 07621 5 21 41
Feine, aus frischen Zutaten kreierte Gerichte der Saison werden hiern in historischer Umgebung serviert.

ÜBERNACHTEN
Inzlinger Wasserschloss €€€€
Riehenstr. 5
79594 Inzlingen
Tel. 07621 4 70 57
Ruhetage Restaurant: Di., Mi.
Das 5 km südöstlich von Lörrach gelegene romantische Schlossrestaurant gehört zu den gastronomischen Top-Adressen im Dreiländereck. Ein Gästehaus ist ebenfalls vorhanden.

Hotel am Burghof €€€
Herrenstr. 3
79539 Lörrach
Tel. 07621 9 40 38-0
www.amburghof.de, 8 Z.
Ruhetag Restaurant: Mo.
Zentral gelegenes Haus mit freundlichbunten Zimmern. Der Küchenchef legt Wert auf frische Zutaten und innovative Küche – auch Vegetarier sind hier bestens aufgehoben.

Villa Elben €€
Hünerbergweg 26
79539 Lörrach
Tel. 07621 577 08 0
www.villa-elben.de
Wunderbar in einem Park gelegenes Haus mit angenehm eingerichteten Zimmern. Auch zu Fuß ist man rasch in der Innenstadt.

Lörrach · Weil am Rhein • ZIELE

Die zweitürmige Fridolinskirche (1821 – 1823) in Lörrach-Stetten ist eines der herausragenden Beispiele klassizistischer Sakralbaukunst im deutschen Südwesten. Das Gotteshaus entwarf Christoph Arnold.

Fridolinskirche

4 km nördlich von Lörrach thront die Ruine der größten mittelalterlichen Burg Oberbadens. Urkundlich wurde sie erstmals 1259 erwähnt. Das katastrophale Erdbeben von Basel im Jahre 1356 richtete einige Schäden an. 1503 kam die mächtige Burg an die Markgrafen von Baden. 1678 wurde sie von den Franzosen zerstört. Seit 1925 kümmert man sich um den Erhalt der Burgruine. Im Sommer ist die Burg Schauplatz der **Freilichtspiele**.

*Burgruine Rötteln

Das stillgelegte alte Wasserkraftwerk in Rheinfelden, 14 km südlich von Lörrach, 1898 in Betrieb genommen, war das erste große Flusskraftwerk überhaupt, quasi die »**Wiege der Wasserkraft**«. In einem langen Maschinensaal waren 20 Turbinen installiert, die 25,7 Megawatt Strom erzeugen konnten. Die mittlere Jahresproduktion lag bei 185 Mio. Kilowattstunden. Doch die Konsequenzen für die Fische folgten umgehend: Der Lachs stellte seine Wanderungen ein.
Von 2003 bis 2011 wurde ein gigantisches **neues Wasserkraftwerk** mit neuem Stauwehr gebaut. Hier erzeugen nur noch vier Großturbinen mit einer installierten Leistung von rund 100 Megawatt im Jahresdurchschnitt etwa 600 Mio. Kilowattstunden Strom, also mehr als das Dreifache der bisherigen Stromproduktion. Damit können ca. 200 000 Haushalte mit sauberem Strom versorgt werden. Als ökolo-

*Kraftwerk Rheinfelden

Burgruine Rötteln

1 Grüner Turm
2 Alte Kanzlei
3 Hexengewölbe
4 Kleiner Hof
5 Burgvogteiwohnung
6 Rittersprung
7 Kammer
8 Kammer
9 Große Stube mit Kamin
10 Halle
11 Durchgang
12 Brotkeller
13 Kammer
14 Alter Bau
15 Burgkapelle
16 Schießkammer
17 Landvogtei
18 Schlosskellerei
19 Wache
20 Alte Zisterne
21 Burghof
22 Giller
23 Aufgang
24 Landschreiberei
25 Wintergang
26 Landschreiberei
27 Wirtshaus
28 Gerichtstisch

gische Ausgleichsmaßnahmen wurden ein naturnahes Umgehungsgewässer, eine Fischtreppe und ein Lachslaichgewässer angelegt.
❶ Führungen: 07763 81 26 58; ca. 6 Monate Voranmeldung erforderlich; www.energiedienst.de

Dinkelberg
Nördlich von Rheinfelden erstreckt sich der landschaftlich abwechslungsreiche Dinkelberg als verkarsteter Muschelkalk-Höhenzug, der sich bis nach ▶Schopfheim und ▶Wehr erstreckt. Unweit nördlich von Beuggen findet man die *Tschamberhöhle, ein heute noch aktives System unterirdischer Gänge. Bemerkenswert sind die äußerst vielgestaltigen Strukturen der Höhlenwände sowie die Quellgrotte und der unterirdische Wasserfall des Höhlenbachs.
Tschamberhöhle, Rheinfelden-Riedmatt, April–Okt. So. u. Fei. 13.00 bis 17.00 Uhr u.n.V., Tel. 07623 57 55

WEIL AM RHEIN

Stadt der Stühle
Die Grenzstadt Weil am Rhein (240 – 450 m ü. NHN; 30 300 Einw.), auch als »Stadt der Stühle« bekannt, ist Standort einiger Industriebetriebe (u.a. Möbel, Textilveredlung, Chemie, Metallverarbeitung).

Drei-Länder-Garten
Der Drei-Länder-Garten breitet sich am südlichen Stadtrand mit seinen Sportanlagen und Spielplätzen (u.a. Eislaufhalle, Waldsportpfad) aus. Architektonischer Höhepunkt ist der **Zaha-Hadid-Pavillon**, der von der aus dem Irak stammenden Stararchitektin entworfen wurde.

**Vitra-Designpark
Wer sich für moderne Architektur und Design interessiert, sollte keinesfalls einen Besuch des Vitra-Campus der Vitra-Stuhlfabrik am nördlichen Stadtrand versäumen. Ein Höhepunkt des Ensembles ist das **Vitra-Design-Museum**, ein vom kalifornischen Stararchitekten Frank O. Gehry konzipierter und weiß leuchtender Bau mit ineinander dringenden Kuben (Bild rechts). Hier sind Wechselausstellungen zu sehen, die sich mit dem Thema Wohnkultur beschäftigen.
Auf dem **Vitra-Campus** versammeln sich die Werke renommierter Architekten: Die futuristisch anmutende Vitra Fire Station (Feuerwehrhaus) ist eine Schöpfung der irakischen Architektin Zaha Hadid. Den Vitra Conference Pavilion (Tagungspavillon) hat Tadao Ando entworfen, und die Pläne für die Fabrikationsgebäude stammen von den Architekten Alvaro Siza, Nicolas Grimshaw und Frank O. Gehry. Seit 2013 zeigt das Minihäuschen »Diogenes«, entworfen von Renzo Piano, wie man auch auf allerengstem Raum nachhaltig wohnen kann.
Unübersehbar präsentiert sich das **VitraHaus**, eine Reihe übereinander gestapelter Häuser, entworfen vom Architekturbüro Herzog & Meuron. Sie enthalten die Verkaufsausstellung der Firma. Hier kann

Design und Architektur der Extraklasse auf dem Vitra-Campus

man sich Inspirationen fürs eigene Zuhause holen und die Stuhlsammlung anschauen. Auch ein nettes Café ist eingerichtet und ein Shop für herrliche Design-Kleinigkeiten.

Design-Museum und Campus: Charles-Eames-Str. 1; tgl. 10.00 – 18.00 Uhr; Eintritt Museum: 9 €, Architekturführung Campus 12 € (tgl. 11.00, 13.00, 15.00 Uhr), www.vitra.com/campus
Vitra-Haus: Ray-Eames-Str. 1, tgl. 10.00 – 18.00 Uhr, Eintritt frei

* Markgräflerland

 B/C 12 – 14

Landkreise: Breisgau-HSW, Lörrach
Höhe: 600 – 850 m ü. NHN

Im äußersten Südwesten Deutschlands, zwischen Rhein und Schwarzwaldhöhen, breitet sich das fast schon mediterran geprägte Markgräflerland aus. Hier blühen Oleander und Hibiskus und es gedeihen gute Weine.

Das Markgräflerland schließt südlich an den Breisgau (▶Freiburg) an und reicht bis zum Rheinknie bei Basel, sein Hauptort ist Müllheim. Einen kontrastreichen Hintergrund zu den sanftgewellten Hügeln mit Weinbergen und Obstwiesen bilden die dunklen Nadelwälder, über denen sich der **Blauen** (1165 m ü. NHN) und der **Belchen** (1414 m ü. NHN) erheben. Manche nennen die Gegend auch »die Toskana Deutschlands«, Johann Wolfgang von Goethe sprach von einer »lieblichen Heimat«.

*Landschaft zum Träumen

SEHENSWERTES IM MARKGRÄFLERLAND

Badische Weinstraße
Die hübschesten Ortschaften im Markgräflerland erschließt die Badische Weinstraße, die von Staufen im Breisgau bis nach Weil am Rhein führt.

Müllheim
Müllheim (18 600 Einw., 230 m ü. NHN) ist Mittelpunkt des Markgräflerlandes und mit mehr als 400 ha Rebfläche die größte Weinbaugemeinde dieser Region. In der Südwestecke der ehem. Martinskirche können Reste einer Heizungsanlage besichtigt werden, die zu einer römischen Villa gehörten. Das in dem um 1780 erbauten ehemaligen Gasthaus »Krone« am Marktplatz untergebrachte **Markgräfler Museum** zeigt Exponate zur Geologie und Geschichte der Region. Im historischen Weinkeller kann man sich über die Markgräfler Weinbaukultur informieren.
Weingut Dr. Schneider bietet im Ortsteil Zunzingen nicht nur eigene Tropfen zum Verkauf an, sondern begibt sich im **Etikettenmuseum** auf die Spuren von 200 Jahren Weingeschichte.
Markgräfler Museum: Müllheim, Wilhelmstr. 7, Di. – So. 14.00 – 18.00 Uhr, Eintritt: 2 €
Etikettenmuseum: OT Zunzingen, Rosenbergstr. 10, Mo. – Sa. 14.00 – 18.00 Uhr

*Sulzburg
Knapp 12 km nordöstlich von Müllheim liegt das ehemalige Residenzstädtchen Sulzburg (325 – 1114 m ü. NHN; 2700 Einw.) Der örtliche Bergbau fand 1835, nachdem die Gruben schon im 18. Jh. wiederholt wegen Unrentabilität geschlossen worden waren, sein Ende. Der Marktplatz mit seinem blumengeschmückten Brunnen ist der Mittelpunkt des historischen Stadtkerns. Vom Residenzschloss ist nichts geblieben; der ehemalige Schlossgarten fungiert heute als Kurpark, die Schlosskirche beherbergt das **Bergbaumuseum** des Landes Baden-Württemberg. Es informiert rund um den historischen Bergbau, aber auch über den Kalibergbau, der im 20. Jh. in Buggingen für Arbeit, aber auch für Umweltzerstörung sorgte.
Ein 5 km langer bergbaugeschichtlicher Rundwanderweg führt von dem Museum durch einen Teil des Sulzbachtals, vorbei an Stollen und anderen Zeugnissen des Bergbaus.
Nordöstlich vom Marktplatz steht die romanische ***St.-Cyriak-Kirche**, eines der ältesten und historisch bedeutendsten Gotteshäuser Süddeutschlands. Eine erste Kirche wurde hier 993 geweiht. Sie gehörte zu einem 1008 von den Benediktinern übernommenen Kloster, (1556 aufgehoben). Die Klostergebäude existieren nicht mehr. Der im Laufe der Zeit baulich veränderte Sakralbau zeigt sich als charakteristischer Kirchenbau der ottonischen Zeit. Es handelt sich um eine dreischiffige Pfeilerbasilika ohne Querhaus mit Apsiden im Osten und früher auch im Westen. Die Krypta wurde um 1050 eingefügt.

Markgräflerland erleben

AUSKUNFT
Werbegemeinschaft
Markgräflerland GmbH
Wilhelmstr. 14
79379 Müllheim
Tel. 07631 801-502
www.markgraefler-land.com

EVENTS
Alemannische Fasnet
In einigen Orten (u. a. Sulzburg) feiert man eine Woche nach dem Ende der offiziellen Fastnacht die »Buurefasnet«.

Müllheimer Weinmarkt
Seit 1872 findet alljährlich am letzten Freitag im April der Müllheimer Weinmarkt statt. Er ist der älteste der badischen Weinmärkte.

BADEN · WELLNESS
Vita Classica: ▶Bad Krozingen
Cassiopeia-Therme: ▶Badenweiler

balinea therme
Bad Bellingen, Badstr. 14
Nov. – März 9.00 – 22.00 Uhr
April – Okt. ab 8.00 Uhr
www.balinea-thermen.de
Eintritt 11 €

AKTIVITÄTEN
Museumseisenbahn »Chanderli«
Von Mai bis Mitte Oktober verkehrt jeden Sonntag eine Museumseisenbahn im Kandertal zwischen Kandern und Haltingen. Fahrplan und Informationen:
Tel. 07626 97 23 56
www.kandertalbahn.de

Markgräfler Wiiwegli
Die schönste Möglichkeit, das Markgräflerland zu erkunden, bietet dieser insgesamt 53 km lange Wanderweg des Schwarzwaldvereins. Er führt von Staufen nach Weil am Rhein. Markiert ist der Wanderweg durch eine gelbe Traube in roter Raute auf weißem Grund.

ÜBERNACHTEN · ESSEN
Hirschen ❻❻❻❻
Hauptstr. 69, 79295 Sulzburg
Tel. 07634 82 08
www.douce-steiner.de, 10 Z.
Ruhetage Restaurant: Mo., Di.
Die mit zwei Sternen ausgezeichnete Spitzenköchin Douce Steiner verbindet französische und badische Küche. In den geschmackvoll eingerichteten, komfortablen Gästezimmer wurde bewusst auf Internet und Fernseher verzichtet.

Landhotel Alte Post ❻❻❻
Posthalterweg
79379 Müllheim/Baden
Tel. 07631 17 87-0
www.alte-post.net, 50 Z.
Heimische Hölzer zieren die Zimmer des nach baubiologischen Kriterien renovierten Hauses. Wer es fernöstlich mag, nächtigt auf einem Futon. Das Restaurant »Alte Post« ist bekannt für seine gute regionale Küche, die viele Produkte in Bioland-Qualität verwendet.

Zur Weserei ❻❻
Hauptstr. 81, 79400 Kandern
Tel. 07626 4 45
www.weserei.de, 25 Z.
Moderne Herberge mit sonnigen Balkon-Zimmern, Sauna und Whirlpool. Im Restaurant des Hauses werden liebevoll zubereitete regionale Gerichte des Markgräflerlandes serviert.

Über 1000 Jahre alt: St. Cyriak in Sulzburg

Um 1280 wurde anstelle der Westapsis der Turm errichtet. Zu Beginn des 16. Jh.s wurde die Flachdecke in das Schiff eingezogen.
Landesbergbaumuseum: Di. – So. 14.00 – 17.00 Uhr, Eintritt: 2 €

Schliengen Die Winzergemeinde Schliengen (5300 Einw., 225–1165 m ü. NHN) zieht sich von der Rheinebene durch das Eggener Tal mit seinen Kirschbaumwiesen. So gibt es hier auch ein gutes Kirschwasser! Bei der Winzergenossenschaft beginnt ein Weinlehrpfad; hier befindet sich auch das Trottenmuseum mit einer großen Trotte (Weinpresse) aus dem 17. Jh. als Prunkstück. Ein geschichtsträchtiges Gebäude ist das **Wasserschloss Entenstein** (heute Rathaus). Vermutlich wurde bereits um 1000 ein Wohnturm an dieser Stelle errichtet, er wurde 1525 zum Wasserschloss ausgebaut.
Winzergenossenschaft: Am Sonnenstück 1, Shop: Mo. – Fr. 8.00 – 18.00, Sa. 9.00 – 13.00 Uhr, www.sonnenstueck.de

*Bad Bellingen Erst 1956 stieß man bei dem bis dato kleinen Bauern- und Fischerdorf Bad Bellingen (225 – 385 ü. NHN; 4000 Einw.) bei Erdöl-Probebohrungen auf eine Natrium-Calcium-Chlorid-Therme. Weitere Quellen wurden 1972 und 1974 erschlossen. Zu den Kureinrichtungen gehören auch die im Jahr 2000 eröffneten »balinea thermen« (▶Erleben, S. 267). Der **Altort**, der sich seinen dörflichen Charakter weitgehend erhalten hat, liegt erhöht auf dem Hochgestade (der Höhenunterschied kann mit einem Lift bequem überwunden werden). Das Kur-

gebiet in der Rheinebene mit dem Thermalbad umgibt ein gepflegter Park. Das schmucke Rathaus im Ortszentrum entstand 1590 als Schloss der Grafen von Andlau. Das **Oberrheinische Bäder- und Heimatmuseum** im Ortsteil Bamlach befasst sich mit der Kulturgeschichte des Heilbadens in der Region von der Römerzeit bis heute.
Bädermuseum: Mi., So. 14.00 – 17.00 Uhr

Enge Gässchen und steile Treppenaufgänge sowie im 15. und 16. Jh. entstandene Häuser faszinieren in dem unter Denkmalschutz gestellten Ortskern von Istein (1200 Einw.). Zu den schönsten gehören die Fachwerkbauten »Arche« (1533) und »Chänzeli« (1599).
Das Dorf liegt unterhalb des **Isteiner Klotzes** (347 m ü. NHN), einer bizarren Felsformation, um die der Rhein vor der von Tulla vorgenommenen Regulierung herumfloss. Schon im Mittelalter hatte der Felsen militärische Bedeutung. Im 19. Jh. bestand hier eine starke Festungsanlage, die 1919 zerstört, danach wieder aufgebaut und 1947 erneut gesprengt wurde. Seit 1987 ist ein größeres Areal um den Isteiner Klotz als **Naturschutzgebiet** mit außergewöhnlicher Flora und Fauna ausgewiesen.

*Istein

BAEDEKER WISSEN

? *Der Kaiser von Kalifornien*

Kandern ist der Geburtsort von Johann August Sutter (1803 bis 1880), der im Jahre 1834 wegen eines Konkurses nach Amerika floh. Dort suchte er sein Glück in Kalifornien und kolonisierte das Sacramento-Tal. Doch auch in der Neuen Welt war dem selbst ernannten »Kaiser von Kalifornien« und »General« kein dauerhafter Erfolg beschieden: Zwar fand man 1848 auf seinen Ländereien Gold. Doch war Sutter dem Ansturm Tausender von Goldgräbern und Glücksrittern nicht gewachsen. Er verlor alles und starb, völlig verarmt und vergessen, in Washington, D.C.

Dank ergiebiger Tongruben in der Umgebung blickt die Töpferwaren- und Keramikindustrie in **Kandern** (8100 Einw.) auf eine lange Tradition zurück. Schon in römischer Zeit und durch das gesamte Mittelalter hindurch lassen sich Töpferei bzw. Hafnerei nachweisen. Im Revolutionsjahr 1848 fand die **Schlacht bei Kandern** statt. Damals wurden die von Friedrich Hecker angeführten Freischärler von einer übermächtigen Militärmacht besiegt. Hecker floh mit Getreuen in die nahe Schweiz.
Das Stadtzentrum ist von klassizistischer Architektur geprägt. Dies zeigt sich vor allem am zentralen Blumenplatz. Die Ev. Pfarrkirche wurde 1822 – 1825 nach Plänen von Friedrich Weinbrenner errichtet. Das **Heimat- und Keramikmuseum** ist in einem Staffelgiebelhaus des 16. Jh.s eingerichtet. Zu sehen sind auch Arbeiten von Max Laeuger, dem Begründer der modernen Keramik in Deutschland.
Keramikmuseum: April – Okt. Mi. 15.00 – 17.30 u. So. 10.00 – 12.30 und 14.00 – 16.00 Uhr

Schloss Bürgeln Ca. 8 km nördlich von Kandern liegt das Schloss Bürgeln. Ein Abstecher lohnt sich nicht nur wegen des hübschen Barockbaus, sondern auch wegen des herrlichen Ausblicks, den man von hier genießt. Zum Verweilen lädt das Schlossrestaurant (Aussichtsterrasse) ein. Errichtet wurde das Schloss auf den Grundmauern einer alten Burg, die 1130 an das Kloster St. Blasien kam, als kleines Kloster diente und 1524 im Bauernkrieg zerstört wurde. Der Bau des Propsteischlösschens wurde 1762 von Abt Meinrad von St. Blasien in Auftrag gegeben. Der Baumeister **Franz Anton Bagnato** schuf eine schlichte zweigeschossige Dreiflügelanlage, die ein hübscher Park umgibt. Nach der Säkularisation 1806 war der Bau dem Verfall preisgegeben, die Inneneinrichtung wurde weitgehend entfernt. Erst 1920 wurde das Schlösschen renoviert und in der Folge wieder mit historischem Mobiliar ausgestattet.

❶ Führungen: März – Nov. tgl. 11.00, 14.00, 15.00, 16.00 u. 17.00, Dez. – Feb. Fr., Sa., So. 14.00, 15.00, 16.00 Uhr, Eintritt: 6 €

** Maulbronn

✦ I 5/6

Landkreis: Enzkreis
Höhe: 253 m ü. NHN
Einwohnerzahl: 6600

Kloster Maulbronn ist eine der wenigen vollständig erhaltenen Anlagen ihrer Art in Deutschland. Wo einst Mönche beteten, drückten später Friedrich Hölderlin, Hermann Hesse und andere Geistesgrößen die Kloster-Schulbank.

Das Städtchen Maulbronn liegt recht malerisch im Salzachtal am Westrand des Strombergs. Die Siedlung selbst entstand erst Anfang des 19. Jh.s neben dem Kloster, Stadtrecht erhielt sie 1886.

** KLOSTERANLAGE

Geschichte Unter den Baudenkmälern von Baden-Württemberg nimmt das Kloster Maulbronn eine herausragende Stellung ein. Seit 1993 gehört es zum **UNESCO-Weltkulturerbe**. Ein Gang durch die Klausur- und Wirtschaftsgebäude ist architekturgeschichtlich und kunsthistorisch ausgesprochen eindrucksvoll und vermittelt auch ein lebendiges Bild vom Alltagsleben und der Organisation einer zisterziensischen Klostergemeinschaft. Die Geschichte des Klosters begann 1138, als der Edelfreie **Walter von Lomersheim** den Zisterziensern von Neuburg (Elsass) sein Land zur Gründung eines Tochterkonvents übergab.

Maulbronn • ZIELE

Berühmte Persönlichkeiten lebten und lernten im Schatten der Klostermauern, und auch heute noch wird im »Semi« gepaukt.

Das Kloster wurde 1147 ins wald- und wasserreiche Salzachtal verlegt, das weltliche Abgeschiedenheit und wirtschaftliche Autarkie gewährleistete. Mit der Kirche als zentralem Bauwerk beginnend entstand bis ins 15. Jh. der von einer turmbewehrten Mauer umgebene Klosterkomplex. Auch das Kloster Maulbronn wurde während der Reformation (1537) aufgelöst.

Kurz nach der Einnahme durch Herzog Ulrich von Württemberg 1504 ließ dieser dort eine evangelische Internatsschule für die begabten Landeskinder einrichten, die als Evangelisches Seminar bis heute besteht. Sie hat bedeutende Persönlichkeiten hervorgebracht, u.a. den Astronomen und Mathematiker **Johannes Kepler** und den Dichter **Friedrich Hölderlin**. Auch **Hermann Hesse** war Schüler in Maulbronn, wenngleich ihm der Aufenthalt dort bitter geworden ist. Seine Eindrücke hat er später eindrücklich in seinem Roman »Unterm Rad« verarbeitet.

Evangelisches Internat

Kloster Maulbronn

** *Zisterzienserarchitektur*

Maulbronn ist das Musterbeispiel eines Zisterzienserklosters mit Bauten aus verschiedenen Epochen. Keine andere Klosteranlage nördlich der Alpen ist noch so vollständig erhalten.

❶ März – Okt. tgl. 9.00 – 17.30 Uhr
Nov. – Feb. Di. – So. 9.30 – 17.00 Uhr
Eintritt: 6 €, www.kloster-maulbronn.de

❶ Chor der Klosterkirche
Höchster Punkt ist der Bergfried, der die Burg unverwechselbar macht.

❷ Langhaus
Die Raumaufteilung der Zisterzienserarchitektur ist streng und einfach: Der Wandaufbau ist zweigeschossig, die Hochfenster haben kleine Ausmaße, das Langhaus war ursprünglich noch flach gedeckt. Eine steinerne, bereits um 1170/1180 entstandene Chorschranke im Mittelschiff trennt die Laienkirche vom Mönchschor.

❸ Vorhalle
Hier kündigt sich der Übergang von der Romanik zur Gotik an: In den Gewölbefeldern der Vorhalle (Paradies) erkennt man Fragmente der spätgotischen Ausmalung. Beinahe schmucklos zeigt sich das romanische Hauptportal des Gotteshauses: ein schlichtes Stufenportal mit eingestellten Säulen.

❹ Kapitelsaal
Als Versammlungsraum der Mönche diente der Kapitelsaal, der sich in Maßwerkfenstern und Arkaden zum Kreuzgang öffnet und ein Sterngewölbe (1320/1330) aufweist.

❺ Parlatorium und Dormitorium
Im UG lag der Sprechsaal (lat. Parlatorium), im OG der Schlafsaal (Dormitorium).

❻ Kreuzgang
Den Kreuzgang überspannt ein sechsteiliges Rippengewölbe. Im Mittelalter waren die hochgotischen Maßwerkfenster verglast. Am Gewölbe der Brunnenkapelle ist die Entstehungsgeschichte des Klosters abzulesen: Auf der Suche nach einem Siedlungsplatz hatten Mönche ein Maultier lostrotten lassen. An Platz des heutigen Eselsbrunnens steht, blieb das Maultier stehen und stillte an einer Quelle seinen Durst. Die Mönche sahen darin ein Zeichen des Himmels und beschlossen, an dieser Stelle ihr Kloster zu errichten.

❼ Klostergarten
Die Regel der Mönche sieht für ihre Behausung einen abgeschlossenen Raum vor, der sich auf einen zur Außenwelt abgeschirmten Garten öffnet und somit nur zum Himmel Verbindung hat.

❽ Herrenrefektorium
Der zweischiffige Speisesaal der Vollmönche wird durch schlanke Säulen gegliedert und besitzt ein schönes Kreuzrippengewölbe.

❾ Refektorium und Dormitorium
Hier befand sich der Speise- und Schlafsaal (Dormitorium) der Laienmönche.

❿ Cellarium
Im ehemaligen Kellergewölbe des Klosters gibt es ein Lapidarium mit originalen Steinsammlungen.

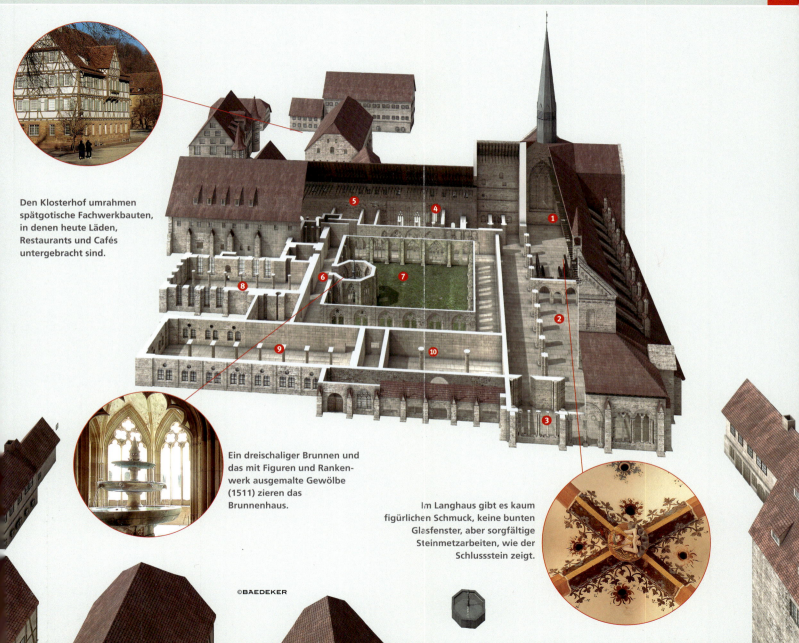

ZIELE • Maulbronn

Zwei Euro wert — Seit Februar 2013 zieren das Paradies und der dreischalige Brunnen des Klosters Maulbronn die Rückseite von 30 Millionen Zwei-Euro-Münzen. Eigentlich sollte das Heidelberger Schloss auf die Münze, doch als die Anerkennung als UNESCO-Welterbe ausblieb, entschied man sich kurzerhand um.

»Festung« Maulbronn — Die Klosteranlage von Maulbronn zeigt trotz mancher baulicher Veränderungen heute noch im wesentlichen ihr mittelalterliches Gesicht. Deutlich voneinander geschieden sind die um den Kreuzgang angeordneten Klausurgebäude mit der Klosterkirche im Osten und die im Westen um einen Hof gruppierten Wirtschaftsgebäude. Beide Bereiche wurden bereits im 13. Jh. mit einer Mauer aus Buckelquadern umgeben.

Von den originalen Bauten, die dem Kloster einen festungsartigen Charakter verliehen, stehen noch der Haspel- oder Hexenturm, der Mühlturm, der Faustturm sowie in der Südwestecke der Anlage das ehemalige Haupteingangstor, das früher durch eine Zugbrücke und ein weiteres inneres Tor gesichert war.

*Klosterkirche — Die schlichte, zwischen 1147 und 1178 errichtete Kirche besitzt nur einen kleinen Dachreiter an der Stelle eines Turmes sowie einen Chor. Die Maßwerkfenster des Chores gehen auf einen Umbau um 1340/1350 zurück. Man betritt das Gotteshaus durch das sog. **Paradies** (Vorhalle), das um 1220 erbaut wurde. Das dreischiffige Langhaus der romanischen Pfeilerbasilika war ursprünglich flach gedeckt und erhielt 1424 sein Kreuzrippengewölbe. Gleichzeitig damit wurden die Kapellen am südlichen Seitenschiff errichtet, deren ursprüngliche Ausmalung fragmentarisch erhalten ist. Auch die Wand- und Gewölbemalereien im Langhaus datieren nach 1424. Ursprünglich stand auf der Chorschranke (heute davor) das mächtige, 1473 datierte steinerne Kruzifix.

Besondere Beachtung verdienen die »Maulbronner Madonna« (um 1300), die »Kleine Madonna« (um 1394; Rest eines Hochaltars), der geschnitzte spätgotische Abtsstuhl sowie das Gestühl im Mönchschor mit den ordenstypischen Unterteilungen zwischen den Sitzen (um 1450).

**Kreuzgang, Brunnenhaus — Nördlich der Kirche schließt sich der malerische Kreuzgang an. Der Ost- und der Südflügel entstanden um 1220, der Nord- und Westflügel um 1300. Am Nordflügel ragt ein zierlicher, von spitzbogigen Maßwerkfenstern durchbrochener und mit einem später aufgesetzten Fachwerkobergeschoss bekrönter Zentralbau in den Kreuzgarten – das Brunnenhaus.

Klausurgebäude — Von den Klausurräumen um den Kreuzgang verdienen vor allem das Laienrefektorium und das Mönchsrefektorium (Speisesaal) einen Besuch, die beide als zweischiffige Hallen – die eine noch im spätromanischen Stil mit niederen, kräftigen Stützenpaaren, die andere als lichter, kreuzrippengewölbter Raum, angelegt sind.

Im Nordosten des Klausurbereichs liegen das Parlatorium und daran anschließend das **gotische Herrenhaus**, ursprünglich Klosterspital, **Weitere Gebäude**

Kloster Maulbronn

Wirtschaftsgebäude
1 Klosterverwaltung
2 Pförtnerhaus
3 Wache
4 Remise, Kapellenchor
5 Abgebrochenes Inneres Klostertor
6 Frühmesserhaus, heute: Museum im Klosterhof
7 Küferei, heute: Infozentrum und Museum
8 Kameralamt
9 Gesindehaus
10 Speisemeisterei
11 Marstall (Rathaus)
12 Pfisterei
13 Haberkasten
14 Melkstall, Eichelboden
15 Speicher, heute: Kinderwerkstatt
16 Wagnerei
17 Apotheke

Kloster
18 Klosterpforte mit Ern
19 Konversendormitorium
20 Cellarium
21 Kreuzgang
22 Kreuzgarten
23 Paradies
24 Hauptportal
25 Steinkruzifix
26 Südliches Langhaus Kapellen
27 Chorschranke
28 Mönchschor
29 Dormenttreppe
30 Totenpforte
31 Sanctuarium
32 Sakristei
33 Kapitelsaal
34 Ost-Ern
35 Frateria
36 Großer Keller
37 Kalefaktorium
38 Herrenrefektorium
39 Brunnenhaus
40 Küche
41 Laien (Konversen)refektorium
42 Parlatorium, Oratorium
43 Scheerbrunnen
44 Pfründhaus, Infirmerie (1892 abgebrannt)

Maulbronn erleben

AUSKUNFT
Stadtverwaltung Maulbronn
Klosterhof 31, 75433 Maulbronn
Tel. 07042 103-0
www.maulbronn.de

EVENTS
Musica sacra
Von Mai bis Sept. führen bekannte und weniger bekannte Künstler Oratorien, Chor- und Kammermusik auf.
Tel. 07043 77 34
www.klosterkonzerte.de

Weihnachtsmarkt
2. Wochenende im Advent: Ein festlich illuminierter Klosterhof, Kerzenlicht und Glühweinduft zieht die Besucher in hellen Scharen an.

ESSEN
Kloster-Katz ❷
Klosterhof 21, Tel. 07043 8 08
Ruhetag: Di.
Die Kloster-Katz ist für etliche Maulbronner ein zweites Wohnzimmer. Gemütliches Ambiente, Pizza, Pasta und Salat, dazu ein Glas Maulbronner Klosterbräu oder badischen Wein – das mögen auch die Touristen.

ÜBERNACHTEN
Gästehaus stuttgART36 ❷
Stuttgarter Str. 36
Tel. 07043 95 54 77
www.stuttgart36.de, 5 Z.
Das Gästehaus liegt zwar an der Hauptstraße, punktet aber mit seinen gestylten Zimmern ohne Plüsch und Plunder.

---

später als Herberge für hochgestellte Gäste genutzt. An der Südseite des Herrenhauses befindet sich der spätgotische Scherbrunnen. Das Gebäude gegenüber dem Herrenhaus ist das 1588 für die Herzöge von Württemberg erbaute Renaissance-Jagdschloss. Ganz im Nordosten stehen die Reste des in den 1430er-Jahren erbauten, im Jahr 1504 schwer beschädigten Krankenhauses.

Wirtschaftsgebäude Die um einen Hof angelegten Wirtschaftsgebäude sind größtenteils schöne **Fachwerkhäuser im Stil der Spätgotik**, die in Stein ausgeführten Bauten stammen überwiegend aus späterer Zeit. Die ehemalige Klostermühle wurde Anfang des 13. Jh.s aus Buckelquadern errichtet wurde. Der achtgeschossige Fruchtkasten (heute Stadthalle) entstand im Zuge der herzoglichen Bauaktivitäten 1580 an der Stelle eines Vorgängerbaus aus dem 13. Jh. (gotische Lanzettfenster). Nach dem Bau des Jagdschlosses wurde auch ein Marstall nötig, der um 1600 durch die Erweiterung eines gotischen Steingebäudes entstand. Empfehlenswert ist der Besuch des **Klostermuseums** im ehemaligen Kaminhaus, in dem u.a. ein Modell der Klosteranlage gezeigt wird.

Seminar Maulbronn Mehrere Gebäudeteile werden vom Evangelischen Seminar Maulbronn genutzt. Die Schulräume befinden sich u.a. im Dorment, im Obergeschoss des Brunnenhauses ist der Große Hörsaal.

* Münstertal

✦ C/D 12

Landkreis: Breisgau-Hochschwarzwald
Höhe: 380 – 1414 m ü. NHN
Einwohnerzahl: 5100

Am Westfuß des hier alpin wirkenden ▶Belchen-Massivs erstreckt sich die Gemeinde Münstertal. Auffallendstes Bauwerk ist Kloster St. Trudpert in Obermünstertal, Gründung eines irischen Wandermönchs.

Am Talausgang zum Rhein hin liegt Staufen, während sich die beiden Siedlungen Ober- und Untermünstertal sowie viele schöne alte Höfe talaufwärts bzw. in den Seitentälern befinden. Mit dem Kloster St. Trudpert kam das Christentum im 7. Jh. in das Tal. Im Mittelalter florierte hier der **Silberbergbau**. Die im 13. Jh. entstandene Berg-

Idyllisch eingerahmt von Wiesen und Wäldern liegt St. Trudpert.

baustadt Münster hatte sogar eine eigene Münze. Im 18. Jh. wurde der im Dreißigjährigen Krieg unterbrochene Bergbau wieder aufgenommen. Statt Silber förderte man jetzt Blei. Dieser Abbau wurde 1864 eingestellt. Ein Bergwerk ist heute für Besucher zugänglich.

SEHENSWERTES IN MÜNSTERTAL

*Kloster St. Trudpert

Am Eingang zum Obermünstertal liegt das ehemalige Benediktinerkloster St. Trudpert. Der irische Mönch Trudpert gründete um 607 im Münstertal eine Einsiedlerzelle, aus der nach seinem Märtyrertod (um 643) das erste Kloster rechts des Rheins hervorging. Das Kloster wurde 1806 aufgehoben. Seit 1920 leben hier wieder Nonnen, die »Schwestern vom Heiligen Josef«.

Die bis heute erhaltenen stattlichen Klosterbauten stammen größtenteils aus dem 18. Jh., sie wurden zwischen 1920 und 1930 erweitert. Mit dem Neubau von Kirche und Kloster, die bereits im Dreißigjährigen Krieg durch die Schweden zerstört worden waren, wurde 1709 der Vorarlberger **Barockbaumeister Peter Thumb** beauftragt. 1727 konnte die Barockkirche geweiht werden. Ab 1738 wirkte Thumb entscheidend an der Neugestaltung der Westfassade mit. Das Innere des Gotteshauses beherrscht der frühklassizistische Hochaltar von Franz Josef Friedrich Christian aus Riedlingen (1784). Im oberen Feld des Altars erkennt man den Klostergründer Trudpert mit einer Axt in der Hand, dem Attribut seines Todes. Die Altäre vor dem Chorbogen und in den Seitenkapellen stammen aus der Werkstatt von Matthias Faller. Die prächtige Kanzel (Mitte 18. Jh.) wurde 1822 von der Freiburger Augustinerkirche hierher überführt.

Hinter der Kirche steht die um 1700 erbaute **St.-Trudpert-Kapelle**. Sie markiert die Stelle, an der der hl. Trudpert als Märtyrer starb. Die unter der Kapelle entspringende Quelle galt früher als besonders heilkräftig.

❶ außerhalb der Gottesdienstzeiten tgl. geöffnet; Jahresprogramm mit Kursen zu Meditation, Exerzitien usw. unter www.kloster-st.trudpert.de

Bienenkundemuseum

Das Rathaus des Ortsteiles Obermünstertal beherbergt die größte Ausstellung ihrer Art in Europa. Hier lernt der Interessierte die Wunderwelt der Bienen und die Entwicklung der Imkerei von der Antike bis zur Gegenwart kennen.

❶ Mi., Sa., So. 14.00 – 17.00 Uhr, Eintritt: 2,50 €

Kaltwasserhof

Der Münstertaler Kaltwasserhof ist bekannt geworden durch die SWR-Fernsehserie »Schwarzwaldhaus 1902«. Heute kann man sich von den Eigentümern, Familie Bert, durch den prächtigen, 1760 erbauten Hof führen lassen.

❶ Münstertal-Kaltwasser, Sa., So. 14.00 – 17.00 Uhr, Führung: 4 €

Von der durch das Untermünstertal führenden Straße zweigt ein Sträßchen zu dieser Attraktion ab. Im Mittelalter wurde hier Silber abgebaut. Im 19. Jh. förderten zeitweilig bis zu 400 Bergmänner im »**Teufelsgrund**« Blei. 1864 wurde die Bleiförderung eingestellt. Um Flussspat zu gewinnen, wurde der Betrieb in der Grube 1942 nochmals aufgenommen. Man fand jedoch keine rentablen Vorkommen und legte die Grube 1958 endgültig still. Seit 1970 ist sie als Schaubergwerk der Öffentlichkeit zugänglich. Der etwa 500 m lange Stollen, verschiedene Bergbaugeräte und Mineralien vermitteln ein Bild

*Besucherbergwerk

Münstertal erleben

AUSKUNFT
Tourist-Information Münstertal
Wasen 47
79244 Münstertal
Tel. 07636 707-30
www.muenstertal-staufen.de

Tourist-Information Staufen
Hauptstr. 53
79219 Staufen im Breisgau
Tel. 07633 8 05 36
www.muenstertal-staufen.de

EVENT
Weideabtrieb
Am 1. Oktoberwochenende wird – ähnlich wie im Allgäu oder der Schweiz – das Vieh von den Hochweiden ins Münstertal hinunter getrieben.

ÜBERNACHTEN · ESSEN
Kloster St. Trudpert ©
Gästehaus Sankt Josef, 23 Z.
Gästehaus Sankt Agnes, 36 Z.
79244 Münstertal
Tel. 07636 7802-106
www.kloster-st-trudpert.de
Das Kloster betreibt zwei Gästehäuser für Menschen, die Ruhe und Erholung suchen. In Sankt Josef haben die Zimmer eigene Duschen und WCs, in Sankt Agnes befindet sich beides auf der Etage. Wer Voll- oder Halbpension bucht, kommt in den Genuss von vielen Produkten aus hauseigener Erzeugung.

Landgasthaus zur Linde ©©
Krumlinden 13
Obermünstertal
Tel. 07636 447
www.landgasthaus.de, 11 Z.
Das seit dem 17. Jh. bestehende denkmalgeschützte Gasthaus in Obermünstertal verfügt über individuell eingerichtete Zimmer. In der Gaststube gibt es vorwiegend Schwarzwälder Spezialitäten (besonders empfehlenswert sind die Forellen).

Romantik-Hotel Spielweg ©©©©
Spielweg 61
Obermünstertal
Tel. 07636 709-0
www.spielweg.com, 42 Z.
Der traditionsreiche Gasthof besteht seit 1705. Zum Stammhaus gehören zwei weitere Bauten mit modernen Zimmern im Landhausstil. Wer für sich allein wohnen will, zieht ins Gartenhaus oder ins »z' Franze«. Mit Hallenbad, Sauna und Wellness-Angeboten. In der gemütlichen Gaststube gibt es vorzügliche badische Spezialitäten; der Käse stammt aus der hauseigenen Käserei.

vom Gangbergbau. Da die Luft in dem Bergwerk extrem staub- und keimfrei ist, konnte hier auch eine Asthma-Therapiestation eingerichtet werden.

❶ Mulden 71, April – Okt. Di., Do., Sa., So. 10.00 – 16.00, Juli, Aug. zusätzlich Mi., Fr. 13.00 – 16.00 Uhr, Eintritt: 5 €, www.besucherbergwerk-teufelsgrund.com

* STAUFEN IM BREISGAU

Stadt des Doktor Fausts

Am Ausgang des Münstertals in die Oberrheinebene liegt das für seine Weine und edlen Obstbrände bekannte malerische Städtchen (280 – 720 m ü. NHN; 7700 Einwohner). Es ist in die Literatur eingegangen als Sterbeort des **Johannes Georg Faust**. Der wandernde Alchemist, Quacksalber und Sterndeuter wurde vermutlich um 1480 in der Nähe von Pforzheim soll mit dem Teufel paktiert haben. Um 1540 machte er Station in Staufen und führte im Gasthof zum Löwen angeblich alchemistische Experimente durch mit dem Ziel, Gold herzustellen. Irgend etwas scheint schief gegangen zu sein: Bei einer Explosion kam Faust ums Leben. Rasch war die Ursache des Unglücks klar – der Teufel hatte Faust geholt. So verkündet es noch heute die Inschrift auf der Fassade des Gasthofs zum Löwen. Die Geschichte über das Leben und Sterben des Dr. Faust verbreitete sich weit, und prominente Dichter ließen sich von dem geheimnisvollen Dr. Faust inspirieren, allen voran Johann Wolfgang von Goethe.

> **? BAEDEKER WISSEN**
>
> *Bohrung mit Folgen*
>
> Staufen befindet sich seit Herbst 2007 in großer Not: Bei einer Erdwärmebohrung wurden im Untergrund der historischen Altstadt anstehende Anhydrit- und Gipsvorkommen sowie unter Druck stehendes Wasser angestochen. Seither verbinden sich die Mineralien mit dem Wasser, die Erde quillt auf wie ein Hefeteig und hat sich um rund einen halben Meter gehoben. Mittlerweile sind schwere Schäden an weit über 270 Häusern festzustellen; die Schadensumme bewegt sich um die 50 Millionen Euro.
> 2013 musste das erste Haus abgerissen werden. Ein Ende des Desasters ist bislang nicht absehbar.

Äußerst malerisch präsentiert sich der Stadtkern von Staufen. Entlang der Hauptstraße reihen sich hübsche, meist dreigeschossige Wohnhäuser aus dem 17. und 18. Jh. aneinander. Reizvolle Winkel sind auch in den Nebenstraßen und Gässchen zu entdecken. Der Marktplatz wird vom stattlichen Rathaus von 1546 beherrscht. Es wurde im 17. und vor allem im 19. Jh. umfassend umgestaltet.

Stadtmuseum

Im Stubenhaus am Marktplatz, einem der ältesten Gebäude Staufens, ist das Stadtmuseum untergebracht. Hier wird an den blühenden Sil-

Viel ist nicht geblieben von der stolzen Burg Staufen

berbergbau erinnert, an den historischen Dr. Faust sowie die Schlacht von Staufen, mit der die Badische Revolution 1848 zu Ende ging.
❶ März – Nov. Mo. – Fr. 8.00 – 12.00, Sa., So., Mo. 14.00 – 17.00 Uhr, Eintritt: 1 €

St. Martin

Die katholische Pfarrkirche St. Martin wurde 1485 auf den Resten eines Vorgängerbaus errichtet. Beachtenswert sind im Innern der Hochaltar mit einem spätgotischen Kruzifixus.

Keramikmuseum

Das Keramikmuseum zeigt die Entwicklung des Hafnerhandwerks und der Kunstkeramik in den letzten hundert Jahren. Mittelpunkt des Museums ist eine **Hafnerwerkstatt** mit Tongrube, Töpferscheibe, Glasurmühle und zwei Holzbrennöfen. Der Hafner Josef Maier (1871 – 1948) und der Bauhaus-Schüler Egon Bregger (1902 – 1966) arbeiteten hier.
❶ Wettelbrunner Str. 3, Feb. – Nov. Mi. – Sa. 14.00 – 17.00, So. auch 11.00 – 13.00 Uhr, Eintritt: 2,50 €

*Burg Staufen

Auf einem rebenbewachsenen Hügel thront nördlich oberhalb der Stadt die Ruine der mittelalterlichen Burg Staufen (375 m ü. NHN). Nach dem Berg Staufen haben das Herrschergeschlecht und die Stadt ihren Namen. Nach dem Aussterben der Herren von Staufen wurde die Burg schon zu Beginn des 17. Jh.s dem Verfall preisgegeben und im Dreißigjährigen Krieg vollends zerstört. Was übrigblieb, präsentiert sich dem Besucher recht malerisch.

* Nagold

Landkreis: Calw
Höhe: 411 m ü. NHN
Einwohnerzahl: 22 500

Nagold mit seiner bildschönen Fachwerkaltstadt liegt im engen Nagoldtal am Ostrand des Nordschwarzwalds. Alle zwei Jahre steht der Nachbarort Wildberg beim Schäferlauf im Zentrum des Geschehens.

Geschichte 786 fand Nagold erstmals urkundliche Erwähnung. Die Stadtgründung veranlasste **Pfalzgraf Rudolf I. von Tübingen** zu Beginn des 13. Jahrhunderts. 1363 ging die Stadt von den Hohenberger Grafen an Württemberg über. Schwer heimgesucht wurde Nagold im Dreißigjährigen Krieg. Damals fiel auch die Burg Hohennagold in Schutt und Asche. 1795 trat auf Initiative des Stadtschreibers **Ludwig Hofacker** ein »Vorparlament« des württembergischen Oberlandes zusammen, dessen Ziel es war, die Landstände zu reformieren. Ludwig Hofacker gilt als ein Wegbereiter der Demokratie im deutschen Südwesten.

SEHENSWERTES IN NAGOLD UND UMGEBUNG

*Altstadt Recht malerisch bietet sich der alte Stadtkern mit seinen renovierten Fachwerkbauten dar. Im Zentrum des Bogens der **Marktstraße** steht das **Rathaus** (Nr. 27) mit seiner ansehnlichen Barockfassade. 1758 wurde es im Stil des Rokoko verändert. Das benachbarte **Ludwig-Hofacker-Haus** (Marktstr. 29) beherbergte schon im 16. Jh. Beamte. 1773 kam es in den Besitz der Familie Hofacker, wurde Pfarrhaus und ist heute Sitz des Ordnungsamts. Links vom Rathaus, auf dem alten Marktplatz, steht der **Urschelbrunnen**. Bei der Brunnenfigur mit dem Nagolder Stadtwappen in Händen handelt es sich um die »wüschte Urschel«, die sagenumwobene Tochter eines auf der Burg Hohennagold residierenden Grafen.

*Steinhaus Folgt man dem markierten Stadtrundweg vom Brunnen durch die Badgasse, erreicht man das sog. Steinhaus, das älteste noch erhaltene mittelalterliche Gebäude der Stadt, wie die Buckelquader und der höhergelegene spitzbogige Eingang zeigen. Es war im 13. Jh. wohl ein Rittersitz und ging im 14. Jh. in württembergischen Besitz über. Im 17. Jh. hat man das Anwesen unter mehreren bürgerlichen Familien aufgeteilt. Heute beherbergt es das Stadtarchiv und das ***Museum im Steinhaus**. Es lohnt sich, dieses preisgekrönte Heimatmuseum im-

Blitzblanker Vorstadtplatz von Nagold: links der Alte Turm, rechts Hotel Post im Fachwerkgewand, dazwischen der moderne Brunnen

mer wieder zu besuchen. Die Ausstellungen wechseln ständig und werden mit hoher Fachkenntnis und einem Händchen für die ungewöhnlichen Seiten von Alltag und Stadtgeschichte zusammengestellt.
❶ Badgasse 3, Di., Do., So., Fei. 14.00 – 17.00 Uhr

In der Oberamteistr. 6 steht das im 15. Jh. errichtete Fachwerkhaus der Alten Oberamtei, zunächst Speicher, dann Amts- und Wohnsitz eines Vogtes. Im 18. Jh. ließ der württembergische Herzog Carl Eugen den 2. Stock für seine Jagdaufenthalte renovieren, 1806 wurde es schließlich Sitz der Oberamtsverwaltung. **Alte Oberamtei**

Die Untere Marktstraße wurde im 18. Jh. angelegt. Hier stehen einige stadtgeschichtlich bemerkenswerte Bauten, so das **Diakonatshaus** (Nr. 37) von 1716, die ehemalige **Zeller'sche Apotheke** (Nr. 41) und das **Haus Maisch** (Nr. 43) mit schönem Zierfachwerk. **Untere Marktstraße**

Das bekannteste Gebäude der Stadt ist das Hotel Post (Bahnhofstr. 2, heute Restaurant »Alte Post«), ein mächtiger, 1697 erbauter und aufwendig renovierter Fachwerkbau mit kunstvoll gestaltetem Wirtschausschild. 1807 richtete man hier die Posthalterei ein. Dazu kam wenig später ein Stall für den Pferdewechsel auf der Postkutschenlinie Stuttgart – Freudenstadt. **Hotel Post**

Nagold erleben

AUSKUNFT
Tourist-Information
Marktstr. 27
72202 Nagold
Tel. 07452 681-0
www.nagold.de

EVENTS
Wildberger Schäferlauf
Alle 2 Jahre im Juli (2014, 2016 usw.) wird in Wildberg der traditionsreiche Schäferlauf mit historischem Trachten-Festzug abgehalten.

Nagolder Keltenfest
Ebenfalls im Juli, aber in den ungeraden Jahren (2015, 2017 usw.), feiert Nagold das Keltenfest. Rund um Burgruine und Stadtpark wird ein großes Keltenlager aufgeschlagen.

ÜBERNACHTEN
Hotel-Restaurant Adler ©©
Badgasse 1
Tel. 07452 86 90 00
www.hotel-adler-nagold.de, 45 Z.
Fachwerkbau neben dem Rathaus mit gemütlichen Zimmern. Das Restaurant bietet gute schwäbische Küche.

ibis Styles Nagold ©
Inselstr. 14
Tel. 07452 89 66 90
www.ibis.com, 69 Z.
Jüngster Neuzugang unter den Nagolder Hotels, 2012 eröffnet und mitten in der Stadt. Beim funktional-modernen ibis-Stil weiß man, was man hat.

ESSEN
Alte Post ©©©
Bahnhofstr. 2
Tel. 07452 84 50-0
Ruhetag: Mo.
Bestens aufgehoben fühlt man sich im Restaurant, das internationale Küche in einem gemütlichen Umfeld bietet. Die schicke Lounge bietet sich für ein schnelles Mittagessen ebenso an wie für ein gutes Glas Wein am Abend.

Vorstadtplatz Zwischen Hotel Post und Altem Turm (s.u.) erstreckt sich der Vorstadtplatz. Der moderne Brunnen aus Granit, errichtet 2005 von Künstler Josef Nadj, stellt ein Fenster zur Stadt dar mit einem Vorhang aus herabfallendem Wasser.

Alter Turm Das Wahrzeichen von Nagold ist der Alte Turm (Ecke Markt-/Turmstraße). Er war Turm der 1360 erbauten, der Jungfrau Maria geweihten Kapelle, die 1401 zur **Liebfrauenkirche** ausgebaut wurde. 1877 hat man das baufällig gewordene Gotteshaus abgebrochen und durch den Neubau ersetzt. Lediglich der Turm mit seiner charakteristischen doppelten Laterne im Helm wurde stehengelassen.

Schmid'sche Apotheke Die schmucke Schmid'sche Apotheke (Marktstr. 13), deren Baugeschichte sich bis ins 18. Jh. zurückverfolgen lässt, war mehrere Generationen lang Wohnsitz des Nagolder Bürgermeisters. 1906 erhielt das Gebäude eine recht kunstvolle **Jugendstil-Fassade**.

2012 war Nagold Schauplatz einer Landesgartenschau. Auch der Stadtpark »Kleb«, malerisch am Fluss gelegen, wurde in diesem Zuge verschönert. Mit Blumen, Grün, Sitzgelegenheiten und einer Art Mehrgenerationenspielplatz für alle Altersgruppen hat sich hier ein Lieblingsplatz der Nagolder entwickelt. Gleich nebenan erhebt sich der »**Krautbühl**«, einer der größten keltischen Grabhügel der Region. Funde aus der Keltenzeit auf dem benachbarten Schlossberg lassen vermuten, dass sich dort der zugehörige »Fürstensitz« befand.

Stadtpark

Im **Zeller-Mörike-Garten** traf sich der Nagolder Apotheker Gottlieb Heinrich Zeller 1862 mit Eduard Mörike. Nicht nur im Frühling ein herrlicher Ort, um dem berühmten Dichter nachzuspüren.
❶ Emminger Str. 42, Mai – Mitte Okt. So. 14.00 – 17.00 Uhr

! **BAEDEKER TIPP**

Literarisch radeln

Ab Nagold schlängelt sich ein Literarischer Radweg entlang des Flusses über Calw und Hirsau nach Pforzheim. Sie verbindet Museen und Gedenkstätten zu Ehren berühmter Literaten, die in den einzelnen Orten gewirkt haben. So spürt man Eduard, Mörike, Hermann Hesse, Ludwig Uhland und anderen entlang einer ebenerdigen, knapp 60 km langen Strecke nach. Details zur Tour bei der Touristen-Information oder unter www.literaturland-bw.de.

An der Friedhofstraße steht die romanische Remigiuskirche auf römischen Grundfesten. Sie ist eine der ältesten Kirchen Südwestdeutschlands. Die **Freskenreste** (frühes 14. Jh.) an den Wänden des Langhauses zeigen Darstellungen aus dem Leben von Jesus Christus.

*Remigiuskirche

Auf dem aussichtsreichen Schlossberg westlich der Stadt ist die Ruine der von kurbayerischen Truppen während des Dreißigjährigen Krieges zerschossenen, aber immer noch eindrucksvollen Burg Hohennagold ein gern besuchtes Ausflugsziel (Aufstieg ca. 1 Std., Foto S. 81). Die Burg stammt aus dem 11. Jh. Schon die Kelten nutzten den markanten Berg, um hier einen »Fürstensitz« anzulegen.

Ruine Hohennagold

11 km nördlich liegt Wildberg (350 – 630 m ü. NHN; 10 000 Einw.) an einer Flussschleife der Nagold. Es war früher ein Zentrum der Schäferei, woran heute noch der alle zwei Jahre stattfindende **Schäferlauf** erinnert. Funde aus dem 5. Jh. (u.a. Goldhelm, Prunkschwert und Schmuck) bezeugen einen bedeutenden Siedlungsplatz der Alamannen. Malerisch zeigt sich die aussichtsreich auf einem von der Nagold umflossenen Buntsandsteinsporn thronende Altstadt. Von der alten **Stadtbefestigung** sind noch einige Reste sowie der Torturm und der Hexenturm erhalten. Die bereits in der Stauferzeit errichtete **Burg** ist 1618 durch Blitzschlag zerstört, bis 1688 wieder als Amtssitz eines Vogtes aufgebaut worden. Doch nach einem Fliegerangriff im Zweiten Weltkrieg blieben nur die Grundmauern stehen.

*Wildberg

Die kunsthistorisch interessante **Martinskirche** zeigt noch romanische Baureste am Chor. Nach dem Stadtbrand 1464 im Stil der späten Gotik neu aufgebaut, hat man sie 1772 zu einer Hallenkirche umgestaltet. Das **Fachwerk-Rathaus** von 1480 ist im Laufe der Zeit mehrfach umgebaut worden. Sehenswert sind die Glasmalereien. Der Platz an der mittelalterlichen **Steinbrücke** war einstmals Versammlungsort, an dem auch Gerichtstage abgehalten wurden. Wildberg war im Mittelalter Schauplatz vieler Hexenprozesse. An diese Zeit erinnert der Hexenturm. Richtplatz war die Au nahe der Brücke. Von der früheren Bedeutung der Schafzucht zeugt die **Schafscheuer**.

> **?** **BAEDEKER WISSEN**
>
> *Der rot-violette Sandstein*
>
> Buntsandstein ist das wichtigste Gestein im Nordschwarzwald. Seine rot-violette Farbe entsteht durch eine hauchzarte Umhüllung der Sandkörner mit Hämatit, also mit Eisenoxid. Im Gelände fällt das rote Gestein des Bewuchses wegen nicht auf. Dennoch prägt Buntsandstein viele Orte im Nordschwarzwald: Zahlreiche Kirchen, Häuser, Mauern und Brunnen bestehen aus diesem gut zu bearbeitenden, feinen Material.

Die Grablege des Geschlechtes der Hohenberger befindet sich im ehem. **Kloster Maria Reuthin** am rechten Nagoldufer südlich unterhalb der Altstadt. Das Kloster hatte eine eigene Vogtei. 1824 fielen die meisten Klostergebäude sowie die Kirche einem Brand zum Opfer. Nur der Fruchtkasten ist noch erhalten. Das von den Klostermauern umfriedete Gelände dient heute als **Kurpark**.

Oberkirch

✣ E 8

Landkreis: Ortenaukreis
Höhe: 194 – 870 m ü. NHN
Einwohnerzahl: 20 000

Am Ausgang des Renchtales in die Oberrheinebene liegt die für ihre guten Weine und »Obstwässerle« bekannte Stadt Oberkirch. Im Raum Oberkirch gibt es rund 900 Kleinbrenner, im Renchtal rund 1300.

Grimmelshausen-Stadt
Mit dem nahen Renchen konkurriert Oberkirch um den Titel »Grimmelshausen-Stadt«. Der bedeutendste deutsche Barockdichter Johann Jacob Christoffel von Grimmelshausen (▶Berühmte Persönlichkeiten) lebte zwischen 1649 und 1660 als Verwalter der Schauenburgischen Güter und zwischen 1665 und 1667 als Wirt vom »Silbernen Stern« im Stadtteil Gaisbach. Der Gasthof überdauerte nahezu unverändert die Jahrhunderte.

Die Bischöfe von Straßburg, in deren Besitz sich Oberkirch seit 1303 befand, förderten den Ausbau der Stadt. Napoleon übergab das bischöfliche Gebiet dem Markgrafen von Baden als Dank für dessen Unterstützung und den Verlust linksrheinischer Gebiete.

SEHENSWERTES IN OBERKIRCH UND UMGEBUNG

Das Heimatmuseum ist im 1802 erbauten **Alten Rathaus** untergebracht. Im ersten Obergeschoß wird chronologisch die Entwicklung Oberkirchs dargestellt. Im zweiten Obergeschoß sieht man Exponate zu einzelnen Schwerpunkten der Stadt- und Regionalgeschichte. Besondere Beachtung wird Johann Jacob Christoffel von Grimmelshausen geschenkt. Zum Besitz des Museums gehört eine Erstausgabe seines »Simplicissimus«. Auch über Geologie und die Schnapsbrennerei wird informiert.
❶ Hauptstr. 32, Di., Do. 15.00 – 19.00, So. 10.00 – 12.30, 14.00 – 17.00 Uhr

Heimat- und Grimmelshausenmuseum

Überragt wird Oberkirch von der Ruine Schauenburg (397 m ü. NHN). Die 1150 zuerst erwähnte Burg gehörte ursprünglich den Zähringern. Als Mitgift kam sie an den Grafen Gottfried von Calw. Seine Enkelin Uta, die Stifterin des Klosters Allerheiligen, nannte sich – nachdem ihr Mann sie verlassen hatte – Herzogin von Schauenburg. Teile der 1689 von den Franzosen gesprengten Anlage stammen noch aus dem 12. und 13. Jh., erhalten sind u.a. die beiden hohen Wohntürme und die imposante Bastion an der Bergseite.

*Ruine Schauenburg

Lautenbach (1900 Einw., 200–800 m ü. NHN) wird gerne besucht wegen seiner im Stil der Straßburger Spätgotik geschaffenen ****Wallfahrtskirche.** Im Auftrag von Rittern aus der Ortenau wurde 1473 mit dem Bau einer Kapelle begonnen, um hier ein wundertätiges Marienbild zu verehren. Noch vor Fertigstellung des Baus wurde das Gotteshaus von den Mönchen des Klosters Allerheiligen (s. unten) übernommen, deren Kloster 1470 einem Brand zum Opfer gefallen war. Bauliche Veränderungen am Langhaus wurden Ende des 19. Jh.s vorgenommen. Damals erhielt die Kapelle auch ihren Turm.
Das kleine Gotteshaus gilt als besonders schönes Beispiel für die **Marienverehrung** am Oberrhein: An Altären, Fenstern und Steinmetzarbeiten taucht das Marienmotiv immer wieder auf. Das Portal ziert eine volkstümliche Marienfigur, umgeben von den Stifterwappen und zwei Engeln. Der einschiffige Kircheninnenraum hat ein prächtiges Netzgewölbe mit Wappensteinen. Die **Gnadenkapelle** (von 1485) an der Südwand des Langhauses ziert reiche spätgotische Steinmetzarbeit. Als einer der schönsten spätgotischen Flügelaltäre überhaupt gilt der **Hochaltar** (vermutlich um 1490). Er zeigt in reicher Rankenschnitzerei Maria auf der Mondsichel und die beiden

Lautenbach

Oberkirch erleben

AUSKUNFT
Tourist-Information
Bahnhofstr. 16, 77704 Oberkirch
Tel. 07802 82-600
www.renchtal-tourismus.de

EVENTS
Oberkircher Erdbeerfest
Ende Mai dreht sich alles um die für Oberkirch so wichtige Frucht. Es gibt Erdbeerbowle, Erdbeereis, Erdbeerkuchen usw. in Hülle und Fülle.

Renchtäler Wein- und Volksfest
Anfang September feiert man in Oberkirch das wichtigste Fest im Jahreslauf.

ÜBERNACHTEN · ESSEN
Waldhotel Grüner Baum €€€
Alm 33, OT Ödsbach
Tel. 07802 809-0
www.waldhotel-gruener-baum.de, 45 Z.
Familienfreundliches Haus mit gemütlichen Zimmern, Wellness-Bereich mit Hallenbad und Gourmet-Restaurant inmitten von Wein- und Obstgärten.

Romantik-Hotel Obere Linde €€€
Hauptstr. 25 – 27, Tel. 07802 80 20
www.obere-linde.de, 37 Z.
Ruhetag Restaurant: Mo.
Der Fachwerk-Traditionsgasthof liegt am Ostrand der Altstadt und bietet neben netten Zimmern ein Gourmet-Restaurant und eine Hausbrennerei.

Haus am Berg €
Am Rebhof 5, Tel. 07802 47 01
www.haus-am-berg-oberkirch.de, 9 Z.
Ruhetag Restaurant: Di.
Das Haus mit freundlichen Gästezimmern liegt schön und aussichtsreich mitten in den Weinbergen nordöstlich der Stadt. Feine badische Küche.

Johannes. Zu den kostbarsten Ausstattungsstücken der Kapelle gehören ferner im Chor und Langhaus Glasgemälde. Sie wurden zwischen 1482 und 1487 durch Peter Hemmel von Andlau ausgeführt. Von den ursprünglich 81 bemalten Glasscheiben sind noch 59 erhalten.

*Oppenau Das 10 km von Oberkirch gelegene Oppenau (260 – 900 m ü.NHN; 4800 Einw.) wurde 1615 durch einen Brand größtenteils zerstört und im Anschluss nach Plänen von **Heinrich Schickhardt** wieder aufgebaut. Die Stadtanlage mit Hauptstraße, zwei Parallelstraßen und einigen Querverbindungen stammt aus dieser Zeit. Ein Rest der Stadtbefestigung ist das Obere Tor (16. Jh; 1788 umgebaut). Die kath. Pfarrkirche, ein klassizistischer Bau, entstand 1826/1827 nach Vorlagen von Johann Ludwig Weinbrenner.

*Allerheiligen-Fälle In nördlicher Richtung führt von Oppenau eine Straße im Lierbachtal aufwärts. Auf ihr gelangt man zu einem Parkplatz am Fuß der wildromantischen Allerheiligen-Wasserfälle (auch Büttensteiner Wasserfälle genannt; 505 m ü. NHN). Sie stürzen hier in mehreren Stufen insgesamt 83 m tief hinab.

Weit ab vom Trubel dämmert Allerheiligen der Ewigkeit entgegen.

In ihrem weiteren Verlauf erreicht die Straße nach insgesamt 11 km (von Oppenau) die Klosterruine Allerheiligen (620 m ü. NHN); zu Fuß kommt man von den Wasserfällen, der Treppenanlage entlang dem rauschenden Lierbach aufwärts folgend, nach einer halben Stunde dorthin. Das **Prämonstratenserkloster Allerheiligen** ist eine Ende des 12. Jh.s erfolgte Gründung der Gräfin Uta von Schauenburg. Warum Uta so einen abgelegenen Ort wählte, gibt den Historikern bis heute Rätsel auf. In der Regel befanden sich Prämonstratenserkonvente in den Städten. Das Kloster wurde 1803 aufgehoben. Nur wenige Wochen, nachdem der letzte der 30 Mönche abgezogen war, zerstörte ein Blitzschlag die Kirche. Ein Teil der Klosterbauten wurde 1811 abgetragen. Was blieb, ist eine eindrucksvolle Ruine vor besonders reizvoller Landschaftskulisse.

Die **Kirche** selbst gehörte zu den bedeutendsten Bauwerken der frühen Hochgotik der Region. Chor und Querschiff der Kirche, die für die Ausbreitung des gotischen Stils am Oberrhein bedeutungsvoll war, stammen von 1270, das Langhaus weitgehend aus dem 15. Jahrhundert. Von den übrigen Klosterbauten sind noch Reste der Sakristei, des Kapitelsaals und des Kreuzgangs erhalten.

*Klosterruine Allerheiligen

Offenburg

D 9

Landkreis: Ortenaukreis
Höhe: 142 – 690 m ü. NHN
Einwohnerzahl: 59 000

Das »Tor zum Mittleren Schwarzwald« ist Offenburg, das am Ausgang des Kinzigtals in die fruchtbare Oberrheinebene liegt.

Verlagsstadt Wie Freiburg und Villingen ist Offenburg eine Zähringer-Gründung. Zwischen 1556 und 1701 sowie zwischen 1771 und 1803 war sie österreichisch, danach kam sie zu Baden. Ein Höhepunkt der Stadtgeschichte ist die Badische Revolution 1848/1849, die auch von Offenburg ihren Ausgang nahm. Schon 1847 kam es in Offenburg zu großen Versammlungen der Demokratiebewegung, Heute ist Offenburg bekannt als Verlagsstadt, das Haus Burda ist hier ansässig.

SEHENSWERTES IN OFFENBURG

*Stadtzentrum Die repräsentativen Bauten im Stadtzentrum stammen zum größten Teil aus der Barockzeit, daneben lockern Fachwerkbauten das Stadtbild auf. Mit dem 1899 angelegten Zwinger besitzt die Stadt eine reizvolle Parkanlage, die an der Stadtmauer entlangführt.

Rathaus Das Rathaus ist ein Barockbau des einheimischen Baumeisters Matthias Fuchs von 1741. Den Giebel zieren das Stadtwappen und der österreichische Doppeladler. Das **Glockenspiel** im Rathausturm ertönt täglich um 11.50 und um 17.50 Uhr.

*Museum im Ritterhaus Unweit östlich ist das 1784 erbaute Ritterhaus Sitz des gleichnamigen Museums. Schwerpunkte der bereits 1894 begründeten städtischen Sammlungen sind Stadtgeschichte, archäologische Exponate von der Steinzeit bis zu den Alamannen, Volkskunde, Mineralogie und Bergbau sowie Arbeiten von bekannten Künstlern der Region.
❶ Ritterstr. 10, Di. – So. 10.00 – 17.00 Uhr

Kapuzinerkloster Am Südrand der Altstadt befindet sich das ehemalige Kapuzinerkloster (17. Jh.). Es überstand als einziges Bauwerk den Brand von 1689. Recht malerisch präsentiert sich der restaurierte **Kreuzgang**.

Mikwe Durch die Gerberstraße und dann nordwärts durch die Lange Straße gelangt man zur Mikwe in der Glaserstraße. Das rituelle Tauchbad der Juden besteht seit Anfang des 14. Jh.s. Nach der Vertreibung der

Offenburg • ZIELE

Offenburg erleben

AUSKUNFT
Stadtinformation
Fischmarkt 2, 77652 Offenburg
Tel. 0781 82 28 00, www.offenburg.de

EVENTS
Badische Weinmesse
Wochenende im Mai
www.badische-weinmesse.de

Ortenauer Weinfest
Der Höhepunkt im Offenburger Festkalender ist das Weinfest am letzten September-Wochenende.

Buurefeschd Durbach
Im September sieht man hier Weinküfer, Korbmacher, Strohschuhflechter bei der Arbeit. Außerdem gibt's Durbacher Wein zum Probieren.

AKTIVITÄTEN
Ortenauer Weinpfad
Der etwa 100 km lange Weg zwischen Baden-Baden und Offenburg berührt Winzerorte wie Varnhalt, Neuweier, Bühlertal, Sasbachwalden, Kappelrodeck, Oberkirch und Durbach. Zur Zeit der Weinlese gesperrt.

Strandbad Gifiz-See
Beliebtes Naherholungsziel mit Strandbad und Riesenrutsche

EINKAUFEN
Bäckerei Konditorei Café Müller
Weingartenstr. 22, Hauptstr. 27
Stammhaus Durbach: Talstr. 31
Tel. 0781 4 27 08, www.suessevielfalt.de
Ein Ort der süßen Versuchungen: Die Brände für die Kuchen, Schwarzwälder Kirschtorten und Trüffel stammen aus der eigenen Brennerei, und sogar Baumkuchen ist hier noch erhältlich.

Oleofactum
Hildastr. 4, Offenburg
Tel. 0781 932 26 95
Mo. – Sa. 9.00 – 14.00, Mo., Di., Do., Fr. auch 15.00 – 18.00 Uhr
www.oleofactum.de
Frisch gepresste Speiseöle, neben Walnuss-, Lein- und Sesamöl auch der ungewöhnlichen Art wie Wilde Aprikose, Weißmohnöl, das als Königin der Speiseöle gilt, oder solches aus Schwarzkümmel, bietet die moderne Ölmühle an.

ESSEN
❶ *Helmer* ❷❷
Kinzigtalstr. 1, OT Elgersweier
Tel. 0781 9 48 95 89
Hier genießt man Spezialitäten der badischen und internationalen Küche in gemütlicher Umgebung.

ÜBERNACHTEN
❶ *Blume* ❷❷
Weinstr. 160, OT Rammersweier
Tel. 0781 33666
www.gasthof-blume.de, 6 Z.
Klein, aber fein: keines der Blumen-Zimmer gleicht dem anderen. Sehr gute badisch-mediterrane Küche.

❷ *Hotel Sonne* ❷❷❷
Hauptstr. 94, Tel. 0781 9 32 16-0
www.hotel-sonne-offenburg.de, 30 Z.
Ruhetag Restaurant: So.
Besonders noble Ausstattung bietet das Empire-Zimmer; das Business-Zimmer zeigt sich sachlich-neutral. Gemütliches Restaurant mit badischer Küche.

Juden diente es von 1349 bis 1689 als Brunnen, wurde dann zugeschüttet und erst Mitte des 19. Jh.s wiederentdeckt (Besichtigung im Rahmen einer Stadtführung oder n. V. im Ritterhausmuseum).

»Salmen« Der »Salmen« gilt als **Wiege der deutschen Demokratie**. In diesem Gasthaus verfassten badische Oppositionelle 1847 das »Offenburger Programm«, dessen Forderungen in die Verfassungsentwürfe Deutschlands einflossen – in den der Paulskirche ebenso wie in die Verfassung der Weimarer Republik und der Bundesrepublik Deutschland. Ab 1887 diente der Saal des »Salmen« als Synagoge, die in der Reichspogromnacht 1938 von Nazis zerstört wurde. Heute erinnern zwei historische Inszenierungen auf der Empore an die Geschehnisse im Zuge der Badischen Revolution und die Verwüstung der Synagoge. Auch ist der Salmen Veranstaltungsort.
● Besichtigung nur mit Führung; Anmeldung Tel. 0781 82 24 60

Unweit westlich erreicht man den Fischmarkt. An diesem malerischen Platz mit dem **Löwenbrunnen** von 1599 steht die 1698 erbaute **Hirschapotheke** mit schönem Staffelgiebel. Das St.-Andreas-Hospital an der Südseite des Fischmarkts wurde bereits 1300 gegründet, der jetzige Bau entstand Anfang des 18. Jh.s. Der 1731 errichtete frühere **Spitalspeicher** wurde vor einiger Zeit saniert und beherbergt seitdem ein Café, Veranstaltungs- und Ausstellungsräume.

*Fischmarkt

Eines der schönsten Bürgerhäuser der Stadt Offenburg ist das Beck'sche Haus, ein 1760 errichteter mustergültiger Bau der späten Barockzeit mit hohem Spitzgiebel.

*Beck'sches Haus

Auch die Heiligkreuzkirche fiel dem großen Stadtbrand von 1689 zum Opfer, lediglich einige Grundmauern stammen noch aus dem 14. Jh. Der heutige Bau entstand unter dem Einfluss der Vorarlberger Bauschule zwischen 1700 und 1720. Der linke Seitenchor, das noch gotische Josephs-Chörlein, birgt ein Sandstein-Kruzifix von 1521. An den Außenwänden der Kirche befinden sich mehrere Grabdenkmäler, darunter das des Ritters Jörg von Bach, es wurde von Christoph von Urach 1538 geschaffen. Zu Offenburgs wertvollsten Kunstdenkmälern gehört ein großer **Ölberg** (1524) auf dem Gelände des ehemaligen Friedhofs hinter der Kirche. Die Steinplatte, die den Engel trägt, verschloss einen vor die Stadtmauer führenden Gang.

*Heiligkreuzkirche

Eine Besichtigung lohnt ferner das östlich der Hauptstraße gelegene Kloster Unserer Lieben Frau. Der Gebäudekomplex – heute im Besitz von Augustinerinnen – beherbergt ein Gymnasium. Von 1280 bis 1803 befand sich hier ein Franziskanerkloster, das 1700 auf gotischen Fundamenten neu errichtet wurde. Die **Barockkirche** ist mit einem mächtigen Hochaltar und einer Silbermann-Orgel ausgestattet.

Kloster Unserer Lieben Frau

Im Osten der Stadt, auf dem Platz der Verfassungsfreunde im Kulturforum, erinnert eine 20 m hohe Aluminiumskulptur des New Yorker Künstlers **Jonathan Borofsky** an die Rolle Offenburgs bei der Entstehung der deutschen Demokratie. Das Kunstwerk ist ein Geschenk der Offenburger Verlegerin Aenne Burda (1909 – 2005).

»Freiheit – Männlich/ Weiblich«

UMGEBUNG VON OFFENBURG

Mit dem Begriff »Ortenau« assoziert man Angenehmes: liebliches **Wiesenland, Obsthänge und Weinberge**. Sie erstreckt sich vom Raum Baden-Baden bzw. von der Oos im Norden über rund 60 Kilometer nach Süden bis zur Bleiche bei Herbolzheim, wo der Breisgau beginnt. Zentrum der Ortenau ist Offenburg. Fruchtbare Böden und günstige klimatische Gegebenheiten ermöglichen einen ertrag-

*Ortenau

reichen Wein- und Obstbau. In der zur Ortenau gehörenden Partie der Oberrheinebene breitet sich Deutschlands größtes Tabakanbaugebiet aus. Die **Ortenauer Weine** zeichnen sich durch besondere Vielfalt aus. In den Reblagen von Varnhalt, Umweg und Neuweier bei Baden-Baden gedeiht u. a. Riesling. Um Bühl, Sasbachwalden, Kappelrodeck und Oberkirch ist die blaue Spätburgundertraube (»Affentaler«, »Hex' vom Dasenstein«) dominierend. Eine Besonderheit der Weine von Neuweier, Varnhalt und Steinbach-Umweg ist ihre Abfüllung in Bocksbeutel. Diese bauchig-platten Flaschen sind sonst nur dem Frankenwein vorbehalten. Berühmt sind daneben die mit einem goldfarbenen Affen verzierten Weinflaschen aus Affental.

*Durbach Ein besonders schönes Ausflugsziel ist das 5 km nordöstlich von Offenburg in den Schwarzwald-Vorbergen gelegene Weindorf Durbach (230 – 875 m ü. NHN; 3800 Einw.). Darüber hinaus gibt es in Durbach zahlreiche Schnapsbrennereien. Die freundlichen Fachwerkhäuser von Durbach ziehen sich am gleichnamigen Bach entlang. Brücken und Häuser ziert im Sommer üppiger Blumenschmuck. Einblicke in Durbachs lange Weinbau-Tradition vermittelt das **Wein- und Heimatmuseum**, das in einem ehem. Rebenhof aus dem 18. Jh. untergebracht ist.
Überragt wird der Ort vom **Schloss Staufenberg** (383 m ü. NHN), dessen Anfänge in das 11. Jh. zurückreichen, das in seiner heutigen Form aber weitgehend in der ersten Hälfte des 19. Jh.s entstand. Hier befindet sich das Markgräflich Badische Weingut Schloss Staufenberg (Weinstube und Weinverkauf).
Bei der Staufenburg-Klinik wurde ein **Skulpturenweg** angelegt. Zu sehen sind aus unterschiedlichen Materialien gefertigte Arbeiten international bekannter Künstler.
Museum: Talstr. 36; Sa. 14.00 – 17.00, So. 15.00 – 18.00, März – Okt. auch Mi. 14.00 – 17.00 Uhr, Eintritt: 2 €
Schloss Staufenberg: Weinstube April – Okt. tgl. 10.00 – 21.00, Nov. – März Mi. – So. 11.00 – 18.00 Uhr

Ortenberg Südöstlich der Stadt Offenburg erreicht man das **Weindorf** Ortenberg (3000 Einw., 165 – 545 m ü. NHN) mit seinen hübschen Fachwerkbauten und malerischen Winkeln. Schon von weitem sieht man das auf einem Bergsporn über sonnenbeschienenen Rebenhängen thronende gleichnamige **Schloss** (heute Jugendherberge und Weingut). Hier oben hatten schon die Römer einen Ausguck. Und im 11. Jh. hatten die Zähringer an dieser Stelle eine Burg errichtet, die jedoch im 17. Jh. zerstört worden ist. Der heutige Bau entstand zwischen 1834 und 1840 in neugotischem Burgenstil.

Kehl Die **Europa-Brücke**, die Kehl (35 000 Einw.) mit Straßburg verbindet, ist einer der wichtigsten Grenzübergänge von Deutschland nach

Dem Himmel nah: Schloss Staufenberg mit seiner Sonnenterrasse

Frankreich und wird jährlich von fast 20 Mio. Reisenden benutzt. In seinem Kern präsentiert sich Kehl heute als Einkaufsstadt mit überwiegend moderner Bausubstanz. Kehl und Straßburg veranstalteten im Jahre 2004 eine grenzübergreifende Gartenschau: Der Rhein, integrale Mitte des »Gartens der zwei Ufer«, wird von der **Passerelle des deux Rives** überspannt, einer grazilen Hängebrücke für Fußgänger und Radler. Auf der Kehler Rheinseite steht der 38 Meter hohe Weißtannenturm, von dem aus man einen herrlichen Blick auf die Höhen von Schwarzwald und Vogesen hat.

Eigentlich sollte die **katholische Kirche** im Kehler Ortsteil Goldscheuer abgerissen werden. Doch mit Hilfe von Spenden und **Stefan Strumbel** unterzog man das Gotteshaus einer ungewöhnlichen Verjüngungskur. Strumbel, Graffitikünstler aus Offenburg und berühmt für seine schrillen Kuckucksuhren, gestaltetet den Innenraum neu: Die wandfüllende Muttergottes trägt nun einen »Maschenkappe«, was sie als Frau aus dem Volke auszeichnen soll. In der Apsis leuchtet eine altrosa Strahlenkomposition mit Jesus am Kreuz. Für Diskussionsstoff und Kirchenbesucher ist seither gesorgt.

Goldscheuer

Ca. 8 km nordöstlich von Kehl, in Rheinau-Linx, unterhält die Fertigbau-Firma WeberHaus den ersten Informations- und Unterhaltungspark Europas zum Thema Bauen und Wohnen, die **Weber-Haus World of Living**.

Rheinau-Linx

Weber-Haus: Di. – So. 10.00 – 18.00 Uhr, Eintritt: 6 €, www.weberhaus.de

Badischer Wein

Sonne im Glas

Badische Weine zählen zu den Besten von ganz Deutschland. Zu Füßen der Schwarzwaldberge breiten sich vier Anbaugebiete in die Oberrheinebene aus. Die hohe Anzahl an Sonnenstunden und das milde Klima bieten dem Weinbau ideale Voraussetzungen.

Im Markgräflerland ganz im Süden werden vorwiegend **Gutedel**-Trauben gekeltert. Das Weinbaugebiet Kaiserstuhl – Tuniberg mit Orten wie Achkarren, Ihringen, Oberbergen und Oberrotweil bringt u.a. einen sehr aromatischen **Spätburgunder Rotwein** und **Weißherbst** hervor sowie einen vorwiegend schweren und säurearmen Ruländer.

Von den Breisgauer Weinen, die zumeist aus dem Raum Freiburg – Herbolzheim – Glottertal stammen, sind der Glottertäler Rote und der Glottertäler Weißherbst am begehrtesten.

Die mittelbadische Ortenau ist bekannt für gute Rot- und Weißweine. Dazu gehört vor allem der Riesling, der hier **»Klingelberger«** heißt, leichte, je nach Qualität elegante und unverwechselbare Weine mit typischer Säurenote. Eine weitere wichtige Rebe ist der als »Clevner« bekannte Traminer.

Comeback einer Rebe

Gerne angebaut und getrunken wird auch der **Grauburgunder**, der aus einer Mutation des Spätburgunders hervorgegangen ist und unter dem Namen **»Ruländer«** läuft. Erst in jüngerer Zeit ist er wieder zu Ehren gekommen. Das hat er seinen südlichen Verwandten zu verdanken: Unter dem Namen Pinot grigio (Italien) oder Pi-

Weinbau am Tuniberg bei Ehrenkirchen

not blanc (Frankreich) feierte die Rebsorte Erfolge bei den Weißweinfreunden und ebnete damit auch dem Grauburgunder aus deutschen Landen den Weg. Dessen Trauben sind in der Tat rosagrau, wenn sie reifen, und zeichnen sich durch einen hohen Zuckergehalt aus. Mit einem Trick gewinnen die Winzer leichtere Weine: Sie ernten die Beeren einfach etwas früher. Die daraus gekelterten Tropfen haben häufig das Aroma reifer Birnen.

Wie in den Nachbarregionen bietet auch die Ortenau guten Spätburgunder Rotwein und Weißherbst. Bekannte Weinorte in der Ortenau sind u.a. Durbach, Oberkirch, Gengenbach, Neuweier, Varnhalt, Kappelrodeck (»Hex' vom Dasenstein«) und Waldulm)

Die Wein-Guides

Seit 2007 werden in der Ortenau sogenannte Wein-Guides ausgebildet. Inzwischen bringen über 100 Damen und Herren mit besonderem Fachwissen über Weinbau, Land und Leute den auswärtigen Gästen die Kunst des Weinbaus nahe. So erfährt man, dass Reben bis zu 15 Meter tief wurzeln und wie heutzutage im großen Stil auf den Granithängen angebaut wird. Die Reben stehen quer zum Hang, damit die Maschinen zwischen den Reihen fahren können, Pheromonfallen unterstützen die Bekämpfung des Traubenwicklers und helfen, den Gifteinsatz zu reduzieren. Das Schönste kommt immer zum Schluss: eine Weinprobe mitten in den Reben mit Traumblick auf Rheintal und Vogesen.

EMPFEHLUNGEN

Weingut Laible
Am Bühl 6, 77770 Durbach
Tel. 0781 4 12 38
www.weingut-laible.de
Der bester Winzer weit und breit ist berühmt für seine Rieslinge.

Weingut Blankenhorn
Basler Str. 2
79418 Schliengen
Tel. 07635 82 00 -0
www.gutedel.de
Eine der besten Wein-Adressen Deutschlands, dazu Edelbrände und eine Auswahl an Essig

Wein- und Sektgut Harteneck
Brezelstr. 15, 79418 Schliengen
Tel. 07635 88 37
www.weingut-harteneck.de
Hier setzt man auf Ökoweine.

Bio-Weingut Schaffner
Hauptstr. 82
79268 Bötzingen
www.weingut-schaffner.de
Einer der besten Ökowinzer der Gegend am Kaiserstuhl.

Weingut Dr. Schneider
Rosenbergstr. 10
79379 Müllheim-Zunzingen
Tel. 0731 29 15
www.weingut-dr-schneider.de
Die delsten Tropfen werden in Barrique-Fässern ausgebaut.

WEIN-GUIDES
Buchung: Weinparadies Ortenau e.V
77704 Oberkirch
Bahnhofstr. 16
Tel: 07802 8 26 06
www.weinparadies-ortenau.de

* Pforzheim

H/I 6

Stadtkreis: Pforzheim
Höhe: 235 – 608 m ü. NHN
Einwohnerzahl: 120 000

Optisch macht die Stadt wenig her. Dafür spielen Gold und Schmuck in Pforzheim eine überragende Rolle. 2005 eröffneten zusätzlich zum Schmuckmuseum die »Schmuckwelten«.

Geschichte Das am Zusammenfluss von Enz, Nagold und Würm gelegene römische »**vicus portus**« ist bis heute die nordöstliche Pforte zum Schwarzwald. Einen wirtschaftlichen Aufschwung erlebte die Stadt, nachdem Markgraf Karl Friedrich 1767 den Aufbau einer Uhren- und Bijouterie-Manufaktur durch einen französischen Unternehmer ermöglichte. Besonders erfreulich entwickelte sich die Schmuckindustrie, Pforzheim wurde als »**Goldstadt**« bekannt.

Im Dritten Reich war die Stadt Rüstungsstandort, was ihr zum Verhängis wurde: Nur 22 Minuten dauerte der **Luftangriff** von 368 britischen Bombern am Abend des 23. Februar 1945, der Pforzheim in Schutt und Asche legte. 1575 Tonnen Sprengstoff entfachten einen verheerenden Feuersturm. Rund 17 000 Menschen kamen um, 80 % der Bebauung wurden vernichtet. Auf dem Wallberg, einem künstlichen Hügel aus den Trümmern, steht seit 2005 ein Mahnmal; jährlich wird am 23. Februar auf dem Hauptfriedhof des Untergangs von Pforzheim gedacht. Heute ist Pforzheim Standort der Fachhochschulen für Gestaltung und Design sowie für Technik und Wirtschaft und einer Goldschmiede- und Uhrmacherschule

> **! BAEDEKER TIPP**
>
> ### Kostenlos Surfen
>
> Seit 4. September 2013 kann jedermann im Stadtzentrum von Pforzheim kostenlos surfen. Mit diesem Service, der auf einer Initiative von neun örtlichen Firmen fußt, ist die Stadt Vorreiter in Deutschland. Wie immer gilt auch hier beim Surfen: Datenklau vorbeugen, keine sensiblen Daten verwenden. Hinweise zur abgedeckten Gebiet und zum Einloggen unter www.pf-wlan.de, Hotline Tel. 07248 45 28 20.

SEHENSWERTES IM STADTZENTRUM

Schlossberg In der 1945 fast ganz zerstörten Stadt dominiert kühle moderne Sachlichkeit in der Architektur. An dem nach Süden exponierten Talhang unterhalb des Hauptbahnhofs, dort, wo einmal das Schloss der Markgrafen von Baden stand, bildet die liebevoll restaurierte **Schlosskirche St. Michael** das reizvoll-altertümliche Gegenüber zu den nüchternen Bauten der 1960er und 1970er im Tal. Wieder zugänglich ist die Grablege der Angehörigen des Hauses Baden im Stiftschor.

Modern gestaltet ist das Stadtzentrum mit dem Marktplatz. Städtebauliche Dominante ist das 1973 errichtete **Rathaus** mit einem Glockenspiel (Spielzeiten: tgl. 8.35, 11.35, 14.35, 17.35, 20.35 Uhr). Den Ratssaal schmücken Druckstöcke des Holzschneiders HAP Grieshaber, der Ereignisse der Stadtgeschichte festgehalten und auf seine Art interpretiert hat. Auf dem Rathausvorplatz stellt eine von Professor Fritz Theilmann gestaltete Plastik den **»Pforzemer Seckel«** dar.

Marktplatz, Rathaus

2005 wurde am Leopoldplatz die Einkaufs- und Erlebniswelt für Schmuck und Uhren eröffnet. Besucher erfahren alles Wissenswerte über neue Herstellungsverfahren und Verarbeitungstechniken, können die allerneuesten Kreationen der Schmuck- und Uhrenindustrie bestaunen. Die **Gläserne Manufaktur** zeigt, wie Unikate entstehen. Vor allem Mineralien des Schwarzwaldes, aber auch andere Kristalle aus aller Welt zeigt die **Mineralienwelt**. Wer mag, leiht sich für einen

**Schmuckwelten Pforzheim

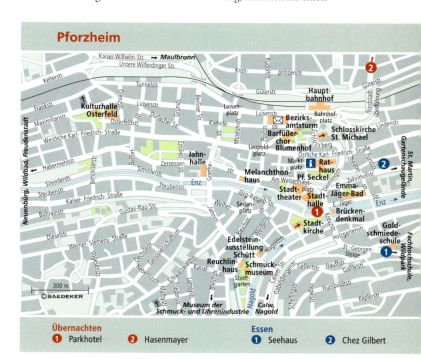

Übernachten
❶ Parkhotel ❷ Hasenmayer

Essen
❶ Seehaus ❷ Chez Gilbert

Pforzheim erleben

AUSKUNFT
Tourist-Information
Marktplatz 1
75175 Pforzheim
Tel. 07231 39 37 00
www.pforzheim.de

EVENTS
Bertha-Benz-Gedächtnisfahrt
Im August 1888 unternahm Bertha Benz, die aus Pforzheim stammende Gattin des Automobilkonstrukteurs Carl Benz, die erste Auto-Fernfahrt der Geschichte. Begleitet von ihren Söhnen tuckerte sie von Mannheim nach Pforzheim. Auch wenn die Fahrt nicht historisch verbrieft ist, erinnert alle zwei Jahre (2015, 2017 usw.) Anfang August eine Oldtimer-Gedächtnisfahrt an das Ereignis. www.bertha-benz-fahrt.de

Öchslefest
Im September feiert man mit viel Wein und kulinarischen Spezialitäten das Öchslefest zu Ehren des Pforzheimers Ferdinand Öchsle (1774–1852), der als Erfinder der Wein- und Mostwaage berühmt geworden ist.

SHOPPING
Edelsteine, Gold, Schmuck, Uhren
In der »Goldstadt« gibt es Geschäfte, Galerien und Werkstätten, wo man schönen Schmuck, Wertvolles aus Gold, kostbare Uhren erwerben kann. Die Tourist-Information hält eine aktuelle Liste mit Adressen bereit.

Westliche Karl-Friedrich-Straße
Entlang der Pforzheimer Haupteinkaufsmeile sind besonders die nagelneuen »Schmuckwelten« und die Schlössle-Galerie mit ihren 45 Läden und Lokalitäten Publikumsmagneten.

ESSEN
❶ *Seehaus* €€
Tiefenbronner Str. 201
Tel. 07231 65 11 85
Ruhetage: Mo., Di.
In dem idyllisch gelegenen Ausflugslokal mit Terrasse und Biergarten serviert die Küche Badisches (auch Wildgerichte) und Mediterranes.

❷ *Chez Gilbert* €€€
Altstädter Kirchenweg 3
Tel. 07231 44 11 59
Ruhetage: So.abend, Mo.
In einem bildschönen Gastraum mit Zirbelkiefervertäfelung bietet der gebürtige Elsässer Gilbert Noesser hervorragende Kreationen mit französischem Einschlag.

ÜBERNACHTEN
❶ *Parkhotel* €€€
Deimlingstr. 32–36
Tel. 07231 1 61-0
www.parkhotel-pforzheim.de, 208 Z.
Das zentral gelegene »Erste Haus am Platz« hat vielerlei Annehmlichkeiten zu bieten, darunter ein »Wellness-Spa« mit Sauna, Dampfbad, Massage und Fitness-Raum.

❷ *Hotel Hasenmayer* €€
Heinrich-Wieland-Allee 105
Tel. 07231 31 10
www.hotel-hasenmayer.de, 49 Z.
Um einen Anbau erweitertes Stadthotel mit freundlichen Zimmern. In der Wein- und der Jägerstube werden regionale Spezialitäten serviert. Mit Kegelbahn.

Tag einen vergoldeten Porsche Boxter aus. In der Mietpauschale von 500 € sind 200 km inbegriffen. Das reicht bis zum Feldberg.
❶ Mo. – Sa. 10.00 – 19.00, So., Fei. 11.00 – 18.00 Uhr, Eintritt Schmuckwelten: 6,50 €, Mineralienwelt: 3,50 €, Kombiticket: 8 €, Einkaufsbereiche Eintritt frei; www.schmuckwelten.de

Beim Stadttheater überbrückt der Goldschmiedesteg die Enz. Hier beginnt die sog. Goldschmiedemeile, die der Werderstraße entlang dem Metzelgraben südwärts folgt. Unterwegs erläutern Texttafeln Ursprung und Entwicklung der Schmuck- und Uhrenindustrie. **Goldschmiedemeile**

Als erstes erreicht man die Ausstellung der 1890 gegründeten »Robert Schütt Wittwe – Goldschmiedewerkstätten für Juwelenschmuck und Edelsteinschleiferei«. Hier gibt es herrliche Edelsteine, tolle Schmucksteine, Achat-Uhren, originelle Steinfiguren etc. zu sehen. ***Edelsteinausstellung Schütt**
❶ Goldschmiedeschulstr. 6, Mo. – Mi. 9.00 – 17.00, Do. u. Fr. 9.00 – 18.00, Sa. 9.00 – 13.00 Uhr; Führungen n. V.

Am Stadtgarten erwartet dieses 2006 eröffnete Museum interessierte Besucher. Es ist in dem 1961 nach Plänen von **Manfred Lehmbruck** fertiggestellten und nach **Johannes Reuchlin** (▶Berühmte Persönlichkeiten), dem großen Sohn der Stadt, benannten Haus untergebracht. Gezeigt wird die gesamte Bandbreite des abendländischen Schmucks. Originale aus fünf Jahrtausenden, von antiken Gegenständen über keltische Fibeln und mittelalterliche Preziosen bis zu zeitgenössischen Filigranarbeiten sind zu sehen, dazu eine Sammlung von Ringen aus alter und neuer Zeit. ****Schmuckmuseum**
❶ Jahnstr. 42; Di. – So. 10.00 – 17.00 Uhr, Eintritt: 3 €, www.schmuckmuseum.de

Schmuckkunst aus dem Hause Fabergé

Ein Erlebnis ist der Besuch des **Technischen Museums** der Pforzheimer Schmuck- und Uhrenindustrie, das im Gebäude von Kollmar & Jourdan an der Bleichstraße untergebracht ist. Man kann die Arbeitsschritte der Schmuckherstellung (Schmelzen, Gießen, Pressen, Formen der

Edelmetalle, Schleifen und Polieren von Edelsteinen) und der Uhrenproduktion von der Arbeitsvorbereitung bis zum fertigen Produkt miterleben.
❶ Bleichstr. 81, Mi. 9.00 – 12.00, 15.00 – 18.00, jeder 2. u. 4. So. im Monat 10.00 – 17.00 Uhr, www.technisches-museum.de

WEITERE SEHENSWÜRDIGKEITEN

Altstädter Kirche
Östlich vom Stadtzentrum erreicht man den ältesten noch bestehenden Sakralbau Pforzheims, die dem hl. Martin geweihte Altstädter Kirche. Sie steht **auf Fundamenten des »vicus portus«** und wurde nach den Verheerungen des Zweiten Weltkriegs wieder aufgebaut. Wegen ihrer mittelalterlichen Fresken gilt sie als kunsthistorisches Kleinod. Gut erhalten ist der um 1150 geschaffene Tympanon.

*Kappelhof
Seit 1995 ist der Archäologische Schauplatz Kappelhof gegenüber der Altstädter Kirche zugänglich. Auf dieser letzten ungestört erhaltenen Fläche im Stadtgebiet kann man 1900 Jahre Siedlungsgeschichte nachvollziehen. Interessant sind die Baureste aus römischer Zeit.
❶ Altstädter Str. 26, So. 11.00 – 17.00 Uhr

Stadtmuseum
In einer ehemaligen Kirche ist das Stadtmuseum für den Raum Pforzheim untergebracht. Besonders beachtenswert sind der römische Meilenstein (245 n. Chr.) mit dem Namen PORTUS, eine Holzstatuette von Sirona, der keltisch-römischen Göttin der Fruchtbarkeit, der kunsthistorisch bedeutsame Tympanon (12. Jh.; Abguss) aus der Altstadtkirche sowie mittelalterliche Glas- und Keramikfunde.
❶ Westliche Karl-Friedrich-Str. 243, OT Brötzingen, Di. – Do. 14.00 – 17.00, So. 10.00 – 17.00 Uhr

Wildpark Pforzheim
Im Hagenschießwald an der Straße nach Tiefenbronn ist ein Wildpark mit Streichelzoo und Kinderbauernhof, in dem **rund 350 verschiedene Tierarten** (darunter auch etliche bereits vom Aussterben bedrohte Tiere wie Axishirsche und Wisente) beobachtet werden können. Ein Waldklettergarten lockt Klettermaxe.
❶ Tiefenbronner Str. 100, tgl. geöffnet, Schaufütterungen Fischotter: Sa., So., Fei. 10.00, 15.00, Luchs: Sa., So., Fei. 14.00 Uhr, Eintritt pro Auto: 5 €, www.wildpark-pforzheim.de

UMGEBUNG VON PFORZHEIM

Würmtal
Südöstlich von Pforzheim schlängelt sich das Flüsschen Würm in Richtung Enz, zunächst in einem in den Muschelkalk der fruchtbaren Gäuflächen gegrabenen Tal und etwa ab Tiefenbronn in einem

landschaftlich sehr reizvollen Waldtal des Buntsandstein-Schwarzwaldes. Ein beliebtes Wanderziel ist die **Burg Liebeneck**.

In **Tiefenbronn** lohnt die um die Mitte des 14. Jh.s erbaute gotische Pfeilerbasilika einen Besuch. Im Langhaus und im Chor sind spätgotische Wandmalereien freigelegt und restauriert. Die Chorfenster schmücken Glasmalereien aus der Zeit um 1400. Der Hochaltar von 1469 stammt aus der Werkstatt des Ulmer Meisters Hans Schüchlin. Das überragende Kunstwerk der Kirche ist der an der Ostwand des südlichen Seitenschiffs aufgestellte ****Magdalenenaltar**, auch bekannt als Tiefenbronner Altar, den Lukas Moser 1431 geschaffen hat. Im geschlossenen Zustand zeigt das Retabel die Überfahrt der Magdalena und ihres Bruders Lazarus nach Marseille, ihre Übernachtung vor der Stadtmauer (Mitte) und rechts die Kommunion der Heiligen in der Kathedrale von Aix. Im Bogenfeld sieht man das Gastmahl des Simon und in der Predella Christus mit den Törichten und den Klugen Jungfrauen. Auf den Flügelinnenseiten finden sich die hl. Martha und der hl. Bischof Lazarus.

* St. Maria Magdalena

Neuenbürg (300 – 700 m ü. NHN; 7000 Einw.) liegt an einer engen Flussschlinge der Enz. Hier hat man schon in keltischer und römischer Zeit Eisenerz abgebaut und verhüttet. Seinen Höhepunkt erreichte der Erzbergbau im späten Mittelalter. Die Siedlung entwickelte sich zu Füßen der auf einem Umlaufberg der Enz thronenden Burg. Die malerischen Fachwerkhäuser am Marktplatz entstanden erst nach dem Stadtbrand von 1783. Das im 16. Jh. erbaute ***Schloss** ist ein Besuchermagnet, wo man eine Zeitreise durch die Kulturgeschichte des Nordschwarzwalds unternehmen kann. Sie ist in Anlehnung an Wilhelm Hauffs Erzählung »**Das kalte Herz**« als begehbares Theater inszeniert.

Neuenbürg

> **BAEDEKER TIPP**
>
> ### Forellen satt ...
>
> ... gibt es im hübschen »Mühlrad-Stüble« des Hotel-Restaurants »Zur alten Mühle« in Neuenbürg an der Enz. Frisch gefangene Forellen werden köstlich zubereitet serviert. Wer möchte, kann neben dem Haus selbst Forellen angeln. Tel. 07082 92 40-0, www.zordel.de

Schloss: Di. – Sa. 13.00 – 18.00, So., Fei. 10.00 – 18.00 Uhr, Jan. geschl., Eintritt: 4,50 €, www.schloss-neuenbuerg.de

Südlich außerhalb von Neuenbürg, an der Straße nach Waldrennach, ist dieses alte Bergwerk eine gern besuchte Attraktion. Hier bekommt man Einblicke in die Geschichte des hiesigen Eisenerzbergbaus vom Mittelalter bis zum Jahre 1868, als dieser Stollen geschlossen wurde.
❶ April – Okt. Sa., So., Fei. 10.00 – 17.00 Uhr, Mi. – Fr. n. V., Tel. 07082 79 28 60, Eintritt: 5 €

*Besucherbergwerk »Frischglück«

** Rastatt

✦ F 6

Landkreis: Rastatt
Höhe: 122 m ü. NHN
Einwohnerzahl: 47 700

Wo vor mehr als 300 Jahren der als »Türkenlouis« bekannt gewordene badische Markgraf Ludwig Wilhelm residiert hat, gibt es heute viel zu sehen: opulente Schlösser, interessante Museen und eine hübsche Innenstadt.

Fürsten, Rebellen und SUVs

Nachdem Rastatt 1689 durch die Franzosen niedergebrannt worden war, berief **Markgraf Ludwig Wilhelm** (»Türkenlouis«) 1697 den italienischen Architekten Domenico Egidio Rossi als Leiter der Stadtplanung. Mit der Verlegung des Regierungssitzes von Baden-Baden nach Rastatt 1705 folgte Markgraf Ludwig Wilhelm den absolutistischen Vorstellungen seiner Zeit. Nur in der Ebene konnten die Bedingungen einer repräsentativen Schlossanlage, auf die die Bauten in der Stadt ausgerichtet waren, verwirklicht werden. Rastatt blieb bis 1771 Residenz. Der **Friede von Rastatt**, ausgehandelt zwischen Prinz Eugen und Marschall Villars, beendete 1714 den Spanischen Erbfolgekrieg. Zwischen 1842 und 1849 legte man um die Stadt einen Festungsgürtel. Diese Bundesfestung diente 1849 den badischen Aufständischen als letzte Zuflucht bis zur Einnahme durch Prinz Wilhelm von Preußen. 1919 wurden die Festungswerke endgültig geschleift. Rastatt ist heute ein wichtiger Industriestandort. Allein die **Daimler AG** beschäftigt hier rund 7000 Mitarbeiter in der Fertigung der A-, und B-Klasse sowie der SUVs. 2012 gingen 201 211 Autos vom Band.

SEHENSWERTES IN RASTATT

Regelmäßige Stadtanlage

Die Stadt, im Süden von der Murg umflossen, ist im Kern regelmäßig angelegt. Den Gegenpol zum Schloss bildet der lang gestreckte Marktplatz, auf den vom Schloss drei Straßen zulaufen. Die Bausubstanz von Rastatt zeigt noch heute barockes Gepräge.

Marktplatz

Der lange Marktplatz wird an den Schmalseiten vom Rathaus und von der kath. Stadtkirche begrenzt. Ihn schmücken zwei große rote Sandsteinbrunnen (von 1739 und um 1750). Die kath. **Stadtkirche St. Alexander** entstand zwischen 1756 und 1764 nach Plänen von Johann Peter Rohrer. Während die Fassade noch dem Barock verhaftet ist, weist das Innere auf den Klassizismus hin. Der Bernhardsbrunnen (1770) südlich des Gotteshauses ist dem 1769 seliggespro-

Barocke Opulenz verspricht Rastatts Schloss.

chenen Markgrafen Bernhard gewidmet. Das **Rathaus** entstand 1750, wurde später noch mehrfach verändert. Das untere Geschoss war ursprünglich als offene Halle konzipiert.

Die Bernharduskirche gilt als ältester Sakralbau der Stadt. Teile des Chors entstanden noch in gotischer Zeit, die Westfront datiert aus dem frühen 18. Jh., Langhaus und Turm entstanden im ausgehenden 18. Jahrhundert. Das Deckengemälde (1908) zeigt den Auszug des Markgrafen Bernhard aus seinem Schloss Hohenbaden.

Bernharduskirche

★★ SCHLOSS RASTATT

Das nach 1699 in wenigen Jahren erbaute Schloss – im Herbst des Jahres 1705 zog die markgräfliche Familie in die teilweise noch unfertige Residenz ein – ist nach Mannheim das **größte Barockschloss Südwestdeutschlands**. Es ist auch die früheste und genaueste Nachahmung von Versailles. Der Bauplan stammt von Domenico Egidio Rossi. Nach dessen überstürzter Flucht übertrug Sibylla Augusta, die Witwe des Markgrafen, die Bauleitung Michael Ludwig Rohrer. Zur Stadt hin umschließen die Schlossbauten einen Ehrenhof. Den erhöhten Mittelteil zieren Pilasterordnungen, Portikus und Dachbalustrade. Über dem Dreiecksgiebel erhebt sich ein Türmchen, das seit 1723 eine vergoldete Jupiterfigur schmückt (Original im Vestibül des Schlosses). Auf der dem Park zugewandten Seite ist die Schlossfassade durch Flügelanbauten auf 230 m verlängert. Von dem ursprünglich recht weitläufigen **Schlosspark** mit seinen kunstreichen Anlagen des 18. Jh.s ist nur noch ein kleiner Teil erhalten.

Ein Abglanz von Versailles

❶ April – Okt. Di. – So. 10.00 – 17.00, Nov. – März bis 16.00 Uhr, nur mit Führung, Eintritt inkl. Museum: 7 €, Kombiticket mit Schloss Favorite: 12 €
www.schloss-rastatt.de

Inneres Das Innere des Schlosses ist reich mit Stuckdekorationen und Deckengemälden italienischer Meister ausgeschmückt. Prachtvoll ist der Ahnen- oder **Festsaal**, den rötliche Pilaster gliedern. Die Stuckfiguren darüber stellen türkische Gefangene dar und erinnern an die Siege des Markgrafen. Die Schlosskirche im Nordflügel, von Rohrer 1719 – 1723 erbaut, ist äußerlich ein unscheinbarer Bau. Das Innere ist jedoch üppig ausgestattet. Hier ist die Markgräfin Sibylla Augusta beigesetzt, die den Sakralbau in Auftrag gegeben hat (Besichtigung nur mit Führung).

Museen Das **Wehrgeschichtliche Museum** im Erdgeschoss des Schlosses zeigt deutsche Wehrkunde vom Mittelalter bis zur Gegenwart (Uniformen, Rüstungen, Blank- und Feuerwaffen, Ordenssammlung).

Rastatt erleben

AUSKUNFT
Tourist-Information
Schloss, Herrenstr. 18
76437 Rastatt
Tel. 07222 9 72-12 20
www.rastatt.de

EVENT
Tête-à-tête
Alle zwei Jahre (2014, 2016 usw.) feiert Rastatt ein großes internationales Straßenfestival mit Tanztheater, Kabarett, Straßenmusik und anderem mehr.
www.tete-a-tete.de

AKTIVITÄTEN
Erlebnisbad »Alohra«
Leopoldring 8, www.alhora.de
Mo. 13.00 – 17.00, Di. 6.30 – 19.00,
Mi. 10.00 – 21.30, Do., Fr. 6.30 – 21.30,
Sa., So. 8.00 – 20.00 Uhr, Eintritt 3,50 €

ESSEN
❶ *Raubs Landgasthof* €€€
Hauptstr. 41, 76546 Kuppenheim
Tel. 07225 7 56 23
www.raubs-landgasthof.de
Ruhetage: So., Mo.

Wolfgang Raub pflegt seit Jahren eine erstklassige Küche, die ohne Sperenzchen auskommt und aus den besten Zutaten der Region kulinarischen Offenbarungen bereitet. Dem Guide Michelin sind sie einen Stern wert.

❷ *Storchennest* €€
Karlstr. 24, Tel. 07222 3 22 60
Ruhetage: Mo., Di.mittag
Gute badische Küche, z.B. Rehnüsschen rosa gebraten, mit Pilzen, Rahmwirsing und Schupfnudeln.

ÜBERNACHTEN
❶ *Hotel Schwert* €€€
Herrenstr. 3a, Tel. 07222 768-0
www.hotel-schwert.de, 50 Z.
Bestens geführtes Haus, nur wenige Gehminuten vom Schloss entfernt. In der »Schwert Stuben« wird regionale Küche serviert.

❷ *Best Western Hotel Rastatt* €€
Karlsruher Str. 29, Tel. 07222 9240
www.hotel-rastatt.bestwestern.de
Modernes Haus mit 125 Zimmern, Sauna und diversen Fitness-Einrichtungen.

Besondere Anziehungspunkte sind ein Großdiorama der Schlacht bei Slankamen (1691) gegen die Türken mit mehr als 6000 Zinnfiguren, das über 8 m lange Gemälde einer Parade der Kurhannoverschen Armee von 1735 und die originalgetreue Nachbildung eines Schützengrabens des Ersten Weltkriegs.

Ebenfalls im Erdgeschoss des Schlosses befindet sich das **Freiheitsmuseum**, wo an die Freiheitsbewegungen in der deutschen Geschichte erinnert wird. Gewürdigt werden Ereignisse und Personen vom Ende des 18. Jh.s bis zur Mitte des 19. Jh.s, die dem Einzelnen und der Gemeinschaft mehr freiheitliche Rechte gebracht haben.

Wehrgeschichtliches Museum: April – Okt. Di. – So., Fei. 10.00 – 17.30, Nov. – März bis 16.30 Uhr, Eintritt inkl. Schloss 7 €

Freiheitsmuseum: So. – Do. 9.30 – 17.00, Fr. 9.30 – 14.00 Uhr, Eintritt frei

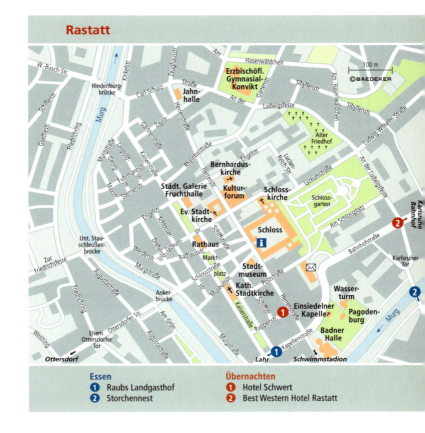

Essen
1. Raubs Landgasthof
2. Storchennest

Übernachten
1. Hotel Schwert
2. Best Western Hotel Rastatt

Stadtmuseum In einem Barockbau schräg gegenüber dem Schloss wird die **Stadt- und Regionalgeschichte** seit der Ur- und Frühzeit mit vielerlei Exponaten dokumentiert.
❶ Herrenstr. 11; Do.–Sa. 12.00–17.00, So., Fei. ab 11.00 Uhr, Eintritt: 3 €

Pagodenburg Die benachbarte sog. Pagodenburg hat der badische Hofbaumeister Rohrer 1722 nach dem berühmten Vorbild im Nymphenburger Park von München errichtet. Dieses ehemalige Teehaus wird für sommerliche Kunstausstellungen genutzt. Den Gegenpol zur zierlichen Pagodenburg bildet die barocke, 1715 erbaute **Einsiedelner Kapelle**.

UMGEBUNG VON RASTATT

Schloss Favorite 5 km südöstlich von Rastatt, bei Kuppenheim, liegt das Lustschloss Favorite. Es wurde in den Jahren 1710 bis 1714 von dem böhmischen Baumeister M. L. Rohrer für die **Markgräfin Sibylla Augusta, die Witwe des »Türkenlouis«, erbaut, die 19 Jahre die Regentschaft für ihre Söhne führte. An den **Hauptbau**, zu dessen Eingangsterrasse eine **Freitreppe** emporschwingt, schließen zwei kurze Flügel an.

Das **Innere** ist kostbar, allerdings etwas kurios ausgestattet. Die aus Böhmen stammende Bauherrin folgte nicht dem französischen Geschmack der Zeit, sondern mehr der Überlieferung des österreichischen Kaiserhofes. Viele verschiedene kunstgewerbliche Techniken und Materialien der Zeit wie Stuckmarmor, Holz- und Perlmuttintarsien, Glasschnitt, Achat- und Elfenbeinmalerei, Lack, Fayencen, Wachsmodellierung und Perlenstickerei sind hier vereinigt. Eindrucksvoll sind das Spiegelkabinett mit 358 Spiegeln und 72 auf Pergament gemalten Bildnissen, der achteckige Festsaal und das Florentinerzimmer. Zur Ausstattung gehören ferner wertvolle Sammlungen von Porzellan und Gläsern. In den Sommermonaten werden im Schloss Konzerte veranstaltet.

Der **Schlosspark** wurde 1707 bis 1725 zunächst als Barockgarten angelegt, aber so nie vollendet und 1788 schließlich zum Landschaftsgarten umgestaltet. In dem Park wachsen Schnurbäume, Sumpfzyp-

Schloss Favorite

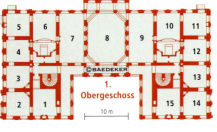

1. Obergeschoss

1 Appartement der Markgräfin, Kapellenzimmer (Vorzimmer)
2 Eckzimmer
3 Blumenzimmer
4 Spitzenzimmer
5 Spiegelkabinett
6 Paradeschlafzimmer der Markgräfin
7 Appartement des Markgrafen, Vorzimmer
8 Großer Saal (Sala Terrena)
9 Audienzzimmer
10 Paradeschlafzimmer des Markgrafen
11 Florentiner Kabinett
12 Nebenzimmer
13 Grünes Zimmer
14 Eckzimmer
15 Nebenzimmer zum Eckzimmer

ressen, Ziereichen und andere seltene Bäume. Auf einer Lichtung beim Schlosscafé steht die **Magdalenenkapelle**. Diese Einsiedelei hat die Markgräfin zu Bußübungen aufgesucht.

❶ Mitte März – Sept. Di. – So. 10.00 – 18.00, Okt. – Mitte Nov. Di. – So. 10.00 – 17.00 Uhr; Eintritt: 8 €, Kombiticket mit Schloss Rastatt: 12 €

Herausragende Sehenswürdigkeit von **Rheinmünster** ist das weithin sichtbare Münster im Ortsteil Schwarzach (nicht zu verwechseln mit der Abtei Münsterschwarzach in Bayern). Das Gotteshaus war ehemals Teil einer Benediktinerabtei, die von 828 bis 1803 bestand und um 1840 bis auf die Kirche abgebrochen wurde. Erhalten ist noch das Klostertor mit dem Wappen der Abtei. Das Münster wurde im 12./13. Jh. errichtet. Die dreischiffige Basilika in Kreuzesform ist aus Sandsteinquadern und Backsteinen erbaut, mit wuchtigem Turm über der Vierung. Einziger Bildschmuck ist das Steinrelief über dem Hauptportal. Es zeigt den thronenden Christus zwischen Petrus (dem Verwalter) und Paulus (dem Verkünder), ein am Oberrhein häufiges Motiv. Die vorherrschende Farbe ist Rot (die herrschaftliche Farbe seit der Spätantike), die verputzten Flächen sind weiß, die reich ornamentierten Säulenkapitelle sogar bemalt. Im nördlichen Querschiff steht der barocke Hochaltar (1752). Der Altar im südlichen Querschiff birgt die **Reliquien der hl. Märtyrerin Rufina** (gest. 260 in Rom). Das Chorgestühl ist um 1700 entstanden.

**Münster Schwarzach

* Rottweil

✧ H 10/11

Landkreis: Rottweil
Höhe: 507 – 745 m ü. NHN
Einwohnerzahl: 26 000

Die älteste Stadt Baden-Württembergs besitzt eine der schönsten Altstädte. Während der schwäbisch-alemannischen Fasnet verwandelt sich die Stadt in einen Hexenkessel.

Die malerische Altstadt mit ihren weithin sichtbaren Türmen thront auf einem steilen Muschelkalksporn über dem Neckar. Bereits in der Zeit nach 70 n. Chr. legten die Römer hier am Schnittpunkt zweier wichtiger Straßen (Straßburg – Augsburg, Hüfingen – Rottenburg) ein Kastell an, aus dem später das Municipium Arae Flaviae erwuchs. Im Mittelalter (um 771) befand sich hier ein Königshof. Angeblich soll die Hunderasse »Rottweiler« hier im Mittelalter als Hütehund für die Schafherden gezüchtet worden sein. 1802/1803 kam Rottweil an Württemberg, 1824 nahm man die Saline Wilhelmshall in Betrieb, die 1969 stillgelegt wurde.

Älteste Stadt des Landes

SEHENSWERTES IN ROTTWEIL

*Altstadt Ein Bummel durch die Altstadt gleicht von den vielen historischen Häusern her einer Zeitreise ins Mittelalter. **Traufständige Bürger- und Patrizierhäuser** verschiedener Bauepochen mit Erkern, Dachgauben und Krangiebeln, von denen einige bis ins 14. Jh. zurückreichen, und Reste der mittelalterlichen Stadtbefestigung bilden ein abwechslungsreiches Ensemble. Wo sich die beiden Hauptachsen der Stadt (Hauptstraße/Hochbrückenstraße bzw. Friedensplatz) kreuzen, steht der aus der Übergangszeit von der Gotik zur Renaissance stammende Marktbrunnen. Seine Säule weist reichen, nach Vorlagen von Hans Burgkmair gestalteten Figurenschmuck auf. Das **Alte Rathaus** an der Hauptstraße wurde 1321 erstmals erwähnt. Sein heutiges Aussehen erhielt es im 16. Jh.; eindrucksvoll zeigt sich der Ratssaal mit Kassettendecke und vielen Wappenscheiben.

Rottweil erleben

AUSKUNFT
Tourist-Information
Hauptstr. 21–23
78628 Rottweil
Tel. 0741 4 94-280
www.rottweil.de

EVENT
Rottweiler Narrensprung
Durchs Schwarze Tor springen die Rottweiler Zünfte, flankiert von Hästrägern aus dem ganzen Land.
Rosenmontag 8.00 Uhr
Fastnachtsdienstag 8.00 und 14.00 Uhr

AKTIVITÄTEN
Erlebnisbad »aquasol«
Brugger Str. 11
www.aquasol-rottweil.de
tgl. 10.00 – 22.00 Uhr
Eintritt ab 4,50 €; Thermalsolbad mit Riesenrutsche, Sauna und Wellness-Bereich

ÜBERNACHTEN • ESSEN
❶ *Ringhotel Johanniterbad* ❸❸❸
Johannsergasse 12
Tel. 0741 53 07 00
www.johanniterbad.de, 32 Z.
Ruhiges und gut geführtes Altstadthotel mit geschmackvoll eingerichteten Zimmern und Suiten. In der »Johanniterstube« speist man hervorragend.

❷ *Haus zum Sternen* ❸❸
Hauptstr. 60
Tel. 0741 53 30-0
www.haus-zum-sternen.de
Ruhetag Restaurant: So.
Nostalgisches Flair verspürt man in diesem alten Patrizierhaus mit seinen behaglichen Gästezimmern. Im Restaurant wird ambitionierte deutsche Küche mit regionalen Akzenten serviert.

❸ *Garni Hotel Sailer* ❸❸
Karlstr. 37
Tel. 0741 9 42 33 66
www.hotel-sailer.de, 30 Z.
Unweit der Altstadt gelegenes Haus. In einer zum Hotel gehörenden 2004 renovierten Villa der Jahrhundertwende können Appartements angemietet werden.

Rottweil • ZIELE

Gegenüber, im Herderschen Haus mit seiner schmucken Fassade von 1709, ist das Stadtmuseum eingerichtet. Besondere Kostbarkeiten der reichen Sammlung sind der Bundesbrief mit der Schweizerischen Eidgenossenschaft von 1519 und die Pürschgerichtskarte von David Rötlin von 1564. Im »**Fasnetszimmer**« kann man sich über die Rottweiler Fasnet informieren.

*Stadt-museum

● Hauptstr. 20; Di. – So. 14.00 – 16.00 Uhr, Eintritt: 2 €

Das Schwarze Tor zählt zu den bekanntesten Bauwerken der Stadt. Durch dieses Tor springen an Fastnacht die **Rottweiler Narren** (▶Erleben), gesäumt von Tausenden Schaulustigen und Maskenträgern anderer Zünfte der schwäbisch-alemannischen Fastnacht (▶Baedeker Wissen S. 312). Der Torturm mit seinem aus grob behauenen Buckelquadern bestehenden Schaft wurde zur Zeit des Stauferkaisers Friedrich II. errichtet (1289 erste Erwähnung).

Schwarze Tor

Rottweil

Übernachten / Essen
1. Ringhotel Johanniterbad
2. Haus zum Sternen
3. Garni Hotel Sailer

1. Dominikanermuseum
2. Pulverturm
3. Jugendherberge
4. Archiv
5. Forum Kunst
6. Marktbrunnen
7. Haus Armleder
8. Zehntscheuer
9. Volkshochschule
10. Gänswasenbrunnen

Schwäbisch-alemannische Fastnacht

Narrii! Narroo!

So hört man´s zwischen Dreikönig und Aschermittwoch zumindest in den katholischen Landen der Alemannen zwischen Neckar und Rhein. Rottweiler Gschellnarra, Villinger Narro, Elzacher Schuttig, Gengenbacher Spättle und viele andere Hansele, Butzen, Hexen und Deifel bewegen sich in der Fasnet (Fastnacht), alemannische Urlaute ausstoßend, durch Straßen und Gassen.

Besonders aktiv sind sie in der »heißen Phase« vom **Schmutzigen Dunschdig** (Schmutzigen Donnerstag) bis zur Fasnets(-hexen-)verbrennung am Abend des Fastnachtsdienstags bzw. je nach Region bis zur Geldbeutelwäsche am Aschermittwoch. In etlichen Fasnetshochburgen beginnen die letzten sechs tollen Tage mit einem morgendlichen »Hemdglonkerumzug«. Ohrenbetäubender Lärm sorgt dann dafür, dass auch der Verschlafenste buchstäblich aus dem Bett fällt. Schüler werden »befreit«, Rathäuser »gestürmt« und Bürgermeister »entmachtet«. Unter großer Anteilnahme werden anschließend die Narrenbäume gesetzt. Bis spät in die Nacht ist dann in allen Hallen und Lokalen am Ort mächtig viel los.

Närrisches Wochenende

Nach einem mancherorts etwas ruhigeren »Rußigen Freidig« herrscht am **Fasnetssamschdig** (Fastnachtssamstag) überall buntes Treiben im Rahmen einer Dorf- oder »Städtle«-Fasnet. Einzelne Gruppen ziehen mit Hallo und Musik von Wirtschaft zu Wirtschaft und treffen sich schließlich auf dem Marktplatz. Und abends schwingt man das Tanzbein oder wohnt einer närrisch-festlichen »Redoute« bei.

Am **Fasnetssundig** (Fastnachtssonntag strebt das urtümliche Treiben seinem Höhepunkt zu. In einigen Hochburgen, darunter in Villingen-Schwenningen, Donaueschingen, Gengenbach, Haslach und Elzach, sammeln sich die Narren zu bunten Umzügen. Anschließend herrscht wieder großes Narrentreiben in allen Straßen und Gassen.

In etlichen Orten, so etwa in Villingen, Schramberg und Endingen, wird man am »Fasnetsmendig« (Rosenmontag) von der »Katzenmusik« geweckt. In Haslach, Hausach und Wolfach gehen die Narren zur »Elfimess´«, einem närrischen Frühschoppen, um anschließend ausgelassen durch die Städtle zu toben. In Schramberg fahren die Narren auf allerlei Schwimmfähigem »da Bach na«, d. h. die Schiltach abwärts. Das Zwei-Sterne-Ereignis an diesem Tag ist jedoch der **Rottweiler Narrensprung**. Schon frühmorgens springen die Mitglieder der Rottweiler Narrenzunft durch das Schwarze Tor in die Altstadt hinein. »Gschellnarr«, »Fransekleidle«, »Schantele«, »Biss« und »Federahannes« sind die wichtigsten Figuren.

In **Villingen** sieht man »Narro« und »Morbili« beim **Maschgerelauf** (Maskenlauf) zwischen Oberem

Tor und Latschariplatz. In anderen Fasnetshochburgen, so auch in Freiburg, finden große Narrenumzüge statt. Tolle Kinderumzüge gibt es an diesem Tag u. a. in Offenburg, Hornberg und Laufenburg.

Am Fasnetszieschdig (Fastnachtsdienstag) springen die Rottweiler Narren nochmals durchs Schwarze Tor, diesmal aber schon mit weniger Elan. Einen herrlich bunten Fasnetsumzug gibt es in Villingen zu sehen. Sehr lustig sind auch der historische »Nasenzug« in Wolfach sowie die **Narrensamen-Umzüge** (das sind Kinderumzüge) in Gengenbach und Hausach. Ein letztes Mal bäumen sich die Fasnetshexen am Abend auf, bevor unter lautem Jammern und Huuhuu-Rufen die Fasnet in Gestalt einer großen Strohpuppe verbrannt wird.

Alles vorbei?

Am Aschermittwoch soll zwar alles vorbei sein, aber in einigen Schwarzwaldorten noch nicht ganz. Denn bevor die Bürgermeister auf ihre Rathäuser zurückkehren können, müssen die Narren erstmal ihre Geldbeutel am Stadtbrunnen (so etwa in Wolfach) gewaschen haben. Und wer dann immer noch nicht genug hat von der Fasnet, der kann am folgenden Wochenende an einer Bauernfastnacht, der »Buurefasnet« teilnehmen, die in manchen Orten im Markgräflerland und am Hochrhein gepflegt wird.

Am bekanntesten ist die **Sulzburger Buurefasnet**, bei der es recht deftig zugeht. Und wem das zu ländlichherb ist, der kann ja gleich weiterfahren nach **Basel**, wo der weltberühmte **Morgestraich** Tausende närrischer Teilnehmer und Besucher aus dem südlichen Schwarzwald anlockt.

Am Rosenmontag hat der Rottweiler Federhannes seinen großen Auftritt

ZIELE • Rottweil

*Heilig-Kreuz-Münster
Das bedeutendste Gotteshaus der Stadt ist das Heilig-Kreuz-Münster, dessen Anfänge bis ins 13. Jh. zurückreichen. Die mächtigen Untergeschosse des Turms entstanden vor 1250 mit dem Rundbogentörlein und dem Rundbogenfries. Die Gewölbe der Kirche wurden bis 1517 geschlossen. Nach dem Dreißigjährigen Krieg erfolgte eine barocke Umgestaltung des Münsters, eine Regotisierung folgte in den 1840er-Jahren. Besondere Sehenswürdigkeiten sind das Altarkreuz von Veit Stoß, der Apostelaltar von Cord Bogentrik, die sog. **Rottweiler Madonna**, die Kanzel, das figurenreiche Gewölbe im Südschiff und die Zunftlaternen im hinteren Seitenschiff.

Dominikanerkirche
Um 1260 haben sich Predigermönche aus dem Orden des hl. Dominikus in Rottweil niedergelassen. Die Weihe des ersten Gotteshauses fand 1266 statt. Im 17. Jh. wurde die Kirche **Ziel von Wallfahrten**. Im 18. Jh. hat man sie üppigst im Stil des Barock ausgestaltet. 1802 wurde das Kloster aufgehoben, die Konventsgebäude abgebrochen.

**Dominikanermuseum
Das Dominikanermuseum beherbergt Kulturzeugnisse aus der Römerzeit, deren Glanzstück ein **Orpheus-Mosaik** (2. Jh. n. Chr.) ist. Den zweiten Ausstellungsschwerpunkt bilden spätgotische **Skulpturen und Tafelbilder der Sammlung Dursch**, die vom 13. bis zum 16. Jh. im schwäbischen Raum entstanden sind. Viele bedeutende schwäbische Künstler jener Epoche sind vertreten.
❶ Kriegsdamm 4, Di. – So. 10.00 – 17.00 Uhr, Eintritt: 3 €

*Lorenzkapelle
Die Lorenzkapelle, eine um 1580 errichtete spätgotische Friedhofskapelle, dient seit 1851 als Museum. Hier ist großartige **Rottweiler Steinmetzkunst** zu sehen, darunter auch Steinplastiken des Kapelenturms aus dem 14. Jh.
❶ nur mit Führung nach Vereinbarung, Tel. 0741 494-330

*Kapellenkirche
Die gotische Kapellenkirche an der Hochbrückenstraße wurde 1727 barockisiert und von Joseph Firtmair ausgemalt. Ein **Kulturdenkmal ersten Ranges** ist der 70 m hohe, mit spätgotischem Figurenschmuck versehene Turm, vor allem das Relief über dem Hauptportal, das Christus als Weltenrichter zeigt. Am 31. 12. 1999 wurde auf dem Platz vor der Kirche die sog. **Postbox**, ein Container mit rund 3800 Briefen aus aller Welt in einem Schacht versiegelt. Erst 2099 sollen die bis dahin ungelesenen Briefe ihren Adressaten zugestellt werden.

UMGEBUNG VON ROTTWEIL

Saline Wilhelmshall
Etwa 2 km südöstlich vom Stadtzentrum liegt die ehem. Saline Wilhelmshall. Die Anlage wurde 1824 in Betrieb genommen und erreichte Mitte des 19. Jh.s ihre wirtschaftliche Blütezeit. Nach der

Aufhebung des Salzmonopols im Jahre 1868 ging der Absatz jedoch zurück. Die Saline wurde 1969 stillgelegt. Im Unteren Bohrhaus ist ein **Salinenmuseum** untergebracht.

❶ Primtalstr. 19, Mai – Sept. So. u. Fei. 14.30 – 17.00 Uhr u. n. V., Tel. 0741 941 00 14, Eintritt: 2 €

Auf dem Gelände der Saline arbeitete ab 1969 der Rottweiler Künstler Erich Hauser (1930 – 2004), der hauptsächlich mit **Großplastiken aus Stahl** Furore machte. Etliche seiner teils recht abstrakten Kunstwerke sind auf dem Gelände aufgestellt.

Kunststiftung Erich Hauser

❶ Saline 36, April – Sept. jeden letzten So. im Monat 11.00 – 17.00 Uhr, Führung: 3,50 €, Tel. 0741 28 00 18-0, www.erichhauser.com

St. Blasien

✦ E 13

Landkreis: Waldshut
Höhe: 760 – 1022 m ü. NHN
Einwohnerzahl: 3900

Bekannt ist St. Blasien wegen seiner gewaltigen Kuppelkirche, die als drittgrößtes Bauwerk ihrer Art den Besucher in einem abgeschiedenen Schwarzwaldtal überrascht.

Die Stadt, zentraler Anlaufpunkt in einem dünn besiedelten und stark bewaldeten Umland, liegt im Tal der oberen Alb. Ihre Ursprünge reichen bis ins 9. Jh. zurück, als Mönche hier eine cella gründeten, die im Mittelalter mit einer Reliquie des hl. Blasius ausgestattet wurde. Im 13. Jh. fiel der Besitz unter die **Oberhoheit der Habsburger**. Im frühen 18. Jh. kam es zu Auseinandersetzungen zwischen dem Kloster und den »Salpeterern« (Baedeker Wissen S. 318). Nach dem Brand von 1768 veranlasste **Fürstabt Martin II. Gerbert** den Neubau des Klosters mit Kuppelkirche. Er mehrte das Ansehen des Klosters, indem er die Gebeine habsburgischer Herrscher nach St. Blasien bringen ließ. Somit sicherte er sich den Schutz seines Territoriums durch die österreichischen Kaiser. St. Blasiens **Entwicklung zum Kurort** begann 1877.

Vom Kloster- zum Kurort

SEHENSWERTES IN ST. BLASIEN

Der 1771 bis 1783 nach Vorlagen der zu ihrer Zeit berühmten französischen Architekten **Michel d'Ixnard** und **Nicolas de Pigage** und unter der Leitung des fürstenbergischen Baumeisters Franz Joseph Salzmann errichtete Dom von St. Blasien war zu jener Zeit der dritt-

✶✶Dom St. Blasius

Abteikirche St. Blasien

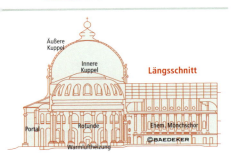

Längsschnitt

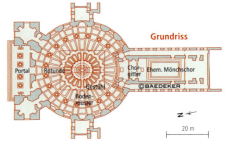

Grundriss

größte Kuppelbau in Europa. Er gilt als **Meisterwerk des Frühklassizismus**. Das dem römischen Pantheon nicht unähnliche Gotteshaus mit hoher Kuppelrotunde und sechssäuliger Kolonnade wird von zwei Türmen flankiert. Die Rotunde weist einen Durchmesser von 46 Metern auf. 20 im Kreis angeordnete korinthische Säulen tragen die gewaltige 63 Meter hohe Kuppel (Foto S. 10). Bemerkenswert ist der Hochaltar, den der Freiburger Künstler Christian Wenzinger geschaffen hat. Der **Blasiusbrunnen** auf dem Domplatz ist 1714 angefertigt worden.

● tgl. 8.30 – 17.00, Sommer 8.00 – 18.00 Uhr, geschl. während Gottesdienst

Die ebenfalls nach dem verheerenden Brand von 1768 neu entstandenen **Konvent- und Abteigebäude** wurden bis 1777 fertiggestellt und zeigen noch Spuren der Barockzeit. Die Hauskapelle auf ovalem Grundriss hat Luigi Bossi ausgestaltet. Im 2. Obergeschoss befinden sich die Kaiserappartements und der sehr festliche Habsburgersaal mit Porträts der habsburgischen Herrscherpaare des 18. Jahrhunderts. Einige der Nebengebäude des Klosters sind im 18. Jh. nach den Plänen des berühmten Architekten Johann Kaspar Bagnato entstanden. Im ältesten Gebäude der Klosteranlage, dem Marstallgau, der auch als Haus des Gastes genutzt wird, ist das ***Museum St. Blasien** untergebracht. Schwerpunkte der Ausstellung sind die Geschichte der Benediktinerabtei St. Blasien und ihrer Fürstäbte sowie die Natur- und Kulturgeschichte des südöstlichen Schwarzwaldes bzw. Hotzenwaldes.

Museum: Di. – So. 14.30 – 17.00 Uhr, Eintritt: 1,60 €

Kurgarten Hübsch angelegt ist der Kurgarten, wo ein gut restaurierter barocker Nebenbau des Klosters heute das **Hotel Klosterhof** beherbergt. Ein kunsthistorisches Kleinod ist die **barocke Sonnenuhr**, die das ursprünglich klösterliche Gebäude des Amtsgerichtes ziert. Nahebei erinnert ein Denkmal an Fürstabt Martin II. Gerbert. Ein Kräuter-Lehrgarten ist ebenfalls angelegt.

St. Blasien erleben

AUSKUNFT
Tourist-Information
Am Kurgarten 1 – 3, 79837 St. Blasien
Tel. 07672 4 14-30
www.stblasien.de

EVENT
Klosterkonzerte
Kloster St. Blasien, Tel. 07672 27-0
www.kloster-konzerte.de
Konzerte mit namhaften Interpreten

EINKAUFEN
Ziegenhof
OT Menzenschwand
Vorderdorfstr. 7
Tel. 07675 15 63
www.ziegenhof-menzenschwand.de
Alles von der Ziege: Wurst, Fleisch, Käse, Felle und vieles mehr rund um die Ziege wird im Hofladen direkt vermarktet.

KUR · WELLNESS
Radon Revital Bad
OT Menzenschwand
tgl. 10.00 – 21.00 Uhr
www.radonrevitalbad.de
Tageskarte: 9 €
Am Rande des Naturschutzgebietes Feldberg gelegenes Bad mit einer Kombination aus Heilbad und Wellness-Einrichtung inkl. Bewegungsbad und Sauna.

ÜBERNACHTEN · ESSEN
Hotel Hirschen €€
OT Menzenschwand
Hinterdorfstr. 18
Tel. 07675 884
www.hirschen-menzenschwand.de
Ruhig am Waldrand gelegenes Haus mit Sauna, Solarium und Balkonen. In der Gaststube gibt es herzhafte Schwarzwälder Spezialitäten.

Etwa 8 km nordwestlich oberhalb von St. Blasien, in einem nach Süden geöffneten Hochtal zu Füßen des Feldbergmassivs, liegt der Ortsteil Menzenschwand (850 – 1350 m ü. NHN, 700 Einw.). 2005 eröffnete das **Radon Revital Bad** (▶Erleben). Ähnlich wie im benachbarten Bernau lebten die Menzenschwander in der Vergangenheit von der Hochweidewirtschaft und vom Hausgewerbe (Holzschneflerei). Im späten 19. Jh. entdecke man die umliegenden Hänge und Höhen für den Wintersport. 1957 stieß man im **Krunkelsbachtal** auf Uranglimmer, woraufhin in den 1960er-Jahren mit bergmännischer Prospektion begonnen wurde. Der **Uranbergbau** wurde 1990 nach langen und heftigen Auseinandersetzungen zwischen Befürwortern und Gegnern eingestellt.

*Menzenschwand

Aus Menzenschwand stammt der Maler **Franz Xaver Winterhalter** (1805 – 1873). Er war der wohl begehrteste Porträtmaler seiner Zeit und ging an den Höfen des europäischen Hochadels ein und aus. Auch Kaiserin Elisabeth von Österreich hat er poträtiert, besser bekannt als »Sisi«. Das Bild, das sie mit diamantbesetzen Sternen im langen Haar zeigt, gehört zu den meistverkauften Kunstdrucken der Welt. Einer hängt im **Museum »Petit Salon Hinterhalter«**.

Museum: Hinterdorfstr. 15, tgl. 14.00 – 17.30 Uhr

Salpeterer

Freie, keiner Obrigkeit untertane Leut´

So bezeichnete der habsburgische Waldvogt im Jahre 1738 die sich der Obrigkeit widersetzenden, im Hotzenwald lebenden Bauern. Schon damals wurden sie die »Salpeterer« genannt, denn ihr erster prominenter Führer war der »Salpeter-Hans« Johann Fridolin Albiez (1654 bis 1727), der seinen Lebensunterhalt mit dem Abkratzen des Salpeters (= Salz des Steins) von den Wänden der Ställe bestritt. Der ammonium- und nitrathaltige Salpeter wurde für die Schießpulverproduktion gebraucht.

Waldbauern leisten Widerstand

Ursache für den Widerstand der Salpeterer gegen die Wiener Regierung war der **Streit um die Wiederherstellung des »Alten Rechts«**. Die seit 1254 das Kloster St. Blasien und die Grafschaft Hauenstein besitzenden Habsburger hatten den Bauern als Gegenleistung für ihr Leben und Wirtschaften in der unwirtlichen Gegend Rechte ähnlich denen der Schweizer Eidgenossen eingeräumt: Die Hauensteiner Einungen Rickenbach, Murg, Görwihl, Hochsal, Höchenschwand, Birndorf und Dogern hatten u. a. eigene Gerichtsbarkeit, und die Männer wählten jährlich unter freiem Himmel ihre Gemeindevorsteher, die Einungsmeister.

Ständig gab es **Streit zwischen den Freibauern und den Äbten** von St. Blasien, die ihre Hand nach Hauenstein ausstreckten. 1719 bezeichnet der Abt von St. Blasien die Hauensteiner als »leibeigen«. Dagegen protestieren sie in Wien, und es kommt im Jahre 1720 zum Abschluss einer neuen Landordnung, die dem Kloster jedoch mehr Rechte einräumt. Nur der Einungsmeister Johann Fridolin Albiez, geboren 1654 in Buch bei Albbruck und »Salpeter-Hans« genannt, unterzeichnet nicht und agitiert im gesamten Hotzenwald. Er reist 1726 sogar an den Wiener Hof, doch ohne Erfolg. Nach seiner Rückkehr wirft man ihn in Freiburg ins Gefängnis, wo er 1727 stirbt. Ungebrochen bleibt aber der Widerstand der Salpeterer.

Die Obrigkeit schreitet ein

Zwei Jahre später aber werden ihre Führer verhaftet und der Obrigkeit genehme Einungsmeister eingesetzt. Als 1738 das Kloster die Leibeigenschaftsrechte verkauft, verweigern die Salpeterer die Zahlung, denn: »Was das Kloster nicht besitzt, kann es auch nicht verkaufen.« 1739 schickt die Wiener Regierung Soldaten. Der Salpetererführer Jakob Leber und fünf andere werden in Waldshut öffentlich hingerichtet, weitere Rädelsführer nach Ungarn verbannt. Sie kommen 1742 frei und nehmen erneut die Auseinandersetzung mit der Obrigkeit auf.

Die Lage ändert sich, als 1744 die Österreicher abziehen und die Franzosen in die Grafschaft einmarschieren. Die Hauensteiner

Schon immer lebten im südöstlichsten Teil des Schwarzwalds recht eigenwillige Menschen wie die Hotzenwälder und Salpeterer.

stellen sich gegen die neuen Besatzer und bekennen sich zum Haus Habsburg. 1745 erringen die Salpeterer wieder alle Einungsmeisterposten und rufen die von Wien mit Husaren unterstützte Erhebung gegen die Franzosen auf. Unter Führung von Johannes Thoma ab Egg besetzen sie 1745 Laufenburg und Rheinfelden. **Für kurze Zeit gibt es eine »freie Republik«.**

Die wieder auf den Plan tretenden Habsburger fordern von den Salpeterern die Unterwerfung. Es dauert zehn Jahre, bis der letzte Rädelsführer verhaftet werden kann. Allesamt werden ins Banat verbannt.

Unbeugsam bis zuletzt

Der Kampf der Hotzenwälder um Eigenständigkeit war damit gescheitert, doch ihre aufmüpfige Tradition lebte noch fort, wie einige Akte zivilen Ungehorsams – dazu zählen ein Impfboykott 1827 und der Widerstand gegen kirchliche Reformen in der Schule (1832–1837) – zeigen. Auch die badischen Revolutionäre fanden Unterstützung bei den widerstandserprobten Waldbauern.

Der nach eigenem Bekenntnis »letzte Salpeterer«, Josef Schupp aus Birkingen, starb 1934, ohne dass er einen Geistlichen sehen wollte.

ZIELE • St. Georgen

SEHENSWERTES IN DER UMGEBUNG

*Hotzenwald Als »Hotzenwald« bezeichnet man die terrassenförmig abgestufte Südostabdachung des Schwarzwalds zum Hochrhein südlich von St. Blasien. Ihre besonderen Kennzeichen sind sonnenbeschienene und von Wald bestandene Plateaus sowie tief eingekerbte schluchtartige Waldtäler. Ganz typisch sind die im Vergleich zu den stattlichen Höfen im übrigen Schwarzwald eher gedrungen-kleinen **Hotzenwälder Bauernhöfe.**

Murgtalpfad Die **Hauensteiner Murg**, nicht zu verwechseln mit der Murg im Nordschwarzwald, durchquert den gesamten Hotzenwald. Zwischen der Quelle bei Lochhäuser nördlich von Herrischried und der Mündung in den Rhein ist ein 20 km langer **Wanderweg mit 55 Infostationen** ausgezeichnet. Der Weg ist relativ unbekannt – wie auch die gesamte Gegend im Windschatten des Schwarzwaldtourismus liegt.
❶ www.murgtalpfad.de, weite Informationen beim Hotzenwald-Tourismus, Tel. 07764 92 00 40, www.hotzenwald.de

*Höchenschwand Etwa 7 km südöstlich oberhalb von St. Blasien erreicht man den wunderschön auf einem nach Süden abfallenden Hochplateau gelegene Höchenschwand (1015 m ü. NHN; 2600 Einw.). Die besondere **Reinheit der Luft** und die **hohe Sonnenscheindauer** waren die Gründe, dass man hier oben 1873 den bereits im 17. Jh. errichteten Gasthof »Ochsen« zum Kurhaus für Patienten mit Atemwegserkrankungen umwandelte. Von Höchenschwand aus hat man an etlichen Tagen im Jahr einen herrlichen **Blick auf die Schweizer Alpen**.

*Albtal Von St. Blasien aus kann man durch das wildromantische Albtal mit seinen spektakulären Wasserfällen südwärts zum Hochrhein hinunterfahren. Man passiert dabei den lang gestreckten Alb-Stausee und erreicht den Hochrhein bei Albbruck am Südrand des Hotzenwaldes.

St. Georgen

✴ F/G 11

Landkreis: Schwarzwald-Baar
Höhe: 862 m ü. NHN
Einwohnerzahl: 13 000

Die aus einer alten Klostersiedlung hervorgegangene Kleinstadt ist vor allem als Heimat der DUAL-Plattenspieler bekannt geworden. Landschaftlich bieten Stadt und Umland nichts Spektakuläres, dafür viel Ruhe, weitläufige Wälder und Wiesen zum Wandern und Radeln.

St. Georgen erleben

AUSKUNFT
Tourist-Information
Hauptstr. 9 (Rathaus)
78112 St. Georgen
Tel. 07724 8 71 94
www.st-georgen.de

ÜBERNACHTEN
Hotel Kammerer
Hauptstr. 23
Tel. 07724 93 92-0
www.hotel-kammerer.de, 35 Z.
Ruhig und direkt am Stadtgarten liegt dieses familiär geführte Haus. Von seinen freundlich eingerichteten Zimmern aus können die Gäste einen wunderschönen Blick ins Brigachtal genießen.

Schwarzwald Parkhotel
Klimspark, 78121 Königsfeld
Tel. 07725 80 80
www.schwarzwald-parkhotel.de, 42 Z.
Ein »Wellness Day Spa« sowie Hallenbad, Sauna, Solarium und einen Kinderclub hat das größte Hotel am Ort zu bieten. Gut essen kann man im Restaurant »Markgraf« und in der »Schwarzwaldstube«.

St. Georgen liegt im weit ausgeräumten oberen Brigachtal an der Wasserscheide von Rhein und Donau. Die Siedlung entstand in der Nähe eines im späten 11. Jh. gegründeten Benediktinerklosters, das im Dreißigjährigen Krieg zerstört wurde. Die Mönche zogen ins nahe ▶Villingen. Im 18. Jh. entwickelte sich St. Georgen zu einem **Zentrum des Uhrmacherhandwerks**. Schon früh beschäftigten sich die St. Georgener Tüftler mit den neuen Möglichkeiten der Elektrotechnik. Man stellte Präzisionsinstrumente und wenig später sogar Grammophone her. Bis in die 1970er-Jahre war St. Georgen einer der wichtigsten deutschen Produktionsstandorte für Radios, Plattenspieler und später auch Fernsehgeräte. 1982 ging DUAL in Konkurs, mehrere Hundert Menschen verloren ihre Arbeit.

Uhren und Grammophon

SEHENSWERTES IN ST. GEORGEN UND UMGEBUNG

Vom einstigen Kloster St. Georgen sind nur noch spärliche Sandstein-Überreste zu sehen. Im ehemaligen Klosterhof steht eine mächtige, über 300 Jahre alte Linde.

Kloster

Das Deutsche Phono-Museum im Rathaus beleuchtet die Entwicklung der Phonoindustrie von der 1887 ersonnenen »**Plattensprechmaschine**« über das um 1900 gebaute Grammophon und die »Tonmöbel« der 1950er- und 1960er-Jahre bis hin zu inzwischen auch schon in die Jahre gekommenen Hi-Fi-Anlagen.
Di. – Fr. 10.00 – 17.00, Sa., So., Fei. 11.00 – 17.00 Uhr, Eintritt: 5 €

Deutsches Phono-Museum

ZIELE • St. Georgen

Heimatmuseum
Das 1803 in der Ortsmitte errichtete Bauernhaus fungiert als Heimatmuseum »Schwarzes Tor«. Zu sehen gibt es die Rauchküche, die Bauernstube, die Schlafstube und das Trachtenzimmer sowie eine Uhrmacherwerkstatt.
🄘 Mai – Sept. Sa. 13.00 – 16.00, Okt. – April 1. Sa. im Monat 13.00 bis 16.00 Uhr, Eintritt: 2 €

*Sammlung Grässlin
Einen Besuch lohnt die Sammlung Grässlin mit Arbeiten u. a. von Martin Kippenberger und Reinhard Mucha.
🄘 Museumstr. 2; Do. – So. n.V. Tel. 07724 9 16 18 05, Eintritt: 9 €

Brigachquelle
Etwa 5 km von St. Georgen entspringt der Donau-Quellfluss Brigach in einer Talmulde direkt unter dem alten **Hirzbauernhof**. Hier hat man Ende des 19. Jh.s einen reliefierten sog. Dreigötterstein gefunden. Dieser war wohl Teil eines keltisch-römischen Quellheiligtums.

*Königsfeld
Königsfeld (660 – 1100 m ü. NHN, 6200 Einw.) liegt malerisch von Wäldern und Wiesen umgeben. Sein 200 Jahre alter Siedlungskern steht unter Denkmalschutz. Gegründet wurde der Ort von der **Herrnhuter Brüdergemeine**. Königsfeld bezeichnet sich selbst stolz als bundesweit **erste Solar-Kommune**. Es präsentiert sich mit Sonnen-Erlebnispfad mit Sonnenuhr, Photovoltaik-Anlage, solarthermischen Kollektoren und meteorologischer Station.

Das 1810 errichtete Kirchengebäude mit seinem schönen Kirchensaal ist umgeben von einer quadratischen Gartenanlage. Der kürzlich restaurierte Speisesaal des Gasthofes der Brüdergemeine (jetzt Helene-Schweitzer-Saal) zeigt sich in schönstem Jugendstil. Sehr eindrucksvoll ist der rasterförmig angelegte Herrnhuter Friedhof mit den akkuraten Grabplatten. Sehenswert sind die gründerzeitlichen Villen sowie der Kurpark. Eine Besonderheit ist das vom Pädagogen Graf von Zinzendorf ins Leben gerufene Königsfelder Schulwerk. Das **Albert-Schweitzer-Haus**, zeitweiliges Wohnhaus des Theologen, Missionsarztes und Friedensnobelpreisträgers, ist heute Museum. Eine schön gemachte Ausstellung befasst sich mit Leben, Werk und Weltanschauung von Schweitzer (1875 bis 1965). Er hatte 1912 einen Erholungsurlaub in Königsfeld verbracht und ließ hier 1923 ein Haus für seine Familie erbauen.
Schweizer-Haus: Schramberger Str. 5; Fr. u. Sa. 14.00 – 17.00, So. u. Fei. 11.00 – 17.00 Uhr, Eintritt: 4 €

> **BAEDEKER TIPP !**
>
> *Kunst als Stadtspaziergang*
>
> Vom Kunstraum Grässlin aus führt ein Spaziergang zu rund 20 Stationen im Stadtbereich von St. Georgen, an denen Kunstwerke aus der Sammlung ausgestellt sind. So stehen die Werke junger Künstler in ehemaligen Läden im Schaufenster, im Plenarsaal des Rathaus und auch in den Privathäusern der Familie. Route unter www.sammlung-graesslin.eu

St. Märgen

———————————— ✳ E 11

Landkreis: Breisgau-Hochschwarzwald
Höhe: 900 – 1100 m ü. NHN
Einwohnerzahl: 2000

St. Märgen präsentiert sich als bilderbuchreifes Schwarzwalddorf abseits der großen Durchgangsstraßen. Von den freien Hochflächen des Ortes bietet sich ein grandioser Blick auf die Höhen von ▶Feldberg und Schauinsland.

Außer dem Tourismus hat die Landwirtschaft – insbesondere die Viehzucht – bis heute Bedeutung. In St. Märgen hat man die **»Schwarzwälder Füchse«** gezüchtet, jene besonders kräftigen und für die schwere Waldarbeit geeigneten Kaltblutpferde. Daran erinnert der alle drei Jahre stattfindende »Tag des Schwarzwälder Pferdes«. Seine Entstehung und seinen Namen verdankt der Ort dem Augustinerkloster St. Marien (daraus wurde später »St. Märgen«), das 1118 von dem staufertreuen Straßburger Dompropst als Konkurrenz gegen ▶St. Peter gegründet worden war. Erst 1716 begann mit einem Neubau der durch Brand mehrfach verwüsteten Klosteranlage eine Blütezeit, die bis zu ihrer Aufhebung 1806 dauerte. Von der einstigen Klosteranlage steht neben der Kirche nur noch der Prälatenbau.

Kloster und Pferde

SEHENSWERTES IN SANKT MÄRGEN

Der Ort wird beherrscht von der doppeltürmigen Wallfahrts- und Pfarrkirche St. Maria. Der barocke Sakralbau entstand 1716 bis 1725. Nach einem Brand (1907) wurde er in der alten Form wieder aufgebaut. Im Original erhalten sind noch die vier lebensgroßen Figuren am Hochaltar, geschaffen von **Matthias Faller** (1707 – 1791). Das fast ganz von Barockgewändern umhüllte romanische Gnadenbild sollen die Augustinermönche 1118 mitgebracht haben. Eine Gedenktafel an der Außenmauer zeigt an, wo man einst Matthias Faller, den »Herrgottsschnitzer des Schwarzwalds«, beigesetzt hat.

St. Maria

Der Ostteil des ehemaligen Klosters wird heute als Rathaus und Museum genutzt. Schwerpunkte der Ausstellung sind **religiöse Volkskunst** (u.a. schöne Hinterglasbilder) sowie die Herstellung und der Handel mit schön verzierten mechanischen **Schwarzwälder Räderuhren**. Ferner gibt es hier eine komplett eingerichtete Schuhmacherwerkstatt.

*Kloster Museum

❶ So. 10.00 – 13.00, Mai – Okt. auch Mi., Do. 10.00 – 17.00 Uhr, Eintritt: 3,50 €

St. Märgen erleben

AUSKUNFT
Tourist-Information
Rathausplatz 6, 79274 St. Märgen
Tel. 07652 12 06 83 90
www.sankt-maergen.de

EVENT
Tag des Schwarzwälder Pferdes
Alle 3 Jahre am 2. Sonntag im September (2016, 2019 usw.) wird eines der schönsten Feste im Schwarzwald abgehalten mit Pferdeprämierung, Pferdesegnung, Reit- und Fahrvorführungen, Trachten- und Festumzug.

ESSEN
Goldene Krone ⓔ
Wagensteigstr. 10
Tel. 07669 9 39 99 88
www.cafe-goldene-krone.de
tgl. außer Mo., Di. bis 18.00 Uhr
»Wie bei Muttern« isst man in dem renovierten denkmalgeschützten Gasthaus, in dem ein Team von engagierten Landfrauen Schwarzwälder Spezialitäten wie Bibbeliskäse, Speckvesper, Käsemichel, Kirschtorte, beschwipste Himbeeren und vieles mehr anbieten.

ÜBERNACHTEN
Gästehaus Schlegel ⓔ
Hirschenhof 3
Tel. 07669 494
www.haus-schlegel.de
Was fürs Herz und fürs Gemüt: Familiär aufgehoben, nächtigt man in diesem blumengeschmückten Schwarzwälderhaus am Rande des Ortes

*Wanderziele Vom Ortszentrum gelangt man in südwestlicher Richtung hinauf zur **Ohmenkapelle** (ca. 15 Min.; mit schöner Fernsicht). Schon im Mittelalter pilgerten die Gläubigen zu der Wallfahrtskapelle, die angeblich bereits bei den Kelten ein Kultplatz gewesen sein soll. Heute wird hier eine seit 1726 verwahrte Reliquie des hl. Judas Thaddäus verehrt. Der heutige Bau entstand in den Jahren 1734/1735. Zahlreiche Votivtafeln wurden und werden noch immer als Dank für Heilungen und andere erhörte Gebete gestiftet. Auch von der idyllischen **Rankenmühle** bei St. Märgen bietet sich eine großartige Fernsicht.

* St. Peter · Glottertal

E 11

Landkreis: Breisgau-Hochschwarzwald
Höhe: 700 – 1200 m ü. NHN
Einwohnerzahl: 2500

Die Klostersiedlung liegt recht reizvoll an der Südabdachung des aussichtsreichen Kandel und ist auch deswegen ein beliebtes Ausflugsziel. Überregional bekannt ist auch das sich Richtung Westen öffnende Glottertal.

Im Jahre 1093 ließ **Herzog Berthold II.** von Zähringen hier oben das erste Kloster erbauen und stattete es mit Besitztümern im Schwarzwald und in der weiteren Umgebung aus. Seine kulturelle Blütezeit erlebte das Kloster im 18. Jh., als es nach mehrmaligen Bränden völlig neu aufgebaut wurde. 1806 wurde das Kloster aufgelöst. Seit 1842 befindet sich hier ein **Priesterseminar der Erzdiözese Freiburg**.

Zähringer-Gründung

SEHENSWERTES IN ST. PETER UND UMGEBUNG

Die ehemalige Klosterkirche und heutige ****Pfarrkirche St. Peter** ist 1724 bis 1727 nach Plänen des berühmten Vorarlberger Barockbaumeisters Peter Thumb errichtet worden. Sie hat eine stattliche Fassade aus rotem Sandstein mit zwei Zwiebeltürmen und Figuren von Joseph Anton Feuchtmayer. Der Kirchenraum ist eine dreischiffige Halle, deren Seitenschiffe von Kapellen und einer Empore eingenommen werden. Die Stuckarbeiten stammen von dem Tessiner J. B. Clerici, die Deckengemälde von Franz Josef Spiegler aus Konstanz, die Figuren der Zähringer Herzöge an den Pfeilern von Josef Anton Feuchtmayer. Im Chor sind das Schmiedegitter (1728), das Gestühl (1772) und das Altarbild »Krönung Mariä« (1661) bemerkenswert. Südlich schließen **Klostergebäude** an, die sich um zwei große Innenhöfe mit Kreuzgängen gruppieren. Sie entstanden im wesentlichen zwischen 1752 und 1757. Der sog. Fürstensaal mit Stuckaturen von Gigl und perspektivischen Deckengemälden in leuchtenden Farben von Göser (1772/1773) wird für Konzerte und sonstige kulturelle Veranstaltungen genutzt.
Prunkstück des einstigen Klosters ist die ebenfalls vom Vorarlberger Baumeister Peter Thumb geschaffene ****Klosterbibliothek** mit ihrer eleganten, doch nicht überreichen Rokoko-Ausstattung (Foto S. 102). Die allegorischen Figuren der Wissenschaften und Künste sind Arbeiten von Matthias Faller. Die alten Bücherschätze sind teils noch vorhanden.

Ehem. Kloster

❶ Führungen: Di. 11.00, Do. 14.30, So. u. Fei. 11.30 Uhr, Eintritt: 6 €

Das malerische Glottertal (3000 Einw.) erstreckt sich nur 13 km nordöstlich von ▶Freiburg zu Füßen des 1243 m hohen Kandel (▶Waldkirch). Besonders schön ist es hier im Frühling, wenn die Obstwiesen in voller Blüte stehen, und im Herbst, wenn sich Rebenhänge, Streuobstwiesen und Wälder in bunter Farbenpracht zeigen. Alte Schwarzwaldhöfe machen das Idyll perfekt.
Berühmt wurde das Tal durch die **Fernsehserie »Schwarzwaldklinik«**. In einem Seitental nördlich der Durchgangsstraße sieht man am waldigen Kandel-Südhang den sog. **Carlsbau** mit seinem Halbwalmdach und seinen drei charakteristischen Giebeln, der ab dem Jahre 1985 als »Schwarzwaldklinik« der gleichnamigen ZDF-Fern-

*Glottertal

sehserie Berühmtheit erlangte. Die »Schwarzwaldklinik« war früher eine Kurklinik, wird voraussichtlich 2014 zur Akutklinik für psychosomatische Medizin und ist nicht zu besichtigen.

Föhrental Ein wunderschönes Stück Natur ist das Föhrental, in das man bald nach der Einfahrt bei Heuweier in südlicher Richtung abbiegen kann.

St. Peter · Glottertal erleben

AUSKUNFT

Tourist-Information
Klosterhof 11, 79271 St. Peter
Tel. 07660 91 02-0, www.st-peter.eu

Tourist Information
Rathausweg 12, 79286 Glottertal
Tel. 07684 9 10 40, www.glottertal.de

EINKAUFEN

Scharbachhof
Ahlenbachweg 4, 79286 Glottertal
Tel. 07684 241
Hausgebranntes Schwarzwälder Kirschwasser und andere Obstbrände (u. a. Zibärtle, Williams, Quitte); auf Anfrage Führungen rund ums Schnapsbrennen

Glottertäler Käserei Birklehof
Hartererweg 6, 79286 Glottertal
Tel. 07684 275
Mo. – Fr. 8.00 – 18.00, Sa. bis 14.00 Uhr
Eine gefragte Spezialität ist der Schwarzwälder Bergkäse.

ÜBERNACHTEN · ESSEN

Hotel Hirschen €€€
Rathausweg 2, 79286 Glottertal
Tel. 07684 810
www.hirschen-glottertal.de, 49 Z.
Ruhetag Restaurant: Mo.
Gut ausgestattetes Haus mit Hallenbad, Sauna, Solarium und Wellness-Bereich. Bestens zubereitete badische Gerichte werden im Restaurant serviert.

Hotel-Restaurant Zur Sonne €€
Zähringerstr. 2, 79271 St. Peter
Tel. 07660 94 01-0
www.sonne-schwarzwald.de, 17 Z.
Familie Rombach hat sich der Bio-Philosophie verpflichtet. Entsprechend sind die geräumigen Zimmer mit Mobiliar aus naturbelassenen Hölzern ausgestattet, morgens wird Bio-Frühstück angeboten, geheizt wird klimaneutral. Das Restaurant ist für seine gute badische Küche bekannt, wobei bevorzugt Produkte in Bioland-Qualität verarbeitet werden.

Hotel Zum Kreuz €€
Landstr. 14
79286 Glottertal
Tel. 07684 80 08-0
www.zum-kreuz.com, 36 Z.
Das schmucke Landhotel wird als umweltorientierter Betrieb geführt. Die Küche ist bekannt für fein zubereitete badische Spezialitäten und vor allem auch für ihre Vollwertkost.

Zum Goldenen Engel €
Friedhofweg 2
79286 Glottertal
Tel. 07684 250
www.goldener-engel-glottertal.de, 8 Z.
Ruhetag Restaurant: Mi.
Dieses romantische Gasthaus gibt es bereits seit 1507. Es ist vor allem bekannt für seine sehr gute badische Küche, die Produkte aus der Region verwendet.

Schiltach

F/G 10

Landkreis: Rottweil
Höhe: 325 – 725 m ü. NHN
Einwohnerzahl: 3800

Das altertümliche Flößer- und Gerberstädtchen an der Einmündung der Schiltach in die Kinzig begeistert seine Besucher mit seinen malerischen Fachwerk- und Staffelgiebelhäusern.

Zwar ist Schiltach auf den ersten Blick vom Tourismus geprägt, dennoch spielen hier namhafte Industriebetriebe (u.a. Sanitärtechnik, Mess- und Regeltechnik, Fleisch- und Wurstspezialitäten) eine Rolle. Schon in römischer Zeit war die Schiltachmündung ein strategisch wichtiger Punkt. Hier bog die von Argentoratum (Straßburg) nach Arae Flaviae (heute ▶Rottweil) führende Römerstraße aus dem Kinzigtal in südöstlicher Richtung ab. Im 14. Jh. kam das Städtchen an Württemberg, 1810 wurde Schiltach badisch.

Tourismus und Industrie

Schiltachs schönste Seite: die Altstadt am Hang

SEHENSWERTES IN SCHILTACH UND UMGEBUNG

*Marktplatz Imposant ist der dreieckig ansteigende Marktplatz mit seinen Fachwerk- und Zinnengiebelhäusern. Das bemalte Rathaus mit Zinnengiebel ist im Jahre 1593 erbaut worden. Die Bemalung auf der linken Seite unterhalb der Fensterzeile zeigt, wie der Teufel und eine Magd die Stadt in Brand stecken. Davor steht ein schöner Brunnen von 1751. Der Gasthof »Adler«, ein schmucker Fachwerkbau mit diversem Zierrat, ist 1604 errichtet worden. Das in einem Ackerbürgerhaus des 18. Jh.s untergebrachte **Museum am Markt** informiert über die Geschichte der Stadt und ihres Umlandes (u.a. Hexenprozesse, Flachs- und Hanfverarbeitung).
Museum: Ostern – Okt. tgl. 11.00 – 17.00 Uhr

*Apothekenmuseum In der ehemaligen, 1837 gegründeten Ratsapotheke ist die wundervolle Biedermeier-Ausstattung noch erhalten. Im privaten Apothekenmuseum kann man viel Zeit verbringen, um die herrlich-skurrile Sammlung aus der Zeit der von Hand gefertigten Zäpfchen, Salben und Mixturen zu studieren. Gezeigt werden auch viele Arzneien und Gerätschaften rund um Volksheilkunde und Kräutermedizin.
❶ Marktplatz 5, April/Mai Di. – So. 14.30 – 16.30, Juni – Okt. Di. – So. 10.30 bis 12.00; 14.30 – 16.30 Uhr, u.n.V. Tel. 07836 3 60

*Gerberviertel Das hochwassergefährdete Gerberviertel ist in den letzten Jahren schön herausgeputzt worden. Im **Schüttesägenmuseum**, das zwi-

Schiltach erleben

AUSKUNFT
Tourist-Information
Marktplatz 6
77761 Schiltach
Tel. 07836 58 50
www.schiltach.de

EINKAUFEN
Ledermoden Trautwein
Am Hirschen 1
Tel. 07836 9 38 30
www.trautwein-schiltach.de
Mo. – Fr. 9.30 – 18.00, Sa. bis 17.00 Uhr
Die rund 300 Jahre bestehende Gerberei Trautwein ist die einzige, die Schaffelle noch sämisch gerbt, wodurch sie besonders weich werden. Im angeschlossenen, riesigen Ladengeschäft werden Fell und Leder aus eigener Produktion angeboten sowie eine große Auswahl an Leder- und Trachtenmode.

ÜBERNACHTEN · ESSEN
Gasthof zum weyßen Rössle ❷
Schenkenzeller Str. 42
Tel. 07836 387
www.weysses-roessle.de, 9 Z.
Romantische Unterkunft in der historischen Altstadt. Hinter butzenverglasten Scheiben kann man in badische Speisen wie Schneckensüpple und Schäufele genießen, dazu Bier vom Faß im Steinkrug.

Schiltach • ZIELE

schen der Kinzig und einem Mühlkanal angesiedelt ist, erfährt man Interessantes über die Geschichte der Kinzigflößerei, der Holzverarbeitung und der Rotgerberei. An seiner Außenseite rotiert noch ein großes Wasserrad.
❶ April – Okt. tgl. 11.00 – 17.00 Uhr

Die Kulturgeschichte des Badezimmers wird in der Aquademie, dem modernen **Werksmuseum** der 1901 gegründeten **Armaturenfabrik Hansgrohe** gezeigt. Wer Badesachen mitbringt, kann im Showroom der Firma probeduschen. Eine interaktive Wasserstraße veranschaulicht den Weg des kostbaren Nasses und gibt Anregungen fürs Wassersparen.
❶ Auestr. 9, Mo. – Fr. 7.30 – 19.00, Sa., So., Fei. 10.00 – 16.00 Uhr, www.aquademie.de

Aquademie

> **BAEDEKER WISSEN ?**
>
> ### Hexenwahn in Schiltach
>
> 1533 lodert ein verheerender Stadtbrand in Schiltach. Eine Magd aus Oberndorf wird der Brandstiftung beschuldigt. Zwar kann sie nachweisen, dass sie zur Tatzeit in ihrer Heimat die Kirche besuchte, doch genau das wird ihr als Beweis für einen Teufelsbund ausgelegt: Nur mit Hilfe des Satans kann sie in der Lage gewesen sein, durch die Luft zu fliegen, um weit weg den Brand zu legen. Unter der Folter gesteht die Frau und wird am 21. April 1533 verbrannt. Der Fall bewegt seinerzeit ganz Deutschland, findet weite literarische Verbreitung und wird unter dem Titel »Der Teufel in Schiltach« auch in den Sagenbüchern der Gebrüder Grimm und Ludwig Bechstein aufgenommen. Die Rathausbemalung erinnert an das Geschehen.

Etwa 4 km aufwärts im Kinzigtal erreicht man **Schenkenzell** an der Einmündung der Kleinen Kinzig. Bemerkenswert ist die katholische Barock-Pfarrkirche. Ein Teil ihrer Ausstattung stammt aus dem ehem. Kloster Oberndorf am Neckar.

Kurz vor Schenkenzell wacht die im 16. Jh. ruinierte **Schenkenburg** mit beliebtem Ausflugslokal über das Kinzigtal. Der Wehrbau war im Hochmittelalter Sitz der Herren von Hohengeroldseck bzw. der Schenken von Zell und kam um 1500 an das Haus Fürstenberg.

In einem für seinen Mineralienreichtum bekannten Seitental der Kleinen Kinzig liegt das ehemalige *__Kloster Wittichen__, das im 13. Jh. gegründet worden ist. Bemerkenswert ist die barocke Wallfahrtskirche mit dem Grabmal der Stifterin, einer wunderschönen Kanzel und eindrucksvollem Altar.

Beim Kloster Wittichen beginnt ein sehr informativer geologischer Lehrpfad, der Mineralienfundstellen, aufgelassene Erzgruben und Schutthalden erschließt. Die Erläuterungstexte wurden so formuliert, dass sie auch Laien neue Einblicke in die spannende Welt der Geologie eröffnen.

Geologischer Lehrpfad

Schluchsee

✳ E/F 12/13

Landkreis: Breisgau-Hochschwarzwald
Höhe: 930 – 1300 m ü. NHN
Einwohnerzahl: 2600

Südöstlich vom ▶Feldberg, zwischen stark bewaldeten und sanft gerundeten Kuppen des Hochschwarzwalds, breitet sich der größte See des Schwarzwalds aus – im Sommer gern besucht von Seglern, Surfern und Badegästen.

SEHENSWERTES RUND UM DEN SCHLUCHSEE

Schluchsee
Die Gemarkung der aus den Ortsteilen Schluchsee, Faulenfürst, Fischbach, Aha-Aeule, Blasiwald, Schönenbach und Seebrugg gebildeten Gemeinde Schluchsee umschließt den **Stausee**. Der ca. 7,5 km lange und 1,5 km breite Schluchsee selbst war ursprünglich ein kleiner Natursee, ein Relikt der letzten Eiszeit (Gletscherzungenbecken) im niederschlagsreichen Hochschwarzwald. Mitte des 19. Jh.s kamen bereits Sommerfrischler und Sportangler sogar aus England an den

Wald, Wasser, gute Luft – der Schluchsee vereint alles.

für seinen **Fischreichtum** bekannten See. In den 1920er-Jahren erkannte man die Eignung des Sees als Wasserspender für eine ganze Treppe von Wasserkraftwerken bzw. Speicherbecken bis hinunter zum Hochrhein. Also wurde 1932 am Ausfluss des Sees bei Seebrugg eine 35 m hohe, 270 m lange und an ihrem Fuß 40 m dicke **Talsperre** errichtet. Nun wuchs der vormalige natürliche See zu einem Stausee mit einem Volumen von 108 Mio. m³ heran. Seitdem kann die Höhendifferenz von 620 m zwischen Schluchsee und Hochrhein zur Stromerzeugung genutzt werden. Vom Schluchsee wird das Wasser durch Druckrohre auf die Turbinen des 200 m tiefer an einem Staubecken im Schwarzatal gelegenen Kraftwerks Häusern geleitet.

Die 1928 in Freiburg gegründete Schluchseewerk AG – heute eine Tochter der beiden Energie-Riesen RWE und EnBW – nutzt das Wasserkraftpotenzial des südöstlichen Hochschwarzwalds zur Stromerzeugung. Man baute eine ganze **Kraftwerkstreppe** mit Anlagen in Häusern, Witznau und Waldshut. Diese ermöglicht auch die Pumpspeicherung, d. h. bei schwacher Stromnachfrage z.B. in der Nacht wird die überschüssige elektrische Energie dazu verwendet, Wasser aus den tieferen in die höher gelegenen Speicherbecken (Witznaubecken, Mettmabecken, Albbecken, Schwarzabecken, Schluchsee) zu pumpen, um bei Spitzenbedarf entsprechende Strom-

Schluchseewerk

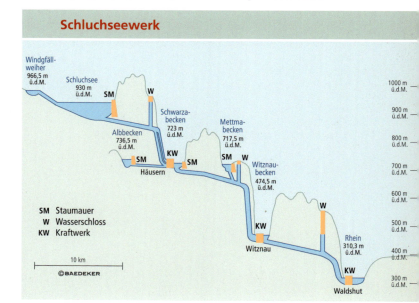

mengen produzieren zu können. Die maximale Leistung der Kraftwerksgruppe Schluchsee beträgt derzeit im Generatorbetrieb 490 Megawatt und im Pumpbetrieb 316 Megawatt.

Schluchsee (Ortschaft) Der Kurort Schluchsee, sehr schön an einem nach Südwesten exponierten Hang gelegen, ist Standort einiger größerer Hotels und eines Feriendorfes. Hier gibt es diverse Kureinrichtungen, Liegeplätze für Segelboote, einen Bootsverleih, ein Strandbad sowie ein Spaß- und Erlebnisbad. Vom **Aussichtsturm** auf dem Riesenbühl kann man einen guten Rundblick über den Hochschwarzwald genießen.

Schluchsee erleben

AUSKUNFT
Tourist-Information
Fischbacher Str. 7
79859 Schluchsee
Tel. 07652 1206-8500
www.schluchsee.de

EVENT
Seenachtsfest
Jährlich am 1. August-Wochenende mit großem Feuerwerk

AKTIVITÄTEN
Erlebnisbad »Aquafun«
Freiburger Str. 16
Schluchsee (Dorf)
Sommer tgl. 9.00 – 19.00 Uhr
Eintritt 4 €; Mit Riesenrutsche, Abenteuerspielplatz und direktem Zugang zum See

Segeln
Segel- und Surfschule Schluchsee
Steg in Aha und Schluchsee (Ort)
Tel. 07651 20 13 55
www.segelschule-schluchsee.de

ÜBERNACHTEN · ESSEN
Hotel Vier Jahreszeiten ⊛⊛⊛
Am Riesenbühl
Tel. 07656 70-0
www.vjz.de, 175 Z.
Eine der besten Adressen im Hochschwarzwald bietet geschmackvoll eingerichtete Zimmer sowie einen großen Wellness-Bereich und umfangreiche Sportmöglichkeiten. Zum Hotelkomplex gehören drei Restaurants, ein Café, ein Weinkabinett, Bar und Nachtklub.

Wellness-Hotel Auerhahn ⊛⊛⊛
Vorderaha 4
79859 Schluchsee-Aha
Tel. 07656 97 45-0
www.auerhahn.net, 62 Z.
Aktiv-Urlaubern, die gern wandern oder Wintersport betreiben und Wellness-Angebote schätzen, sei dieses Haus mit seinen komfortablen Zimmern empfohlen. Schweizerische Kochkunst lockt in die »Auerhahn-Stuben«.

Schwarzwaldgasthof Tannenmühle ⊛⊛
Tannenmühlenweg 5
79865 Grafenhausen
Tel. 07748 215
www.tannenmuehle.de, 15 Z.
Im landschaftlich reizvollen Schlüchttal findet man diesen familienfreundlichen Gasthof mit Wasserspielplatz für die Kinder. Die »Schlüchtmühle« bietet zusätzlich 25 einfache, ruhige Zimmer; gefrühstückt wird im Haupthaus. Das Restaurant bietet u.a. frische Forellen.

Schluchsee • ZIELE

Seebrugg

Der Ort Seebrugg liegt an einer Moräne der Eiszeit sowie an der Staumauer am südöstlichen Ende des Schluchsees. Seebrugg ist Endstation der **Drei-Seen-Bahn**, die von ▶Freiburg kommend durch das Höllental und am ▶Titisee vorbei zum Schluchsee führt.

Aha

Am Nordwestende des Schluchsees liegt der Weiler Aha mit einem Strandbad und einer Segel- und Surfschule. Östlich oberhalb ist der aussichtsreiche **Bildstein** ein gern besuchtes Ziel von Wanderern. Etwa 3 km westlich, in Richtung Menzenschwand (▶St. Blasien), erreicht man die alte Glasmachersiedlung Aeule.

Staatsbrauerei Rothaus

Etwa 4 km östlich von Seebrugg erreicht man die Badische Staatsbrauerei Rothaus. Das Unternehmen ist 1791 auf Anregung von **Fürstabt Martin II. Gerbert** aus St. Blasien gegründet worden. Heute ist das Land Baden-Württemberg der einzige Aktionär der Rothaus AG, die 230 Mitarbeiter beschäftigt und rund 880 000 Hektoliter Bier pro Jahr braut.

❶ Grafenhausen-Rothaus, Führungen: Mo.–Do. 10.00, 15.00, 18.00, Fr. 10.00, 15.00 Uhr, Tel. 07748 522-9600, Gebühr 13,50 €, www.rothaus.de

*Hüsli

Postkartenidylle pur bietet das »Hüsli«, das als Wohnhaus von Professor Brinkmann, Chefarzt aus der **Fernsehserie »Die Schwarzwaldklinik«**, bekannt geworden ist (▶Baedeker Wissen, S. 334). Dieses schmucke Häuschen hat sich die Lörracher Fabrikantentochter und Sängerin **Helene Siegfried** 1911/1912 erbauen lassen. Aus alten Schwarzwaldhöfen trug sie nach und nach viele Schätze zusammen, darunter auch eine bäuerliche Madonna (17. Jh.). Nach dem Tod der Besitzerin 1966 wurde das »Hüsli« als **volkskundliches Heimatmuseum** herausgeputzt. Wenig später wurde es Kulisse für TV-Produktionen.

❶ Grafenhausen-Rothaus, April – Sept. Di.– Sa. 9.30 – 12.00 und 13.30 bis 17.00, So., Fei. 13.30 – 17.00, Juli/Aug. ab 9.00 und bis 17.30 Uhr, Eintritt: 1,60 €

Grafenhausen

Südöstlich der Staatsbrauerei Rothaus liegt auf einem sonnigen Hochplateau Grafenhausen (800 – 1100 m ü. NHN; 2000 Einw.). Bemerkenswert ist die kath. **Pfarrkirche St. Fides** (17. u. 19. Jh.) mit einem barocken Hochaltar und einem Kreuzweg von Eduard Stritt, der eigentlich an die St. Patrick Cathedral in New York geliefert werden sollte. Beeindruckend ist das **Pfarrhaus**, das sich der Fürstabt von St. Blasien 1766 als klösterlichen Amtssitz errichten ließ.

Schlüchtsee

Nördlich der Ortschaft versteckt sich der idyllisch gelegene Schlüchtsee in einem Naturschutzgebiet. Auf einem extra ausgewiesenen Bereich ist das Baden gegen Eintritt erlaubt; Liegewiese und Sanitäreinrichtungen sind vorhanden.

Schwarzwald im Film

Besser kann Werbung nicht sein

Als erster deutscher Nachkriegsfilm in Farbe kam 1950 »Das Schwarzwaldmädel« in die Kinos. Der idyllische Schauplatz wenige Kilometer vom zerbombten Freiburg entfernt traf die Sehnsucht der Deutschen nach einer heilen Welt und beflügelte ganz nebenbei auch den Schwarzwaldtourismus. Dasselbe gilt für die TV-Serie »Schwarzwaldklinik«, die viele Fans auf den Spuren von Prof. Brinkmann ins Glottertal lockte.

Den grandiosen Erfolg verdankte die »Schwarzwaldklinik«, die 1985 im Fernsehen anlief, dem geschilderten Krankenhaus-Arzt-Milieu und den vorkommenden edlen Charakteren, vor allem aber auch dem Handlungsort Schwarzwald. Diese Landschaft bot etwas für's Gemüt. Da gab es noch saubere Seen, eine ungestörte Tierwelt, eine Klinik mit Walmdach, keine Hochhäuser und keine Industrie. Und der Wald protzte in seiner urtümlichen Pracht, ohne ein Anzeichen von saurem Regen – die Fernsehleute taten alles, um diesen Heile-Welt-Eindruck beim Fernsehpublikum hervorzurufen. Die Serie bildete einen Meilenstein in einer langen Schwarzwaldfilm-Tradition. Der erste deutsche Nachkriegsfilm in Farbe, der den Heimatfilm stark prägte, hieß **»Das Schwarzwaldmädel«**, verfilmt mit Traumpaar Sonja Ziemann und Rudolf Prack. Darauf folgte eine Flut von Schwarzwaldfilmen und Mitte der 1960er-Jahre gab es bereits eine Schwarzwald-TV-Serie, die damals beim Fernseh-Publikum bestens ankam: der **»Forellenhof«**, deren Folgen hauptsächlich in der Umgebung von Baden-Baden gedreht worden sind.

Die »Schwarzwaldklinik« existiert übrigens tatsächlich. Sie ist eine Kurklinik und liegt im Glottertal. Für Brinkmann-Wallfahrer aber ist sie nicht zugänglich, was auch nicht nötig ist, da die Innenaufnahmen für die Arztserie in einem Hamburger Filmatelier gedreht wurden.

Das Wohnhaus von Professor Brinkmann (gespielt von Klaus-Jürgen Wussow), seiner Frau (Gaby Dohm) und Sohn Udo (Sascha Hehn), das **»Hüsli«**, steht 60 km

Die »Schwarzwaldklinik« im Glottertal

weit entfernt bei Grafenhausen im südöstlichen Schwarzwald. Gedreht wurde daneben aber noch an vielen anderen Orten im Schwarzwald (u.a. in Freiburg, Furtwangen, Hinterzarten, Lenzkirch, Titisee-Neustadt).

Schwarzwald zieht

Um ja keinen zu vergessen, gab der Tourismusverband einen Prospekt heraus: **»Drehorte der Schwarzwaldklinik«**. Das zeigt bereits, welche Werbewirkung man der Fernsehserie zutraute, die in mehr als 40 Länder verkauft werden konnte. Tatsächlich erhöhten sich die Übernachtungszahlen 1986 in den wichtigsten Drehorten sprunghaft. So verzeichnete das Glottertal ein Drittel mehr Besucher als im Vorjahr. Das »Hüsli« in Grafenhausen, das 1966 als Heimatmuseum eröffnet worden war, konnte seine Besucherzahlen mehr als verdoppeln. Weniger erfreut war man über die Schaulustigen in der echten »Schwarzwaldklinik«. Die Kurklinik, damals Rehabilitationszentrum der Landesversicherungsanstalt Württemberg, wollte ihren Patienten den Rummel natürlich ersparen. Das dürfte ebenso für die Freiburger Kur und Reha GmbH gelten, die die »berühmteste Klinik Deutschlands« im Jahr 2013 kaufte.

Ein großes Geheimnis wird aus gutem Grunde auch um den Fallerhof gemacht, Mittelpunkt der TV-Serie **»Die Fallers«**, die seit 20 Jahren im SWR-Fernsehen erfolgreich läuft. Der Hof gehört Vollerwerbsbauern, die ihre 95 Hektar bewirtschaften und 55 Kühen versorgen wollen, ohne von Schaulustigen umlagert zu sein. Echte Fans der Fallers respektieren dies auch.

FERNSEHEN (AUSWAHL)

Der Forellenhof
Familienserie, 1965

Schwarzwaldklinik
Arztserie, 1984–1988, 1991, 2005

Die Fallers
Familienserie, seit 1994

Schwarzwaldhaus 1902
Doku-Soap 2002

Tiere bis unters Dach
Familienserie, seit 2010

KINO (AUSWAHL)

Das Schwarzwaldmädel
Drama, 1950

Die Rosel vom Schwarzwald
Komödie, 1956

Der letzte Fußgänger
Komödie, 1960

Schwarzwaldliebe
Komödie, 2009

Die Toten vom Schwarzwald
Thriller, 2009

Wiedersehen mit einem Fremden
Drama, 2010

Die Holzbaronin
Drama, 2013

Schopfheim

C/D 13/14

Landkreis: Lörrach
Höhe: 375 – 1170 m ü. NHN
Einwohnerzahl: 19 000

Das hübsch herausgeputzte Markgrafenstädtchen liegt recht idyllisch im unteren Wiesental. Mit dem Vogelpark Steinen und der Schanze bei Gersbach bietet auch die Umgebung einige Attraktionen.

Alter Siedlungsplatz
In Schopfheim ist ein **römischer Siedlungsplatz** aus dem 2. Jh. n. Chr. nachgewiesen. 1473 erhielt die Stadt das **Salzmonopol**. Grund dafür waren kleine Salzvorkommen im Muschelkalk des nahen Dinkelberges. Dieses Monopol sorgte für einen starken wirtschaftlichen Schub. Aus einer 1755 aufgebauten Textilbleiche entwickelte sich eine große Baumwollmanufaktur mit Bleicherei, Spinnerei und Weberei. 1836 wurde eine bereits bestehende Papiermühle zu einer Papierfabrik ausgebaut, ab 1865 stellte man in Schopfheim auch Öfen her. Heute sorgen mehrere Industriebetriebe für Arbeitsplätze. Insgesamt profitiert die Stadt von ihrer Lage im Dreiländereck Deutschland/Schweiz/Frankreich durchaus.

SEHENSWERTES IN SCHOPFHEIM UND UMGEBUNG

*St. Michael
Die Michaelskirche, ein spätgotischer Sakralbau, ist 1482 fertiggestellt worden. Ihr hoher Turm war früher wohl Teil der Stadtbefestigung. Das Gotteshaus steht auf einem Platz, auf dem man vor einiger Zeit alamannische Steinplattengräber entdeckt hat. Wohl im 10./11. Jh. ist hier eine erste Michaelskirche errichtet worden. Kunsthistorisch bemerkenswert sind die **spätgotischen Fresken** im Chorturm und in der Hoecklinkapelle.

Stadtmuseum
Gegenüber der Kirche, im sog. **Krafft'schen Haus** (15./16. Jh.) sowie im spätgotischen **Hirtenhaus** (1586) sind Funde aus der langen Siedlungsgeschichte der Stadt ausgestellt, darunter auch imposante Zeugnisse herrschaftlicher Wohnkultur.
 ● Mi. 14.00 – 17.00, Sa. ab 10.00, So. ab 11.00 Uhr, Eintritt: 3 €

Marktplatz, Rathaus
Der 1821 angelegte Marktplatz mit dem hübschen Kronenbrunnen wird von dem 1826 im Weinbrenner-Stil errichteten Rathaus beherrscht. Bemerkenswert ist der säulenbesetzte Giebelrisalit dieses klassizistisch-repräsentativen Bauwerks.

Schopfheim erleben

AUSKUNFT
Tourist-Information
Hauptstr. 23
79650 Schopfheim
Tel. 07622 39 61 45
www.schopfheim.de

EVENT
Hebelfest
Hausen im Wiesental
Jährlich am 10. Mai wird ein Fest zu Ehren des in Hausen geborenen alemannischen Dichters Johann Peter Hebel (1760 – 1826) veranstaltet; alle zwei Jahre (2014, 2016 usw.) mit Verleihung des Hebel-Preises an einen Dichter oder Schriftsteller aus dem alemannischen Sprachraum.

ÜBERNACHTEN · ESSEN
Landhotel Mühle zu Gersbach ◉◉
Zum Bühl 4
OT Gersbach
Tel. 07620 90 40-0
www.muehle.de, 15 Z.
Ruhetag Restaurant: Di.
Romantisch-ländliche Unterkunft, wo die Küche verlässlich gute Arbeit leistet.

Zum Adler ◉
Ried 1
79692 Kleines Wiesental
Tel. 07629 252
www.adler-ried.de, 7 Z.
Ruhetage Restaurant: Mi., Do.
Gute Hausmannskost aus heimischen Zutaten ohne überflüssiges Beiwerk ist im Adler selbstverständlich. Im Herbst liefern Jagd und Wald die Zutaten, im Sommer wird Hinterwälder Rind serviert, der Frühling gehört Lamm und Spargel. Markgräfler Weine, ein kräftiges Bauernbrot und einfache Gästezimmer vervollkommnen das Angebot.

EINKAUFEN
Chäs-Chuchi
Wehratalstr. 12
OT Gersbach
Tel. 07620 15 79
Hofladen: Mo., Mi., Sa. 8.00 – 12.00, Do., So. 15.00 – 18.00 Uhr
Die Schweiz liegt nahe, den Name verrät's. Angeboten werden Frischkäse, Camembert, Münsterkäse und andere Köstlichkeiten. Käsereiführungen finden auf Anfrage statt.

Östlich oberhalb von Hausen liegen die beiden als Ferienorte besuchten kleinen Dörfer Raitbach und Schweigmatt. Ein beliebtes Wanderziel ist der Aussichtsturm auf der **Hohen Möhr** (983 m ü. NHN), von dem aus sich ein überwältigender Panorama-Rundblick bietet auf die Höhen des Südschwarzwaldes, hinüber zum Schweizer Jura und an klaren Tagen bis zu den Schweizer Alpen.

Raitbach, Schweigmatt

Auf einem 800 – 1170 m hohen und sonnenbeschienenen Plateau 16 km nordöstlich von Schopfheim liegt Gersbach. Zwischen 1692 und 1701 ließ Markgraf Ludwig von Baden einen Schanzen- und Verteidigungswall gegen französische Truppen errichten. Dieser zieht sich auf 200 km Länge durch den Schwarzwald. Seit 2008 ist in Gersbach eine der barocken Sechseck-**Schanzen** mit Wacht- und

Gersbach

Signalturm rekonstruiert und zu besichtigen. Der Schanzenrundweg ist lehrreich und ein schöner Spaziergang. Das gleichzeitig eröffnete **Wald-& Glaszentrum** informiert über das Glasmacherhandwerk.
 Besichtigung Wald-& Glaszentrum: Tel. 07620 227

Zell im Wiesental
6 km nördlich von Schopfheim liegt das heute als Erholungsort besuchte Städtchen Zell im Wiesental (443 m ü. NHN; 6500 Einw.). Die im Mittelalter von Mönchen gegründete Siedlung ist einer der ältesten Industriestandorte im Südschwarzwald. Hier wurde im 18. Jh. eine Weberei aufgebaut, die Keimzelle eines später namhaften Textilbetriebes (Irisette) werden sollte. Eines der schönsten Wanderziele im sog. Zeller Bergland ist der 1077 m hohe **Zeller Blauen**.

Dinkelberg
Südlich von Schopfheim, zwischen ▶Lörrach im Westen und ▶Wehr, erstreckt sich das bis zu 530 m hohe, stark verkarstete und mit kleinen Salzvorkommen durchsetzte **Muschelkalkplateau** des Dinkelberges. Geologisch gesehen, ist er zur südlichen Vorbergzone des Schwarzwaldes zu rechnen. Ein lohnendes Wanderziel ist die **Hohe Flum** (535 m ü. NHN), von deren Aussichtsturm sich ein schöner Rundblick bietet.

Eichener See
Ein Naturphänomen besonderer Art ist der periodisch sich füllende Eichener See etwa 3 km östlich von Schopfheim. Sein Erscheinen korrespondiert mit den Schwankungen des Karstwasserspiegels im Bereich des Dinkelberg-Muschelkalks. Er kann bis zu 2,5 ha groß und fast 3 m tief werden.

*Vogelpark Steinen
Im Vogelpark mit Falknerei bei Steinen-Hofen lassen sich **mehr als 300 verschiedene Arten** der gefiederten Freunde aus aller Welt – darunter auch Papageien – beobachten. Besonders interessant sind die Greifvogel-Flugschauen. Seit 2012 gehört ein Vogelkundehaus mit Kükenaufzuchtstation zum Park, wo man mitunter die Küken sogar beim Schlüpfen beobachten kann. An mehreren Stationen wird die heimische Vogelwelt vorgestellt. Auch wenn sie keine heimischen Tiere sind, stellen die Berberaffen ein besonderes Erlebniss dar, die in einem großen Gehege mit direktem Publikumskontakt herumturnen und sich füttern lassen.
 Scheideckstr., Mitte März – Nov. 10.00 – 17.00, Juli – Sept. bis 18.00, Flugschau tgl. 11.00, 15.00 Uhr, Eintritt: 15 €, www.vogelpark-steinen.de

*Kleines Wiesental
Von Schopfheim lohnt ein Ausflug ins landschaftlich überaus reizvolle Tal der Kleinen Wiese, die am ▶Belchen entspringt. Auch der Zusammenschluss der Gemeinden Bürchau, Elbenschwand, Neuenweg, Raich, Sallneck, Tegernau, Wies und Wieslet nennt sich »Kleines Wiesental«. Östlich der Kleinen Wiese fließt ein Tal weiter der Fluss Wiese (▶Todtnau).

Schramberg

✧ G 10

Landkreis: Rottweil
Höhe: 350 – 800 m ü. NHN
Einwohnerzahl: 20 800

Der altbekannte Standort der Uhrenindustrie liegt in einem von Wäldern eingerahmten Talkessel des mittleren Schwarzwaldes, in dem fünf Täler zusammentreffen. Eine besondere Attraktion sind die Ausstellungen der Auto- und Uhrenwelt.

Schramberg ist Ende des 13. Jh.s erstmals urkundlich erwähnt worden, kam 1583 an Österreich und wurde 1806 württembergisch. In den 1820er-Jahren konnte die Steingutfabrikation (»Schramberger Majolika«) etabliert werden. Ein Jahrzehnt später wurde Schramberg ein Zentrum der Strohflechterei, die damals zur Eindämmung der Armut vonseiten des Staates gefördert wurde.

In der zweiten Hälfte des 19. Jh.s entwickelte sich die Uhrenindustrie (▶Baedeker Wissen S. 228, 340) zum wichtigsten Industriezweig der jungen Stadt (seit 1867). Ihren wirtschaftlichen Aufschwung hat sie vor allem dem Unternehmer **Erhard Junghans** (▶Berühmte Persönlichkeiten) zu verdanken, der die industrielle Massenfertigung preiswerter und präziser Uhren forcierte. Noch heute nimmt Junghans in Sachen Zeitmesstechnik eine führende Stellung ein. Der eigenständige Firmenableger »Junghans Microtec« stellt in Dunningen bei ▶Rottweil Zünder und Zündsysteme fürs Militär her.

Majolika, Strohhüte und Uhren

Schramberg erleben

AUSKUNFT
Tourist-Information
Hauptstr. 25, 78713 Schramberg
Tel. 07422 2 92 15
www.schramberg.de

EVENT
Fasnet
Höhepunkte sind der Hanselsprung am Fastnachtssonntag und die Da-Bach-Na-Fahrt am Fastnachtsmontag, bei der Kostümierte in närrisch geschmückten Bottichen und Zubern auf der Schiltach talabwärts schwimmen.

ÜBERNACHTEN · ESSEN
Villa Junghans ©©
Bauernhofweg 25
Tel. 07422 56 01 13-0
www.villa-junghans.de, 12 Z.
Ruhetag Restaurant: Mo.
Man wohnt und speist vornehm in der 1885 erbauten und liebevoll restaurierten Villa des Unternehmers Erhard Junghans. Die modernen Zimmer bilden einen interessanten Kontrast zur Noblesse der übrigen Räume mit ihren Kristallleuchtern, Standuhren und vertäfelten Wänden.

Uhrenindustrie im Schwarzwald

Schwarzwälder Exportschlager

Neben Kirschtorte und Bollenhut gehört die Kuckucksuhr zu den bekanntesten Markenzeichen des Schwarzwalds. Es waren aber nicht Schwarzwälder, die sie erfunden haben. Sie haben sie aber erfolgreich nachgebaut, weiterentwickelt und vermarktet.

▶ **Die Kuckucksuhr**
Ihre Grundform ist seit 1850 einem Bahnwärterhaus mit Schrägdach nachempfunden und mit aufwendigen Ornamenten verziert.

Kuckuck
Auf der »Vogelstange« sitzend erscheint er zur vollen Stunde und verkündet die Uhrzeit mit lauten Kuckucksrufen.

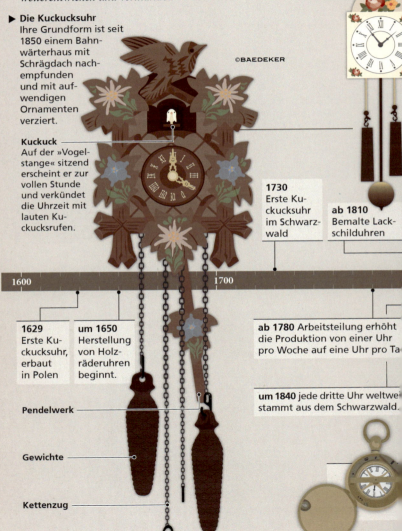

©BAEDEKER

1730 Erste Kuckucksuhr im Schwarzwald

ab 1810 Bemalte Lackschilduhren

1600　　　　　　　　　1700

1629 Erste Kuckucksuhr, erbaut in Polen

um 1650 Herstellung von Holzräderuhren beginnt.

ab 1780 Arbeitsteilung erhöht die Produktion von einer Uhr pro Woche auf eine Uhr pro Ta[g]

um 1840 jede dritte Uhr weltwei[t] stammt aus dem Schwarzwald.

Pendelwerk

Gewichte

Kettenzug

Die Marke Junghans

Bei ihrer Gründung fertigte die Firma Einzelteile für die Uhrenindustrie an, später dann ganze Uhrwerke und Wecker. Seit 2000 führen zwei unabhängige Gesellschaften den Markennamen Junghans: die Uhrenfabrik »Junghans GmbH & Co. KG« und die »Junghans Microtec GmbH«, die Wehrtechnik produziert.

2008 1 000 000ster digitaler Tachograf VDO DTCO 1381 läuft von Band.

Tachograf ist ein Tachometer mit Messschreiber, der Lenk-, Ruhezeiten, gefahrene Kilometer und Geschwindigkeiten bei Lkw aufzeichnet.

1861 Gründung der Uhrenfabrik »Junghans« in Schramberg, Einführung der Uhren-Massenproduktion

Junghans Logo heute

1905 Erster Zeitzünder von »Junghans«

1928 Erste Tachografen und Fahrtschreiber

1970 Einstieg in den Massenmarkt mit billigen Quarzuhrwerken

1990 Erste Funkarmbanduhr der Welt von Firma »Junghans«, genannt »Mega 1«

1850 Gründung der ersten deutschen Uhrmacherschule in Furtwangen. Ihre Nachfolgerin ist die heutige Hochschule Furtwangen. Hier ist auch das Deutsche Uhrenmuseum mit der weltweit umfassendsten Uhrensammlung.

1855 Einführung der Wächter-Kontrolluhr der Fa. Bürk, Schwenningen, als Vorläufer der Stechuhr

1903 Firma »Junghans« ist größter Uhrenhersteller Europas mit 3000 Beschäftigten

1972 Erste Solaruhr (»Heliomat«) von »Kienzle«

2013 Die Calwer Firma Perrot baut die größte Turmuhr der Welt für den Mecca Royal Clock Tower in Mekka.

2013 »Junghans« Microtec« ist Weltmarktführer bei elektronischen Zeit- und Multifunktionszündern.

SEHENSWERTES IN SCHRAMBERG

*Schloss Das klassizistische Schramberger Schloss, das die Grafen von Bissingen-Nippenburg im 19. Jh. errichten ließen, ist kultureller Mittelpunkt der Fünftälerstadt. Hier ist das **Stadtmuseum** eingerichtet. Dessen Themenschwerpunkte sind die Geschichte der Schramberger Burgen und die wirtschaftliche Entwicklung (Steinguterstellung, Strohflechterei, Uhrenindustrie). Glanzstück der Ausstellung ist eine über 4 m hohe Kunstuhr von Arthur Junghans, die erstmals auf der Pariser Weltausstellung von 1900 gezeigt wurde.
❶ Di. – Sa. 13.00 – 17.00, So., Fei. 11.00 – 17.00 Uhr

Altstadt Bemerkenswerte Bauten in der freundlichen Altstadt sind das stattliche **Rathaus** von 1913 mit seiner weithin bekannten astronomischen Uhr und die Stadtpfarrkirche.

Park der Zeiten Der im Stil eines englischen Landschaftsparks angelegte **Garten der Villa des Uhrenfabrikanten Erhard Junghans** ist heute durch Kunstwerke, die die Zeit zum Thema haben, belebt. Für Kinder gibt es einen Wasserbarfuß- und einen Naturerlebnispfad sowie ein Familienspielgelände. Magnolien- und Rhododendronhaine zieren die Wege, ab Juni blühen die Rosen. Die Villa selbst ist heute Hotel-Restaurant.

*Auto- & Uhrenwelt Auf dem Gelände der 1815 an der Oberndorfer Straße gegründeten früheren Hamburg-Amerikanischen Uhrenfabrik (H.A.U.) ziehen heute drei Technik-Museen interessierte Besucher an: Im **Dieselmuseum** ist der größte Dieselmotor aus der Zeit vor dem Ersten Weltkrieg zu bestaunen. Das 1910/1911 gebaute technische Wunderwerk mit 325 PS (239 kW) Leistung sicherte über den auf der Kurbelwelle montierten Schwungrad-Drehstrom-Generator die Energieversorgung für die Fabrik.
Im **Auto- und Uhrenmuseum** »ErfinderZeiten« erfährt man alles über die Geschichte der industriellen Uhrenfertigung und der Unternehmer-Dynastie Junghans. Auch wird man mit der Entwicklung der Mobilität in der Wirtschaftswunderzeit nach dem Zweiten Weltkrieg vertraut gemacht. Kleinwagen und Motorräder bzw. Roller waren seinerzeit sehr gefragt. Über 100 Automobil-Oldtimer sind in der **Autosammlung Steim** zu sehen – von einem 1907 gebauten Ford N Runabout über einen Maybach Zeppelin von 1932 bis zur Bundespräsidentenlimousine von 1959.
Viertes Museum im Bunde ist das **Eisenbahnmuseum**. 2013 eröffnet, zeigt es nach eigenen Angaben die größte Spur-2-Sammlung der Welt. Über 500 Eisenbahnmodelle werden gezeigt, dazu die Modelle einer Gebirgsanlage sowie einer Großstadt.
❶ Di. – So. 10.00 – 17.00, Mitte März – Okt. bis 18.00 Uhr, Eintritt: 5 € je Museum, Kombikarte 9 € bzw. 12 €, www.auto-und-uhrenwelt.de

Burgruinen

Auf dem Schlossberg (Gehzeit ca. 3/4 Std.) nordwestlich der Stadt sind die Reste der Burg **Hohenschramberg** (auch »Nippenburg« genannt) zu sehen. Sie war seinerzeit eine der größten in Südwestdeutschland, wurde 1457 erbaut und 1689 zerstört.

Unterhalb vom Bahnhof thront Burgruine **Schilteck** (1/2 Std. Gehzeit) auf einem hohen Porphyrfelsen über der Schiltach. Der Wehrbau mit romanischem Bergfried ist um 1200 errichtet worden.

Südwestlich der Stadt thront die Burgruine **Falkenstein** auf steilem Fels. Hier fand Herzog Ernst von Schwaben 1030 Zuflucht. Diese historische Begebenheit hat Ludwig Uhland literarisch verarbeitet.

Kloster Heiligenbronn

In der Krypta der Wallfahrtskirche St. Gallus im Ortsteil Heiligenbronn sprudelt ein »Heiliger Bronn«. Der Legende nach soll ein Hirte seine kranken Füße in der Quelle gebadet haben, worauf sie wieder gesund wurden. Nach der Ursache geforscht, fand man ein Gnadenbild der Muttergottes in der Quelle. Seit 1350 ist die **Wallfahrt** nachweisbar. Die Quelle wird noch heute aufgesucht und von den Klosterschwestern gehütet. Das Kloster selbst ist heute eine Einrichtung für Menschen mit Behinderung.

UMGEBUNG VON SCHRAMBERG

Schiltachtal

Unterhalb von Schramberg durchfließt die nach längeren Regenfällen stark anschwellende Schiltach eine felsige Auswaschungsrinne des Grundgebirges. Ein besonders markantes Naturdenkmal ist der schroffe **Welschdorffelsen**. Im Schiltachtal liegt die Streusiedlung **Lehengericht** mit ihren stattlichen Schwarzwaldhöfen.

Sulgen

5 km östlich oberhalb der Fünftälerstadt liegt der Erholungsort Sulgen mit einem gern besuchten Feriendorf. In der **St.-Laurentius-Kirche** beeindruckt die Kreuzigungsgruppe (Fresko), die Prof. Birkle aus Salzburg 1932 geschaffen hat. Eine Großdiaschau zeigt Kirchenfenster aus dem gesamten europäischen Raum. Beachtung verdient die sog. Völkerkrippe, die auf Initiative eines in russische Kriegsgefangenschaft geratenen Schrambergers gestaltet worden ist.

Laurentiuskirche: Mai – Sept. Mi., Do. So., 14.00 – 17.00 Uhr, Eintritt: 2 €

Tennenbronn

Etwa 8 km von Schramberg – erreichbar durch das Bernecktal – liegt Tennenbronn (661 m ü. NHN; 4000 Einw.) im Wiesental der jungen Schiltach. Attraktive Wanderwege sowie das Freibad mit seiner Riesenwasserrutsche zeichnen den Ort aus.

Lauterbach

Etwa 4 km westlich von Schramberg erreicht man, vorbei an romantischen Wasserfällen, Lauterbach (579 m ü. NHN; 3000 Einw.), Heimat des Künstlers **Wilhelm Kimmich** (1897 – 1986). Dem »Maler des

Schwarzwalds« ist eine eigene Galerie gewidmet, in der etliche seiner wichtigsten Arbeiten ausgestellt sind. Von Lauterbach aus lohnt eine Wanderung zum **Mooswaldkopf** (879 m ü. NHN) im Ortsteil Fohrenbühl. Auf dem höchsten Berg des mittleren Schwarzwalds steht ein Aussichtsturm mit Wanderheim und Gaststätte.
Galerie Kimmich: Sa., So., Fei. 14.00 – 17.00 Uhr, Eintritt: 3 €
Gasthaus Mooswaldkopf: Mi., Do. Ruhetag, www.king-gastro.de

** Schwarzwaldhochstraße

✳ F/G 7 – 9

Verlauf: Baden-Baden – Freudenstadt
Höhe: 211 – 1020 m ü. NHN

Die Panoramastraße folgt dem Kamm des Nordschwarzwalds und erschließt eine herrliche Bergwelt. Von besonderem Reiz sind die Ausblicke zur Rheinebene, die selbst oft unter einer Nebeldecke liegt, während oben die Sonne scheint.

Deutschlands älteste Ferienstraße wurde 1930 fertiggestellt und führt heute als B 500 bzw. B 28 von Baden-Baden nach Freudenstadt. Einst reihten sich an dieser rund 60 Kilometer langen Route edle Kurhotels aneinander. Vom alten Glanz ist jedoch wenig geblieben: Die Hotels am Plättig und Sand sind nur noch Ruinen, das Hotel am Hundseck wurde aus Sicherheitsgründen abgerissen, nachdem es dem Verfall preisgegeben worden war. Die Lichter ausgegangen sind auch an den Herbergen an Unterstmatt und Alexanderschanze. Umso glänzender heben sich das Wellness-Hotel »Schliffkopf« sowie die neuen Hotels an Mummelsee und Zuflucht ab. Geblieben ist die großartige Landschaft. Von zahlreichen Großparkplätzen aus können Wanderungen unternommen werden. Im Winter locken Lifte und Loipen Wintersportler an. Orkan »Lothar« legte am 26. Dezember 1999 auch entlang der Schwarzwald-Hochstraße große Waldflächen flach. Noch können Touristen an vielen Plätzen bislang verstellte **Ausblicke ins Rheintal und hinüber zu den Vogesen** genießen.

SEHENSWERTES AN DER SCHWARZWALDHOCHSTRASSE

Geroldsau Die Auffahrt zur Hochstraße befindet sich im ▶Baden-Badener Ortsteil Lichtental. Von dort aus erreicht man zunächst den Weiler Geroldsau (226 m ü. NHN). Von hier lohnt ein kurzer Abstecher zu den **Geroldsauer Wasserfällen**. Ab Geroldsau zieht sich die Hochstraße am Hang eines mit Obstbäumen bestandenen Tales hin und

Schwarzwaldhochstraße erleben

AUSKUNFT
Besucherzentrum
Straßburger Str. 349
72250 Freudenstadt-Kniebis
Tel. 07442 75 70
www.kniebis.de

Naturschutzzentrum Ruhestein
Schwarzwaldhochstraße 2
77889 Seebach-Ruhestein
Tel. 07449 9 10 20
www.naturschutzzentren-bw.de

AKTIVITÄTEN
Mehliskopf
E-Bike-Verleih, Downhill-Strecke, Klettergarten, Riesenrutsche
77815 Sand, Tel. 07226 1300
www.mehliskopf.de

Wintersport
Entlang der Schwarzwaldhochstraße kann man in zahlreiche attraktive Ski-langlauf-Loipen einsteigen. Abfahrtslauf mit Liften u.a. Mehliskopf, Unterstmatt, Ruhestein, Kniebis.
Schnee-Telefon: 07842 94 83-40

ÜBERNACHTEN · ESSEN
Schliffkopf-Hotel ©©©©
Schwarzwaldhochstraße
72270 Baiersbronn-Schliffkopf
Tel. 07449 920-0
www.schliffkopf.de, 70 Z.
Aussichtsreich gelegenes Wellness-Hotel in 1025 m Höhe, mit Hallenbad, Dampfbad, Sonnendeck, Physiotherapie und diversen Wellness-Anwendungen. Im Restaurant gibt es Schwarzwälder und internationale Gerichte. Auch abgekämpfte Wanderer finden sehr freundliche Aufnahme.

Hotel Forsthaus Auerhahn ©©©
Hinterlangenbach 108
72270 Baiersbronn-Hinterlangenbach
Tel. 07447 93 40
www.forsthaus-auerhahn.de, 41 Z.
Das familienfreundliche Hotel mit Wellness-Bereich, Badewelt, Saunalandschaft und Restaurant (gute regionale Küche) liegt am Talschluss unter dem Seibelseckle.

Berghotel Mummelsee ©©©
Schwarzwaldhochstraße 11
77889 Seebach-Mummelsee
Tel. 07842 9 92 86
www.mummelsee.de
2010 eröffneter Neubau am Ort des 2008 durch einen Brand zerstörten Berghotels direkt am Mummelsee und dem Großparkplatz. Besondere Aufmerksamkeit wird den Kindern geschenkt, die im Restaurant eine eigene Spielecke und eine Saftbar haben. Das Restaurant bietet badische und Elsässer Küche sowie vorzügliche Schwarzwälder Kirschtorte.

Natur- und Sporthotel Zuflucht ©©
Zuflucht 1
72250 Zuflucht
Tel. 07804 912-560
www.hotel-zuflucht.de, 29 Z.
2012 renoviert, liegt das Naturhotel direkt am Westweg und der Schwarzwaldhochstraße. Von hier aus lassen sich herrliche Wanderungen in alle Himmelsrichtungen unternehmen. Im Haupthaus sind die sehr schönen, lichten Zimmer mit viel Holz ausgestattet, in der »Herberge« werden günstige Zimmer mit Etagenbad angeboten. Großes Restaurant mit noch größerem Biergarten, Kaffee und Kuchen.

passiert den Wald. Dann schlängelt sie sich immer bergauf. Vom **Helbingfelsen** (links der Straße) bietet sich ein schöner Blick auf die östlich aufragenden Schwarzwaldhöhen.

Maria Frieden

Vorbei an der Wegkreuzung Schwanenwasen (664 m ü. NHN) sieht man bald darauf unterhalb der Straße auf einem Felsen das 1958 erbaute Sandsteinkirchlein Maria Frieden. Von dort hat man eine schöne Aussicht auf das Rheintal. Der Kapellenraum wird durch ein Fensterband erleuchtet, das Szenen aus der Heilsgeschichte zeigt. Die Marienstatue ist 1498 geschaffen worden. Jetzt erreicht man den **Plättig**, von wo eine Stichstraße zum derzeit geschlossenen Hotel Bühlerhöhe führt (▶Bühl).

*Luchspfad

Am Plättig ist seit 2009 Deutschlands erster Luchspfad ausgewiesen. Der 4,5 km lange Weg durch die naturbelassene Wildnis führt wahrlich über Stock und Stein, er ist die Attraktion für Familien mit Kindern. Und vielleicht sieht man ja die Spur eines hier umherstreifenden »Pinselohrs«. Denn in den letzten Jahren gab es vermehrt Hinweise, dass ausgewilderte oder eingewanderte Luchse durch die ausgedehnten Forste des nördlichen Schwarzwalds schleichen.

Sand

Kurz nach dem Plättig erreicht man den Sand (828 m ü. NHN), eine wichtige Straßenkreuzung auf dem Pass zwischen Bühlertal und Schwarzenbachtal. Am 1 km östlich gelegenen Sandsee gibt es ein Strandbad. Ein schöner Wanderweg führt von Sand in nordöstlicher Richtung auf die **Badener Höhe** (1002 m ü. NHN). Vom 30 m hohen Friedrichsturm bietet sich eine tolle Aussicht. Man kann von der Badener Höhe weiterwandern (ca. 1/2 Std.) zum **Herrenwieser See**; der kleine, nur 10 m tiefe Karsee ist als Naturdenkmal ausgewiesen. Südwestlich der Straßenkreuzung am Sand erheben sich der 1009 m hohe **Mehliskopf** (▶Erleben) und der **Hohe Ochsenkopf** (1054 m), der Teil des geplanten Nationalparks Nordschwarzwald ist (▶Baedeker Wissen S. 26).

*Schwarzenbach-Stausee

Die bei Sand von der B 500 ostwärts abzweigende Straße erreicht nach 7 km den Schwarzenbach-Stausee (762 m ü. NHN). Der 2,5 km lange See wird durch eine 380 m lange und **65 m hohe Talsperre** gestaut. Nach ihrer Fertigstellung 1926 war es die höchste Staumauer Deutschlands. An schönen Wochenenden vergnügen sich auf dem See zahlreiche Surfer. Segel- und Motorboote sind nicht zugelassen.

Unterstmatt

5 km südlich vom Sand erreicht man Unterstmatt, eine beliebte Wintersport-Destination mit Skihängen am **Hundsrücken** (1080 m ü. NHN) und am **Hochkopf** (1029 m ü. NHN). Dieser lohnt auch im Sommer einen Besuch. Die weite, kahle Hochfläche mit herrlicher Aussicht ist besonders am Spätnachmittag eine Augenweide.

Der Schein trügt: Selten ist es am Mummelsee so menschenleer.

Die Straße verläuft von Unterstmatt weiter nach Süden zum Mummelsee. Den bis 17 m tiefen **Karsee** sollen der Sage nach »Mümmeln« (Nixen) bewohnen. An schönen Tagen bekommt man sie bestimmt nicht zu sehen, weil sie durch das laute Treiben am und auf dem »Rummelsee« verschreckt werden. Fische gedeihen übrigens nicht in dem kleinen See, dazu ist das Wasser zu arm an Sauerstoff. Dafür gibt es am Seeufer ein Hotel-Restaurant, ein ausgedehntes Shopping-Areal mit Kitsch und Kulinarischem, darunter sehr gutes, frisch gebackenes Holzofenbrot, einen **Kunstpfad** und für all die Busse, Autos und Motorräder einen Großparkplatz.

*Mummelsee

Vom Mummelsee aus kann man in einer halben Stunde mit prächtigen Ausblicken (vorausgesetzt, es regnet nicht, was statistisch an jedem zweiten Tag der Fall ist) die Hornisgrinde erklimmen, mit einer Höhe von 1164 m ü. NHN der **höchste Berg des Nordschwarzwalds**. Der lang gestreckte Bergrücken ist weitgehend kahl. Bereits im 15. Jh. rodeten Bauern die Hochfläche und nutzten sie als Viehweide. Die verbliebenen Reste des Waldbestandes zeigen deutlich Auswirkungen des Waldsterbens. Größtenteils ist der Bergrücken vermoort, hier wächst nur Sumpfgras, an anderen Stellen sieht man Heidekraut. Auf der Hornisgrinde stehen der Sendeturm des Südwestrundfunks, eine Windkraftanlage sowie ein alter Aussichtsturm.

*Hornis-
grinde

Vom Mummelsee führt die Hochstraße zunächst abwärts zum Seibelseckle, dann umzieht sie den Altsteigerskopf und erreicht den Ruhestein (913 m ü. NHN), den nach einem Sandsteinfelsen benann-

Ruhestein

ten Pass vom Achertal ins Murgtal. Hier zweigt eine Straße rechts zur Klosterruine Allerheiligen (▶Oberkirch) ab. An den Hängen von Ruhestein und Vogelskopf tummeln sich im Winter Skiläufer.
In der ehem. Villa Klumpp ist das **Naturschutzzentrum Ruhestein** des Naturparks Schwarzwald Mitte/Nord eingerichtet, das umfassend über diese Landschaft sowie deren Flora und Fauna informiert.
❶ Okt. – April tgl. außer Mo. und Fr. 10.00 – 17.00, Mai – Sept. bis 18.00 Uhr

*Wildsee

Vom Naturschutzzentrum lohnt eine Wanderung hinauf zum **Grab des Orientalisten Prof. Dr. Euting** (1839–1913) und zum sagenumwobenen Wildsee. Dieser Karsee liegt unterhalb steiler Felswände, umgeben von naturbelassenem Bannwald. Ebenso wie die anderen Karseen des Schwarzwalds entstand der Wildsee in der Würm-Eiszeit vor rund 20 000 Jahren.

*Karlsruher Grat

Ein anderes Wanderziel liegt ca. 2 km westlich vom Ruhestein, der Karlsruher Grat (Eichhaldenfirst). Es handelt sich um eine 750 – 800 hohe, wild zerklüftete Bergpartie. Sie entstand vor 210 Mio. Jahren, als vulkanisches Magma bei einer Spalteneruption zu Tage trat und zu hartem **Quarzporphyr** erstarrte.

Schliffkopf

Bei der Weiterfahrt vom Ruhestein – in diesem Bereich wurde die Straße zwischen 1938 und 1940 aus militärischen Erwägungen angelegt – geht es zunächst in einer Schleife am Hang des Vogelskopfes bergauf, dann in Windungen ins **Naturschutzgebiet Schliffkopf** mit seinen Feuchtheiden. Bald erreicht man das moderne Schliffkopf-Hotel. Von hier lohnt eine kurze Wanderung hinauf auf den sanft gerundeten 1055 m hohen Schliffkopf-Gipfel.
Danach geht es ins Naturschutzgebiet Kniebis-Alexanderschanze mit seinen typischen **Grinden**. So bezeichnet man die früher als sommerliche Hochweiden fürs Vieh genutzten baumarmen Hochflächen und Feuchtheiden. Nicht weit südlich vom Schliffkopf-Hotel gibt es einen Parkplatz beim **Lothar-Pfad**. Hier hat man eine 1999 vom Orkan »Lothar« umgeworfene Waldfläche liegengelassen und einen Lehrpfad über Stock und Stein angelegt.

Kniebis (Berg)

Auf der Weiterfahrt passiert man baumarme Feuchtheiden, fährt am Naturhotel Zuflucht (▶Erleben) vorbei und erreicht schließlich den 971 m hohen Bergstock Kniebis. Hier mündet die B 500 in die B 28 ein, die vom Renchtal heraufkommt und weiter nach ▶Freudenstadt führt. Diese Straße folgt einem alten Handelsweg, der seit dem Mittelalter Württemberg mit dem Elsass verband. Von der einstigen Bedeutung des Weges zeugen die Reste von drei Befestigungsanlagen, der Schweden-, der Alexander- und der Röschenschanze.
Die **Alexanderschanze**, an der Einmündung der B 28 in die B 500, wurde 1734 von Herzog Alexander von Württemberg auf dem

höchsten Punkt des Kniebis (971 m ü. NHN) als Schutzwall gegen die Franzosen angelegt. Wenig später lädt die **Kniebis-Hütte** mit Informationszentrum und vorzüglichem Restaurant zum Besuch ein.

Der Ort Kniebis mit knapp 1000 Einwohnern liegt an der B 28. Auch kann man von hier aus herrliche Wanderungen unternehmen. In mäßigem Gefälle führt die B 28/500 hinunter nach ▶Freudenstadt. Unterwegs passiert man noch den idyllisch gelegenen **Langenwaldsee** mit seinem gleichnamigen Hotel-Restaurant (▶Freudenstadt).

Kniebis (Ort)

✱✱ Titisee-Neustadt

✦ E/F 12

Landkreis: Breisgau-Hochschwarzwald
Höhe: 800 – 1200 m ü. NHN
Einwohnerzahl: 12 000

Eines der populärsten Ausflugsziele im Schwarzwald ist der idyllisch zu Füßen des Feldbergs schimmernde Titisee. Fast das ganze Jahr über herrscht hier Hochbetrieb.

Die frühere Kreisstadt Neustadt und der 5 km entfernte Kurort Titisee bilden seit den 1970er-Jahren eine kommunale Verwaltungseinheit. Die prächtige Landschaftsszenerie – der kristallklare Titisee und dahinter der nordöstlich aufragende Hochfirst sowie der ▶Feldberg im Südwesten – lockt alljährlich nicht nur einige Zehntausend Urlaubsgäste an, sondern auch weit über 1,8 Millionen Tagesbesucher. Es werden Boote vermietet, man kann mit Ausflugsschiffen Rundfahrten auf dem See unternehmen. Wem das Schwimmen im See nicht reicht, geht ins 2010 eröffnete Spaßbad. Umfassend ist auch das Wintersportangebot, gespurte Loipen eröffnen Langlaufmöglichkeiten, man kann in der Umgebung Ski fahren, die 1500 m lange Rodelbahn erfreut sicher nicht nur Kinder, auf der **größten Naturschanze Deutschlands** am Hochfirst messen sich jeden Winter einige der besten Skispringer der Welt. Alles in allem mehr ein Ort der Zerstreuung, der Action und ungebremsten Bespaßung als der Ruhe.

Trubel am See

SEHENSWERTES IN TITISEE-NEUSTADT

Neustadt liegt am Nordfuß des aussichtsreichen Hochfirsts im Hochtal der hier noch zahmen Gutach, die weiter abwärts zur wilden Wutach (▶Wutachschlucht) wird. Bereits im 18. Jh. brachte die Uhrenproduktion einen bescheidenen wirtschaftlichen Aufschwung. Anfang des 19. Jh.s waren hier 50 Uhrmacher tätig. Heute produzie-

Neustadt

Titisee-Neustadt erleben

AUSKUNFT
Hochschwarzwald Tourismus GmbH Infostelle Titisee
Strandbadstr. 4
79822 Titisee-Neustadt
Tel. 07651 98 04-0
www.titisee-neustadt.de

EINKAUFEN
Brunners Welt der 1000 Uhren
Titisee, Seestr. 10, 19, 31
tgl. 9.30 – 18.30 Uhr
www.uhren-brunner-titisee.de
Umfangreiches Sortiment von (Kuckucks-)Uhren aller Art

Uhrenfabrik Hönes
Direktverkauf ab Werk
Neustadt, Bahnhofstr. 12
Tel. 07651 93657-0
www.hoenes-uhren.de

AKTIV
Badeparadies Schwarzwald
Am Badeparadies 1, Titisee
Spaßbad mit diversen Rutschen, Wellenbad, Wellness-Oase, Restaurants, Bars
Mo. 14.00 – 18.00, Di. – Fr. 14.00 bis 22.00, Sa., So., Fei. 9.00 – 22.00, in den Schulferien tgl. 9.00 – 22.00 Uhr; Eintritt ab 11 €

Bootsverleih und -rundfahrten
Landungssteg Titisee:
Fa. Drubba, Tel. 07651 98 12 00
www.drubba.com
Fa. Schweizer, Tel. 07651 82 14
www.bootsbetrieb-schweizer-titisee.de

ÜBERNACHTEN · ESSEN
Parkhotel Waldeck ❻❻❻
Parkstr. 4 – 6, 79822 Tititsee
Tel. 07651 809-0
www.parkhotelwaldeck.de, 51 Z.
Gediegenes Hotel am Kurpark. In der »Eichenstube« speist man vorzüglich, und im netten Café kann man eine vorzügliche hausgemachte Schwarzwälder Kirschtorte genießen.

Café-Pension Feldbergblick ❻
Schwärzenbach 19
OT Schwärzenbach, Tel. 07657 463
www.cafe-feldbergblick.de
Ruhetag: Mo.
Wo im 19. Jh. noch Uhren von Hand hergestellt wurden – eine Ausstellung im Hause verweist darauf – kann man heute in der liebevoll eingerichteten Gaststube unter bis zu zwei Dutzend Sorten Kuchen und Torten auswählen. Für Übernachtungsgäste stehen einige hübsch und zweckmäßig eingerichtete Zimmer zur Verfügung.

Hotel Saigerhöh ❻❻
Saigerhöh 8 – 10, 79853 Lenzkirch-Saig
Tel. 07653 685-0
www.saigerhoeh.de, 105 Z.
Die Hotelanlage bietet Schwimmbad, Sauna, Solarium, Beauty-Farm und Tennisplätze. Im »Panoramarestaurant« und in den angeschlossenen drei Stuben speist man recht gut.

Sporthotel Sonnenhalde ❻❻❻
Hochfirstweg 24, 79853 Lenzkirch-Saig
Tel. 07653 6 80 80
www.hotel-sonnhalde.de, 38 Z.
Freundliche Unterkunft mit hellen Zimmern, Hallenbad, Saunalandschaft und Kegelbahn. Das Restaurant bietet internationale Küche, angereichert mit regionalen Spezialitäten.

ren etliche kleinere Betriebe der Holz-, Papier- und Metallindustrie. Neustadt zeigt sich als moderne Kleinstadt mit rund 9000 Einwohnern. Die Häuser gruppieren sich um die neugotische Pfarrkirche St. Jakobus – und sind zum großen Teil **gelb** gestrichen. Dies geht auf eine Kampagne zurück, die 2006 vom Neustädter Künstler Albi Maier gestartet worden war, um die Stadt aus dem Schatten ihrer illustren Schwester zu holen. Mittlerweile haben rund 60 Häuser sich für einen der 20 möglichen Gelbtöne entschieden. Nahebei liegt der Kurgarten mit diversen Freizeit- und Kureinrichtungen.

> **BAEDEKER WISSEN**
>
> *Der erste Skilift*
>
> Als Erfinder des Skilifts ging der Schwarzwälder Robert Winterhalder in die Geschichte ein, der 1908 den ersten Schlepplift bei Schollach 10 km nördlich von Neustadt aufbaute. Zwischen zwei in der Horizontale laufende Räder, eines angetrieben von der Mühle im Tal, das andere 32 m höher auf dem Berg, bewegte sich ein Endlosseil, mit dem sich Skifahrer 280 Meter weit bergauf ziehen lassen konnten – vom Prinzip her funktionieren Lifte heute noch so. Reste des technischen Denkmals sind noch erhalten

Zwischen Titisee und Neustadt direkt an der B 31 staunen die Vorbeifahrenden nicht schlecht über den futuristischen Klotz, der das Tal seit 2012 prägt. Der Messgerätehersteller **Testo AG** setzt hier auf eine ungewöhnliche Architektur mit markant abgeschrägten Fronten und einer cremefarbenen Fassade aus Muschelkalk. Bis 2020 werden noch Lager, Labore und Büros hinzukommen. Nicht weniger landschaftsbestimmend wirkt das unmittelbar dahinter liegende **Badeparadies** (▶Erleben).

Titisee (Ort) Titisee heißt die Gemeinde erst seit 1929. Bis dahin hieß der Ort »Viertthäler«. Er bestand bis ins 20. Jh. hinein lediglich aus einzelnen Gehöften. Die Bewohnerzahl verdoppelt sich in der Saison, wenn alle 3000 Gästebetten in Hotels und anderen Herbergen belegt sind. Das Zentrum ist weitgehend autofrei, die Seestraße mit die schönste Flaniermeile im Schwarzwald, garniert mit zahlreichen Souvenirshops. Wer noch Kuckucksuhren oder andere Mitbringsel braucht, ist hier richtig. Am Seeufer liegt der Kurgarten mit Musikpavillon.

Titisee Der Titisee ist ein **eiszeitlicher Moränenstausee von 2 km Länge und 750 m Breite, die größte Tiefe beträgt knapp 40 m. Diese Ausmaße reichen, um ihn zum größten Natursee des Schwarzwalds zu machen. Gespeist wird er durch den vom Feldsee herkommenden kleinen Seebach, der nach seinem Austritt aus dem Titisee den Namen Gutach (später Wutach, ▶Wutachschlucht) trägt. Der Name des Sees taucht erstmals 1050 urkundlich als »Titinsee« und wenig später als »Titunsee« auf. Großartige Landschaftseindrücke vermitteln die am Seeufer entlangführenden Wege.

UMGEBUNG VON TITISEE-NEUSTADT

Friedenweiler

Friedenweiler (1900 Einw., 800 – 1000 m ü. NHN) liegt 4 km östlich oberhalb von Neustadt. 1123 wurde hier ein **Benediktinerinnenkloster** gegründet. Nach der Aufhebung 1802 diente das Klostergebäude den Fürsten zu Fürstenberg als Jagdschloss und Sommersitz. Die ehemalige Klosterkirche und heutige **Pfarrkirche** entstand 1725 bis 1731 nach Plänen des Vorarlberger Barockbaumeisters Peter Thumb. Nordwestlich von Neustadt verläuft das von Tannenwäldern umrahmte **Jostal**, das mit seinen stattlichen Bauernhöfen und ländlich-romantischen Gasthäusern typisch für den Schwarzwald ist. Sehr idyllisch sind auch die Seitentäler.

*Hochfirst

Von Titisee und Neustadt führen Wanderwege auf den 1190 m hohen Hochfirst (1190 m ü. NHN) mit Berggasthaus und Aussichtsturm. Von oben hat man eine hervorragende Aussicht, manchmal bis zu den Alpen. 2001 wurde die für Weltcup-Skispringen taugliche **Hochfirstschanze** am Nordostabfall des Bergmassivs eröffnet.

Lenzkirch

Lenzkirch (5000 Einw., 807 m ü. NHN) liegt in einer Talmulde nicht weit von Titisee entfernt. Auch der Feldberg ist gut erreichbar, das macht den Ort im Sommer wie im Winter attraktiv.

Unweit vom Titisee breitet sich unverkennbar der Schwarzwald aus.

Einst war der Ort ein wichtiger Umschlagplatz für Erzeugnisse des Hochschwarzwälder Heimgewerbes. Lenzkircher Träger-Compagnien vertrieben Schnitzkunst, Schneflerwaren, Uhren, Strohflechtarbeiten und Glaswaren in ganz Europa. Die barocke **Elogiuskapelle** von 1684 dient heute als Friedhofskapelle. Im Juni findet der Elogiusritt statt.

Westlich oberhalb des Ortes ist der **Ursee** (835 m ü. NHN) Zentrum eines idyllisch gelegenen Naturschutzgebietes mit vielen seltenen Pflanzen. Der kalte und teils schon verlandete Moorsee ist ein Relikt der letzten Eiszeit. Ein Rundweg erschließt das Gebiet.

Der hübsch herausgeputzte Ortsteil **Saig** (988 m ü. NHN) liegt am sonnenbeschienenen Südosthang des Hochfirstes (s.o.).

Todtmoos

✈ D/E 13

Landkreis: Waldshut
Höhe: 760 – 1263 m ü. NHN
Einwohnerzahl: 2000

Als Wallfahrtsort bekannt und bereits seit dem 19. Jh. als heilklimatischer Kurort geschätzt, liegt Todtmoos im landschaftlich sehr reizvollen und windgeschützten Tal der jungen Wehra.

Das »Tote Moos«, ein Sumpf im Wald, über dem angeblich giftige Dämpfe schwebten, fand erstmals im 13. Jh. schriftliche Erwähnung, als hier eine Kapelle erbaut worden ist. Ende des 19. Jh.s wurde Todtmoos Erholungs- und Wintersportort. In entsprechenden Kreisen

»Totes Moos«

Todtmoos erleben

AUSKUNFT
Tourist-Information
Wehratalstr. 19, 79682 Todtmoos
Tel. 07674 90 60-0
www.todtmoos.de

EVENT
Internationale Schlittenhunderennen
Bei guter Schneelage hecheln im Januar Huskys und ihre Musher durch den Südschwarzwald und verbreiten einen Hauch von Alaska und Abenteuer. Die Rennen finden in Todtmoos und Bernau statt. Programm bei den örtlichen Touristeninformationen.

AKTIVITÄTEN
Hochseilgarten Schwarzwald
Am Mühlenbach 3, 79682 Todtmoos
Tel. 07674 92 10 55
www.hochseilgarten.com
Zweimal wöchentlich können auch Einzelpersonen in 15 m über dem Boden an Stricken durch die Lüfte klettern.

Wehratal-Erlebnispfad
Immer bergab führt diese Wanderung auf einer Strecke von 31 km von der Wehra-Quelle bei Todtmoos bis zur Mündung des Flusses in den Rhein bei Wehr. Infos und Download-Strecke bei der Touristeninformation Todtmoos.

ÜBERNACHTEN · ESSEN
Schwarzwald-Gasthof Rössle €€€
Kapellenweg 2
79682 Todtmoos-Strick
Tel. 07674 90 66-0
www.hotel-roessle.de, 24 Z.
Aus der ehemaligen Pferdewechselstation unterm Hochkopf wurde eine moderne Unterkunft mit allem Komfort und großem Wellnessbereich. Einige Appartements befinden sich in einem ökologischen Holzhaus.
Das Restaurant ist bekannt für seine badische Spezialiäten-Küche, individualisiert durch Rezepte von der Oma, geprägt von den Jahreszeiten: Im Juli gibt es Pfifferlinge, im Oktober Wild.

berühmt ist die Existentialpsychologische Begegnungsstätte des Grafen Dürckheim in Todtmoos-Rütte.

Marienwallfahrt

Die Todtmooser Marienwallfahrt reicht bis ins 13. Jh. zurück. Der Legende nach soll dem Geistlichen Dietrich von Rickenbach 1255 die Gottesmutter erschienen sein, die ihm befahl, eine Tanne auf dem Schönbühl zu fällen. Dieser Baum soll Ursache für die giftigen Dämpfe gewesen sein, die über dem »Toten Moos« schwebten und den raschen Tod vieler Menschen und Tiere herbeiführten. Der Priester baute auf dem Schönbühl eine kleine Kapelle, in der er ein auf wundersame Weise entstandenes Gnadenbild aufstellte. Die Kapelle kam in die Obhut des Grafen **Rudolf von Habsburg**, der diese mit reichem Grundbesitz ausstattete und zudem die Waldbewohner verpflichtete, den Zehnten an das Gotteshaus zu liefern. 1319 gelangte die Wallfahrtsstätte an das Kloster St. Blasien.

SEHENSWERTES IN TODTMOOS UND UMGEBUNG

*Wallfahrtskirche Mariä Himmelfahrt

Die barocke Pfarr- und Wallfahrtskirche auf dem Schönbühl ist 1770 bis 1778 entstanden und wertvoll ausgestattet worden. Die Bauleitung hatte der Architekt Franz Joseph Salzmann. Die Stuckaturen schuf Joseph Kaspar Gigl aus Wessobrunn. Die Gebrüder Pfluger fertigten Altäre, Kanzel, Gestühl und Portal. In der Annakapelle zeigt ein Wandbild das Silberrelief des Augsburger Goldschmiedes Elias Jäger, das Karl von Lothringen der Todtmooser Muttergottes stiftete.

Ehem. Superiorat

Das ehemalige Superiorat (heute Pfarrhaus), das 1733 nach Entwürfen des Vorarlberger Baumeisters **Johann Michael Beer** erbaut worden ist, hat Johann Kaspar Bagnato später umgestaltet. Wessobrunner Meister besorgten die Ausstattung des repräsentativen Bauwerks, in dem ein Zimmer für den Fürstabt von St. Blasien eingerichtet war.

*Heimethus

Ein für das Wehratal **typisches Schwarzwaldhaus** beherbergt das Heimatmuseum, das sich mit der Geschichte der Todtmooser Wallfahrt, dem Erzbergbau in der Umgebung und dem Todtmooser Brauchtum beschäftigt. Gelegentlich mit Glasbläser-Vorführungen.
❶ Mi., Fr., So. 14.30 – 17.30 Uhr, Eintritt: 3 €

Schaubergwerk

In Todtmoos-Mättle kann man den »Hoffnungsstollen« besichtigen (auch mit Rollstuhl und Kinderwagen), eine seit Ende des 18. Jh.s bekannte, jedoch 1937 mangels Ergiebigkeit stillgelegte **Magnetkies- und Nickelgrube**.
❶ Nov. – April Sa., So., Fei. 14.00 – 17.00 Uhr, Mai – Okt. auch Do., Eintritt: 3 €

Todtnau

✦ D 12/13

Landkreis: Lörrach
Höhe: 600 – 1390 m ü. NHN
Einwohnerzahl: 4800

Im Tal der jungen Wiese, die sich hier zwischen die höchsten Schwarzwaldgipfel eingekerbt hat, liegt das alte Bergbaustädtchen Todtnau, das heute Zentrum einer von Outdoor-Aktivisten vielerlei Couleur geschätzten Ferienlandschaft ist.

Die »Tote Aue« wurde erstmals im frühen 12. Jh. schriftlich erwähnt und gehörte lange zum Herrschaftsbereich des Klosters St. Blasien. Im 14. Jh. blühte hier und in der Umgebung der Silberbergbau auf. In Todtnau wurden sogar vorderösterreichische Silbermünzen geprägt. Im 17. Jh. ging der Bergbau stark zurück. Stattdessen entwickelten sich hier die Weidewirtschaft, das Wald- und Bürstenmachergewerbe und später auch die Textilindustrie. **Die »Tote Au«**

1891 wurde in Todtnau der erste Skiklub Deutschlands gegründet. Um 1900 wurde Todtnau zum Wintersportort dank der hoch gelegenen und schneesicheren Skihänge an **Hasenhorn, Herzogenhorn und Feldberg**.

Die zweitürmige **Pfarrkirche** von Todtnau ist nach dem Stadtbrand von 1876 neu erbaut worden. Am nordöstlichen Stadtrand erinnert ein **Kriegerdenkmal** in Gestalt eines monströsen steinernen Alemannenschwerts an die aus Todtnau stammenden Gefallenen der Weltkriege.

> **? BAEDEKER WISSEN**
>
> *Flotte Locken*
>
> Nachdem seine Verlobte bei etlichen Versuchen den Kopf hinhalten und diverse Brandblasen verkraften musste, klappte es 1896 endlich: Dem in Todtnau geborenen Friseur Karl Ludwig Nessler (1872 – 1951) gelang die Erfindung der Dauerwelle. Der Kniff: eine alkalische Lösung brach die Haarstruktur auf, die anschließend mit Hilfe von Lockenwicklern dauerhaft in die gewünschte Form gebracht werden konnte. 1906 stellte Nessler seine Erfindung der Öffentlichkeit vor – allerdings in seinem Salon in London. Todtnau ehrt den berühmten Sohn mit einem Museum (Spitalstr. 1, aktuelle Öffnungszeiten bei der Tourist-Information).

Östlich von Todtnau erhebt sich das 1158 m hohe Hasenhorn, dessen leichte »Erstürmung« durch einen Sessellift ermöglicht wird. Oben angekommen, bietet sich ein exzellenter Panorama-Rundblick. Am Hasenhorn wartet noch ein MTB-Parcours und **eine der längsten Rodelbahnen Deutschlands** (▶Erleben). ***Hasenhorn**

Todtnau erleben

AUSKUNFT
Tourist Information
Meinrad-Thoma-Str. 21
79674 Todtnau
Tel. 07671 96 96 95
www.todtnauer-ferienland.de

Downhillfreuden am Hasenhorn

AKTIV
MTB, Rodelbahn
Auf dem mit Sessellift erschlossenen Hasenhorn ist eine 3 km langer Downhill-Strecke eingerichtet (www.bikepark-todtnau.de; tgl. 10.00–16.30 Uhr, Sa., So. und Ferien länger), zudem eine knapp 3 km lange Ganzjahres-Rodelbahn (www.hasenhorn-rodelbahn.de).

EVENTS
Todtnauer Hinterwald-Inferno
Im Januar starten besonders konditionsstarke Skiläuferinnen und -läufer zu einem Rennen über 9,3 km und insgesamt rund 700 Höhenmeter.
www.skiclub-todtnau.de

Philosopischer Herbst
Ein Panoramapfad folgt den Spaziergängen Martin Heideggers und führt u. a. auch an der Berghütte des Philosophen vorbei. Jährlich veranstaltet die Gemeinde den »Philosophischen Herbst« mit hochkarätigen Vorträgen.
www.heidegger-todtnauberg.de

ÜBERNACHTEN · ESSEN
Wellness & Vitalhotel Mangler €€€
Ennerbachstr. 28
79674 Todtnauberg
Tel. 07671 96 93-0
www.mangler.de, 30 Z.
Ruhig gelegenes Haus mit sonnigen Zimmern zum Tal, zwei Restaurants, Bade-, Sauna- und Wellness-Bereich.

Hotel Engel €€€
Kurhausstr. 3
79674 Todtnauberg
Tel. 07671 91 19-0
www.engel-todtnauberg.de, 29 Z.
Traditionsreiches Haus mit Pool, Sauna und Einrichtungen für Kinder. Das Restaurant ist bekannt für seine feine regionale Küche, die auch vegetarische und Vollwertgerichte zubereitet.

Glöcklehof €
Martin-Heidegger-Weg 16
79674 Todtnauberg
Tel. 07671 13 20
www.gloecklehof.de
Ruhetag: Mo.
Der Glöcklehof, am Ortsrand von Todtnauberg gelegen, verspricht eine legendär gute Schwarzwälder Kirschtorte, rustikales Vesper und einfache, ruhige Zimmer.

Todtnau • ZIELE

Ca. 3 km im Wiesental aufwärts erreicht man Brandenberg an der Rampe des Feldbergpasses. Etwa 2 km oberhalb liegt Fahl in dem vom Feldberggletscher während der letzten Eiszeit ausgehobelten und steilwandigen Fahler Loch, in das sich die Quellbäche der Wiese stürzen. Fahl zählt zu den Skigebieten des ▶Feldbergs. — **Brandenberg, Fahl**

Etwa 2 km nordwestlich oberhalb von Todtnau erreicht man den ländlichen Erholungsort Aftersteg (780 m ü. NHN). Oberhalb von Aftersteg, nahe der Notschrei-Passstraße, liegen die ***Todtnauer Wasserfälle**. Hier stürzt sich der Stübenbach recht spektakulär über mehrere, insgesamt 94 m hohe Felsklippen ins Wiesental hinunter. — **Aftersteg**

Von der Notschrei-Passhöhe (1121 m ü. NHN; Berghotel) lohnen Wanderungen (im Winter auch per Ski) südwärts zur **Trubelsmatt** (1281 m ü. NHN) und zum **Wiedener Eck** (▶Belchen), ostwärts zum Stübenwasen und zum ▶Feldberg sowie zum Schauinsland. — **Notschrei**

In einem sonnigen und verkehrsarmen Hochtal am Stübenwasen, etwa 7 km nördlich oberhalb von Todtnau, versteckt sich der Luftkurort Todtnauberg (1021 m ü. NHN). Nach Todtnauberg hat sich schon der Philosoph **Martin Heidegger** (1889 – 1976) gern zurückgezogen (Veranstaltung und Wanderung ▶Erleben nebenstehend). Heute gehört der Ort zu den meistbesuchten Ferienorte im Südschwarzwald, auch im Winter. — **Todtnauberg**

WIESENTAL

Das rund 80 km lange Flüsschen Wiese entspringt am Südwesthang des Seebucks (▶Feldberg) und mündet nördlich von Basel in den Rhein. Der Oberlauf des landschaftlich reizvollen Tales (nicht zu verwechseln mit dem Kleinen Wiesental bei ▶Schopfheim) wurde in der letzten Eiszeit von einem etwa 20 km langen und bis zu 280 m mächtigen Talgletscher ausgehobelt. An jene Epoche erinnern Gletscherschliffe und Findlinge. — **Erbe der Eiszeit**

Eine der eindrucksvollsten Erscheinungen ist der Gletscherkessel Präg. Im Kesselzentrum, wo heute die schmucken Schwarzwaldhäuser des Dörfchens Präg stehen, trafen sich in der Eiszeit **sechs Gletscher**. Ringsum erheben sich die Hänge sehr steil, und zusammen mit den vielen Wiesen, durchsetzt mit Sommerlinden, Spitzahorn und Eichen, ergibt sich ein bezauberndes Landschaftsbild. Die typischen, knorrigen Weidbuchen wachsen vor allem am nach Süden ausgerichteten Schweinebuck. Hier singt im Frühling die äußerst seltene Zippammer, weitere rar gewordene Vogelarten wie der Neuntöter und der Baumpieper können ebenfalls beobachtet werden. — ***Gletscherkessel Präg**

BAEDEKER WISSEN

? Die Stromrebellen

Unter dem Eindruck der Reaktorkatastrophe von Tschernobyl 1986 beschloss eine Schönauer Bürgerinitiative den Ausstieg aus der Atomenergie. Nach neun Jahren Kampf war es soweit: Die Initiative konnte das örtliche Stromnetz kaufen, später ausbauen und als erster Ökostromanbieter Deutschlands an den Markt gehen. Mittlerweile beziehen bundesweit rund 140 000 Haushalte ihren Ökostrom bei den »Elektrizitätswerken Schönau« (EWS). Deren Mitbegründerin, Ursula Sladek, erhielt für dieses Engagement den Deutschen Umweltpreis 2013 (www.ews-schoenau.de).

Wie Perlen reihen sich die Erholungsorte im Wiesental aneinander. Spektakulär zeigt sich der Anfang des Tales am **Seebuck** bzw. im **Fahler Loch** oberhalb von Todtnau. Beiderseits des oberen Wiesentales bis Schönau und des mittleren Wiesentales bis **Zell** (▶Schopfheim), haben sich Bäche tief ins Grundgebirge eingekerbt.

Das freundliche Dörfchen Schönau (542 m ü. NHN; 2400 Einw.) wählen Wanderer oft als Ausgangspunkt für ihre Unternehmungen.
Oberhalb von Schönau steht die alte **Wallfahrtskapelle Schönenbuchen** (Gnadenbild mit Engeln in Schwarzwälder Tracht). Hier und auf den umliegenden Höhen (u.a. Hasenhorn, ▶Belchen, Zeller Blauen und Hohe Möhr) kann man ausgedehnte Wanderungen unternehmen und bestens Radfahren.

Hausen im Wiesental Im unteren Wiesental lohnt das Dorf Hausen einen Besuch. Hier ist der Dichter Johann Peter Hebel (▶Berühmte Persönlichkeiten) aufgewachsen. An ihn wird im **Hebel-Haus** erinnert.
❶ Mi., Sa., So. 13.30 – 17.00 Uhr

✶✶ Triberg

F 11

Landkreis: Schwarzwald-Baar
Höhe: 500 – 1024 m ü. NHN
Einwohnerzahl: 4800

Eine riesige Kuckucksuhr und Deutschlands höchste Wasserfälle gehören zu den Pfunden, mit denen Triberg wuchert. Entsprechend der immensen Zahl der Gäste haben sich auch Souvenirshops etabliert.

Triberg liegt im tief eingekerbten oberen Gutachtal am landschaftlich reizvollsten Streckenabschnitt der **Schwarzwaldbahn**. Mit der Bahn kamen schon früh Kurgäste hierher. Neben dem Tourismus blieb das Uhrmacher-Handwerk eine wichtige Einkommensquelle.

SEHENSWERTES IN TRIBERG

Zu den bekanntesten Sehenswürdigkeiten im Schwarzwald gehören die Triberger Wasserfälle. Hier stürzt das wasserreiche Flüsschen Gutach aus einem hoch gelegenen Muldental über sieben hohe Kaskaden in ein enges Kerbtal des mittleren Schwarzwaldes. Mit einer Höhe von 163 Metern sind die Triberger Wasserfälle die **höchsten in ganz Deutschland**. Die Waldschlucht ist durch einen gut befestigten Bergsteig mit mehreren Stegen erschlossen. Besonders eindrucksvoll bieten sich die Triberger Wasserfälle in niederschlagsreichen Perioden und zur Zeit der Schneeschmelze dar. Nicht weniger eindrucksvoll sind die Eichhörnchen, die sich ans Futter aus Besucherhand gewöhnt haben. Das Futter gibt's an der Kasse. Nebenan locken Erlebnispark und Hochseilgarten.

❶ tgl. bis 22.00 Uhr, abends beleuchtet, Eintritt: 3,50 €

**Triberger Wasserfälle

Gleich gegenüber dem Eingang zu den Wasserfällen lädt das reichhaltige Schwarzwaldmuseum zu einem Besuch ein. Neben einer volkskundlichen Sammlung besitzt es eine bedeutende Uhrenkollektion sowie gut erhaltene Orchestrions und eine umfangreiche **Drehorgelsammlung**. In verschiedenen Modellwerkstätten wird die Entwicklung des Schwarzwälder Handwerks aufgezeigt. Eine Dokumentation befasst sich auch mit dem Bau der Schwarzwaldbahn, und ein Modellstollen weist auf die Bedeutung der im Schwarzwald vorkommenden Mineralien hin.

❶ Wallfahrtstr. 4, April, Okt. tgl. 10.00 – 17.00, Mai – Sept. bis 18.00 Uhr, Eintritt 5 €, www.schwarzwaldmuseum.de

*Schwarzwaldmuseum

Das Rathaus am Marktplatz ist 1826 im Weinbrenner-Stil erbaut worden. Der Ratssaal im 1. OG ist komplett mit **reichen Holzschnitzereien** ausgestattet, die der Holzschnitzer Karl Josef Fortwängler (»Schnitzersepp«) im Jahre 1926 geschaffen hat.

❶ Mo. – Do. 9.00 – 12.00 u. 14.00 – 16.00, Fr. 9.00 – 12.00 Uhr

*Rathaus

Das barocke Gotteshaus ist zu Beginn des 18. Jh.s anstelle eines Vorgängerbaus aus dem 17. Jh. erbaut worden. Die Wallfahrt gilt einem Gnadenbild, das 1645 von einem unbekannten Meister geschnitzt worden ist, und dem wundersame Heilungen zugeschrieben werden. Die Altäre und die Kanzel hat der Villinger Bildhauer **Anton Schupp** (1664 – 1729) geschaffen. Die Bilder der Seitenaltäre stammen vom Rottweiler Künstler **Johann Georg Glückherr** (1653 – 1731).

*Wallfahrtskirche Maria in der Tanne

Triberg liegt an der kühn trassierten Schwarzwaldbahn, die von ▶Offenburg nach Singen am Hohenwiel führt. Sie ist 1873 nach Plänen des badischen Ingenieurs **Robert Gerwig** (▶Berühmte Persönlichkeiten) fertiggestellt worden. Der gebirgige Abschnitt ▶Hornberg –

*Schwarzwaldbahn

Triberg erleben

AUSKUNFT
Tourist-Information
Wallfahrtstr. 4
78098 Triberg
Tel. 07722 86 64 90
www.triberg.de
www.dasferienland.de

EINKAUFEN
Uhrmacher Hubert Herr
Bereits in der 5. Generation werden bei der Firma Herr in Triberg wunderschöne Kuckucksuhren aus Holz geschnitzt. Auch die Uhrwerke und Gehäuse werden an Ort und Stelle angefertigt. Weitere Informationen: Uhrmacher Hubert Herr, Hauptstr. 8, 78098 Triberg, Tel. 07722 42 68; www.hubertherr.de

EVENTS
Schwarzwaldpokal Schonach
FIS Weltcup Nordische Kombination: Januar. www.schwarzwaldpokal.de

Schwarzwälder Skimarathon
Februar: Schonach – Hinterzarten (60 km) und Schonach – Belchen (100 km)

ÜBERNACHTEN · ESSEN
Parkhotel Wehrle
Gartenstr. 24, 78098 Triberg
Tel. 07722 86 02-0
www.parkhotel-wehrle.de, 48 Z.
Traditionsreiches Haus mit Hallenbad, Sauna und Solarium. Das Restaurant mit seiner sehr guten regionalen Küche ist bereits mehrfach ausgezeichnet worden.

Triberg – ▶St. Georgen ist mit seinen Tunnels und Windungen der reizvollste der gesamten Strecke. Ab Triberg werden mehrmals im Jahr romantische Tunnelfahrten mit Oldtimer-Triebwagen durchgeführt.

❶ Fahrplan Dampflokfahrten: Tourist-Information Triberg

UMGEBUNG VON TRIBERG

Eble Uhren-Park Unterhalb von Triberg, an der B 33, lockt der Eble Uhren-Park mit der momentan **größten Kuckucksuhr der Welt**. Sie steht seit 1997 im Guinness-Buch der Rekorde. Ihr 4,50 m x 4,50 m großes und 6 t schweres Uhrwerk ist der Nachbau einer gut 100 Jahre alten Kuckucksuhr im Maßstab 60 : 1. Der Kuckuck ist 4,50 m lang und 150 kg schwer, das Pendel wiegt 100 kg. Das größte Rad im Uhrwerk hat 2,60 m Durchmesser.

❶ Schonachstr. 27, Verkauf, Besichtigung: Mo. – Sa. 9.00 – 18.00, So. ab 10.00, Nov. – Ostern Mo. – Sa. bis 17.30, So. 11.00 – 17.00 Uhr

Schonach 5 km nordwestlich oberhalb von Triberg liegt Schonach (850 – 1152 m ü. NHN; 3800 Einw.) in einem Hochtal zwischen Gutach- und Elztal. Hier oben ist eine große **Skischanze** errichtet, über deren Tisch schon so mancher berühmte Wintersport-Athlet gesprungen ist. In Schonach

Den Blindensee bei Schönwald, dereinst ein stilles, verwunschenes Hochmoor, überragt heute eine Windkraftanlage.

beginnt der rund 100 km lange Skiweitwanderweg zum ▶Belchen. Im Kampf um Riesen-Kuckucksuhren musste sich Schonach geschlagen geben: Hier stand die **»erste weltgrößte Kuckucksuhr«**, die der Schonacher Uhrmacher Josef Dold konstruiert hat, ihren Platz aber an die Konkurrenz in Triberg abgeben musste (s.o.). Im Innern dieses Schwarzwaldhäuschens kann man ein 3,5 m hohes Uhrwerk aus Holz bestaunen mit gewaltigen Holzrädern, einem 2,70 m langen Pendel, 1,5 m hohen Pfeifen und einem ca. 3/4 m hohen Kuckuck.
❶ Besichtigung: tgl. 10.00 – 12.00 u. 13.00 – 17.00 Uhr

Ca. 5 km südwestlich von Triberg liegt Schönwald (950 – 1150 m ü. NHN; 2400 Einw.), ein bekannter Wintersportplatz (u.a. Adlersprungschanze). Von hier aus wurden Schwarzwälder Uhren in alle Welt getragen. Schönwald gilt als **Heimat der Kuckucksuhr** (▶Baedeker Wissen S. 228). Der Ort ist Ausgangspunkt für Wanderungen und Radtouren zu den beiden Hauptquellen der Donau sowie zu den Aussichtstürmen von **Brend** (▶Furtwangen) und **Stöcklewald** oberhalb der Gutachquelle. In der näheren Umgebung von Schönwald gibt es auch noch einige gut erhaltene **alte Schwarzwaldhöfe**. An der Grenze zu Schonach liegt der **Blindensee**, ein unter Naturschutz stehendes Hochmoor, durch das ein Bohlenweg führt.

*Schönwald

Reinertonishof Der 1619 bei Schwarzenbach errichtete Reinertonishof brannte 2006 ab. Dieser Schwarzwaldhof war ein höchst eindrucksvolles Baudenkmal. Der zum Anwesen gehörende Ponyhof sowie das beliebte »Vesperhäusle« konnten vor den Flammen gerettet werden. Der neue Reinertonishof wurde 2012 eröffnet. Wieder locken im Vesperhäusle handfeste Schinkenplatten, selbst gebackene Kuchen sowie die Produkte aus der hauseigenen Brennerei.
❶ Schwarzenbach 7, Schönwald, Vesperhäusle: Mi – So. 11.00 – 20.00 Uhr, www.reinertonishof.de

✱ Villingen-Schwenningen
✧ G/H 11

Landkreis: Schwarzwald-Baar
Höhe: 660 – 975 m ü. NHN
Einwohnerzahl: 81 000

Zwei unterschiedliche Städte bilden das Zentrum der Region Schwarzwald– Baar – Heuberg. Hier Villingen mit seiner Fachwerkaltstadt und dem wilden Narrentreiben, dort das nüchterne Schwenningen mit seinen technischen Museen.

Ungleiche Schwestern 1972 wurden das badische, katholische Villingen und das württembergische, protestantische Schwenningen zusammengeschlossen. Früher war man sich allerdings nicht grün: Die Villinger brannten das Nachbardorf im Bauernkrieg von 1524/1525 fast vollständig nieder, ebenso 1633 während des Dreißigjährigen Krieges. Dennoch entwickelte sich Schwenningen im 18./19. Jh. zum größten Dorf des Landes und erlebte mit der Industrialisierung einen kometenhaften Aufstieg. 1858 gründete **Johannes Bürk** (1819 – 1872) die erste Schwenninger Uhrenfabrik. Bald darauf entstanden die namhaften **Uhrenfabriken Mauthe und Kienzle.** Heute ist die Doppelstadt Standort namhafter Industriebetriebe der Elektrotechnik und Feinmechanik sowie mehrerer Fach- bzw. Fachhochschulen.

SEHENSWERTES IN VILLINGEN

✱Altstadt Noch erhalten sind **Reste der Stadtbefestigung** aus staufischer Zeit (13. Jh.). Neben den Stadttoren an den Enden des Straßenkreuzes – dem Riettor, dem Bickentor und dem Obertor (das Niedertor wurde 1847 abgerissen) – sind noch der Kaiserturm, der Romäusturm und das Pulvertürmle erhalten. Mustergültig ist in Villingen das für die Zähringerstädte typische **Achsenkreuz der Hauptstraßen** erhalten. Es wird von der Oberen Straße mit dem Narrenbrunnen, der Niede-

Villingen-Schwenningen erleben

AUSKUNFT
Tourist-Information
Rietgasse 2, 78050 VS-Villingen
Tel. 07721 822340
www.tourismus-vs.de

EVENTS
Villinger Fasnacht
Bis ins 16. Jh. reicht die Tradition der Villinger Fastnacht mit ihren verschiedenen Figuren (u.a. »Narro«). Höhepunkte sind die großen Umzüge am Fastnachtsmontag und Fastnachtsdienstag.

ÜBERNACHTEN · ESSEN
❶ *Romantik Hotel Rindenmühle* ❻❻❻
Am Kneippbad 9, Villingen
Tel. 07721 88 68-0
www.rindenmuehle.de, 23 Z.
Das schöne Hotel liegt direkt am Villinger Kurpark unweit der Altstadt. Im Restaurant kocht man mit regionalen Zutaten gutbürgerliche Küche. Hühner und Gänse stammen aus eigener Zucht, die Kräuter zieht der Küchenchef selbst.

❷ *Hotel Bosse* ❻❻
Oberförster-Ganter-Str. 9, Villingen
Tel. 07721 5 80 11
www.hotel-bosse.de, 31 Z.
Ruhig am Germanswald in der Nähe des Kurparks gelegenes Haus mit geräumigen Zimmern. Es gibt ein Restaurant und ein Café mit eigener Konditorei.

❸ *Hotel Schlenker Ochsen* ❻❻
Bürkstr. 59, Schwenningen
Tel.07720 83 90
www.hotelochsen.de
Ruhetage Restaurant: So., Mo.
Zentral gelegenes Hotel mit verschieden eingerichteten Zimmern, darunter Feng Shui-Zimmer, Südseezimmer und das ganz in Weiß gehaltene Schmetterlingszimmer. Bodenständige, gute Küche, die vor Extravaganzen wie Thyminaneis aber nicht zurückschreckt.

---

ren Straße, der Rietstraße und der Bickenstraße gebildet. Die mit Steinmosaiken gepflasterten Straßen – sie bilden heute die »gute Stube« der Stadt – werden von traufständigen Bürgerhäusern mit Dachgauben flankiert.

Stadtmittelpunkt ist das Liebfrauenmünster. Mit seinem Bau wurde um 1130 begonnen. Kunsthandwerkliche Glanzstücke sind die spätgotische Kanzel (um 1500) und das sog. **Naegelinskreuz** (14. Jh.) in der linken Turmkapelle, das als wunderwirkendes Schutzkreuz verehrt wird. Zum Münsterschatz gehören u.a. ein mittelalterliches Scheibenkreuz und der sog. Fürstenbergkelch (13. Jh.). *Liebfrauenmünster

Das 1306 erstmals erwähnte Alten Rathaus mit spätgotischem Staffelgiebel steht am Münsterplatz. Um 1534 hat man es im Stil der Renaissance umgestaltet. Im früheren Ratssaal (1. OG) gefallen die Täfelung von 1530 und in der großen Ratslaube die Freskomalereien von 1621. *Altes Rathaus

Übernachten / Essen
1. Rindenmühle
2. Hotel Bosse

Benediktinerkloster
Im Nordwesten der Altstadt liegt das 1806 aufgehobene Benediktinerkloster, 1084 gegründet. Die dem heiligen Georg geweihte **barocke Klosterkirche** wurde von 1688 bis 1730 nach Vorlagen des berühmten Vorarlberger Baumeisters Michael Thumb errichtet.

»Franziskaner«
Im Westen der Altstadt ist die ehemalige Klosteranlage der 1268 in die Stadt gerufenen Franziskaner zu finden. Die heißt heute kurz und knapp »Franziskaner« und fungiert als **Kulturzentrum der Stadt**.

*Franziskanermuseum
In dieser ansprechend aufgestellten Sammlung können Funde vom größten keltischen Grabhügels Europas, dem Magdalenenberg, besichtig werden (s.u.). Weiter zeigt das Museum die wichtigste in sich geschlossene volkskundliche Sammlung Südwestdeutschlands, Stadtgeschichte inklusive (u.a. Glasmacher- und Uhrmacherhandwerk) und eine Ausstellung zur Villinger Fasnet.
❶ Rietgasse 2, Di. – Sa. 13.00 – 17.00, So., Fei. 11.00 – 17.00 Uhr, Eintritt: 3 €

Südlich von Villingen erreicht man den Magdalenenberg mit einem **Magdalenen-**
hallstattzeitlichen Fürstengrabhügel (7. Jh. v. Chr.). Die Grabungs- **berg**
funde sind im Villinger Franziskanermuseum (s.o.) zu sehen (▶Baedeker Wissen S. 38).

SEHENSWERTES IN SCHWENNINGEN

Mittelpunkt von Schwenningen ist der Muslenplatz. Beachtenswert **Muslenplatz**
sind hier das ev. Pfarrhaus, der Turm der im Kern aus dem 15. Jh.
stammenden Stadtkirche und das ehemalige Lehrerhaus mit dem
Heimat- und Uhrenmuseum (derzeit geschlossen).

Hinter dem Vogtshaus (1791) erstreckt sich der hübsch angelegte, **Mauthe-Park**
nach dem Schwenninger Uhrenfabrikanten Mauthe benannte Erholungspark. Weiter westlich trifft man auf das nach dem Dreißigjährigen Krieg entstandene bäuerliche Anwesen »Ob dem Brückle«, in
dem heute die **Kunstscheune** untergebracht ist.

In den Gebäuden der 1855 von **Johannes Bürk** gegründeten Würt- ***Uhren-**
tembergischen Uhrenfabrik kann man Industriegeschichte erleben. **industrie-**
Die Uhrenfabrik des Johannes Bürk ist die älteste ihrer Art in ganz **museum**
Württemberg. Neben der technischen Entwicklung in der Uhrenfertigung werden die wirtschaftlichen sowie sozialen Verhältnisse des
Fabrikzeitalters dargelegt. Es wird
außerdem vorgeführt, wie seinerzeit
mechanische Wecker als Massenware produziert worden sind.
❶ Bürkstr. 39; Di. – So. 10.00 – 12.00 u.
14.00 – 18.00 Uhr, Eintritt: 3 €

> **BAEDEKER TIPP**
>
> ### Aus-Flug
>
> Wer möchte, kann mit einem Piloten der Sportfliegergruppe (SFG) Schwenningen zu einem Panorama-Rundflug über den Schwarzwald starten. Als Flugzeug steht beispielsweise ein »Piper J3C«-Oldtimer zur Verfügung. Informationen: Flugplatz Schwenningen, Tel. 07720 58 23, www.flugplatz-schwenningen.de

Am Flugplatz am östlichen Stadtrand von Schwenningen zeigt die
Familie M. Pflumm rund 40 Flugzeug-Oldtimer, darunter eine MiG
15 und eine Fiat G 91. Hauptattraktion des ***Internationalen Luftfahrtmuseums** ist eine russische
»Antonow An-2«, die als größter noch fliegender Doppeldecker der
Welt mit 18,18 m Spannweite und 4 m Höhe Geschichte schrieb.
❶ Di. – So. 9.00 – 17.00 Uhr, März – Okt. bis 19.00 Uhr

Am südlichen Stadtrand erstreckt sich das Schwenninger Moos als ***Schwennin-**
ca. 120 ha großes Naturschutzgebiet am Fuße der Keuper-Lias- **ger Moos**
Schichtstufe. Hier bestand nach der letzten Eiszeit eine kleine Seenplatte, die nach und nach verlandete. Ab dem 18. Jh. trugen Torfste-

cher das inzwischen herangewachsene Hochmoor großenteils ab. Ein Rest des reizvollen Feuchtbiotops konnte erhalten werden. Hier findet man auch die **Hauptquelle des Neckars**, die 1581 auf Geheiß des württembergischen Herzogs Ludwig gefasst wurde.

Waldkirch

✵ D/E 10/11

Landkreis: Emmendingen
Höhe: 243 – 1243 m ü. NHN
Einwohnerzahl: 21 000

Die Edelsteinschleiferei und der Bau von Jahrmarktsorgeln und Karussells haben der Metropole zu Weltruhm verholfen. Elztal und Simonswälder Tal zieren das Umland

Orgelbauer und Touristen

Waldkirch geht auf ein 918 gegründetes Benediktiner-Nonnenkloster zurück. Mit Erwerb der Stadtrechte im Jahr 1300 sicherten die tonangebenden Herren von Schwarzenberg ihre Position im Elztal, durch das ein großer Teil des Handels zwischen dem Schwarzwald und dem Elsass verlief. Bald darauf ließen sich hier die ersten Edelsteinschleifer nieder. Die Stadt ist noch heute wirtschaftlicher und kultureller Mittelpunkt des Elztales. Seit mehr als 200 Jahren werden hier Orgeln für Jahrmärkte und Vergnügungsparks gebaut.

SEHENSWERTES IN WALDKIRCH

Den **Marktplatz** mit dem Marienbrunnen säumen hübsche Bürgerhäuser. Nach wie vor höchstes Gebäude von Waldkirch ist die Stadtpfarrkirche ***St. Margaretha**. Die ehemalige Stiftskirche ist ein gelungener Barockbau des Vorarlbergers Peter Thumb. Sie entstand zwischen 1732 und 1734.

Altstadt

Das Museum ist im ehemaligen Propsteigebäude untergebracht. Der Mitte des 18. Jh.s errichtete Bau fungierte nach der Auflösung des Chorherrenstiftes 1806 zeitweilig als Hotel. Auf drei Stockwerken werden vielerlei Exponate zur Regionalgeschichte gezeigt. Eine Besonderheit ist die **Sammlung mechanischer Musikinstrumente**. Im 19. Jh. erlangte Waldkirch durch den Orgelbau Weltruhm.
❶ Kirchplatz 14, Ostern – Okt. Di. – Sa. 15.00 – 17.00, So. 11.00 – 17.00, Winter Mi., Fr., Sa. 15.00 – 17.00, So. 11.00 – 17.00 Uhr, Eintritt: 4 €

*Elztalmuseum

Am südlichen Stadtrand sieht man vorwiegend in Europa heimische Tierarten (Rot- und Damwild, Rehe, Dachse, Waschbären, Steinböcke u.a.). In den Volieren fühlen sich vielerlei Vögel wohl. Die Familie der Eulen ist mit 20 Arten vertreten. Jenseits des Zoos verläuft der **Baumkronenweg** mit Sinnespfad und Riesenröhrenrutsche
Zoo: April – Sept. tgl. 9.00 – 18.00, Okt. – März bis 17.00 Uhr, Eintritt: 4 €
Baumkronenweg: April – Okt. tgl. 12.30 – 18.00, Hauptsaison 10.30 bis 19.00 Uhr, Eintritt: 5,50 €, Rutsche 2 €, www.baumkronenweg-waldkirch.de

Schwarzwaldzoo

Nördlich oberhalb der Stadt thront die Ruine Kastelburg. Sie wurde im 13. Jh. von den Herren von Schwarzenberg erbaut, zerstört wurde sie 1634. Man glaubte, die Festung gegen die Schweden nicht halten zu können und steckte sie in Brand. Dennoch gilt die Anlage als Musterbeispiel spätmittelalterlichen Burgenbaus.

Ruine Kastelburg

Waldkirchs 1243 m hoher Hausberg beherrscht das Gebiet zwischen Elztal, Simonswälder Tal und Glottertal. Unter den Hauptgipfeln des südlichen Schwarzwalds (Belchen, Blauen, Feldberg, Herzogenhorn, Schauinsland) ist er einer der imposantesten, da er so unvermittelt aus der Ebene aufragt. Die **Fernsicht** vom mattenbedeckten Gipfel reicht oft bis zu den Alpen. In der Vergangenheit galt der Kandel als **Hexenberg**. Angeblich trafen sich dort die Hexen mit dem Teufel zum Tanz. Die markante Teufelskanzel galt als Zentrum des gottlosen Treibens. Heute schätzen außer Wanderern auch Mountainbiker,

*Kandel

Waldkirch erleben

AUSKUNFT

Tourismus Information Waldkirch
Kirchplatz 2, 79183 Waldkirch
Tel. 07681 1 94 33
www.zweitaelerland.de

ZweiTälerLand Tourismus
Im Bahnhof Bleibach
79261 Gutach im Breisgau
Tel. 07685 1 94 33
www.zweitaelerland.de

EVENTS

Internationales Orgelfest
Alle drei Jahre Juni in Waldkirch (2014, 2017), www.stadt-waldkirch.de

Elzacher Fasnet
Ab Fastnachtssonntag bis -dienstag. Die älteste und berühmteste Figur ist der Elzacher »Schuddig«, dessen Gewand aus feuerroten, fingerlangen Tuchstreifen besteht. Seinen Kopf ziert ein mit Schneckenhäuschen geschmückter Strohhut.

ÜBERNACHTEN · ESSEN

Hotel Suggenbad €€
Talstr. 1, OT Suggental
Tel. 07681 80 91
www.suggenbad.de, 32 Z.
Nettes Landhotel mit 32 Gästezimmern, Sauna, Solarium und gemütlichem Restaurant, in dem badische Gerichte serviert werden.

Landgasthaus Grüner Baum €
Neuenweg 1, 79263 Simonswald
Tel. 07683 2 64
www.gruenerbaum-simonswald.de
Ruhetag Restaurant: Mo., Okt. bis Ostern Mo., Di.
Der Grüne Baum ist einer der ältesten Gasthöfe im Tal. In dem typischen Schwarzwaldhof, der auf einer Anhöhe liegt, wohnen die Gäste in ruhigen Zimmern. Zur Winterszeit bullert im Restaurant der Kacheloffen, im Sommer genießt man die saisonale Küche auf der Terrasse.

Drachen- und Gleitschirmflieger die markante Erhebung. Man erreicht seinen Gipfel von einem Parkplatz an der Straße Waldkirch – St. Peter in wenigen Minuten. Man kann auch von Waldkirch aus den Aufstieg beginnen (Wanderdauer ca. 2,5 Std., Höhenunterschied ca. 1000 m). Im Gipfelbereich gibt es zwei Rundwanderwege (1,6 km bzw. 9 km).

* ELZTAL

Verlauf Von Waldkirch zieht sich das Elztal etwa 23 km in nordöstlicher Richtung. In **Prechtal** ändert sich die Richtung des Tales. Nunmehr nach Süden führend, steigt es als enges Waldtal bis zum Rohrhardsberg an, wo die Quelle der Elz liegt. Beherrscht wird das Tal durch den **Kandel** (s.o.), den kleinen **Hörnleberg** (905 m ü. NHN) sowie den mächtigen **Rohrhardsberg** (1159 m ü. NHN), um den die Elz herumfließt. In dem Tal gibt es noch einige alte Schwarzwaldhöfe.

Nordöstlicher Nachbarort von Waldkirch ist Gutach im Breisgau (4400 Einw., 260 – 907 m ü. NHN) mit seinen drei Ortsteilen Gutach, Bleibach und Siegelau. In dem an der Einmündung des Simonswälder Tales gelegenen Bleibach wartet ein Kuriosum: Neben der im 16. Jh. erbauten und mehrfach veränderten **Pfarrkirche St. Georg** steht ein altes ***Beinhaus** mit einem Totentanzfries aus dem Jahr 1723. Im Zentrum steht eine Gruppe musizierender Skelette, um die herum in 33 Szenen der Tod mit den unterschiedlichsten Personen tanzt – ausnahmslos jeder Mensch ist sterblich, unabhängig von Stand, Besitz und Lebenswandel. Die eindrucksvollen Szenen geben auch einen anschaulichen Eindruck von der Kleidermode der damaligen Zeit.

Gutach im Breisgau

Zu den schönsten Häusern von Elzach (6900 Einw., 362 m ü. NHN) gehören die Apotheke von 1532 und das Gasthaus zum Löwen von 1635. Im Alten Rathaus ist eine heimatkundliche Sammlung untergebracht. Die katholische Pfarrkirche St. Nikolaus besitzt einen schönen Chor von 1522; das Langhaus entstand im 17. Jahrhundert. Die neugotische **Wallfahrtskapelle Maria zu den Neun Linden** bewahrt ein Muttergottesbild, das um 1510 entstand.

Elzach

* SIMONSWÄLDER TAL

Das Simonswälder Tal, das von der Wildgutach durchflossen wird, ist ein besonders typisches Schwarzwaldtal (Foto S. 88). 5 km oberhalb von Waldkirch, bei Bleichbach, zweigt es südostwärts vom Elztal ab und zieht sich zwischen Kandel im Süden und der Brend im Norden aufwärts. Der oberste Teil nennt sich **Wildgutachtal**. Der Name des Tals leitet sich vermutlich von einem frühen Siedler ab.

Verlauf

Simonswald (2800 Einw., 300 – 1200 m ü. NHN) entstand erst 1974 durch den Zusammenschluss mehrerer Gemeinden. Die Häuser und Bauernhöfe der einzelnen Ortsteile verteilen sich über das gesamte Tal. Die katholische Pfarrkirche St. Sebastian im Ortsteil **Altsimonswald** (umgebaut Mitte des 18. Jh.s) birgt im Seitenaltar drei spätgotische Skulpturen, von denen die hl. Katharina besonders schön ist.

Simonswald

Ein beliebtes Wanderziel im Simonswälder Tal sind die Zweribachwasserfälle westlich von Obersimonswald. Bei Trockenheit rinnt das Wasser zwar nur spärlich den Berg hinab, doch wirkt die Umgebung stets wildromantisch.

***Zweribachwasserfälle**

Durch das obere tief eingeschnittene Tal der Wildgutach gelangt man auf schmalem Sträßchen zur Hexenlochmühle. Diese 1825 erbaute **Sägemühle** mit zwei oberschlächtigen Wasserrädern gilt vielen Be-

***Hexenlochmühle**

Ein nie endendes Wasserrauschen umgibt die Hexenlochmühle.

suchern als Inbegriff der Schwarzwaldmühle. Sie ist seit 1839 im Besitz des Uhrenproduzenten Trenkle. Mit Restaurant und Laden (Uhren, Andenken, Schwarzwälder Spezialitäten).

❶ Furtwangen-Neukirch, Mühle: tgl. 9.30 – 18.00, Restaurant: wie Mühle sowie Sa., So. warme Küche bis 21.00 Uhr, www.hexenlochmuehle.de

✶ Waldshut-Tiengen

F 14

Landkreis: Waldshut
Höhe: 341 – 538 m ü. NHN
Einwohnerzahl: 23 000

Mit eindrucksvollen Resten der Stadtbefestigung, kunstvoll bemalten Häusern und einer rundherum schmucken Altstadt bezaubert Waldshut seine Gäste.

Waldshuter Chilbi

Die **um 1250 von den Habsburgern gegründete Siedlung** übernahm Schutz- und Kontrollfunktionen für ein weites Umland und war häufig Angriffen ausgesetzt. Doch verstand man es, sowohl die freiheitsliebenden Hotzenwälder Bauern in Schach zu halten als auch sich der schweizerischen Eidgenossen zu erwehren. 1468 stand es Spitz auf Knopf für Waldshut: Eine Übermacht von 16 000 Eidgenossen belagerte die von wenigen hundert Verteidigern gehaltene Stadt mehrere Wochen lang. In höchster Not griffen, so die Legende, die Waldshuter zu einer List: Sie zeigten den Schweizern von der Stadtmauer herab einen gemästeten Hammel. Was die Schweizer nicht wussten: Es war das letzte überhaupt noch vorhandene Schlachttier. Im Glauben, die Belagerten besäßen reichlich Nahrung und seien unmöglich auszuhungern, zogen die Angreifer ab. Nach dieser glücklichen Wendung gelobten die Waldshuter, jährlich am dritten Augustsonntag einen Festgottesdienst zu feiern: die Waldshuter Chilbi war geboren. Im Festzug wird heute ein Hammel mitgeführt, der verlost wird, zudem wird in den Festzelten und auf dem Rummelplatz gefeiert.

SEHENSWERTES IN WALDSHUT

Malerisch bietet sich Waldshuts Altstadt dar. Sie hat einen regelmäßigen Grundriss und wird von zwei **mittelalterlichen Stadttoren** geschützt. Außerdem sind noch Reste der einstigen Stadtbefestigung erhalten. Die Straßen sind gesäumt von schmucken, teils wundervolle Fassadenmalereien aufweisenden Bürgerhäusern des 16., 17. und 18. Jh.s mit vorgekragten Giebeldächern, Schopfwalmdächern und Dachgauben. Das schweizerische Vorbild ist unverkennbar. *Altstadt

Hauptachse ist die Kaiserstraße. Hier stehen repräsentative alte Bauten, so das nach dem Stadtbrand von 1726 erbaute **Rathaus**, dessen Architektur wohl vom berühmten Baumeister Bagnato beeinflusst ist. Ein paar Schritte weiter beeindrucken das **Gasthaus »Zum Wilden Mann«** (16./17. Jh.; Zunftstube, Kassettendecke) und die **Alte** Kaiserstraße

Waldshut-Tiengen erleben

AUSKUNFT
Tourist-Information
Wallstr. 26, 79761 Waldshut-Tiengen
Tel. 07751 833200
www.waldshut-tiengen.de

ÜBERNACHTEN · ESSEN
Waldshuter Hof ✪✪
Kaiserstr. 56, Waldshut
Tel. 07751 2008
www.waldshuter-hof.de, 23 Z.
Hübscher Gasthof in der malerischen Altstadt mit gemütlichen Zimmern und einem guten Restaurant.

Landgasthof Hirschen ✪✪
Einungsstr. 38, 79774 Albbruck-Birndorf
Tel. 07753 52 83
www.hirschen-birndorf.de, 27 Z.
Der Hirschen liegt ruhig im Hinterland und bietet zeitgemäße, moderne Zimmer mit viel Holz, besonders schön sind die Komfortzimmer im schlicht-eleganten Stil sowie der große Garten. Hausgemachte Bratwurst, eigenes Bauernbrot, Wild, Spätzle und Edelbrände aus der eigenen Brennerei sowie Zutaten aus ökologischer Landwirtschaft zeichnen das Gasthaus aus.

Metzig (1688), in der heute das Heimatmuseum untergebracht ist. Zu den alten Bauten kontrastiert die moderne Brunnenanlage mit dem »Waldshuter Männle« (1992) aus Bronze.

Stadttore Das mittelalterliche **Obere Tor** ist ein Architekturzeugnis der Spätgotik. Dahinter überspannt eine Steinbrücke einen kleinen Bachtobel. Sie wird flankiert von zwei Figuren, die der Barockkünstler Fidelis Sporer geschaffen hat. Der runde **Hexenturm** ist ein noch sichtbarer Rest der nördlichen mittelalterlichen Stadtbefestigung.

SEHENSWERTES IN TIENGEN UND UMGEBUNG

*Altstadt Das alte Städtchen Tiengen liegt in einem waldumrahmten Talkessel der Wutach zwischen den Mündungen der Schlücht und der Steina. Der restaurierte **Storchenturm** war ein wichtiger Eckpunkt der mittelalterlichen Stadtbefestigung. Beiderseits der den kleinen Stadtkern in ost-westlicher Richtung querenden Hauptstraße reihen sich schmucke traufständige Bürgerhäuser mit kunstvollen Fassadenbemalungen aneinander. Sehr schön renoviert ist auch das **Rathaus**.

Schloss Erhöht über der Altstadt thront das zwischen 1571 und 1619 erbaute Schloss der Fürsten von Schwarzenberg. Es beherbergt das interessante **Klettgau-Museum**. Die **Schlosskirche St. Maria** mit stattlichem Turm ist 1751 nach den Vorstellungen des berühmten Vorarlberger Barockbaumeisters Peter Thumb errichtet worden.
❶ Museum: April – Okt. Do. 16.00 – 18.00, So. 10.00 – 12.00 Uhr

Küssaburg Etwa 8 km südöstlich von Tiengen erreicht man – entweder zu Fuß über einen lang gestreckten Bergrücken zwischen Klettgau-Graben und Hochrheintal oder via Bundesstraße 34 – die auf dem waldigen, 629 m hohen Küssaberg (Naturschutzgebiet) thronende **mächtige Ruine** der 1634 zerstörten Küssaburg, von deren Bergfried sich ein **überwältigender Ausblick** bietet.

Wehr

✴ D 14

Landkreis: Waldshut
Höhe: 280 – 908 m ü. NHN
Einwohnerzahl: 13 000

Seine Lage im Wehratal zwischen Dinkelberg und Hotzenwald macht Wehr zu einem guten Ausgangspunkt für Entdeckungen im Naturpark Südschwarzwald.

1805 kam das vorderösterreichische Wehr an das Großherzogtum Baden. 1848, im Jahr der Badischen Revolution, wurde deren Anführer Gustav von Struve in Wehr gefangen genommen, in der Nähe des Städtchens die Herwegh-Freischärler geschlagen.

Wehr entwickelte sich zu einem Brennpunkt der Industrie am Hochrhein. Während des Zweiten Weltkriegs (1943) verlagerte die deutsche Niederlassung des schweizerischen Chemiekonzerns **Ciba-Geigy** (inzwischen Novartis) ihre Produktion von Berlin nach Wehr und behielt auch nach dem Zweiten Weltkrieg hier einen Produktionsstandort bei.

Weberei und Chemie

SEHENSWERTES IN WEHR UND UMGEBUNG

Der Stadtkern mit seinen historischen Bauten ist aufwendig saniert worden. Dazu kamen einige moderne Bauten sowie diverse moderne Plastiken. Das hübsch renovierte schönauische **Alte Schloss** mit seinem markanten Treppenturm wurde um 1574 erbaut. Es bietet heute Räumlichkeiten für Kulturveranstaltungen. Gleich nebenan errichtete man 1748 das **Neue Schloss**, einen gefälligen Barockbau, dessen repräsentativen Saal Luigi Bossi mit kunstvollem Stuck ausgestattet hat. Das Neue Schloss dient heute als Rathaus. Das im 16. Jh. erbaute ***Storchehus**, ein wahres architektonisches Schmuckstück, wurde 1990 renoviert. Vor dem spätgotischen Staffelgiebelbau, auf dem früher Störche nisteten, weitet sich der Storchenplatz mit der

Stadtkern

Wehr erleben

AUSKUNFT
Tourismusinformation
Hauptstr. 14, 79644 Wehr
Tel. 07762 808-601
www.wehr.de

ÜBERNACHTEN · ESSEN
Landgasthof Erdmannshöhle ✪✪
Hauptstr. 14, 79686 Hasel
Tel. 07762 5218-0
www.erdmannshoehle.de, 21 Z.
Kreativ-modern eingerichtete Zimmer zeichnen das 2,5 km von Wehr entfernte Hotel aus. Im Sommer zelebriert das Restaurant auch regelmäßig Barbecue-Abende.

Hotel Klosterhof ✪
Frankenmatt 8, Tel. 07762 52 09-0
www.klosterhofwehr.de, 40 Z.
Das Restaurant ist bekannt für seine Fischküche (inkl. Hummer und Austern). Breites Angebot an badischen Weinen.

Landgasthof Sonne ✪
Enkendorfstr. 38, Tel. 07762 84 84
www.hotel-sonne-wehr.de
Ruhetag Restaurant: Mo.
Helle Zimmer charakterisieren das Traditionsgasthaus. Das Restaurant, wo einst die Oma kochte, hat sich die Gemütlichkeit einer Bauernwirtschaft bewahrt und bietet gute internationale Küche.

eindrucksvollen Plastik **»Viola 90«** von Jürgen Goertz, der mit seinem Werk die Musikalität von Anne-Sophie Mutter feiert, die in Rheinfelden geboren wurde. Weithin sichtbar ist der von einer Zwiebelhaube mit kleinem Aufsatz gekrönte Turm der **Martinskirche**. Das Gotteshaus wurde nach 1777 errichtet und weist Bauformen des Barock, des Empire und des Klassizismus auf. Ein Kleinod ist die von Claudius Winterhalter gebaute Chororgel.

Im Osten der Stadt, auf dem Gelände der Brennet AG, befindet sich das **Textilmuseum**, in dem die gesamte Entwicklung der südbadischen Textilindustrie vorbildlich dargestellt wird.
❶ Hammer 1, Mai – Okt. So. 14.00 – 17.00 Uhr, Eintritt: 4 €

Östlich über der Stadt sind Reste der mittelalterlichen **Burg Werrach** erhalten, die 1252 von den Habsburgern erobert worden ist. Nordöstlich über der Stadt ist die Ruine der vermutlich im 12. Jh. errichteten **Burg Bärenfels** (auch »Steinegg« genannt) ein beliebtes Wanderziel. Vom hohen Bergfried bietet sich ein schöner Ausblick.

Von Wehr führt ein lehrreicher Naturpfad (ca. 1/2 Std.) im **Haseltal** nordwestlich aufwärts zur Erdmannshöhle mit ihren bizarren Tropfsteinbildungen. Um dieses Karstphänomen im Muschelkalk des Dinkelberges, das bereits seit dem 14. Jh. bekannt ist, ranken sich allerlei Sagen und Legenden, die auch in den literarischen Werken Johann Peter Hebels und Viktor von Scheffels verwoben sind. Die Tropfsteinhöhle, die von einem Höhlenbach durchflossen wird, ist auf einer Länge von 560 m begehbar. Stalaktiten und Stalagmiten mit phantasievollen Bezeichnungen säumen den Weg.
❶ Mitte Mai – Aug. tgl. 10.00 – 17.00 Uhr, sonst nur Sa., So., Fei., Nov. – Mitte März geschl., Eintritt: 4,50 €

Wolfach

✦ F 10

Landkreis: Ortenaukreis
Höhe: 260 – 850 m ü. NHN
Einwohnerzahl: 5800

Im mittleren Kinzigtal liegt das alte Flößer- und Bergbaustädtchen Wolfach, das sich dank seiner landschaftlich reizvollen Umgebung inzwischen auch zu einem beliebten Touristenziel entwickelt hat.

Bereits im Mittelalter wurde der Eingang zum erzreichen Wolftal von einer Burg bewacht. Im 11. Jh. fanden die Herren von Wolfach erstmals Erwähnung. Im 13. Jh. wurde der Ort fürstenbergisch und erhielt im frühen 14. Jh. das Stadtrecht. Die **Wolfacher Schifferschaft** beherrschte die Flößerei auf der Kinzig. Im Laufe ihres Bestehens wurde die Stadt mehrfach von verheerenden Bränden, Hochwassern und starken Eisgängen heimgesucht. Der letzte große Stadtbrand wütete 1892.

SEHENSWERTES IN WOLFACH

Schloss
Das 1681 anstelle eines Vorgängerbaus des 13. – 15. Jh.s errichtete Schloss der Fürstenberger ist eine der wenigen noch vollständig erhaltenen Residenzen aus jener Zeit im Schwarzwald. Die ältesten Bauteile der Schlosskapelle stammen noch aus dem 13. Jahrhundert. Im Schloss ist das reichhaltige Wolfacher *Flößer- und Heimatmuseum untergebracht. Hier sind Mineralien, u.a. aus der Grube Clara, und Zeugnisse des Bergbaus aus der näheren Umgebung sowie vor- und frühgeschichtliche Funde zu sehen. Dokumente, Geräte, Werkzeuge und Produkte alter Handwerke sowie eine volkskundliche Ausstellung (u.a. Trachten, Brauchtum, Kunstgewerbe) mit Schwerpunkt Flößerei geben ein Bild vom Leben anno dazumal. Arbeiten Wolfacher Künstler runden das Angebot ab.
❶ Hauptstr. 40, Di., Do., Sa., So. 14.00 – 17.00 Uhr, Eintritt: 2 €

Rathaus
Das Rathaus besticht mit seiner Sandsteinfassade und den Wandmalereien des Künstlers Eduard Trautwein. Das Rathaus musste nach dem letzten großen Stadtbrand 1892 neu aufgebaut werden.

Laurentiuskirche
Die spätgotische Laurentiuskirche mit ihrem schönen Netzgewölbe wurde 1515 in der Vorstadt am rechten Kinzigufer errichtet. Im Chor sind Fragmente mittelalterlicher Fresken freigelegt. Vor dem Gotteshaus beeindrucken schön geschmiedete Grabkreuze.

Wolfach erleben

AUSKUNFT
Tourist-Information
Hauptstr. 41, 77709 Wolfach
Tel. 07834 83 53 53
www.wolfach.de

EVENTS
Lange Tafel
An einem Abend im August verwandelt sich Wolfachs Hauptstraße in den größten Freiluft-Speisesaal des Schwarzwalds. Dann bieten Gastronomen kulinarische Köstlichkeiten; den Schlusspunkt setzt ein Feuerwerk.

An der Langen Tafel

Flößerfest
Am östlichen Stadtausgang werden alljährlich im Sommer Langholzfloße zusammengebunden. Im Rahmen des Flößerfestes geht es dann feucht-fröhlich auf der Kinzig flussabwärts.

ÜBERNACHTEN · ESSEN
Naturparkhotel Adler €€€
St. Roman 14, OT St. Roman
Tel. 07836 9 37 80
www.naturparkhotel-adler.de, 57 Z.
Idyllisch gelegenes, ruhiges Haus mit komfortablen, modernen Zimmern. Das familiär geführte Hotel hat mittlerweile einen Anbau erhalten: Im »Adlerhorst« sind die Zimmer elektrosmogfrei. Sehr umfangreicher Wellness-und SPA-Bereich und ein empfehlenswertes Restaurant.

Gasthof Hecht €€
Hauptstr. 51
Tel. 07834 83510
www.hecht-wolfach.de
Ruhetag Restaurant: Mo.
Im verkehrsberuhigen Stadtkern von Wolfach liegt dieses schmucke Fachwerkhaus. Die Zimmer sind zeitgemäß eingerichtet. Richtig gemütlich wird es im bildschönen Restaurant dank Kachelhofen, Holzvertäfelung und guter Schwarzwälder Küche.

Dorotheenhütte Die Wolfacher Dorotheenhütte am westlichen Stadtausgang ist eine der letzten Glashütten im Schwarzwald. Hier kann man zusehen, wie formschöne Gläser mundgeblasen werden und Bleikristall geschliffen wird. Angeschlossen sind ein Glasmuseum, eine Glaskunstausstellung. Gläserland, Shopwelt, Weihnachtsdorf mit Christbaumschmuck aus Glas, Restaurant und Café sorgen für einen regen Besucherandrang.
❶ tgl. 9.00 – 17.00 Uhr, Eintritt: 5 €

Im Ortsteil Kirnbach liegen die Mineralienhalden der Fluss- und Schwerspatgrube Clara. Täglich bringen die Lkws neues Material, wo Mineralienfreunde auf der Jagd nach Azurit, Malachit oder Baryt ihr Glück versuchen können. Berühmt ist die Grube insbesondere für **Micromounts**, das sind winzigste Kristalle, die vor allem unter Experten eine große Fangemeinde haben.

Grube Clara

❶ Kirnbacher Str. 3, April – Sept. Mo. – Sa. 9.00 – 17.00 Uhr, Juli, Aug. auch So.; Tageskarte: 12 €, www.mineralienhalde.de

UMGEBUNG VON WOLFACH

Etwa 2 km nördlich der Kernstadt liegt der Luftkurort Oberwolfach im landschaftlich reizvollen Tal der Wolf. Seit 1994 tagen im »Mathematischen Forschungsinstituts Oberwolfach« regelmäßig die führenden Köpfe der Mathematik. Einen Besuch lohnt das *MiMa wie sich das »Museum für Mineralien und Mathematik« abgekürzt nennt. Es ist im historischen Hofbauernhaus untergebracht ist. Man sieht nicht nur seltene Mineralien wie Rankachit und Clarait, sondern auch sog. Micromounts, kleinste Mineralstufen, die nur mit der Lupe erkennbar sind. Im Obergeschoss befindet sich die preisgekrönte mathematische Schau. Dort erschließen Anmationen und Experimentierstationen die Welt der modernen Mathematik. Der Begriff »virtuelle Welten« erhält hier eine faszinierende Bedeutung. Auch das Mathematische Forschungsinstitut hat diverse Exponate beigesteuert. Ein kunsthistorisches Kleinod ist die *Rokokokirche im Ortsteil Kirche, die im Jahr 1762 dem hl. Bartholomäus geweiht worden ist. Als Meisterwerke gelten der Hochaltar und die Kanzel sowie die Kreuzi-gungsgruppe und die Pietà.

Oberwolfach

MiMa: Schulstr. 5; Mai – Okt. tgl. 11.00 – 17.00, Mitte Dez. – April bis 16.00 Uhr, Nov. geschl., Eintritt: 5 €

Die bei Oberwolfach gelegene Grube Wenzel, in der man bis 1823 größere Mengen Silber gefördert hat, ist heute als Besucherbergwerk zugänglich, allerdings nur mit Führung.

Grube Wenzel

❶ April – Okt. Di. – So. 11.00, 13.00, 15.00 Uhr, Eintritt: 5 €

Bad Rippoldsau liegt im landschaftlich reizvollen, aber hochwassergefährdeten oberen Wolftal. In Bad Rippoldsau kurten neben adligen Häuptern auch der Komponist Johannes Brahms sowie die Schriftsteller Victor Hugo und Rainer Maria Rilke im Mineral- und Moorbad zu Füßen des Kniebis. Nach Schließung der Therme und Therapiezentrum ist es ruhig geworden. Ein Wahrzeichen des Ortes ist das *Klösterle (ehem. Priorat) mit der massiven doppeltürmigen Wallfahrtskirche Mater Dolorosa. In ihrem Innern gefällt eine spätgotische Pietà.

Bad Rippoldsau

*Glaswaldsee

Unterhalb von Burgbach mündet das Seebach-Kerbtal von Nordwesten kommend in das Wolfachtal ein. Oberhalb der Siedlung Glaswald, wo bis ins 17. Jh. Glas geblasen worden ist, liegt der sehr idyllische, fast kreisrunde Glaswaldsee (839 m ü. NHN). Hierbei handelt es sich um einen ca. 200 m breiten und etwa 14 m tiefen **Karsee**, der nach der letzten Eiszeit entstanden ist. An heißen Sommertagen kann man hier oben ein erfrischendes Bad nehmen.

*Alternativer Wolf- und Bärenpark

Seit 2010 tobt der Bär im Wolfstal: In einem nach ökologischen Gesichtspunkten realisierten Tierpark werden mehrere Bären gehalten, darunter »Jurka«, die Mutter des 2006 in Oberbayern erlegten »Problembären Bruno«. Die Tiere können in einem weitläufigen Gehege beobachtet werden.
❶ April – Okt. tgl. 10.00 – 18.00, Nov. – März 10.00 – 16.00 Uhr, Eintritt: 4 €

Schapbach

Schapbach liegt an der Einmündung des düster-romantischen Wildschapbachtales. In der Umgebung wird seit langem **Erzbergbau** (u. a. Silber, Blei, Schwerspat) betrieben. In der Ortsmitte von Schapbach beginnt der ***Hansjakobweg I.** Dieser zirka 50 km lange Rundwanderweg erschließt wenig bekannte, aber wunderschöne Schwarzwaldtäler mit uralten Hofstellen.

Gutach

Gutach (2400 Einw., 250 – 900 m ü. NHN) erstreckt sich im unteren Gutachtal. Im Chor der barocken Pfarrkirche sieht man spätgotische Malereien. Die Trachten des Gutachtales sind die bekanntesten aller Schwarzwaldtrachten. Von hier kommt auch der weltberühmte **Bollenhut** (▶ Baedeker Wissen, S. 50).

FREILICHTMUSEUM VOGTSBAUERNHOF

Anfahrt

Eine der meistbesuchten Attraktionen im Schwarzwald befindet sich auf der Gemarkung der Gemeinde Gutach: das Schwarzwälder Freilichtmuseum »Vogtsbauernhof«. Es ist leicht zu erreichen über die B 33, die von Offenburg kommend durch das Kinzig- und das Gutachtal hinauf nach Triberg und Villingen-Schwenningen führt.
❶ 77793 Gutach (Schwarzwaldbahn), Ende März – Anf. Nov. tgl. 9.00 bis 18.00, Aug. bis 19.00 Uhr, Eintritt: 8 €, www.vogtsbauernhof.org

Arche der Schwarzwaldhöfe

Sechs prachtvolle, typische Höfe aus allen Teilen des Schwarzwalds samt 15 Nebenbauten (Mühle, Säge, Speicher, Backhäuschen, Kapelle und Leibgeding) und einem kleinen Tagelöhnerhaus wurden hierher gebracht und wieder aufgebaut bzw. rekonstruiert. Sie zeigen, wie in den vergangenen 400 Jahren im Schwarzwald gelebt, gearbeitet und gefeiert wurde. Die Häuser sind überwiegend mit originalem Hausrat und Wirtschaftsgeräten aus der jeweiligen Zeit ausgestattet.

Freilichtmuseum Vogtsbauernhof

1. Hippenseppenhof, 1599
2. Hofkapelle, 1736
3. Hochschwarzwälder Speicher, 1590
4. Tagelöhnerhaus, 1819
5. Schauinslandhaus, 1730
6. Falkenhof, 1737
7. Hotzenwaldhaus, 1756
8. Vogtsbauernhof, 1612
9. Gutacher Speicher, 1606/1626
10. Hermann-Schilli-Haus Depot
11. Back- und Brennhaus, 1870
12. Klopf- und Plotzsäge, 1673
13. Hausmahlmühle, 1609
14. Kinzigtäler Speicher, 1601/1746
15. Lorenzenhof, 1608
16. Kinzigtäler Backhütte
17. Hochgangsäge, 1826
18. Hanfreibe
19. Leibgedinghaus, 1652
20. Hammerschmiede, Ölmühle

Neben den spannenden Einblicken in Stuben und Küchen wartet außerhalb der Häuser die ganze Bandbreite des ehemaligen bäuerlichen Lebens: In den Ställen leben heute alte Haustierrassen, es gackert und schnattert auf den Wegen, täglich läuft die Mühle, und es werden alte Handwerke oder Tätigkeiten wie Brotbacken anschaulich dargestellt. In den Ferien lockt ein umfangreiches Kinderprogramm. Sonntags um 11.00 Uhr führt ein Experte zu unterschiedlichen Themen durch die Anlage. Auch Biergarten und Restaurant sowie ein Kiosk befinden sich auf dem Gelände.

Alle Häuser besitzen die typischen Walmdächern, unterscheiden sich sonst aber je nach Region deutlich. Der Hippenseppenhof, erbaut 1599 in der Nähe von Furtwangen, gilt als **Beispiel für ein Heidenhaus**, die häufigste im Schwarzwald vorkommende Hauskonstruktion (vor allem im Bereich des mittleren hohen Schwarzwalds).

Hippenseppenhof

Um dem relativ rauen Klima im Hotzenwald gerecht zu werden, besitzt das Hotzenwaldhaus, ein Nachbau eines in Großherrischwand stehenden Hofes aus dem 18. Jh., **ein nach allen Seiten tief herabgezogenes Strohdach** sowie im Innern einen Umgang, den sog. Schild, um Wohnbereich und Stall.

Hotzenwaldhaus

Das Schauinslandhaus (Nachbau eines um 1680 entstandenen Hauses aus Hofsgrund) unterscheidet sich von allen anderen Schwarzwaldhäusern dadurch, dass sich der Eingang an der Schmalseite befindet.

Schauinslandhaus

Vogtsbauernhof

**Zuhause für 13 Generationen

Im Zentrum des Freilichtmuseums steht der namengebende Vogtsbauernhof, erbaut 1612. Hier lebte die erweiterte Großfamilie: Großeltern, Kinder und Enkel und das Gesinde. Je nach Hofgröße waren das 15 bis 20 Personen. Insgesamt konnten während der 400-jährigen Nutzungsdauer 13 Generationen im Vogtsbauernhof nachgwiesen werden.

❶ Ende März – Anf. Nov. tgl. 9.00 bis 18.00, Aug. bis 19.00 Uhr, Eintritt: 8 €, www.vogtsbauernhof.org

❶ Erdgeschoss
Ein quer zum First verlaufender Hausgang trennt Stall und Wohnbereich.

❷ Wirtschaftsteil
Auf der einen Seite des Hauses liegt der Wirtschaftsteil, bestehend aus Stall, Futtergang und Keller.

❸ Wohnteil
Auf der anderen Hausseite befindet sich der Wohnteil.

❹ Stube
Im Wohnbereich liegen Küche und Stube nebeneinander. Die Stube war der einzige beheizbare, rauchfreie Arbeits- und Aufenthaltsraum.

❺ Küche
Die Häuser besaßen bis ins 18. Jh. keine Kamine: Von den Feuerstellen in den Küchen zog der Rauch nach oben bis in den Dachraum und vertrieb so Ungeziefer, imprägnierte die Hölzer, glich die aufsteigende Feuchtigkeit der Ställe aus und diente zum Räuchern von Schinken und Würsten.

❻ Tenne
Die Dreschtenne ist brückenartig über den darunterliegenden Heustock gebaut. Hier wurden früher die Getreidegarben und nach dem Dreschen die Strohschauben aufgeschichtet.

❼ Dach
Das Dach ist sehr steil, mit einer Neigung von 45°. Größtenteils ist das Dach mit Reet gedeckt, denn das ursprünglich verwendete Roggenstroh ist nicht mehr in der nötigen Qualität erhältlich. Typisch für viele Schwarzwaldhäuser ist wie hier ein Halbwalmdach, das weit hinab- und über den Hauskörper herausreicht. Der mächtige liegende Dachstuhl stützt sich voll und ganz auf die Außenwände und nicht, wie bei anderen Häusern üblich, auf die durchgehenden Ständer.

❽ Baumaterial
Zentrales Baumaterial der Schwarzwälder Häuser ist Holz. Das Gerüst wird von Ständern gebildet, die durch die Geschosse gehen und das Dach tragen. Die Ständer sind durch waagerechte Riegel in Geschosshöhe unterteilt. Die Gefache sind je nach Nutzung des Raumes mit Bohlen, Vierkanthölzern oder Brettern ausgefüllt.

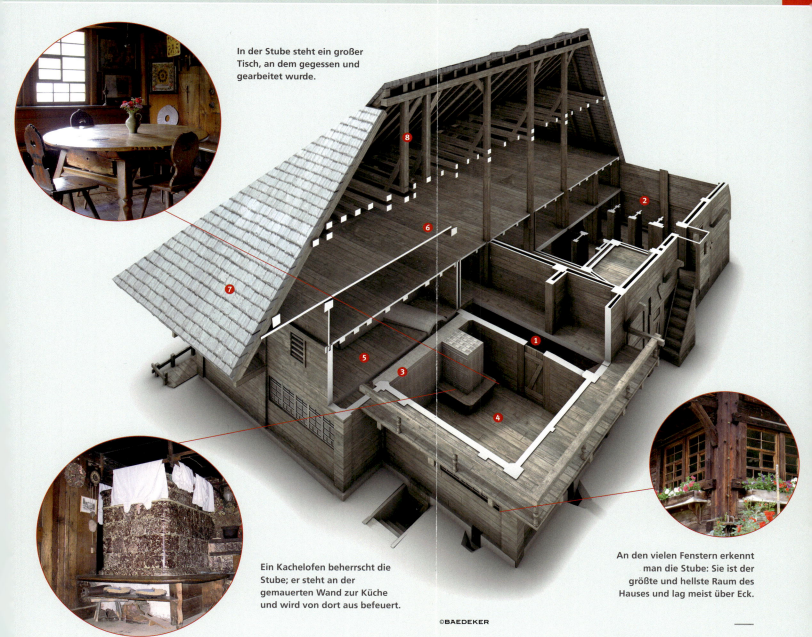

In der Stube steht ein großer Tisch, an dem gegessen und gearbeitet wurde.

Ein Kachelofen beherrscht die Stube; er steht an der gemauerten Wand zur Küche und wird von dort aus befeuert.

An den vielen Fenstern erkennt man die Stube: Sie ist der größte und hellste Raum des Hauses und lag meist über Eck.

©BAEDEKER

ZIELE • Wutachschlucht

Vogtsbauernhof
Der Vogtsbauernhof (▸Baedeker Wissen vorige Seite) wurde 1612 errichtet. Man weiß von 13 Generationen und 109 namentlich bekannten Menschen, die hier lebten, bis 1964 das Freilichtmuseum gegründet wurde. Der Hof zeigt eine besonders prächtige Schauseite mit mehreren Holzgalerien und dürfte das am häufigsten fotografierte Haus ein. Auf der Rückseite erschließt eine Hocheinfahrt den Dachraum.

Lorenzenhof
Der um 1540 erbaute Lorenzenhof (Oberwolfach) steht für das Kinzigtäler Haus. Da in den Tälern des mittleren Schwarzwalds auch der Obst- und Weinbau von jeher eine Rolle spielte, sind bei diesem Haustyp Kellerräume vorhanden.

Falkenhof
Jüngstes Mitglied im Freilichtmuseum ist der Falkenhof, 1737 in Buchenbach-Wagensteig erbaut und ein Beispiel für das Dreisamtäler-Haus.

✱✱ Wutachschlucht

F – H 12/13

Landkreise: Breisgau-Hochschwarzwald, Schwarzwald-Baar
Höhe: 314 – 720 m ü. NHN

Das vom Hochschwarzwald zunächst in östlicher Richtung verlaufende und bei Blumberg scharf nach Südwesten umbiegende und streckenweise als Schlucht ausgebildete Tal der Wutach ist eine der interessantesten Flusslandschaften Deutschlands.

Naturraum
Nach dem Einbruch des Oberrheingrabens und nach der Eiszeit hat sich der Hochrhein-Zufluss Wutach von Süden her in die Landschaft eingegraben. Auf ihrem Weg von den Schwarzwaldhöhen bis zu ihrer Mündung in den Hochrhein bei Waldshut-Tiengen durchmisst die Wutach streckenweise in spektakulären Schluchten praktisch alle Stockwerke des Südwestdeutschen Schichtstufenlandes (▸Baedeker Wissen S. 21), vom kristallinen Grundgebirge mit Granit und Gneis über die Trias (Buntsandstein, Muschelkalk, Keuper) bis zum Jura (Lias, Dogger, Malm).

Flora und Fauna
In den schwer zugänglichen schluchtartigen Talabschnitten hat sich eine artenreiche Flora und Fauna halten können. Man unterscheidet hier **rund 2800 Pflanzenarten** – von der allgegenwärtigen Pestwurz und dem wegen seiner Früchte geschätzten Weißdorn bis zum Salbei und zum Enzian. Bekannt ist die Wutachschlucht auch als Standort

Wutachschluch erleben

AUSKUNFT
Ferienregion Wutachschlucht
Kirchplatz 1
79853 Lenzkirch
Tel. 07653 68413
www.wutachschlucht.de

VERKEHR
SBG-WanderBus Wutachschlucht
Anfang Mai bis Mitte/Ende Oktober Sa., So., Fei. mehrmals täglich zwischen Löffingen und Bonndorf bzw. zwischen Schattenmühle und Wutachmühle.
Tel. 07651 93 65 88-0
www.suedbadenbus.de

AKTIV
Geführte Wanderungen
vom Wanderzentrum Wutachschlucht bzw. vom Gasthof Schattenmühle aus zu den spektakulärsten Stellen der Wutachschlucht und ihrer Seitentäler.
www.wutachschlucht.de
Tel. 07654 17 05

Unterwegs mit dem Ranger
Vierstündige Exkursion zu seltenen Tieren, Pflanzen und den Naturschönheiten der Wutachschlucht.
Juli, Aug., Sept., Di. 10.00 Uhr ab Wanderparkplatz in Bonndorf-Boll

Kontakt:
Martin Schwenninger
Tel. 07703 91 94 12

weitere Führungen:
Stefan Wolf
Tel. 07703 93 80-0
www.wutachschlucht-aktiv.de

ÜBERNACHTEN · ESSEN
Gasthaus Schattenmühle ⊜
Schattenmühle 1
79843 Löffingen
Tel. 07654 17 05
www.schattenmuehle.de, 18 Z.
Einfache Wanderherberge mit einer netten Gaststube, wo vorwiegend deftige regionale Gerichte auf den Tisch kommen.

Gasthof zur Burg ⊜
Hauptstr. 31
79879 Wutach-Ewattingen
Tel. 07709 279
www.gasthof-burg.de, 20 Z.
Diese nette Unterkunft mit hellen, großzügigen Zimmer liegt in der Nähe Wutachschlucht. Wer nicht wandern mag, leiht sich hier ein E-Bike aus. Das Restaurant bietet saisonal wechselnde, gutbürgerliche Gerichte.

---

seltener Orchideen. Kenner finden hier nicht nur verschiedene Knabenkräuter, sondern auch den Gelben Eisenhut und den Türkenbund. In kühn angelegten Horsten nisten Mäusebussard, Wespenbussard, Roter Milan, Habicht, Sperber, Turmfalke und der seltene **Wanderfalke**. Und auch der noch seltenere **Eisvogel** kann mit Geduld gesichtet werden.
Vielgestaltig wie sonst kaum in Deutschland ist die Welt der **Reptilien**. Man trifft auf Blindschleichen, Ringel- und Schlingnattern, Kreuzottern, Feuersalamander, diverse Molche, Frösche und Kröten, darunter auch die kleine Geburtshelferkröte.

ENTLANG DER WUTACH

Naturschutz Die beiden interessantesten Talabschnitte sind die 1928 vom Badischen Landtag unter Naturschutz gestellte Obere und Mittlere Wutachschlucht (zwischen der Einmündung der Rötenbachschlucht und der Einmündung der Gauchachschlucht nordöstlich von Bonndorf).

Etappe des Schluchtensteigs Lohnend ist eine Wanderung von Gutachbrücke bei Kappel bis zur Wutachmühle (ca. 24 km; 6 – 8 Std., je nach Interessenlage; festes Schuhwerk und Trittsicherheit erforderlich). Diese Strecke ist Teil des Schluchtensteiges.

Feldberg bis Rötenbachschlucht Mündungsfernster Quellfluss der Wutach ist der Seebach, der aus dem Urgestein der Seehalde des Feldberges hervorbricht und den Titisee (▶Titisee-Neustadt) durchfließt. Vor Neustadt biegt das Gewässer – jetzt mit dem Namen **Gutach** – nach Südosten ab in ein tiefes Kerbtal, das sich bei Kappel-Gutachbrücke recht imposant zeigt. Weiter südöstlich – bereits im Buntsandstein – vereinigt sich die Gutach mit der von Falkau bzw. Lenzkirch kommenden Haslach und dem wenig später aus einer Talschlucht von Norden heranrauschenden Rötenbach zur jetzt schon wasserreichen Wutach.

Obere Wutachschlucht Unterhalb der Einmündung der Rötenbachschlucht und südwestlich unterhalb der kleinen Ortschaft Göschweiler hat sich die Wutach eine eindrucksvolle Schlucht in den Buntsandstein und den Granit des Grundgebirges gegraben. Eine großartige Szenerie bietet sich beim **Räuberschlössle, wo markante und sehr widerständige Quarzporphyrfelsen von den Kräften der Erosion herauspräpariert sind. Der Wanderweg führt nun weiter an der Glöcklerhalde entlang zur **Schattenmühle** (Gasthaus, ▶Wutachschlucht erleben).

*Lotenbachklamm Nicht versäumen sollte man einen Abstecher (ca. 1 Std.) von der Schattenmühle in die südwärts in das Ostschwarzwälder Granitmassiv hineingesägte Lotenbachklamm.

Querung bei Bad Boll Von der Schattenmühle geht es, der Wutach auf der linken Talseite folgend, vorbei an der Sägemühle und durch einen für diese Landschaft typischen Ahorn-Eschen-Schluchtwald zur vom Rappenfelsen beherrschten Dietfurt. Bei Bad Boll handelt es sich um einen bis auf eine Infotafel und eine verfallende Kapelle verschwundenen Kurort. Schon der Philosoph Friedrich Nietzsche war hier zu Gast, doch nichts zeugt mehr vom Kurbetrieb anno dazumal – durchaus ein Ort zum Innehalten. Eine Bürgerinitiative bemüht sich um die Restaurierung der Kapelle. Als Wanderer indes wechselt man auf einer Holzbrücke auf die andere Talseite.

Unterhalb von Bad Boll erreicht man den in den Hauptmuschelkalk gesägten Canyon der Mittleren Wutachschlucht. Nach der Einmündung des Tannegger Baches erreicht man den »Ludwig-Neumann-Weg« und damit den Höhepunkt der Tour. Auf waghalsig angelegtem und mit Eisen bzw. Drahtseilen gesichertem Pfad – hoch über der durch den Muschelkalk tosenden Wutach – durchmisst man eine grandiose Szenerie, deren Schönheit noch durch eine weitestgehend unberührte und äußerst vielgestaltige Flora unterstrichen wird.

**Mittlere Wutachschlucht

Unterhalb der Schurhankerhütte versickert ein Teil des Wutachwassers im stark verkarsteten Kalkgestein, um knapp 2 km weiter östlich und unterhalb dem schwindelerregend konstruierten **Rümmelesteg** wieder an die Oberfläche zu sprudeln (Wutachaustritt). Man erreicht wieder die Talsohle und gelangt gemütlich zur Einmündung der Gauchachschlucht (s. unten) und zur **Wutachmühle** (Einkehrmöglichkeit, Parkplatz).

Ziel Wutachmühle

Südlich der an der B 31 gelegenen Ortschaft **Döggingen** stürzt das Flüsschen Gauchach durch eine wilde, in den Hauptmuschelkalk regelrecht eingesägte Schlucht zur Wutach hinunter. Unterwegs kann man bei der Burgmühle eine Rast einlegen und vor den Ruinen der durch Hochwasser zerstörten Lochmühle erschauern. Bei Hochwasser – dies kann auch nach einem sommerlichen Gewitterguss sein – ist es nicht ratsam, durch die enge Schlucht zu wandern!

*Gauchachschlucht

Die einige tausend Jahre früher durch rückschreitende Erosion entstandene Untere Wutachschlucht (Wutachflühen) ist unter dem Stichwort ▶Blumberg beschrieben.

Wutachflühen

Zell am Harmersbach

E 9

Landkreis: Ortenaukreis
Höhe: 220 – 930 m ü. NHN
Einwohnerzahl: 8000

»Hahn und Henne« haben das idyllische Schwarzwaldstädtchen berühmt gemacht: Hier wird das Geschirr mit dem beliebten Motiv produziert.

Beiderseits des Harmersbachs stehen noch einige stattliche Bauernhöfe mit charakteristischen Walmdächern. Das vermutlich als Außenposten des Benediktinerklosters in Gengenbach gegründete Zell (Cella) wurde 1139 erstmals urkundlich erwähnt. Ab der Mitte des 13. Jh.s bis 1803 war Zell am Harmersbach Freie Reichsstadt.

Vom Kloster zur Freien Reichsstadt

SEHENSWERTES IN ZELL UND UMGEBUNG

Stadtbild Ansehnliche Fachwerkhäuser des 18. und 19. Jh.s, die sich entlang der Hauptstraße mit hübschen Jugendstilbauten abwechseln, prägen das Bild des denkmalgeschützten Stadtkerns. Ein Rest der Stadtbefestigung ist der 1462 errichtete Storchenturm. Er beherbergt das **Heimatmuseum**.

Zell am Harmersbach erleben

AUSKUNFT
Tourist-Information
Alte Kanzlei
77736 Zell am Harmersbach
Tel. 07835 63 69 47
www.zell.de

EINKAUFEN
Zeller Keramik Manufaktur
Das Unternehmen produziert seit mehr als 200 Jahren schönes Geschirr für Tisch und Küche. Seit 1898 wird hier das beliebte Geschirr mit dem »Hahn-und-Henne«-Motiv gefertigt. Fabrikverkauf: Hauptstr. 2, tgl. 9.00 – 17.30 Uhr
www.zeller-keramik.de

So zeigen sich Hahn und Henne.

ÜBERNACHTEN · ESSEN
Hotel-Restaurant Sonne €€
Hauptstr. 5
Tel. 07835 63 73-0
www.sonne-zell.de, 19 Z.
Gemütliches Haus mit schöner Gartenterrasse und guter Schwarzwälder sowie mediterraner Küche.

Hotel Klosterbräustuben €€
Blumenstr. 19
77736 Zell-Unterharmersbach
Tel. 07835 784-0
www.klosterbraeustuben.de, 60 Z.
Modern ausgestattete und kinderfreundliche Unterkunft mit Hallenbad und Sauna. Im Restaurant wird internationale Küche geboten.

Vesperstube Harkhof €
Hark 1, 77784 Oberharmersbach
Tel. 07837 835, www.harkhof.de, 4 Z.
Ruhetag: Mo.
Der Harkhof liegt für sich allein auf einer Waldlichtung, Wurst, Schinken und Speck stammen aus eigener Erzeugung und dem eigenen Rauch. Gäste genießen dazu ein erstklassiges Bauernbrot, Most und selbst gebrannten Schnaps. Auch Einheimische schätzen die sonnige Terrasse und die urgemütlich Gaststube. 2013 sind die Gästezimmer geschmackvoll modernisiert worden – und oft ausgebucht.

Gegenüber steht die **Alte Kanzlei**, die 1760 erbaut worden ist, heute Sitz der Touristeninformation. In der **Villa Haiss** sind Wechselausstellungen zeitgenössischer Kunst zu bewundern. Die Dauerausstellung zeigt Kunst ab 1945, darunter Werke von Beuys, Baselitz und Richter. Im Park des Privatmuseums stehen fünf graffitiverzierte Teile der Berliner Mauer.
Heimatmuseum: April – Okt. Di. – So. 14.00 – 17.00 Uhr, Eintritt: 2 €
Villa Haiss: Am Park 1; Mi., Fr., Sa. 12.00 – 17.00, Do. 16.00 – 20.00, So. 13.00 – 18.00 Uhr, Eintritt: 5 €, www.artbischoff.com

> **BAEDEKER TIPP !**
>
> *Auf den Brandenkopf*
>
> Ein Fahrsträßchen führt von Unterharmersbach hinauf auf den 934 m hohen, mit einem Windrad markierten Brandenkopf, dank seiner herrlichen Aussicht einer der meistbesuchten Berge im mittleren Schwarzwald. Zu seiner Beliebtheit trägt auch der Gasthof mit Biergarten und Unterkunftsmöglichkeiten bei.
> Di. – So. 10.00 – 20.00 Uhr
> Tel. 07831 61 49
> www.brandenkopf.net

An der Straße nach Unterharmersbach steht die **Wallfahrtskirche**. Um 1480 erbaut, wurde sie im 18. Jh. erneuert. Die Bezeichnung »zu den Ketten« erklärt sich aus zwei wundersamen Ereignissen, der Befreiung eines Gefangenen von seinen Ketten und dem Versuch, eine in der Kirche hängende Kette zu einem Steigbügel umzuschmelzen.

Noch bis 1970 war der Fürstenberger Hof aus der Mitte des 17. Jh.s bewirtschaftet. Heute ist er als **heimatgeschichtliches Museum** zugänglich. Nach einem Brand im Jahre 1991 wurde der Hof originalgetreu wiederaufgebaut. ***Fürstenberger Hof**
❶ April – Okt. Do. u. So. 15.00 – 17.00 Uhr, Eintritt: 2 €

6 km nördlich von Zell liegt Nordrach (300 – 875 m ü. NHN; 2000 Einw.) am gleichnamigen forellenreichen Bach. Die Häuser des Ortes liegen weit über das Tal verstreut. Nicht nur Kinder begeistert das **Puppenmuseum** mit 1000 nach verschiedenen Themenbereichen geordneten Puppen. Auf dem Gelände der Maile-Gießler-Mühle wurde 2009 ein **Kräutergarten** angelegt. Außerhalb des Ortes befindet sich ein **jüdischer Friedhof**. Ein beliebtes Ausflugsziel ist die bewaldete Anhöhe namens **Mühlstein**. Hier steht das 1774 erbaute Gasthaus »Vogt auf dem Mühlstein«. 2014 ist die Wiedereröffnung geplant. Die kleine Hofkapelle St. Wendelin ist einen Blick wert. **Nordrach**
Puppenmuseum: Im Dorf 76, Juli – Mitte Sept. tgl. 14.00 – 17.00, sonst nur Sa., So., Fei., Eintritt: 3,50 €

PRAKTISCHE INFORMATIONEN

Wie kommt man am besten in den Schwarzwald? Welches ist die beste Reisezeit? Wer hilft bei Fragen weiter? Alle praktischen Informationen können Sie auf den folgenden Seiten nachlesen.

Anreise · Reiseplanung

Mit dem Auto Wichtigste Nord-Süd-Verbindung ist die **A5** (Frankfurt/Main – Karlsruhe – Basel), die in der Oberrheinebene am Westrand des Schwarzwaldes verläuft. Am Nordrand führt die **A8** (Karlsruhe – Stuttgart – München) vorbei, im Osten ist es die **A81** von Stuttgart über Villingen-Schwenningen in Richtung Bodensee bzw. Schweiz. Sowohl an den Rändern des Schwarzwaldes als auch quer durch das Waldgebirge und entlang einiger Flüsse führen mehrere Bundesstraßen.

> **Hinweis**
> Gebührenpflichtige Servicenummern sind mit einem Stern gekennzeichnet: *0180…

Städte im Schwarzwald mit **Umweltzonen** sind Freiburg, Karlsruhe, Pforzheim und Schramberg. Dort dürfen nur Fahrzeuge der Schadstoffklasse 4 fahren (grüne Plakette).

Mit der Bahn Der Schwarzwald ist gut in das Fernverkehrsnetz der Deutschen Bahn AG eingebunden. **ICE-, EC-, IC- und InterRegio-Züge** verkehren auf den Hauptstrecken in dichter Folge: Diagonal durch das Waldgebirge führt die **Schwarzwaldbahn** von Offenburg über Hausach und Triberg hinauf nach Villingen-Schwenningen und Donaueschingen. Von der Schweiz her erreicht man den Schwarzwald über Basel, aus Österreich über Zürich/Basel oder München/Karlsruhe. Regionalverkehr ▶Verkehr.

Mit dem Flugzeug Die am nächsten gelegenen internationalen Flughäfen sind Stuttgart, Strasbourg und der Europairport Basel/Mulhouse/Freiburg. Regionale Bedeutung hat der Flugplatz von Karlsruhe/Baden-Baden (Baden-Airpark).

BAHN
Deutsche Bahn AG
DB ReiseService: *Tel. 0180 5 99 66 33
Automatische Fahrplanauskunft:
Tel. 0800 1 50 70 90
www.bahn.de

FLUGHAFEN
Karlsruhe/Baden-Baden (Baden Airpark)
Tel. 07229 66 20 00
www.badenairpark.de

Stuttgart
Tel. 0711 94 80
www.flughafen-stuttgart.de

EuroAirport Basel/ Mulhouse/ Freiburg
Tel. 00 41 61 325 31 11
www.euroairport.com
Direktbuslinie Flughafen – Freiburg:
Fahrtzeit ca. 1 Std.
Ticket: 25 €, Hin- und Zurück 40 €
www.freiburger-reisedienst.de

Auskunft

TOURISMUSVERBAND
Schwarzwald Tourismus GmbH
Hauptgeschäftsstelle Freiburg
Habsburger Str. 132
Postfach 1660
79016 Freiburg im Breisgau
Tel. 0761 89 64 60
www.schwarzwald-tourismus.info

Geschäftsstelle Pforzheim
Am Waisenhausplatz 26
75172 Pforzheim
Tel. 07231 14 73 80

Geschäftsstelle VS-Villingen
Schwenninger Str. 3
78048 VS-Villingen
Tel. 07721 84 64 64

Info- und Prospekt-Hotline
Tel. 0761 8 96 46 93

INTERNET
www.frsw.de
Rund um Kultur und Tourismus in den Regionen Hochschwarzwald, Breisgau, Markgräflerland und Hotzenwald

www.naturparkschwarzwald.de
www.naturpark-sued schwarzwald.de
Informationen zum jeweiligen Naturraum inklusive Karten und Tipps zum Wandern und Radeln, Touren mit Guides und Adressen von regionalen Erzeugern

www.schwarzwaldverein.de
Tourportal für Wanderer

www.tmbw.de
Auf der Seite des Tourismusverband Baden-Württemberg finden sich viele Tipps zur Anreise, Touren, Kultur und Genuss.

Literatur und Film

Bildbände

DuMont Bildatlas Schwarzwald Norden. Fotos von Ralf Freyer, Texte von Dina Stahn. DuMont Reiseverlag, Ostfildern 2010.

DuMont Bildatlas Schwarzwald Süden. Fotos von Martin Kirchner, Texte von Cornelia Tomaschko. DuMont Reiseverlag, Ostfildern 2013.

Der Feldberg – subalpine Insel. Jan Thorbecke Verlag, Ostfildern, 2012. Umfassender Führer rund um die Natur des Feldberggebiets, von ausgewiesenen Experten und ansprechend bebildert.

Belletristik

Wilhelm Hauff: Das kalte Herz. Reclam-Verlag, Ditzingen. Berühmtes Kunstmärchen mit Schwarzwald-Bezug.
Stefan Ummenhoffer und Alexander Rieckhoff: Eiszeit. Piper 2002. Bereits in acht Fällen ermittelt Hubertus Hummel nun, Eiszeit war der erste Mord. Das Villinger Autorenduo streift in den Krimis Themen wie Kuckucksuhr, Fasnet und Mord in einer Kurklinik.

Heinrich Hansjakob: Im Schwarzwald. Kaufmann-Verlag, Lahr 2004. Schöne Erzählungen des berühmten Schwarzwald-Poeten.
Gudrun Mangold: Im Schwarzwald. Silberburg-Verlag, Tübingen 2004. Die Buchautorin, Journalistin und Filmemacherin lädt zu einer kulturell-kulinarischen Reise durch das Waldgebirge ein.

Sachbücher
Gregor Markl und Söhnke Lorenz (Hrsg.): Silber, Kupfer, Kobalt. Markstein-Verlag 2004. Ein lesenswertes Kompendium über den Bergbau im Schwarzwald von zwei Tübinger Professoren.
Helmut Kahlert: 300 Jahre Schwarzwälder Uhrenindustrie. Verlag Katz 2007. Umfassender Einblick in das lokale Uhrmacherhandwerk vom langjährigen Berater am Deutschen Uhrenmuseum Furtwangen.
Silvia Huth: Wie der Schwarzwald erfunden wurde. Silberburg-Verlag 2012/2013. Das Buch zur SWR-Dokureihe »Schwarzwaldgeschichten« gibt einen informativen Einblick in die Kulturgeschichte des Schwarzwalds von den Anfängen bis heute.

Kochbücher
Roy Kieferle: Schwarzwald Vitalküche. Hirzel-Verlag, Stuttgart 2002. Leichtes und Köstliches vom Meister der Schwarzwälder Naturkostküche.

Hörbuch und Video
Lukas Amann: Wilhelm Faller. Ein Leben im Schwarzwald. Audio-CDs, Braun-Verlag, Karlsruhe 2002.
Die Schwarzwaldklinik. Zum 25-jährigen Jubiläum ist 2010 eine Komplettbox mit 24 DVDs erschienen. Die Geschichte beginnt mit der Rückkehr von Professor Brinkmann in seine Heimat, das Glottertal, wo er die Schwarzwaldklinik übernimmt.

Kinofilm
Ende der Schonzeit. Der Film von Franziska Schlotterer spielt im Jahr 1942 auf einem abgelegenen Schwarzwaldhof. Drehort des 2012 entstandenen Films war der Windberghof bei St. Blasien.

Notrufe

Polizei
Tel. 110

Erste Hilfe, Rettungsdienst, Feuerwehr
Tel. 112

ADAC-Pannenhilfe
*Tel. 018 02 22 22 22
(vom Mobiltelefon ohne Vorwahl)

ACE-Notruf und Pannendienst
Tel. 0711 5 30 34 35 36

Preise · Vergünstigungen

Viele Kur- und Erholungsorte im Schwarzwald erheben eine Kurtaxe, mit der u. a. die Pflege von Kurparks, Wanderwegen usw. finanziert wird. Die Kurtaxe wird beim jeweiligen Beherbergungsbetrieb bezahlt.

Kurtaxe

Mit der Anmeldung bei Gastgebern in zahlreichen diesem Programm angeschlossenen Urlaubsorten erhält man die Schwarzwald-Gästekarte oder eine Kurkarte. Mit diesen erhält man ermäßigten Eintritt bei vielen Attraktionen.

Kurkarte, Gästekarte

Bis zu fünf Personen mit beliebig vielen Kindern können einen ganzen Tag lang (jeweils ab 9.00 Uhr bis 3.00 Uhr früh des nächsten Tages ab 22 €) mit Nahverkehrszügenzügen der Deutschen Bahn AG, mit den Verkehrsmitteln der Verkehrsverbünde sowie vielen Linienbussen durch den Schwarzwald bzw. durch ganz Baden-Württemberg reisen (www.bahn.de).

Baden-Württemberg-Ticket

Eine feine Sache, vor allem auch für Streckenwanderer, ist die KONUS-Karte: Mit der Anmeldung in der Unterkunft erhält man in 138 Orten eine Gästekarte ausgehändigt, die das KONUS-Symbol trägt. Dies berechtigt zur Gratisnutzung von Bussen und Bahnen im Nahverkehr fast im gesamten Schwarzwald. Ausgenommen sind IC- und ICE sowie Bergbahnen (www.konus-schwarzwald.info).

Konus-Karte

Mit der SchwarzwaldCard erhält man freien Eintritt bzw. freie Fahrt bei rund 130 Attraktionen. Sie kann an drei frei wählbaren Tagen innerhalb einer Saison genutzt werden.
Die SchwarzwaldCard gibt es für Familien (107 €), Erwachsene (35 €), Kinder (25 €), rund doppelt so teuer wird es, wenn man den Europapark Rust für einen Tag mitbucht. Der Basispreis ist so hoch, das man durchrechnen sollte, ob sich die Karte wirklich lohnt (www.s+chwarzwaldcard.info).

SchwarzwaldCard

Diese Karte, die Urlauber bei vielen Gastgebern im Großraum Titisee/Hochschwarzwald gratis erhalten, ermöglicht die kostenlose Nutzung von über 60 Freizeitangeboten in der Region.

HochschwarzwaldCard

Wer mindestens eine Übernachtung im Schwarzwald bucht, der kann mit dem RIT-Schwarzwald-Ticket bei der Anreise möglicherweise Geld sparen. Bei Entfernungen bis zu 400 km kostet es 74 €, ab 401 km 120 € und ab 601 km 147 €, Bahncard ermäßigt zusätzlich. Dieses Ticket bucht man online über die Schwarzwald Tourismus GmbH (▶Auskunft).

RIT-Schwarzwald-Ticket

Klima im Schwarzwald

Sonnengipfel und Wetterküchen

Das Klima im Schwarzwald hat seine Eigenheiten. Daran kommt den Vogesen ein wichtiger Anteil zu unerheblichen Anteil, wirken sie doch wie ein Regenfänger. Im Herbst scheint auf den Höhen oft die Sonne, während die Täler im Nebel versinken. Sorgen bereitet der Klimawandel, der vermehrt Stürme durch die Region toben lässt.

Der Schwarzwald liegt in der ozeanisch geprägten Klimazone Mitteleuropas, d. h. er hat einen **ausgeglichenen Temperaturgang** und erhält **hohe Niederschläge**. Denn das Gebirge hebt sich aus den umgebenden Randgebieten durch niedrigere Temperaturen und erhöhte Niederschläge heraus. Vor den Bergen im Westen stauen sich die Luftmassen und kühlen sich beim Aufstieg ab. Es kommt zu Niederschlägen, die im Winter ihr Maximum erreichen.

Vogesen als Regenfänger

Obwohl der Südschwarzwald höher liegt (Feldberg 1900 mm/Jahr), fällt hier weniger Schnee, sind ihm doch die Hochvogesen als Regenfänger vorgeschaltet. Der Nordschwarzwald hingegen ist den Regen bzw. Schnee bringenden Westwinden ungeschützt ausgeliefert: **An der Hornisgrinde fallen 2200 mm/Jahr**. Wenig Feuchtigkeit erhalten dadurch das durch die Vogesen abgeschirmte Oberrheintal (**Kaiserstuhl 550 mm/Jahr**) und die Baar im Schutz des Schwarzwaldes.

Im Bereich des Kinzigtals, das sich tief in das Gebirge einschneidet, können feucht-milde ozeanische Luftmassen eindringen. Starkregenfälle im Frühjahr führen im Verbund mit der Schneeschmelze in den Hochlagen gelegentlich zu Hochwasserfluten.

Auf bei den **Temperaturen** kommt es zu interessanten Auffälligkeiten: Kontraste gibt es zwischen dem **Oberrheintal**, das mit einem Jahresmittel über 9 °C (Januarmittel über 0 °C, Julimittel 19 °C) die **wärmste Gegend Deutschlands** ist, und den Höhenlagen des Schwarzwalds, deren oft von November bis April verweilende Schneedecke die Einstrahlung förmlich »schluckt«. Dadurch wird der Temperaturanstieg im Frühling und damit auch die Erwärmung des Bodens verlangsamt. Außerdem wird die Vegetationsperiode im Herbst durch früh einsetzende Nachtfröste eingeengt.

Der Jahrestemperaturgang im Bergland ist relativ ausgeglichen und weist keine Extremwerte auf. Die jährlichen Schwankungen betragen nur 16,5 °C. Kühlen Sommern (bei 1000 m Höhe Julimittel 14 °C) stehen relativ milde Winter (bei 1000 m Höhe Januarmittel –2 °C) gegenüber.

Im Gegensatz dazu steht der binnenländisch beeinflusste Klimabezirk der Baar, die zu den **Kältezonen Baden-Württembergs** gehört. Bei hohen Sommertemperaturen hat diese Beckenlandschaft, in der sich die abfließende Kaltluft sammelt, die kältesten Januarmittel mit Werten bis –4 °C. Die Anzahl der frostfreien Zeit beträgt hier durchschnittlich nur 118 Tage, wohingegen die Hochlagen im Mittel 150 frostfreie Tage aufweisen.

Im Herbst und Winter tritt häufig eine **Inversionswetterlage** auf: Bei Hochdruckwetter versinken die Täler im eiskalten Nebel, während auf den wolkenfreien Höhen bei milderen Temperaturen die Sonne scheint und **beste Fernsicht** herrscht. Im Winterhalbjahr ist der Feldberg mit durchschnittlich 91 Stunden sonnenreicher als die Rheinebene (85 Std.), während sich hier im Sommer auf dem Gipfel ein Defizit von 60 Stunden ergibt. Es wird in diesem Zusammenhang häufig von Föhnwetterlagen gesprochen, wobei die Orte über der Sperrschicht liegen, die die Dunst- und Nebelfelder des Tales abgrenzt. Der eigentliche Alpenföhn reicht nur in seltenen Fällen so weit nach Norden.

Der Klimawandel

Die **Zahl der Schneetage in Lagen unter 1000 m ü. NN ist rückläufig**. In Freudenstadt zählt man heute nur noch 66 Schneetag pro Saison. Vor wenigen Jahrzehnten waren es noch doppelt soviele. Weitere Folgen des Klimawandels sind das **Ansteigen der Schneegrenze** sowie das **gehäufte Auftreten schwerer Stürme**, die verheerende Waldschäden verursachen. Noch gut in Erinnerung ist der Orkan »Lothar«, der am 26. Dezember 1999 mit Windgeschwindigkeiten von mehr als 200 km/h über den Schwarzwald hinweggefegt ist. Auch die Tier- und Pflanzenwelt reagiert: **am Kaiserstuhl leben mittlerweile mediterrane Arten** wie der Bienenfresser, und das Taubenschwänzchen, ein Wanderfalter, flattert nun auch im Hochschwarzwald.

Nach den Aufräumarbeiten: Orkan Lothar hat weite Teile vor allem des Nordschwarzwaldes gravierend verändert.

Auch mit Dampflok möglich: eine Fahrt mit der Sauschwänzlebahn

Reisezeit

Jederzeit eine Reise wert

Eine Reise wert ist der Schwarzwald zu jeder Jahreszeit. Im beginnenden **Frühling** faszinieren die westliche Vorbergzone sowie Kaiserstuhl und Tuniberg mit ihrer Obstblüte. Im **Sommer** wird es in den höheren Lagen des Schwarzwalds nur in Ausnahmefällen drückend heiß. Der **Herbst** ist die beste Jahreszeit für Wanderungen und Rad- bzw. Mountainbike-Touren. Mit milden Temperaturen kann man bis weit in den Oktober hinein rechnen. Besonders einladend präsentieren sich im September/Oktober die Weinorte der Ortenau, des Breisgaus, des Kaiserstuhls und des Markgräflerlandes. Im **Winter** ist das Wetter auf den Schwarzwaldhöhe oftmals viel besser als in den Tälern und in der dann neblig-kühlen Oberrheinebene. Oben herrschen nicht selten ideale Wintersport-Bedingungen vor.

Verkehr

Bahn

Das Bahnliniennetz im Schwarzwald ist verglichen mit anderen Berggebieten vergleichsweise engmaschig. Alle größeren Städte im Schwarzwald sind per Bahn erreichbar. Regional- bzw. S-Bahn-Züge der Deutsche Bahn AG sowie mehrerer regionaler Verkehrsgesellschaften und Verkehrsverbünde verkehren in allen dichter besiedelten Tälern des Schwarzwalds. Die Höllental- und die Drei-Seen-Bahn fährt von Freiburg zum Titisee und zum Schluchsee hinauf. Die Schwarzwaldbahn fährt diagonal durch den Schwarzwald und zwar von Offenburg durch das Kinzig- und Gutachtal bis Villingen-Schwenningen. Eine Übersicht über die Verkehrsverbünde bietet die Schwarzwald Tourismus GmbH (▶Auskunft). Eine Fahrt in der Region lässt sich online unter www.efa-bw.de abrufen.

Im Südschwarzwald und im mittleren Schwarzwald unterhält die **Südbadenbus GmbH** ein ziemlich engmaschiges Busliniennetz, an das alle größeren Siedlungen und Touristenorte angeschlossen sind. Im nördlichen Schwarzwald verkehren Linienbusse der **Südwest Bus GmbH**. Auch abgelegene Ortschaften sind mit diesen Bussen mit den nächsten Bahnhöfen oder wichtigen Städten angeschlossen. Die Fahrpläne der Bus- und Bahnlinien sind gut aufeinander abgestimmt.

Bus

Register

A
Abt Wilhelm **46**
Achern **122**
Achertal **122**
Achkarren **250**
Aftersteg **357**
Aha **333**
Alamannen **38**
Albiez, Johann Fridolin **53, 318**
Albtal **320**
Alexanderschanze **344, 348**
Allerheiligen Kloster **289**
Allerheiligen Wasserfälle **288**
Alpirsbach **6, 125**
Altensteig **129**
Anreise **390**
Aquae **45**
Architektur **45**
Atdorf **29**
Auerhuhn **24**
Auskunft **391**
Auwälder **19**

B
Bad Boll **384**
Bad Dürrheim **131**
Badekultur **97, 100**
Baden **39**
Baden-Baden **133**
Baden-Badener Rebland **143**
Badenweiler **144**
Bad Griesbach **158**
Bad Herrenalb **148**
Badischen Revolution **42**
Bad Krozingen **152**
Bad Liebenzell **154**
Bad Peterstal-Griesbach **157**
Bad Rippoldsau **377**
Bad Säckingen **159**
Bad Teinach **163**
Bad Wildbad **166**
Bagnato, Johann Kaspar **48**
Baiersbronn **171**
Baldung, gen. Grien, Hans **47**
Balzer Herrgott **230**
Barock **48**
Battert **142**
Belchen **174**
Benz, Bertha **53, 300**
Bergbau **18, 239**
Bernau **177**
Berneck **131**
Beuggen **264**
Bevölkerung **28**
Bickensohl **250**
Bischoffingen **250**
Blauen **147**
Bleibach **369**
Blindensee **361**
Blumberg **179**
Bollenhut **50**
Bonndorfer Graben **15**
Brandenberg **357**
Brandenkopf **238, 387**
Bregquelle **230**
Breisach am Rhein **182**
Breitnau **242**
Brend **227**
Breuningerweg **225**
Brigachquelle **322**
Bühl **184**
Buhlbach **173**
Bühlerhöhe **186**
Bühlertal **184**
Buntsandstein **18**
Burgruine Hohenbaden **142**
Burgruine Sponeck **249**
Burkheim **250**

C
Calmbach **169**
Calw **186**
Carl-Postweiler-Weg **152**

D
Deutscher Bund **42**
Diana Abnoba **45**
Dinkelberg **19, 264, 338, 374**
D'Ixnard, Pierre Michel **48**
Dobel **151**
Döggingen **385**
Donau **195**
Donaueschingen **192**
Dornstetten **225**
Dorotheenhütte Wolfach **376**
Durbach **294**

E
Eble Uhren-Park **360**
Eichener See **338**
Einkaufen **83**
Eisenlohr, Friedrich **49**
Eiszeit **19, 22**
Elzach **369**
Elztal **368**
Emmendingen **220**
Enzklösterle **170**
Erdbeben **19, 20**
Erdgeschichte **15, 20**
Erdmannshöhle **374**
Erster Weltkrieg **42**
Essen und Trinken **65**
Ettenheim **195**
Ettlingen **199**
Europa-Park **198**
Eutingsgrab (Ruhestein) **348**
Events **74, 75**
Eyachtal **151**

Register ANHANG

F
Fahl **357**
Fahler Loch **357**, **358**
Falkensteinfelsen **150**
Fasnet **312**
Fastnacht **312**
Fauna **23**
Feichtmayr, Joseph Anton **48**
Feierabendziegel **149**
Feiertage **74**, **75**
Feldberg **201**
Feldsee **203**
Feste **74**, **75**
Fichten **23**
Fischerbach **238**
Flora **23**
Flößer **224**
Flößerpfad Alpirsbach - Lossburg **128**
Flusslandschaft **19**
Föhrental **326**
Forbach **205**
Forstwirtschaft **30**
Franz Josef Spiegler **48**
Franzosenkriege **41**
Frauenalb **151**
Freiburger Marienaltar **47**
Freiburger Münster **47**, **210**
Freiburg im Breisgau **208**
Freudenstadt **48**, **221**
Freudenstädter Parkwald **225**
Friedenweiler **352**
Fürstenberger Hof **387**
Furtwangen **226**

G
Gaggenau **207**
Gäuflächen **19**
Gengenbach **230**
Gernsbach **235**
Geroldsau **344**
Geroldsauer Wasserfall **143**
Gersbach **337**
Gerwig, Robert **54**
Geschichte **35**
Giersteine **206**
Glaswaldsee **378**
Gletscher **22**
Glottertal **325**
Gotik **47**
Grafenhausen **333**
Grimmelshausen **40**
Grimmelshausen, Johann Jakob Christoffel von **54**
Grinden **348**
Grindenschwarzwald **15**
Große Kinzig **226**
Großen Kinzig **128**
Großer Hundskopf **157**
Gutach **378**, **384**
Gutach im Breisgau **368**, **369**
Gütenbach **230**

H
Habsburger **39**
Hallstattkultur **45**
Hallwangen **225**
Hansjakob, Heinrich **55**
Hansjakobweg **378**
Hans-Jakob-Weg **93**
Haseltal **374**
Hasenhorn **355**
Haslach im Kinzigtal **237**
Hausach **239**
Hausen **358**
Hauser, Erich **49**
Hebel, Johann Peter **55**, **358**
Heckengäu **19**
Heiligenbronn **343**
Heimarbeit **41**
Heitersheim **152**
Hella-Glück-Stollen **166**
Herbolzheim **196**
Herrenwieser See **346**
Herrischried **320**
Herzogenhorn **179**
Herzogsweiler **35**, **131**
Heselbacher Kapelle **174**
Hesse, Hermann **56**
Heuhüttentäler **206**
Hexenlochmühle **230**, **369**
Himmelreich **242**
Hinterzarten **239**
Hirsau **46**, **108**, **189**
Hirsch **24**
Hirschsprung **243**
Höchenschwand **320**
Hochfirst **352**
Hochsal **163**
Hochschwarzwald **15**
Hofsgrund **219**
Hohe Ochsenkopf **346**
Hohloh **171**
Höllental **242**
Höllentalbahn **242**
Höllsteig **243**
Holzen **147**
Hornberg **244**
Hornisgrinde **347**
Hotzenwald **320**
Hübsch, Heinrich **49**
Hundseck **344**
Hüsli **333**

I
Iffezheim **144**

J
Jostal **352**
Junghans, Erhard **57**
Junghans Uhren **340**

K
Kaiserstuhl **246**
Kälberbronn **131**
Kalte Herberge **230**
Kaltenbronn **171**

ANHANG • **Register**

Kandel **367**
Kandern **147, 269**
Kappelrodeck **123**
Karlsruhe **251**
Karlsruher Bauschule **49**
Karlsruher Grat **348**
Kastelburg **367**
Kastelle **38**
Kehl **294**
Kelten **45**
Kentheim **165**
Kenzingen **197**
Kinder **79**
Kirchzarten **37, 219**
Kirnbach **377**
Klassizismus **48**
Kleines Wiesental **338**
Klima **17, 394**
Klimawandel **395**
Klöster **39, 45**
Kloster Alpirsbach **126**
Klostergut Fremersberg **143**
Klosterkapelle Tennenbach **221**
Klosterreichenbach **174**
Klosterruine Allerheiligen **289**
Kloster Wittichen **329**
Kniebis **348, 349**
Konfessionen **28**
Königfeld **322**
Kuckucksuhr **34, 228**
Kultur **45**
Kunst, Kultur, Geschichte **35**
Kunststiftung Erich Hauser **315**
Küssaburg **372**

L

Lahr **259**
Latènekultur **45**
Laufenburg (Baden) **163**
Laufenburg (Schweiz) **163**

Lautenbach **287**
Lauterbach **343**
Lenzkirch **352**
Linachtal **230**
Literatur **391**
Loffenau **237**
Lörrach **261**
Löss **19**
Lossburg **225**
Loßburg **225**
Lotenbachklamm **384**
Ludwig Wilhelm I., Markgraf von Baden **41, 61**
Ludwig XIV **41**
Lustschloss Favorite **308**

M

Magdalenenaltar **47**
Magdalenenberg **365**
Mahlberg **196**
Malerei **45**
Markgräflerland **265**
Maulbronn **46, 270**
Mehliskopf **346**
Menzenschwand **317**
Merdingen **251**
Merkur **143**
Mesozoikum **15**
Mittelweg **95**
Monakam **156**
Monbachtal **156**
Moore **23**
Mooskopf **233**
Mooswaldkopf **246, 344**
Müllheim **266**
Mummelsee **344, 347**
Münstertal **277**
Munzingen **251**
Murg **205, 320**
Murgtal **205**
Muschelkalk **19**

N

Nagold **282**

Nagoldstauseen **131**
Nahverkehr **107**
Nationalpark Nordschwarzwald **26, 346**
Naturparks **43**
Naturpark Schwarzwald Mitte/Nord **25**
Naturpark Südschwarzwald **25**
Naturraum **15, 16**
Naturschutz **25**
Neubulach **165**
Neuenbürg **303**
Neukirch **227, 230**
Neustadt **349**
Neuweier **143**
Niederschläge **394**
Nonnenmattweiher **148**
Nordrach **387**
Notrufe **392**
Notschrei **357**
NSDAP **42**

O

Oberes Gäu **19**
Oberharmersbach **386**
Oberkirch **286**
Oberrheingraben **15, 19**
Oberrotweil **250**
Oberwolfach **377**
Oechsle, Ferdinand **300**
Offenburg **290**
Ohmenkapelle **324**
Oppenau **288**
Orkan Lothar **42, 395**
Ortenau **293**
Ortenberg **294**
Ostweg **95**
Ottenhöfen **123**

P

Pfalzgrafenweiler **131**
Pflanzen **15, 23**
Pforzheim **107, 298**
Plastik **45**

Plättig 344, 346
Pleistozän 15
Poppelmühle 170
Präg 357
Preise 393
Pumpspeicherkraftwerk 29

R

Radbus 107
Radfahren 91
Raitbach 337
Rankenmühle 324
Rastatt 304
Ravennaschlucht 241
Reformation 40
Reformbewegung 46
Reichenbach 245
Reichstädte 39
Reinertonishof 362
Reinerzau 128
Reiseplanung 390
Reisezeit 396
Renchtalsteig 95
Reuchlin, Johannes 57
Revolution 42
Rheinau-Linx 295
Rheinfelden 264
Rheinmünster 309
Rokoko 48
Römer 37
Römerzeit 45
Rothaus 333
Rotliegendes 15
Rottweil 47, 49, 309
Rudolf-Fettweis-Kraftwerk 206
Ruhestein 347
Ruine Hochburg 221
Ruine Hohengeroldseck 260
Ruine Yburg 143

S

Saig 352
Saline Wilhelmshall 314
Salpeterer 318
Sand 346
Sankt Blasien 48, 315
Sankt Georgen 320, 321
Sankt Märgen 323
Sankt Peter 47, 324
Sankt Wilhelmer Tal 203
Sasbach am Rhein 249
Sasbach/Obersasbach 122
Sasbachwalden 122
Saurer Regen 24
Sauschwänzlebahn 180
Schapbach 378
Schäppel 50
Schauinsland 219
Scheffel, Joseph Victor von 58
Schenkenburg 329
Schichtvulkan 22
Schiltach 327
Schiltachtal 343
Schliffkopf 344, 348
Schloss Bürgeln 270
Schloss Staufenberg 294
Schluchsee 330
Schluchsee (Ortschaft) 332
Schluchtensteig 91, 95
Schlüchtsee 333
Schnellingen 239
Schömberg 156
Schonach 34, 360
Schonau 358
Schongauer, Martin 47
Schönwald 361
Schopfheim 336
Schramberg 339
Schuttern 260
Schuttertal 34
Schwarzacher Münster 309
Schwarz, Berthold 59
Schwarzenbach-Stausee 346
Schwarzenbach-Talsperre 207
Schwarzwaldbahn 246, 359
Schwarzwälder Füchse 323
Schwarzwälder Kirschtorte 70
Schwarzwälder Schinken 72
Schwarzwaldhochstraße 344
Schwarzwaldklinik 325, 334
Schweigmatt 337
Schwenninger Moos 365
Seebach 124
Seebrugg 333
Seebuck 358
Shopping 83
Siedlungsdichte 28
Simonswald 369
Simonswälder Tal 369
Skifahren 92
Sommerberg 169
Staatsbrauerei Rothaus 333
Städtegründer 39
Starkregen 394
Staufen i. Br. 280
Steinwasenpark 219
Struve, Gustav von 59
Sulgen 343
Sulzburg 266

T

Tabula Peutingeriana 38
Tannen 23
Taubergießen 197
Tektonik 20
Tennenbronn 343
Tertiär 15
Thermen 21, 26, 38, 97, 100
Thoma, Georg 59
Thoma, Hans 49, 60
Thumb, Peter 48

Tiefenbronn **47, 303**
Tiere **23**
Titisee **351**
Titisee-Neustadt **349**
Todtmoos **353**
Todtnau **355**
Todtnauberg **357**
Todtnauer Wasserfälle **357**
Touren **106**
Tourismus **17, 33**
Trachten **50**
Triberg **358**
Triberger Wasserfälle **359**
Trinken **65**
Trudpert **45**
Trudpert (Missionar) **45**
Tschamberhöhle **264**
Tulla, Johann Gottfried **60**
Tuniberg **251**
Türkenlouis **41, 61**
Turmberg **258**

U

Übernachten **87**
Uhren **228, 235, 240**
Umweltschutz **24**
Unterstmatt **344, 346**
Urlaub aktiv **91**

V

Vergünstigungen **393**
Verkehr **396**
Villingen-Schwenningen **362**
Vitra-Architekturpark **49**
Vogtsbauernhof **378**
Vogtsburg i. K. **250**
Vorarlberger Bauschule **48**

W

Wald **32**
Waldachtal **225**
Waldkirch **366**
Waldschäden **24, 30**
Waldshut-Tiengen **370**
Waldulm **123**
Wallbach **162**
Wallfahrtskirche Mariä Himmelfahrt **354**
Wallfahrtskirche Maria in der Tanne **359**
Wandern **91**
Wasserkraft **29**
Wehr **372**
Wehr, Burgruinen **374**
Weil am Rhein **264**
Weimarer Republik **42**
Wein, Weinbau **296**
Weinbrenner, Friedrich **49, 61**
Wellness **96, 97, 100**
Wentzinger, Johann Christian **48**
Westweg **94**
Widerstand der Salpeterer **318**
Wiesental (Großes) **357**
Wiesental (Kleines) **338**
Wii-Wegli **93**
Wildberg **284, 285**
Wildgutach **230**
Wildgutachtal **369**
Wildschapbachtal **158**
Wildsee (Ruhestein) **348**
Wildsee-Hochmoor (Kaltenbronn) **7, 171**
Windkraft **17, 29**
Winterhalter, Franz Xaver **49, 317**
Wirtschaft **17, 28**
Wolfach **375**
Würmtal **302**
Württemberg **39**
Wutachschlucht **382**
Wyhl **42**

Z

Zähringer **39, 47**
Zavelstein **165**
Zell am Harmersbach **385**
Zell im Wiesental **338**
Zell im Wiesental **338**
Zweitälersteig **91, 95**
Zweiten Weltkrieg **42**
Zweribachwasserfälle **369**

Verzeichnis der Karten und Grafiken

Top-Reiseziele S. 2
Infografik Schwarzwald auf
 einen Blick S. 16/17
Infografik Tektonik und
 Thermalismus S. 20/21
Infografik Wald und Holz S. 30/31
Infografik Schwarzwälder
 Kirschtorte S. 70/71
Touren im Überblick S. 105
Tour 1 S. 108
Tour 2 S. 112
Tour 3 S. 115
Tour 4 S. 118
Alpirsbach, Kloster (Grundriss) S.127
Baden-Baden, Stadtplan S. 138
Baden-Baden, Römerbad (Grundriss)
 S. 140
Baden-Baden, Ruine Hohenbaden
 (Grundriss) S. 142
Badenweiler, Stadtplan S. 146
Badenweiler, Römische Badruine
 (Grundriss) S. 147
Bad Säckingen, Stadtplan S. 160
Bad Wildbad, Stadtplan S. 168
Blumberg, Sauschwänzlebahn S. 181
Calw, Stadtplan S. 188
Calw, Kloster Hirsau (Grundriss) S. 191
Donaueschingen, Stadtplan S. 193

Freiburg, Stadtplan S. 213
Freiburg, Münster (Grundriss) S. 210
Freiburg, Münster (3 D) S. 210/211
Freudenstadt, Stadtplan S. 223
Karlsruhe, Stadtplan S. 253
Lörrach, Burgruine Rötteln
 (Grundriss) S. 263
Maulbronn, Kloster (3 D) S. 272/273
Maulbronn, Kloster (Grundriss) S. 275
Offenburg, Stadtplan S. 292
Pforzheim, Stadtplan S. 299
Rastatt, Stadtplan S. 307
Rastatt, Schloss Favorite
 (Grundriss) S. 308
Rottweil, Stadtplan S.311
St. Blasien, Abteikirche
 (Grund- und Aufriss) S. 316
Schluchseewerk, Profil S. 331
Infografik Schwarzwälder Uhren-
 industrie S. 340/341
VS-Villingen, Stadtplan S. 364
VS-Schwenningen, Stadtplan S. 366
Vogtsbauernhof, Geländeplan S. 379
Vogtsbauernhof (3 D) S. 380/381
Wehr, Erdmannshöhle S. 374

Übersichtskarte Umschlagklappe hinten

Bildnachweis

AMEA-Design & More S. 2 M./305
Dumont Bildarchiv/Fieselmann, Rainer
 S. U3 M./319, 1/228, 13, 33, 40, 68, 85,
 106, 141, 155, 161, 182, 197, 198, 211
 (3x), 212, 218, 231, 250, 268, 281, 313,
 334, 352, 380, 381 (3x), 382, 386, 388
DuMont Bildarchiv/Freyer, Ralf
 S. U7/62, 2 u./347, 5 u./172, 81, 96, 101,
 124, 129, 135, 151, 207, 222, 256, 258,
 273 (3x), 356, 376,
Dumont Bildarchiv/Kirchner, Markus
 S. U4 M./98, 3 u./14, 4 u./370,
 5 M./102, 5 o./265, 8, 10, 22, 43, 88,
 111, 202, 209, 211, 216, 247, 277, 296,
 327, 396
dpa S. 56
Europa-Park S. 78
Fa. Pfau, Herzogsweiler S. U4 u./72, 35
Fa. Winterhalter/Latocha, Norbert S. 74
Fam. Hegar, Hotel Sommerau S. 86
Fotolia S. 68
Hotel Peterle S. 64
Inger S. 395
laif/ Raach, Karl-Heinz S. 35
laif/ Standl, Guenter S. 34
Landesmedienzentrum Baden-Württemberg S. 46, 190
LOOK Foto / Schoenen, Daniel S. 4 o.,
 175
LOOK Foto/Wohner, Heinz 7, 170
mauritius images / Otto, Werner U3 o.,
 120
Nationalpark Harz S. U4 o./27
picture alliance/dpa/gms Schwarzwald
 Tourismusverband Schutzverband der
 Schinkenhersteller S. 69
picture alliance/akg-images S. 52, 57
picture alliance/akg-images/Lessing S. 44
picture alliance/dpa S. 12, 58, 274, 301
Staatliche Schlösser und Gärten Baden-
 Württemberg S. 2 o./271, 3 o./36, 6,
 289
Stadt Nagold S. 283
Stahn, Dina S. U3 u./94, 67, 82, 361
StockFood S. 69
Tourismus Marketing GmbH Baden-
 Württemberg/Düpper, Christoph S. 51
Tourismus Marketing GmbH Baden-
 Württemberg/Mende, Achim S. 77,
 177, 243, 295, 330

Titelbild: Bildagentur Huber/Spiegelhalter, Bauernhof im Untermünstertal

atmosfair

nachdenken • klimabewusst reisen

atmosfair

Reisen verbindet Menschen und Kulturen. Doch wer reist, erzeugt auch CO_2. Der Flugverkehr trägt mit bis zu 10% zur globalen Erwärmung bei. Wer das Klima schützen will, sollte sich nach Möglichkeit für die schonendere Reiseform entscheiden (wie z.B. die Bahn). Gibt es keine Alternative zum Fliegen, kann man mit atmosfair klimafördernde Projekte unterstützen.

atmosfair ist eine gemeinnützige Klimaschutzorganisation unter der Schirmherrschaft von Klaus Töpfer. Flugpassagiere spenden einen kilometerabhängigen Betrag und finanzieren damit Projekte in Entwicklungsländern, die den Ausstoß von Klimagasen verringern helfen. Dazu berechnet man mit dem Emissionsrechner auf **www.atmosfair.de** wieviel CO_2 der Flug produziert und was es kostet, eine vergleichbare Menge Klimagase einzusparen (z.B. Berlin – London – Berlin 13 €).

atmosfair garantiert die sorgfältige Verwendung Ihres Beitrags. Alle Informationen dazu auf www.atmosfair.de. Auch der Karl Baedeker Verlag fliegt mit atmosfair.

Impressum

Ausstattung:
135 Abbildungen, 44 Karten und grafische Darstellungen, eine große Reisekarte

Text:
Helmut Linde; mit Beiträgen von Annette Bickel, Birgit Borowski, Achim Bourmer, Rainer Eisenschmid, Margit Grünewald, Dr. Cornelia und Reinold Hermanns, Dr. Christina Melk-Haen, Inge und Dr. Georg Scherm, Dina Stahn und Jens Wassermann

Bearbeitung:
Baedeker-Redaktion (Helmut Linde, Dina Stahn)

Kartografie:
Christoph Gallus, Hohberg;
MAIRDUMONT Ostfildern (Reisekarte)

3D-Illustrationen:
jangled nerves, Stuttgart

Infografiken:
Golden Section Graphics GmbH, Berlin

Gestalterisches Konzept:
independent Medien-Design, München

Chefredaktion:
Rainer Eisenschmid, Baedeker Ostfildern

9. Auflage 2014
Völlig überarbeitet und neu gestaltet

© KARL BAEDEKER GmbH, Ostfildern für MAIRDUMONT GmbH & Co KG; Ostfildern
Der Name Baedeker ist als Warenzeichen geschützt. Alle Rechte im In- und Ausland sind vorbehalten. Jegliche – auch auszugsweise – Verwertung, Wiedergabe, Vervielfältigung, Übersetzung, Adaption, Mikroverfilmung, Einspeicherung oder Verarbeitung in EDV-Systemen ausnahmslos aller Teile des Werkes bedarf der ausdrücklichen Genehmigung durch den Verlag.

Anzeigenvermarktung:
MAIRDUMONT MEDIA
Tel. 0049 711 4502 333
Fax 0049 711 4502 1012
media@mairdumont.com
http://media.mairdumont.com

Printed in China

Trotz aller Sorgfalt von Redaktion und Autoren zeigt die Erfahrung, dass Fehler und Änderungen nach Drucklegung nicht ausgeschlossen werden können. Dafür kann der Verlag leider keine Haftung übernehmen.
Kritik, Berichtigungen und Verbesserungsvorschläge sind jederzeit willkommen. Schreiben Sie uns, mailen Sie oder rufen Sie an:

Verlag Karl Baedeker / Redaktion
Postfach 3162
D-73751 Ostfildern
Tel. 0711 4502-262
info@baedeker.com
www.baedeker.com

FSC
www.fsc.org
MIX
Paper from responsible sources
FSC® C011918

Die Erfindung des Reiseführers

Als **Karl Baedeker** (1801 – 1859) am 1. Juli 1827 in Koblenz seine Verlagsbuchhandlung gründete, hatte er sich kaum träumen lassen, dass sein Name und seine roten Bücher einmal weltweit zum Synonym für Reiseführer werden sollten.

Das erste von ihm verlegte Reisebuch, die 1832 erschienene **Rheinreise,** hatte er noch nicht einmal selbst geschrieben. Aber er entwickelte es von Auflage zu Auflage weiter. Mit der Einteilung in die Kapitel »Allgemein Wissenswertes«, »Praktisches« und »Beschreibung der Merk-(Sehens-)würdigkeiten« fand er die klassische Gliederung des modernen Reiseführers, die bis heute ihre Gültigkeit hat. Der Erfolg war überwältigend: Bis zu seinem Tod erreichten die zwölf von ihm verfassten Titel 74 Auflagen! Seine Söhne und Enkel setzten bis zum Zweiten Weltkrieg sein Werk mit insgesamt 70 Titeln in 500 Auflagen fort.

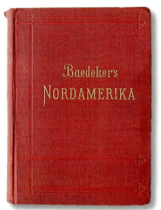

Bis heute versteht der Karl Baedeker Verlag seine große Tradition vor allem als eine Kette von Innovationen: Waren es in der frühen Zeit u. a. die Einführung von Stadtplänen in Lexikonqualität und die Verpflichtung namhafter Wissenschaftler als Autoren, folgte in den 1970ern der erste vierfarbige Reiseführer mit professioneller Extrakarte. Seit 2005 stattet Baedeker seine Bücher mit ausklappbaren 3D-Darstellungen aus. Die neue Generation enthält als erster Reiseführer Infografiken, die (Reise-)Wissen intelligent aufbereiten und Lust auf Entdeckungen machen.

In seiner Zeit, in der es an verlässlichem Wissen für unterwegs fehlte, war Karl Baedeker der Erste, der solche Informationen überhaupt lieferte. In der heutigen Zeit filtern unsere Reiseführer aus dem Überfluss an Informationen heraus, was man für eine Reise wissen muss, auf der man etwas erleben und an die man gerne zurückdenken will. Und damals wie heute gilt für Baedeker: Wissen öffnet Welten.

Baedeker Verlagsprogramm

- Ägypten
- Algarve
- Allgäu
- Amsterdam
- Andalusien
- Argentinien
- Athen
- Australien
- Australien • Osten
- Bali
- Baltikum
- Barcelona
- Bayerischer Wald
- Belgien
- Berlin • Potsdam
- Bodensee
- Brasilien
- Bretagne
- Brüssel
- Budapest
- Bulgarien
- Burgund
- China
- Costa Blanca
- Costa Brava
- Dänemark
- Deutsche Nordseeküste
- Deutschland
- Deutschland • Osten
- Djerba • Südtunesien
- Dominik. Republik
- Dresden
- Dubai • VAE
- Elba
- Elsass • Vogesen
- Finnland
- Florenz
- Florida
- Franken
- Frankfurt am Main
- Frankreich
- Frankreich • Norden
- Fuerteventura
- Gardasee
- Golf von Neapel
- Gomera
- Gran Canaria
- Griechenland
- Griechische Inseln
- Großbritannien
- Hamburg
- Harz
- Hongkong • Macao
- Indien
- Irland
- Island
- Israel
- Istanbul
- Istrien • Kvarner Bucht
- Italien
- Italien • Norden
- Italien • Süden
- Italienische Adria
- Italienische Riviera
- Japan
- Jordanien
- Kalifornien
- Kanada • Osten
- Kanada • Westen
- Kanalinseln
- Kapstadt • Garden Route
- Kenia
- Köln
- Kopenhagen
- Korfu • Ionische Inseln
- Korsika
- Kos
- Kreta
- Kroatische Adriaküste • Dalmatien
- Kuba
- La Palma
- Lanzarote
- Leipzig • Halle
- Lissabon
- Loire
- London
- Madeira
- Madrid
- Malediven
- Mallorca
- Malta • Gozo • Comino
- Marokko

- Mecklenburg-Vorpommern
- Menorca

- Mexiko
- Moskau
- München
- Namibia

- Neuseeland
- New York
- Niederlande
- Norwegen
- Oberbayern
- Oberital. Seen • Lombardei • Mailand
- Österreich
- Paris
- Peking
- Piemont
- Polen
- Polnische Ostseeküste • Danzig • Masuren
- Portugal
- Prag
- Provence • Côte d'Azur
- Rhodos
- Rom
- Rügen • Hiddensee
- Ruhrgebiet
- Rumänien
- Russland (Europäischer Teil)
- Sachsen

- Salzburger Land
- St. Petersburg
- Sardinien
- Schottland
- Schwarzwald
- Schweden
- Schweiz
- Sizilien
- Skandinavien
- Slowenien
- Spanien
- Spanien • Norden • Jakobsweg
- Sri Lanka
- Stuttgart
- Südafrika
- Südengland
- Südschweden • Stockholm
- Südtirol
- Sylt
- Teneriffa
- Tessin
- Thailand
- Thüringen
- Toskana
- Tschechien
- Tunesien
- Türkei
- Türkische Mittelmeerküste
- Umbrien
- USA

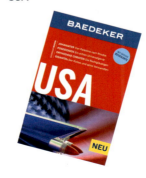

- USA • Nordosten
- USA • Nordwesten
- USA • Südwesten
- Usedom
- Venedig
- Vietnam
- Weimar
- Wien
- Zürich
- Zypern

BAEDEKER ENGLISH

- Berlin
- Vienna

Viele Baedeker-Titel sind als E-Book erhältlich: shop.baedeker.com

Kurioses

Kurioser Schwarzwald

Belchendreieck, Müllmuseum, der Obelisk in französischer Erde und die Freiburger Bächle – allerlei Kurioses und Merkwürdiges.

▸Freiburger Bächle
Durch die Freiburger Altstadt zieht sich seit dem Mittelalter ein rund 9 km langes Netz von Wasserbächen. Diese strömen noch heute munter durch die Stadt. Freiburg-Gäste aufgepasst: Es heißt, wer versehentlich in ein Bächle tritt, wird eine Freiburgerin bzw. einen Freiburger heiraten ...

▸Ein Museum für Müll
In Bad Säckingen-Wallbach ist Müll zu musealen Ehren gekommen. Erich Thomann hat in akribischer Arbeit aufgesammelt, was er auf der nahen Mülldeponie an Brauchbarem entdeckte – ein eindrucksvolles Mahnmal der Wegwerfgesellschaft.

▸Heimaterde für ein Denkmal
In Obersasbach steht ein großer Granitobelisk zur Erinnerung an den französischen Marschall Turenne. Der berühmte Feldherr Ludwigs XIV. fiel hier am 27. Juli 1675 im Kampf gegen die Truppen des deutschen Kaisers. Seit 1803 ist das Denkmal französisches Staatseigentum und steht auf eigens herbeigeschaffter französischer Erde.

▸Das Belchendreieck
Berge namens Belchen gibt es nicht nur im Schwarzwald, sondern auch in den Vogesen und im Schweizer Jura. Der Name »Belchen« soll sich vom keltischen Gott Belenos ableiten und auf einen Sonnenkultur hinweisen, der auf allen Bergen gefeiert wurde.

▸Winzige Welten
Auf der Abraumhalde der Grube Clara bei Wolfach dürfen Mineralien gesammelt werden. Wo sich die einen über möglichst große Kristalle freuen, jubiliert eine andere Gruppe Schatzsucher über Funde, die nur mit einer starken Lupe zu sehen sind: millimetergroße Kristalle von grandioser Regelmäßigkeit und Schönheit – die Micromounts.

▸Giraffomanie
Als 1827 erstmals eine Giraffe in Frankreich eintraf, ein Geschenk des ägyptischen an den französischen König, kannte die Begeisterung keine Grenzen. Zigtausende bestaunten in Paris die Kreatur mit dem langen Hals. Eine europaweite »Giraffomanie« brach aus, die bis ins hinterste Schwarzwaldtal schwappte: Sogar Uhrenmaler verewigten das exotische Tier auf ihren Lackschilduhren.